中山大学图书情报与档案管理学科建设40周年纪念论文集

ZHONGSHANDAXUE TUSHU QINGBAO YU DANG'AN GUANLI XUEKE JIANSHE 40 ZHOUNIAN JINIAN LUNWENJI

中山大学信息管理学院 编

中山大学出版社
·广州·

版权所有　翻印必究

图书在版编目（CIP）数据

中山大学图书情报与档案管理学科建设40周年纪念论文集/中山大学信息管理学院编. —广州：中山大学出版社，2020.11
　　ISBN 978 – 7 – 306 – 07011 – 1

　　Ⅰ. ①中… Ⅱ. ①中… Ⅲ. ①院校图书馆—图书情报工作—学科建设—中山大学—纪念文集 ②高等学校—档案管理—学科建设—中山大学—纪念文集　Ⅳ. ①G258.6 – 53　②G647.24 – 53

中国版本图书馆 CIP 数据核字（2020）第 204424 号

出 版 人：王天琪
策划编辑：曹丽云
责任编辑：曹丽云
封面设计：曾　斌
责任校对：卢思敏
责任技编：何雅涛
出版发行：中山大学出版社
电　　话：编辑部 020 – 84110776，84111996，84111997，84113349
　　　　　发行部 020 – 84111998，84111981，84111160
地　　址：广州市新港西路 135 号
邮　　编：510275　　传　　真：020 – 84036565
网　　址：http://www.zsup.com.cn　E – mail：zdcbs@mail.sysu.edu.cn
印 刷 者：佛山市浩文彩色印刷有限公司
规　　格：787mm × 1092mm　1/16　27 印张　410 千字
版次印次：2020 年 11 月第 1 版　2020 年 11 月第 1 次印刷
定　　价：98.00 元

如发现本书因印装质量影响阅读，请与出版社发行部联系调换

编 委 会

主 任：谭祥金

副主任（以姓氏笔画为序）：陈永生　曹树金　程焕文

委 员（以姓氏笔画为序）：朱　侯　李庆双　李海涛
　　　　　　　　　　　　　张　靖　陈定权　林俊洪　周　旖　赵燕群
　　　　　　　　　　　　　聂勇浩　彭国超

编 辑：周　旖　李　晶　杨茜茜　宋昊阳

目 录

序言　立足现在　面向未来 ························· 谭祥全　赵燕群　I

专题一　学院发展

发展中的中山大学图书馆学系 ··························· 谭迪昭　3
在变革中发展　在发展中壮大
　——中山大学信息管理系 20 年回顾与前瞻 ····· 程焕文　潘燕桃　7
25 周年系庆感言 ··· 谭祥全　21

专题二　学科建设

试论情报科学体系 ·· 华勋基　29
关于我国情报学研究范畴及情报学教育问题的思考 ········ 罗式胜　38
谈当今科技档案的编研工作 ····························· 徐富荣　44
半个世纪以来的中国档案学
　——关于自身问题研究的回顾与评价 ················· 陈永生　49
学科规训理论视野中的档案学科：建设与发展 ······ 张锡田　张　晓　58
从引用习惯看档案学危机 ················· 杨利军　萧金璐　陈永生　69
前来源原则时代的档案学
　——简论 17 至 19 世纪古文献学与档案学的发展 ········ 王岑曦　83

我国数字图书馆研究热点的发展走向
——基于近10年的博硕士学位论文分析……… 黄晓斌　王　尧　99
古籍保护学科建设研究：背景、现状及空间…… 张　靖　刘　菡　118
古籍保护学科建设核心议题述评
………………………………… 周　旖　赵　心　刘　菡　等　128
国内外古籍保护研究议题及其比较…… 刘　菡　牛迎卜　周　旖　146

专题三　人才培养

中国图书馆学教育面临的挑战与机遇…………………… 谭祥金　167
对近年来中国大陆图书馆学教育发展走向的思考………… 程焕文　178
图书情报学教育的转型
——国外图书情报学教育改革研究之观察………… 邹永利　192
日本图书情报学教育改革项目（LIPER）观察………… 邹永利　201
英国高校图书情报学研究生教育的办学特色…… 肖永英　卢　婷　208
中美LIS学院课程设置比较研究……… 韦景竹　何燕华　刘頡颃　223
论大数据时代下的图书情报学教育
——基于iSchool院校"大数据"相关课程调查及思考
………………………………… 曹树金　王志红　刘慧云　241
信息素养通识教育的理论创新及其实践探索…… 潘燕桃　李龙渊　256
回归命运契约　优化生态系统
——图书馆事业、教育与研究的协同发展之路………… 肖　鹏　275

专题四　课程体系与课程建设

关于图书馆学情报学专业核心课程建设的思考…………… 罗式胜　285
美国马里兰大学档案硕士课程的更新与变革……………… 肖永英　291
对当前"目录学"课程的思虑 ……………………………… 骆　伟　297
"图书馆自动化"课程教改探索 …………………………… 邓昭俊　305

能力本位教育视角下信息分析与决策课程实践教学改革研究
　　　　　　　　　　　　　　　　　　　　　　　陈明红　311
国内外"信息用户与信息利用"相关课程调查与启示
　　　　　　　　　　　　　　　　　　　　王志红　甘春梅　318
元数据课程的调查与启示
　　——以美国伊利诺伊大学香槟分校为例…………宋琳琳　337
中美 iSchool 院校档案学硕士研究生课程设置对比分析
　　　　　　　　　　　　　　　李海涛　吴嘉雯　王小兰　361

专题五　新时期的一流专业建设

新时代中国图书馆学教育的发展方向
　　　　　　　　　　　　　　　程焕文　潘燕桃　张　靖　等　377
广东省一流本科专业建设点——中山大学档案学专业综合改革及
　　建设举措……………………………………档案学教研室　394
面向国家信息化和大数据战略：中山大学信息管理与信息系统
　　（情报学）专业建设路径
　　　　　　　　　　　　　　…………信息管理与信息系统教研室　405

序　言
立足现在　面向未来

谭祥金　赵燕群

2020年金秋，南海之滨洋溢着改革开放硕果累累的欢庆气氛，中山大学信息管理学院迎来40周年华诞。学院决定将40年来探索学科建设的成果汇编成册（以下简称《文集》），致敬前人，启示后辈。

《文集》的作者们深情论述了从改革开放之初至今40年，学院师生披荆斩棘、砥砺奋进的艰苦岁月，成绩来得不易。今天，当我们满怀豪情迈步新的征程之际，学院编辑出版这本《文集》，实为图书情报和档案专业教育的前瞻性之举。

翻开目录，映入眼帘的作者名字，仿佛霎时变成一个个熟悉的身影：

一批年富力强的同门学兄学姐，从祖国各地汇集到珠水之滨的小平房，传道授业解惑。课堂上以丰富的图书情报工作实践，谆谆善诱未来的图书情报和档案专业接班人；课余在简易的家里伏案设想学科体系建设。

名校毕业投身专业教育事业的一批精英走出国门，又反哺祖国，把现代图书情报和档案学的先进理念与国内的实际需求结合起来，将专业课程精品化，探索在新科技驱动下专业学科的建设、人才的培养。

每一篇论文都是老师们心血铸成。而正是老师们40年的呕心沥血，使我们的学院从小平房换成大楼，"幼苗"育成了成千上万的栋梁之才。同学们没有辜负祖国和老师们的期望，以报效社会的满腔热情，在学校努力掌握专业学识，加强能力的培养。40年来，毕业生中优秀人才辈出，一批年富力强、锐意进取的中青年学术骨干分布在祖国的大江南北甚至海外。

最值得欣慰的是，2012 年，我们带领 9 位图书情报和档案三个专业的研究生，开赴四川汶川进行汶川图书馆灾后重建。我们曾写了 9000 多字的文章记述这次活动。首先是同学们充满活力的服务精神，他们在艰苦的生活和工作环境中发出"我来了，我服务，我自豪"的豪言；短短三个星期就克服种种困难，为重灾区图书馆创建馆藏书目库，并写下使用规则说明；建成 7 个乡镇 8 个示范点；为图书馆的小读者们开展了一场又一场的阅读活动。在我们快要离开的时候，小读者和同学们相拥不舍。从 2012 年至今，我们和一起参加灾后重建的同学们一直保持联系，分享他们工作上的成绩，结婚生子的人生喜事。这充分说明我们学院的专业教育，从专业思维的培养到专业知识教学，成绩可喜。

《文集》的每一篇文章都充满对未来的祈望。岁月不舍，昼夜流淌，我们今天站在祖国满怀信心豪情，阔步走在新时代伟大征程的时间节点。我们的学院同样踏上新的征途。立足当前，面向未来，我们的老师和同学们在欢庆 40 周年院庆的时刻，面对新时代党和国家事业发展对教育改革和人才培养的新要求新期待，如何贯彻落实"立德树人"这一根本任务，如何围绕这个目标来设计学科体系、教学体系、教材体系、管理体系，以形成更高水平的人才培养体系，这是关系到学院未来发展的重要问题，需要我们从学院管理层到每一位教职员工深入学习以习近平为核心的党中央近几年关于新时期高校建设的一系列政策举措，沟通思想，取得共识，形成适应新时期对图书情报和档案专业的需要，培养高端专业人才的学科建设方案，向党和国家交出一份满意的答卷。

学院的学科建设是在新的发展阶段进行的新的规划，首先定位在培养目标上，思考如何形成专业新的发展格局。高等教育是培养人的事业。培养什么人、怎样培养人、为谁培养人，始终是高校教育的根本问题。习近平总书记在 2016 年 12 月 7 日至 8 日召开的全国高校思想政治工作会议上提出：

"我国必须走自己的高等教育发展道路，扎实办好中国特色社会主义高校。我国高等教育发展方向要同我国发展的现实目标和未来方向紧密联系在一起，为人民服务，为中国共产党治国理政服务，为巩固和发展中国特色社会主义制度服务，为改革开放和社会主义现代化建设服务。"①

培养"四个服务"的高端人才，应该作为图书情报和档案专业的培养目标。正确的世界观、专业思维、方法论，以及扎实的专业知识基础，是学生毕业后走向社会担重任的保证。对于高校教育，"四个服务"不是一句空话，首先是学生通过专业教育，树立正确的社会主义核心世界观、人生观和价值观。进大学选专业，不是简单地为了将来谋职，不应为"钱途"求学，而是为改革开放和社会主义现代化建设服务。因此，应该树立服务社会、服务人民的价值观。

"四个服务"的理念应该贯彻于招生工作到学生毕业的全过程。党的十八大报告首次将"立德树人"确立为教育的根本任务。党的十九大报告进一步提出"落实立德树人根本任务"。在全国教育大会上，习近平总书记明确指出，要把立德树人融入思想道德教育、文化知识教育、社会实践教育各环节。我们应该深刻领会，贯彻始终。

在这里，我们觉得培养学生正确的价值观，首先要认真学习习近平总书记关于图书情报和档案事业的重要论述。习近平总书记在给国家图书馆老同志的回信中，已经给图书馆明确定位："图书馆是国家文化发展水平的重要标志，是滋养民族心灵、培育文化自信的重要场所。"图书馆应该"坚持正确政治方向，弘扬优秀传统文化，创新服务方式，推动全民阅读，更好满足人民精神文化需求，为建设社会主义文化强国再立新功"。图书馆员应该坚守初心，"传承文明、服务社会"。②

习近平总书记十分重视各学科的图书文献等基本设施和信息化建

---

① 吴晶、胡浩：《全国高校思想政治工作会议 12 月 7 日至 8 日在北京召开》，见中华人民共和国中央人民政府网，http://www.gov.cn/xinwen/2016-12/08/content_5145253.htm?all-Content=&from=singlemessage&isappinstalled=0#1，2016-12-08。

② 《习近平给国家图书馆老专家回信强调　坚持正确政治方向　弘扬优秀传统文化》，载《人民日报》2019 年 9 月 10 日第 1 版。

设,他早在 2016 年就提出:"要运用互联网和大数据技术,加强哲学社会科学图书文献、网络、数据库等基础设施和信息化建设,加快国家哲学社会科学文献中心建设,构建方便快捷、资源共享的哲学社会科学研究信息化平台。"①

这一系列重要讲话,是我们研究制定学院的学科建设的重要依据。

今年(2020 年)我们曾经应佛山图书馆之约,向高中毕业生推荐报考图书馆专业,当时有过这样一段肺腑之言:

"60 年前,即 1959 年我(指谭祥金——编者注)18 岁高中毕业。那时广州的大学没几所,文科类大学更少。报考学校只能参考不多的省外招生简章介绍。我喜欢买书订刊,看见武汉大学图书馆学系招生,以为可以像中学图书馆那位老师那样,整天可以看书,于是就报考这个专业。大学四年的收获,就是专业课学得很扎实,懂得在知识的海洋中寻求快乐。踏进这个专业,几十年从未离开图书情报部门半步。

"如今我们已到耄耋之年。60 年来,从刻钢板等手工操作,到今天网海畅游,我们没有退休的感觉,一台电脑,一颗平静的、求新务实的心,天天还为读者,为图书馆事业服务。今年自因新冠肺炎疫情'宅家'以来,除了写作,我们每天都收录整理有关全球'战疫'的动向,特别是中国防疫与各项建设的信息,作为珍贵的历史文献保存在图书馆。目前已收录 10000 多条数据,3000 多万字,收录工作还在进行,已经在建一个抗疫文献信息库。

"图书馆学是终生受用的专业知识。

"几十年来,我们从不对学生们说图书馆这个专业如何博大精深,更不说这个专业多么有'钱'途,可以飞黄腾达。因为图书馆是为全社会各行业、各学科提供知识信息服务的机构。图书馆工作很平凡,然而图书馆专业的精髓在于:各学科知识体系的建立;各种载体知识信息广、快、精、准的获取、整理、存储、服务。

"寥寥数语,难以深述。不过,从 18 岁到 80 岁的经历足以说明:

---

① 新华社:《习近平:在哲学社会科学工作座谈会上的讲话(全文)》,见新华网,http://www.xinhuanet.com/politics/2016-05/18/c_1118891128_3.htm,2016-05-18。

图书馆学是终生受用的专业知识。"

短短几句，表达了我们对于图书情报科学专业教育的重要意义的体会。

在学科体系建设方面，通过老师的身体力行、传道授业解惑，学生心无旁骛认真学习，才能具备"四个服务"所需要的专业知识，根据社会各项事业的需要，利用各种载体，掌握新技术的基本知识及其发展动向，并善于从无序的文献信息中，发现、掌握前沿领域技术的进展以及相关信息，进行科学整序，提供精准服务。他们应为中华文化精华的继承和弘扬从事珍贵文献的保护工作。而这种学科知识的的确确令人受用终生。

习近平总书记指出，要建立健全学科专业动态调整机制，加快一流大学和一流学科建设。应围绕国家战略需求和国际学术前沿，重点建设一批一流学科，以一流学科为引领辐射带动学科整体水平提升。

这些年，学院在一流学科建设、精品课程建设等方面有着较大的进展，在国内同行中居领先地位。只有 40 年历史，一些人眼中的"冷门专业"已发展为国家图书馆学一流学科。从 20 世纪 90 年代至今，学院从寂寂无闻到"走"出国门。在学术交流方面，学院派员出国考察访问；在校内举办一系列专业会议，海内外著名专家相聚研讨。更可喜的是，程焕文教授遴选连任国际图书馆协会联合会（IFLA，简称"国际图联"）管理委员会执行委员，代表中国图书馆界参与国际图书馆界交流合作。这一切需要老师、同学们付出何等艰辛的努力。一流学科应该招收更多的学生，有责任培养更多国家需要的人才。而我们的学院只有一个一流学科，远远不能适应国家的专业人才培养需要。一流学科建设任重而道远。

学科建设与课程设置、教材体系等密不可分。为适应新形势新要求，针对学院的学科建设方面的一些问题，有必要加强沟通，凝聚共识。

第一，创新与传承的关系。

我国正在经历广泛而深刻的社会变革，这为专业的发展，理论和实践的创新提供了很大的空间，作为具有中国特色和普遍意义的图书情报和档案学科体系，既有一两千年以来的传统要素，也有欧、美、苏联的经验西学东进，同时具有中华人民共和国成立后与时俱进的中国理念。我们既要融通各种要素、知识、观念、理论、方法，又要不断推进知识创新、理论创新、方法创新。在研究学科体系、教学体系的时候，需要考虑：对于不忘本来，如何批判传承？对于外来文化，如何立足国内、借鉴国外，开阔我们的视野，为我所用？在面向未来时，如何贯彻新发展理念？提出哪些新思路、新举措？基础创新思维的依据是什么？等等。

以文献分类为例。从老子、刘向、刘歆至今，2000多年来，文献的收集、整理都植根于当代。早在1000多年前已形成"类例既分，学术自明"的文献分类理论体系。"经史子集"的古籍分类体系沿用至今，随着古籍内容体例的发展，后来增加"丛"类。今天，文献的发展从载体、内容、体例到分类体系，以及新技术的应用等，必须适应时代的变化，这其中有继承，有吸收外来知识，更需要创新。

在服务社会方面，对当今社会发展对专业的需求的研究、分析更需要深入实际，教学上应教导、鼓励学生学会从社会现实中发现问题，结合实际研究、探讨新方法，提出独创性的解决方案。

第二，本专业与新科技的关系。

我国社会主义现代化建设涌现了大数据、区块链等高新技术及其相关产业。世界多极化、经济全球化、社会信息化、文化多样化深入发展。特别是互联网和信息技术、数字技术发展迅速，图书情报和档案专业教育以及学科建设迎来了创新发展的机遇，给无论运营还是服务方面都带来了新的挑战。

然而，图书情报和档案工作的定位、性质、任务、服务的内容没有变；相反，学科的地位得以提升，社会发展提出更多、更高的要求。中央领导人的讲话和给图书馆老专家的回信体现了党和国家对学科建设的重视和殷切期望。对于学科的发展，我们应该重视学科之间越来越频繁的交叉，在学术研究中学科之间要相互借鉴。

在研究学科体系建设时，应该根据科学分工和发展形成相对独立的知识体系和门类。首先确定本专业的教学体系，将基本知识和理论体系作为核心和基础，包括人才培养、课程设计、师资队伍及评价机制等。交叉学科和新技术的应用，以及外语、古汉语等辅助学科的学科知识，对于图书情报和档案专业学生来说都应该掌握，应给予一定比例的教学时间，但是要避免喧宾夺主，本末倒置，因为学院开的辅助课程，学生不可能接受它们的系统的专业教育，而只需要了解如何在图书情报和档案业务中应用相关学科的知识。

应该指出，新科技不能代替图书情报和档案学，但是图书情报和档案学科体系应该找准与新科技的融合点，以创新思维、大数据、大视野进行学科体系课程设计，不断更新课程内容。在这方面，我们几十年的经历对此很有体会。追溯到20世纪70年代"748工程"的实施，图书情报领域开始研发计算机应用。我们从事图书情报服务，一直跟踪自动化、数字化、网络化技术的飞速发展，图书情报领域从管理自动化到文献信息资源数字化、网络化，工作程序和服务方式不断创新，如建专题资源库、建数字图书馆、建网站。目前正在进行新的服务方式的尝试。

第三，关于教师队伍建设。

高校是培养高端人才的教育阵地，教师的责任尤其重大。学院千百学子通过受业、老师言传身教而得以成长。学院育人功能依靠老师，在创新人才培养机制、深化教育教学改革、实现学科课程教学环节、教育人群方面，老师责无旁贷。

培养符合社会主义现代化建设和未来的图书情报和档案需要的人才，提升人才质量，学院首先必须更新教育理念，创新培养模式，全面提高师资队伍整体素质。学院的教师队伍建设十分重要。

我们尊称老师是"人类灵魂的工程师"，教师就要"立德树人"，为国家造就千万高尚的"灵魂"。要把社会责任放在首位，自觉践行社会主义核心价值观，做真善美的追求者和传播者，以深厚的学识修养赢得尊重，以高尚的人格魅力引领风气，在为祖国、为人民立德立言中成就自我、实现价值。

中山大学的校训是"博学、审问、慎思、明辨、笃行"，正如习近平总书记提出的"要树立良好学术道德，自觉遵守学术规范，讲究博学、审问、慎思、明辨、笃行，崇尚'士以弘道'的价值追求，真正把做人、做事、做学问统一起来"①。

学院为了实施以育人育才为中心的学科教育体系，需要一批专业知识扎实、理论联系实际、勇于开拓创新的学科带头人和一批年富力强、锐意进取的中青年学术骨干，构建梯队衔接的学科人才体系。要努力大幅提升教师的综合素质、专业化水平和创新能力。

目前，学院的教师队伍已经具有一定规模。为了进一步提升专业教育质量和水平，不断创新，赢得优势，赢得未来，我们应该进一步落实中共中央、国务院2018年提出的《全面深化新时代教师队伍建设改革的意见》，深刻认识教师队伍建设的重要意义，做到教师人人尽展其才、好教师不断涌现的良好局面。

为建设一支高素质创新型的教师队伍，需要着力提高教师的专业能力，推进高等教育内涵式发展。根据上述文件要求，学院的教师队伍建设有以下几方面要点：

教师管理体制机制方面，应考虑教师队伍规模、结构、素质能力能否满足专业教育发展需要，如何进一步提升教师的综合素质、专业化水平和创新能力。

在师德师风建设方面，首先要把提高教师思想政治素质和职业道德水平摆在首要位置。教师要"以德立身、以德立学、以德施教、以德育德，坚持教书与育人相统一、言传与身教相统一、潜心问道与关注社会相统一、学术自由与学术规范相统一"②。对于杜绝师德失范、学术不端等不良风气，习近平总书记在2016年的讲话中指出，"必须解决好学风问题"③。在学院的学科建设中也必须引起重视。

今天借《文集》出版之际，结合学院的学科建设，谈一点学习习近平总书记以及党和国家关于高校学科建设的系列论述的体会。对于学

---

① 新华社：《习近平：在哲学社会科学工作座谈会上的讲话（全文）》，见新华网，http://www.xinhuanet.com/politics/2016 - 05/18/c_ 1118891128_ 3. htm，2016 - 05 - 18。

② 张烁：《习近平在全国高校思想政治工作会议上强调：把思想政治工作贯穿教育教学全过程 开创我国高等教育事业发展新局面 刘云山讲话 王岐山张高丽出席》，见人民网 - 人民日报，http://dangjian.people.com.cn/n1 /l209/c117092 - 28936962. html，2016 - 12 - 09。

③ 新华社：《习近平：在哲学社会科学工作座谈会上的讲话（全文）》，见新华网，http://www.xinhuanet.com/politics/2016 - 05/18/c_ 1118891128_ 3. htm，2016 - 05 - 18。

院的未来,我们充满信心,也殷切期望。

参考文献

[1] 新华社. 习近平:坚持中国特色社会主义教育发展道路 培养德智体美劳全面发展的社会主义建设者和接班人[EB/OL]. (2018-09-10). http://www.xinhuanet.com/2018-09/10/c_1123408400.htm.

[2] 张政文. 为实现中华民族伟大复兴培养有用人才[EB/OL]. (2018-11-12). http://theory.people.com.cn/n1/2018/1112/c40531-30394433.html.

[3] 教育部:将实施一流专业建设"双万计划"[EB/OL]. (2018-06-24). http://www.moe.gov.cn/jyb_xwfb/xw_fbh/moe_2069/xwfbh_2018n/xwfb_20180622/mtbd/201806/t20180625_340918.html.

[4] 国务院关于印发统筹推进世界一流大学和一流学科建设总体方案的通知(国发〔2015〕64号)[EB/OL]. http://www.moe.gov.cn/jyb_xxgk/moe_1777/moe_1778/201511/t20151105_217823.html.

[5] 中共中央 国务院关于全面深化新时代教师队伍建设改革的意见[EB/OL]. (2018-01-20). http://www.gov.cn/xinwen/2018-01/31/content_5262659.htm.

[6] 王向明. 培养造就大批德才兼备的高层次人才[J]. 红旗文稿,2020(18):36-37.

[7] 中共中央印发《关于加快构建中国特色哲学社会科学的意见》[EB/OL]. (2017-05-16). http://www.xinhuanet.com/politics/2017-05/16/c_1120982602.htm.

专题一

学院发展

发展中的中山大学图书馆学系

谭迪昭

为适应图书馆事业的发展,解决图书馆与科学情报单位对专业人员的需求,教育部于1983年11月批准中山大学开设四年制的图书馆学专业。据此,该校于1984年3月8日成立了图书馆学系。

中山大学图书馆学系是在该校图书馆学专修科的基础上发展起来的,其中经过相当长时间的酝酿过程,以及办了四年专科的准备阶段。早在1958年,连珍同志开始主持该校图书馆工作时,就深感图书馆专业人员十分缺乏,而当时国内只有北京大学和武汉大学两校设有图书馆学专业,远远满足不了图书馆事业发展对专业人员的需要。鉴于此,他便向学校提出在中山大学开办图书馆学专业的设想。受当时国家的经济条件和教育事业发展的速度所限,这一专业久久未能开办。

党的十一届三中全会以来,国家加快四个现代化建设的步伐,也促进了教育事业的发展。中山大学根据国家关于发展教育事业,扩大高等院校招生的指示精神,于1980年至1982年开办了一个自费走读的两年制图书馆学大专班。在该班41名国家不包分配的毕业生走上图书馆工作岗位后,广东省高等教育局(以下简称"高教局"。现为广东省教育厅)鉴于社会急需图书馆专业人才,而图书馆学在广东省乃至华南地区尚属短缺专业,便拨出专款委托中山大学在办完大专班的基础上,从1982年秋起开办两届两年制的图书馆学专修科。中山大学在已招收两届专科班和两届两名研究生的办学过程中,积累了一定的办学经验和具备了必要的教学条件下,报经国家教育部批准,将图书馆学专修科改为图书馆学系。

为使中山大学图书馆学系办成既符合当前图书馆的需要而又能适应

信息社会发展要求的院系，该系力求办出自己的特色，制定了从招生到培养目标、课程设置到教学方法等一系列的方案。在招生方面，既按照教育部下达的招生指标，又接受用人单位定向的委托代培。在考生的分科来源上，1984年暑假，该系从文理科高考统考中招生63名，分设图书馆学文科班和理科班。文科班侧重培养社会科学文献收集、整理以及古文献的整理人员；理科班侧重培养科技文献的收集、整理人员，科技情报工作者以及计算机应用人员。培养目标主要是为省、市、自治区公共图书馆、高等院校图书馆、科研部门的图书馆和各级各类科学情报机构输送人才以及为高等院校培养图书馆学、文献检索与利用课程的师资。

根据培养目标和课程设置以及文理分科的培养侧重点，该系拟定了文理科班相同的和不同的课程设置。如理科班除开设政治理论课、科学文化课、图书馆学与情报学专业课外，还拟定开设计算机课程，有程序设计语言、数据结构、数据库设计与应用、图书馆系统分析等。为了达到培养目标的要求和实施教学计划，该系采取了以下几项措施。

1 加强师资队伍的建设

要办好一个系，必须要有一支具有一定数量和质量的师资队伍。该系的教师来源，除了从该校图书馆抽调早年毕业于文华图书馆学专科学校（以下简称"文华图专"）和中华人民共和国成立后毕业于图书馆学专业的同志以及从自己培养的研究生中选留外，这几年陆续从校外调进一批既有较高理论水平又有多年图书馆实践经验的中年教师，还从北京大学、武汉大学两校图书馆学本科毕业生中调进几位青年助教。目前该系已有教职员工20多人，但按照学校教师的编制与学生人数为1∶6的规定，需有教师40多人。因此，在两三年内要增加教师20多人，才能适应教学的需要。为了扩大教师队伍，解决教师的来源，该系采取的办法，一是自己培养研究生，以补充师资。在两届两名研究生毕业后，计划1985年再招收两名研究生。二是从该校图书馆选派两名大学毕业生到美国攻读图书馆学硕士学位进而攻读博士学位，待其学成回国，即安排在该系担任教学工作。三是积极从各地图书馆物色愿意来该系从事图书馆学教学的中年同志。

2　严格掌握考生的录取质量

自该校开办图书馆学专业以来，每年高考填报该专业志愿的考生不少，该系录取新生从德智体全面衡量，择优录取。专科生的入学成绩大多达到重点院校的入围分数线。1984年从6个省（区）录取的63名本科生，政治素质、文化水平、身体条件较好。团员60人，占全班人数的95%；三好学生49人，占78%。文科考生录取成绩在490分以上，理科考生在500分以上。录取德智体素质高的考生，是保证完成教学任务的一个重要方面，也是保证将来从事图书馆情报工作的是好苗子，同时也可改变人们对图书馆专业人员素质的看法。

3　加强图书资料与仪器设备的建设

办好图书馆学系，师资队伍的建设、择优录取考生是重要的人员条件，而图书资料与仪器设备则是完成教学和科研任务的重要物质条件。为配合教学与科研活动的开展，该系筹建了图书馆学资料室，陆续补充了一批国内外的图书资料，并选留了本系的专科毕业生当资料员。该室现有图书馆学专业用书1170册，期刊近百种，今后还将使用委托代培的经费添置图书资料和实习用书，并计划将资料室办成兼有实习性和示范性的小型图书馆。另一方面，鉴于图书馆学是实践性较强的应用学科，计划筹建中的实习室除收集各门课程的实习用书外，将不断添置必要的仪器设备，尤其是图书馆应用的现代化设备，以使教学手段电教化、技术化。

4　着手建设教材体系

中山大学开办图书馆学教育 4 年多来，因教学人员少，教学任务重，教师都担负主讲或辅导的任务，所以只自编过讲义两种，其余的教材都是采用北京大学、武汉大学、中国科学院图书馆等单位的教材。随着教师队伍的扩大，今后将计划动手组织力量，编写适合该系培养目标的专业教材和教学参考资料。

纵观中山大学图书馆学系的创办过程，是从馆办图书馆学大专班到独立建制的专修科，再从专科到本科的分阶段稳步发展形式。4 年多来，该系已为国家输送了 81 名专科生和 2 名硕士研究生，1985 年还将有 42 名专科生走上图书馆工作岗位。这几年还接受了各单位选派来的进修生 16 名、旁听生 46 名。

中山大学图书馆学专业的发展和能取得这样的成绩，主要是由于得到学校、广东省高教局、国家教育部的重视和支持，以及来自五湖四海的教师的同心协力、勇挑课程重担，上下团结办学所致。随着教育事业和图书馆事业的发展，中山大学图书馆学系将充分利用该校学科比较齐全、地处改革开放前沿、毗邻港澳、对外交流频繁的优势，积极开展国内外学术交流和人员交往，办出自己的特色。

（本文原刊于《广东图书馆学刊》1984 年第 4 期，页 54 – 56）

作者简介

谭迪昭，主讲课程：图书馆学概论、期刊管理等。

在变革中发展　在发展中壮大
——中山大学信息管理系 20 年回顾与前瞻

程焕文　潘燕桃

在新世纪即将来临之际，中山大学信息管理系迎来了成立 20 周年纪念。这是一个具有特别意义的周年纪念：20 年意味着风华正茂、朝气蓬勃、生机盎然、前途无量；20 年代表着新世纪的曙光、网络时代的来临、数字生存的挑战、跨越常规的发展。因而，值此中山大学信息管理系 20 周年系庆之际，回顾历史，总结经验，展望未来，均具有重要的意义。

1　创办缘起与发展历程

自 20 世纪初西方图书馆观念东渐、中国各地新式图书馆纷纷设立以后，在广东创办一所图书馆学教育机构就一直是广东图书馆界同仁梦寐以求的事情。早在 20 年代，享有"北刘南杜"盛誉的图书馆学大师"南杜"杜定友先生等一批中国近现代图书馆事业的先驱就已在广东开始了创办图书馆学正规教育的尝试，然而，由于时局动荡，这一理想在中华人民共和国成立以前一直未能实现。

1957 年，鉴于全国仅有武汉大学图书馆学系和北京大学图书馆学系两所图书馆学正规教育机构，远远不能满足图书馆事业发展的需求，广东图书馆界曾动议在中山大学创办图书馆学系，后因种种原因未果。1958 年，连珍同志开始主持中山大学图书馆的工作，深感图书馆学专业人才后继乏人，而中山大学图书馆和广东省中山图书馆正聚集着杜定友、周连宽、何多源、陆华琛等一批全国著名的图书馆学专家，于是，他向学校提出了在中山大学开办图书馆学专业的设想；但由于诸多条件的限制，连珍同志的建议亦未能付诸实施。

1979年，在党的十一届三中全会以后，随着我国图书馆事业和教育事业的恢复和迅速发展，连珍等同志在筹建中山大学图书馆新馆的同时，不失时机地把握历史的机遇，再次向中山大学提出了开办图书馆学专业的建议，并很快得到了学校的认可和支持。于是，广东图书馆界几代人的理想终于成为现实，一个崭新的图书馆学专业教育机构开始在南国广州孕育并蓬勃发展起来了。

1.1 图书馆学专修科时期（1980.10—1984.8）

1980年10月，经上级部门批准，中山大学开办了两年制的图书馆学专业自费走读大专班，是为广东省高等学校图书馆学教育的创始。该班采用"馆系合一"的方式，由中山大学图书馆馆长连珍同志兼管，由校图书馆负责管理与组织教学，共录取了44名考生，开设了18门图书馆学专业课程，由校图书馆的周连宽、李峻聆、刘少雄、黄锦瑶、陈修宏、谭迪昭和华南工学院（今华南理工大学）图书馆的商志馥等同志兼任专业课教师。经过两年的学习，共有41人取得了大专毕业证书，并全部走上了图书馆工作岗位，其中，大部分人被分配到中山大学图书馆工作。

在开办两年制图书馆学专业自费走读大专班的同时，中国近现代档案学奠基人、著名图书馆学家、目录学家、历史地理学家周连宽教授于1980年秋招收了1名图书馆学专业目录学研究方向的硕士研究生，开创了我系硕士研究生教育的历史，并使我系成为我国少数几个最早开展图书馆学专业硕士研究生教育的单位之一。

为了满足广东省图书馆事业建设的迫切需要，广东省高教局于1982年拨出20万元专款委托中山大学开办2届两年制图书馆学专修科，以为广东省高校图书馆培养专业人才。于是，连珍馆长兼任专修科主任，自 1982 年 9 月起开始招收大专生，1983 年秋又招收了第二届，图书馆学专业教育蒸蒸日上。

在此过程中，专修科积累了一定的办学经验，逐步扩大了教师队伍，又及时地提出了更高的发展目标。1983 年 11 月 2 日，教育部批准中山大学开设四年制本科图书馆学专业。1984 年 3 月，中山大学正式成立图书馆学系筹备组，连珍馆长任组长。我系由此迅速地迈入了另一个新的发展时期。

1.2 图书馆学系时期（1984.9—1988.2）

1984 年 9 月，我系通过全国高考招收了第一届四年制文理科本科生。1984 年 9 月正式成立了系党总支，黄平同志任总支书记，初步形成了我系的基本管理架构。1986 年 11 月，学校又正式任命了系行政领导班子，骆伟任系副主任（代理系主任）。

为了办好图书馆学系，系领导班子同心同德，全力以赴，着重抓了两个方面的工作。一方面，加强师资队伍的建设。在全国图书馆学教育高级专门人才匮乏的情况下，我系采取了积极引进和自己培养"两条腿走路"的办法：先后从全国各地图书馆中遴选了一批既有丰富实践经验又具有较高学术水平的中年骨干。他们走上教学岗位以后很快便成为我系教学科研的中坚力量，并发挥了较大的作用。在从武汉大学和北京大学选留图书馆学专业硕士毕业生的同时，我系还自己培养研究生和选派青年教师到国内外攻读图书馆学硕士、博士学位，经过 4 年的师资队伍建设，形成了一支在全国有一定实力和知名度的教师队伍。另一方面，重视教学质量的提高。为了适应新时期图书馆事业迅速发展的要求，首先在招生上改变图书馆学教育只招文科学生的传统，从第一届本科生招生开始就采取了文理科考生兼招的方针，并根据文理两科的不同特点制定了各具重点、各有特色的培养目标和教学体系。为了培养既具有广泛的基础知识又具备扎实的专业基础的图书馆学专门人才，还通过引进外语、中文、数学等方面的教师，重点加强了对学生的数学知识、外语水平和写作能力的培养。经过 4 年的建设，我系已初步形成自己的专业特色，并在全国具有一定的影响。

1.3 图书情报学系时期（1988.3—1993.3）

教育的发展必须面向现实、面向世界、面向未来。为了迎接信息技术革命的挑战和适应我国图书情报事业的飞速发展，1988年3月，经系领导和教师讨论及学校批准，我系改名为"图书情报学系"，并迈入了一个新的改革与发展时期。

1989年12月，原北京图书馆副馆长谭祥金教授任系主任。在前一个时期已经奠定的良好的基础上，这一时期，我系在各个方面进行了大胆的探索与改革，并得到了迅速的发展。

在专业设置和学科发展上，1989年秋，中山大学原历史系档案学专业（创办于1986年）并入我系，我系由一个本科专业扩大为图书馆学和档案学两个本科专业。1990年11月，国务院学位委员会批准我系为图书馆学专业硕士学位授予点，我系遂成为当时全国8所拥有图书馆学专业硕士点的同类院系之一。

在教学体系上，我系结合国内外图书馆学、情报学和档案学教育的发展态势，积极从事教学改革，在淡化专业界限，拓宽专业口径，加强基本知识、基本理论、基本技能教学，培养高级专门人才的方针指导下，于1990年成立了以系主任谭祥金教授为组长的教学改革小组，制定了新的培养目标、课程体系和教学大纲，初步适应了新形势发展的需要。

在教师队伍建设上，一方面，在学校的大力支持下，我系自1989年起获美国岭南基金会的资助，开始选派教师赴美国和我国香港地区访问进修和从事科学研究，既加强了我系与海内外同行的交流，又提高了我系教师的素质；另一方面，为了尽快弥合教师队伍的年龄断层，系领导积极培养青年教师，将青年教师适时地推到教学管理岗位上，1991年7月，3位青年教师分别担任了图书馆学、情报学和档案学3个教研室的主任，实现了教研室主任的年轻化。

1.4 信息管理系时期（1993.4—1997.6）

20世纪90年代是一个充满了挑战与机遇的年代，席卷全球的信息高速公路浪潮表明21世纪将是一个信息社会化和社会信息化的新信息时代；而随着迈入新信息时代步伐的加快，信息技术业正在飞速发展，信息服务业正在迅速增长并发生着前所未有的变化，图书馆学信息学教育面临着一场更为严峻的挑战。

面对信息时代的挑战，我系于1993年4月改名为"信息管理系"，以改革求发展，以质量求效益，迈上了一条上层次、上质量、上效益的改革与发展之路。

在专业设置和学科建设上，1993年春季，经学校学位委员会批准，我系获得了第二个硕士学位授予点——历史文献学（档案学）专业硕士学位授予点。1993年11月，经学校批准，我系正式成立信息学专业。至此，我系已成为全国同类院系中少数几个拥有图书馆学、信息学、档案学3个本科专业，以及图书馆学、历史文献学（档案学）2个硕士点的系科之一。

1994年7月，系行政班子换届，谭祥金连任系主任。其后系党总支换届，蓝永金任党总支书记。1996年1月，谭祥金任信息科学与技术学院副院长。1996年9月，程焕文任系主任。系党政班子继续发扬我系党政同心同德密切合作的优良传统，积极进行教学改革。首先，结合国内外信息产业和信息科学教育的发展趋势，于1994年调整和确立了新的培养目标和课程体系，加强了新信息技术和基本技能的培养。其后，为了配合新的教学大纲的实施，我系又制定了"信息技术实验室"发展规划，于1995年获得了美国岭南基金会的资助，建立了一个设备先进的信息技术实验室，为师生们创造了一个教学与科研的良好环境。

在师资队伍建设上，我系在继续选派教师出国进修的基础上，调进了中年骨干教师，选留了一批具有较大发展潜力的硕士、博士毕业生任教，并营造了一个合理的人才流动氛围。老年教师深入教学第一线，发挥着传、帮、带的重要作用，一批敬业乐业的青年教师正在成长，在老年教师退休之后，中青年教师迅速接班，完成了我系教师队伍新老更替的顺利过渡。

1.5 信息科学与技术学院时期（1997.7—2000.12）

因应高等教育改革和信息技术的飞速发展，自 1997 年 7 月起，由中山大学信息管理系、计算机科学系、电子系、软件研究所、通信科学研究中心和中山大学计算机中心合组的中山大学信息科学与技术学院由虚体进入实体化运作，程焕文任信息科学与技术学院副院长。1998 年 9 月，按照学院实体化运作的要求，程焕文副院长不再兼任信息管理系主任，系行政班子进行了调整，陈永生任系主任，曹树金任党支部书记。1999 年 2 月，信息科学与技术学院换届，程焕文在 1998 年 6 月已担任校图书馆馆长，故不再兼任副院长。2000 年 6 月，尚家尧任副院长。

2000 年 10 月，信息管理系获得情报学硕士学位授予权，形成了拥有图书馆学、信息系统与信息管理、档案学 3 个本科专业和图书馆学、档案学、情报学 3 个硕士点的完整学科体系。在师资建设上，教师的学历结构和知识结构有了明显的改善，如图书馆学教研室的全部教师均拥有 1 年以上的出国留学经历，学位均在硕士以上，其中 5 人为博士（含在读）。

2 师资建设与科学研究

一支数量充实、质量较高、结构合理的师资队伍，是高质量教学和科研的基本保障。20 年来，我系历届党政领导班子都十分重视师资队伍的建设，不断地吸取教训，积累经验，已初步形成了一支数量合理、素质良好、结构不断优化的敬业乐业的师资队伍。

在人才引进上积极而慎重。在我系创办初期，我系的师资队伍基本上由校图书馆的业务骨干组成，并从全国各地调来一些中年骨干，如张诚、骆伟、华勋基、胡继武、梁仁居、沈名森、罗式胜等。在引进教师的过程中进行了积极而认真的比较分析和全面考察，基本上做到"有计划、按比例、高素质"地引进人才。在青年教师的引进上，亦经历了由本科生到硕士研究生，再到博士研究生的不断提高过程。

20年来，我系一直十分重视教师队伍的培养和提高，尽最大努力创造条件提高师资队伍的素质。一是选派青年教师到国外攻读图书馆学硕士和博士学位，先后派遣了4人到英国、美国、德国攻读图书馆学硕士、博士学位。二是选派青年教师到美国及我国台湾、香港地区访问考察和进修，已先后选派了8位青年教师到美国分别访问进修1年，1位教师到台湾访问考察3个月，7位中年教师到香港分别访问考察3个月。这一培训计划得到了美国岭南基金会的大力支持，并将继续开展下去。三是积极鼓励青年教师在职攻读学位，先后有4人攻读了图书馆学硕士学位，3人攻读在职博士学位。在不断提高师资队伍素质的同时，我系又大胆地起用青年教师，先后有3人破格晋升副教授，2人破格晋升教授，7人走上了教研室和系的行政教学管理岗位，比较顺利地完成了新老交替。

在人才交流上高起点、高水平。20年来，我系先后聘请了一批国际上著名的图书馆学信息学专家学者来系短期讲学。在国内聘请了一批具有广泛影响和高学术水平的专家学者担任兼职教授，如时任广东省地方志委员会副主任黄勋拔研究员，时任广东省档案局局长兼档案馆馆长杨友秀研究员，时任中国图书馆学会常务理事、广东省中山图书馆馆长黄俊贵研究员，时任深圳图书馆长沈迪飞研究员，武汉大学图书情报学院博士生导师彭斐章教授，北京大学信息管理系博士生导师吴慰慈教授，中科院文献情报中心博士生导师孟广均教授，时任中山大学图书馆馆长赵燕群研究员，南京大学信息管理系博士生导师倪波教授，时任澳门大学图书馆馆长阎志洪教授等。国外著名专家学者的短期讲学和国内知名专家学者的长期兼职任教，与我系的师资队伍相结合，组成了一支在全国有较大影响的师资队伍，既将国内外丰富的实践经验、新理论、新技术、新方法及时引入我系的教学之中，又提高了我系教师队伍的素质。

没有高质量的科研，就难以有高质量的教学。20年来，我系一直十分重视教学和科研这两个中心任务,以教学带动科研,以科研促进教学,取得了长足的可喜的进步,并呈现出良好的发展态势。一批中老年教师不仅深入教学第一线,而且在科研上再接再厉,起到了很好的带头作用;一批青年教师不甘落后,奋起直追,亦取得了可喜的成绩。

在教材建设上,我系教师通过自编、参编和合编等多种方式编写了一批切合教学需要且质量较高的教材。由谭迪昭主编,我系教师集体编写的《图书馆学基础知识》教材,不仅在本科教学中发挥了一定的作用,而且被广东省中文刊授大学[①]采用,具有广泛的影响。谭祥金编写的《文献信息学导论》、与他人合编的《信息管理导论》,华勋基主编的《情报科学导论》和《实用经济信息学》,罗式胜主编的《文献计量学概论》和《公关信息传播导论》,梁仁居编写的《中文工具书基础知识》,张诚编写的《给大学生的一把钥匙——英文工具书举要》,胡继武编写的《现代阅读学》,曹树金编写的《文献分类标引与主题标引》等一批教材在教学上发挥了良好的作用,亦具有一定的影响。同时,我系教师还参加了国家教育委员会(以下简称"国家教委"。现为国家教育部)高校文科教材《中国图书和图书馆史》等的编写,与南开大学信息管理系等8所院校合编了《理论图书馆学教程》等教材,谭祥金主持了国家教委《图书馆管理课程教学大纲》的编写,在全国专业教材的编写中发挥了积极的作用。

在学术著作上,一批中老年教师出版了一批具有较高学术水平的著作。周连宽教授在耄耋之年潜心著述,出版了力作《大唐西域记史地丛稿》,谭祥金的《图书馆管理综论》、骆伟的《双行精舍题跋校注》《中国古籍善本书目·子部》、胡继武的《信息科学与信息产业》、罗式胜的《生产与经营的信息策略》《科学技术指标与评价方法》、卢太宏的《国家信息政策》《信息文化导论》、徐富荣的《分散式资料库》等达到了较高水平。一批青年教师也取得了丰硕的成果,陈永生的《档案学论衡》《档案的开发与利用》《档案信息资源开发利用及其效益研究》,程焕文的《中国图书馆学教育之父——沈祖荣评传》《中国图书

---

① 刊授大学,即实行刊授教育的业余高等学校。

论集》《中国图书文化导论》《信息高速公路——全面改变 21 世纪人类社会生活之路》等都是具有一定水平的新作。

在科学论文上，20 年来，我系教师在国内外专业刊物上共发表中英文学术论文 1300 余篇，许多学术观点具有较大的开创性和理论上的建设性，被学术界广泛引用，具有较大的学术影响。

在科研项目上，我系亦取得了可喜的进步，先后承担了 3 项国家社科规划重点项目，5 项国家教委规划项目，9 项省市规划项目。

20 年来，我系的科研成果先后获得 13 项全国奖励，20 多项省市级奖励，科研水平和质量得到了社会较广泛的认可。

3 教学改革与人才培养

20 年来，我系一直以教学为根本和中心，遵循教育规律，不断总结经验、大胆探索，走出了一条初具特色的教学改革与发展之路。

不改革就没有出路，只有不断深化改革才有可能发展，而发展才是硬道理。20 年来，我系经过了五个不同的发展时期，我系的教学改革亦按照四年一个周期先后进行了四次较全面的改革。

在课程体系上，20 年来，我系经过四次较大的调整，逐步淡化了专业界限，拓宽了专业口径，确立了"一个目标、两项基础、三位一体"的教学改革方针，即以"面向现实、面向世界、面向未来"为目标，以加强以计算机为主的新信息技术教学和加强中外文语言教学为基础，提高基本知识、基本理论、基本技能三位一体的教学改革方针。通过淘汰过时课程、删除或合并重复课程、增设新课程，目前已形成了初具特色的课程体系。为了强化学生基本素质的培养，自 20 世纪 90 年代初就制定了三项基本要求：一是全部本科生必须通过英语四级考试、参加英语六级考试；二是文科学生必须通过计算机一级水平考试，理科学生必须通过计算机二级水平考试；三是 4 年之内每个学生必须按要求阅读 40 本专业经典著作。

在培养模式上，经过 20 年的不断探索，我系由原来的按专业分文理科培养的方式，发展到 1998 年实行前两年不分专业共修公共基础课和专业基础课，后两年分专业按信息资源管理、经济信息学、科技档案等不同方向分流培养的模式；后来又改革为按照信息管理与信息系统、图书馆学、档案学等 3 个专业方向培养，这不仅在全国同类院系中是一种值得肯定的、具有特色的建设性人才培养模式，而且有利于培养具有广博基础知识和专深业务技能的通才，适应了信息社会迅速发展的需要。实践证明，这一模式开拓了一条新的人才培养的成功之路。

在培养层次上，20 年来，我系已形成了一个包括硕士研究生、本科生、专科生，与全日制、走读、在职攻读、夜大、自学考试辅导班等多层次、多类型、多级别的专业教育体系，满足了社会不同层次、不同类型的人才需求。

在培养方法上，我系在注重基本知识、基本理论、基本技能培养的基础上，着重加强了学生科研能力、专业思想和集体荣誉感与凝聚力的培养。一批研究生、本科生在校期间已在科研上取得了可喜的成绩，如研究生林平、许良杰、余庆蓉、刘丹、罗曼、李艳林、刘子明等在校期间均发表了 20 篇以上的学术论文，本科生参加学术会议、发表学术论文的数量亦不少。1996 年，我系还选派研究生参加了 IFLA（即国际图书馆协会联合会）大会。自 1980 年招收第一届硕士研究生以来，我系已为社会输送了约 130 名图书馆学专业硕士研究生，其中港澳生 5 人，在读硕士研究生保持在 40 人左右。20 年来，我系为社会培养了本科毕业生约 1000 人、大专毕业生 800 余人。

在教学设施上，20 年来，我系一直比较重视系资料室和实验室的建设。1996 年，利用美国岭南基金会的 35000 美元资助，新购一大批仪器设备，建立了我系的管理网和实验网，并通过中山大学校园网接通因特网；先后建立了文献工作实习室、档案保护实验室和信息技术实验室（包括多媒体网络教室 1 个、教师计算机实验室 1 个、研究生计算机实验室 1 个、本专科生计算机实验室 1 个），目前，信息技术实验室拥有计算机 100 多台及多种教学仪器设备。1999 年重新装修之后，我系的教学设施面貌焕然一新，每个教室和实验室都安装了空调机，其中部分教室还安装了电脑投影仪、视频展示台等先进设备，连通了校园网，新的网络化教学、多媒体教学手段正发挥重要的作用。

为了培养学生的科研能力，在我国台湾著名图书馆学家沈宝环教授的支持下，自1995年起，谭祥金系主任和程焕文副系主任发起召开了"首届系五四青年学术讨论会"。其后每年都坚持不懈地举办此研讨会，极大地活跃了学生的学术研究气氛，提高了学生的学术研究兴趣与能力。

尽管我系历史短暂，但是培养的人才不仅广泛地受到社会的好评，而且毕业生走上工作岗位之后迅速成长。一大批毕业生已成长为所在单位的骨干和中坚力量，如广州大学图书馆馆长为我系硕士毕业生余庆蓉研究员，广州市图书馆馆长为我系本科毕业生惠德毅副研究员，第三军医大学（今中国人民解放军陆军军医大学）图书馆馆长为我系硕士毕业生李彭元等。相信在不远的将来，一大批毕业生将会取得更加丰硕的业绩。

4　学术活动与国际交流

20年来，我系的学术活动一直非常活跃、频繁，其影响遍及全国，远播海外，深受海内外学术界的重视与赞许。

在学术活动的参与上，谭祥金任中国图书馆学会副理事长，连珍、商志馥曾先后任广东省图书馆学会理事长，骆伟曾任广东省图书馆学会副理事长，程焕文任国际图联图书馆史圆桌会议执行委员会和书目控制专业组通讯委员、中国图书馆学会学术委员会副主任委员、广东省图书馆学会理事长，陈永生任广东省档案学会副理事长，华勋基、梁仁居、谭迪昭、罗式胜、曹树金、黄晓斌、肖永英、潘燕桃、罗曼等一批教师曾先后任中国科技情报学会、中国图书馆学会、中国档案学会、广东省图书馆学会、广东省社科情报学会、广东省科技情报学会、广东省档案学会等多个学术团体的常务理事、理事以及分委员会的主任委员、副主任委员、委员等职，在全国和省市级学术活动中十分活跃，起到了不可忽视的学术推动作用。

20 年来，我系先后主办、承办、合办了一系列的国际、全国和省级学术研讨会。

在国际学术研讨会方面：

1988 年 1 月，我系参与了在中山大学召开的"第一届粤港图书馆学情报学学术研讨会"的承办工作，13 人提交了 12 篇学术论文，其中两篇在大会上宣读，为开创粤港图书馆学、情报学学术交流做出了应有的贡献。

1995 年 3 月，我系与校图书馆成功地承办了"中文文献数据库国际学术研讨会"，近百名来自美国、日本、澳大利亚、荷兰以及我国香港、台湾和大陆的专家学者参加了会议，开创了国内外中文文献数据库学术研讨会的先例，在海内外产生了广泛的影响。

1998 年 3 月，我系成功承办了"海峡两岸第四届图书资讯学学术研讨会"，百余名来自台湾、香港、澳门和内地的专家学者参加了会议，开启并构筑了海峡两岸图书资讯界的学术交流渠道，达成了良好的共识，建立了友好关系。

1998 年 6 月，我系与香港岭南学院图书馆成功地合办了"海峡两岸图书馆与服务学术研讨会"。

在全国性学术研讨会方面：

1990 年 5 月，我系成功地承办了中国图书馆学会主办的"首届情报学学术研讨会及馆长研讨班"。

1990 年 6 月，我系承办了由中国图书馆学会和全国高等学校情报工作委员会主办的"第五届全国图书馆学情报学青年学术研讨会"。

在省级学术研讨会方面：

自 1987 年 5 月，我系学生会发起并承办了由广东省高等学校图书情报工作指导委员会（以下简称"高校图工委"）主办的"首届广东省图书馆学情报学青年学术研讨会"以后，我系学生会又先后于 1991 年和 1993 年承办了第二届和第三届广东省图书馆学情报学青年学术研讨会。1995 年 11 月，我系再接再厉，将青年学术研讨会的主办单位扩展成为广东省高校图工委和广东省图书馆学会，并将其纳入"全国第二届青年学术年会卫星会议"之中，成功地承办了"广东省第四届图书馆学信息学青年学术研讨会"。前后4届广东省青年学术研讨会的承办，不仅活跃了广东省图书馆学、信息学学术研究气氛，并产生了广泛的影响，而且培养和锻炼了我系学生的学术活动组织能力，提高了青年学人的科研水平，推动了我系师生科研的发展，具有不可忽视的意义。

20年来，我系一直坚持"走出去、请进来"的开门办学方针，积极参与和从事国际学术交流，不断扩大我系在国际上的影响，已收到良好的效果。在"走出去"方面，我系先后选派了一大批教师到国外攻读学位和访问进修，以及赴港、澳、台地区访问考察。他们在学习、访问、考察期间，积极参与各项学术活动，与国外以及我国台湾、香港地区的同行建立了较广泛的学术联系，并且还带回了在国外以及我国台湾、香港地区所取得的第一手经验和成果，丰富了教学内容，提高了科研水平。在"请进来"方面，我系自20世纪80年代以来，每年都通过不同的方式邀请国际上知名专家学者来系讲学。90年代以后，在美国岭南基金会的资助下，每年邀请一名国际著名学者来系讲学一个月已成为制度。近10年来，我系已先后邀请了来自美国、英国、澳大利亚、韩国等国以及我国香港地区的近40位著名图书馆学与信息学家来我系作短期讲学。

回顾20年来的历程，我系虽然取得了一些成绩，但同时亦存在着各种差距和困难，有待我们去不断克服。展望未来，在这个充满了挑战与机遇的新世纪之初，只有解放思想、实事求是，不断深化教育改革，我系才能一步一个脚印地迈向新的辉煌。我们坚信：在不远的将来，我系将会在不断深化改革之中成为国内一流且在国际上具有较广泛影响的院系。

参考文献

[1] 中山大学信息管理系系庆秘书组.中山大学信息管理系建系十五周年纪念集[C].油印本.广州:中山大学信息管理系系庆秘书组,1995.
[2] 中山大学图书馆专修科.我校开办图书馆学专修科的过程及改办四年制本科的计划[A].广州:中山大学档案,1983.

[3] 教育部.关于武汉大学等院校要求增设专业问题的批复(教计字183号)[Z].北京:中华人民共和国教育部,1983.

[4] 中山大学.关于修订我校部分本科专业名称的通知(中大[1988]057号)[Z].广州:中山大学,1988.

[5] 中山大学图书情报学系.关于增设情报学专业的报告[A].广州:中山大学档案,1988.

[6] 中山大学.关于图书情报学系更名为信息管理系的通知(中大[1993]110号)[Z].广州:中山大学,1993.

[7] 中山大学信息管理系.中山大学关于增设信息学专业报告[A].广州:中山大学档案,1993.

[8] 中山大学.关于成立理工学院、信息科技学院筹备组的通知(中大[1994]452号)[Z].广州:中山大学,1994.

(本文原刊于《大学图书馆学报》2001年第4期,页68-73,92)

作者简介

　　程焕文,研究领域:信息资源管理、图书和图书馆史、图书馆学史、图书馆权利与道德、图书馆学基础理论、历史文献学、目录学等;教学课程:图书馆学基础、信息资源共享、图书馆管理、图书馆学基础理论、图书馆学理论研究等。

　　潘燕桃,研究方向:信息素养及其教育、图书馆学教育、信息资源管理、图书馆立法、公共图书馆思想史、信息资源共享、信息素养通识教育。

25周年系庆感言

谭祥金

各位老师、各位同学：

今天是我们系喜庆的日子，大约两周以前，程焕文告诉我，准备召开25周年系庆大会，要我讲几句话，我猛然想起我来中山大学已经17个年头了，从而回忆起我的命运是如何与中山大学图书馆学系连在一起的。

其实一个人的命运是在几个关键时刻决定的。我1959年高中毕业，接到武汉大学图书馆学系的录取通知书，命中注定要到图书馆工作。那时我根本不知道图书馆为何物，我们那个小镇当时还没有图书馆，报考大学时随意写了几个志愿。我出生在一个贫穷的家庭，父母是文盲，我是我们家族第一个大学生，幸运的是碰上了穷人上大学不要钱的时代，那时上大学不要学费，住宿也不要钱，伙食费是申请的助学金，连棉衣、棉裤都是学校补助的，4年大学可以说全部免费。

我1963年毕业后被分配到了北京图书馆也就是现在的国家图书馆工作，1973年被任命为副馆长。在担任副馆长的15年中，除了分管部分业务工作外，主要是参与了北京图书馆新馆工程建设，这是周恩来总理批准的国家重点工程。新馆建筑面积14万平方米，是按2000万册藏书、3000个读者座位、2500个工作人员的规模建设的，我兼任新馆规划办公室主任和搬迁指挥部总指挥。由于处于"文化大革命"时期，工程前后历经12年，但真正施工只有3年多，搬迁用了一年时间（当时有1400万册图书，1700位员工参与搬迁，解放军一个连帮助搬运）。

新馆建成后，馆领导班子换届，原有成员一个不留，几位老干部退休，我被调到文化部（现为国家文化和旅游部）对外展览公司任副总经理，这是一些人向往的外事单位。但我干了半年，总是留恋自己的专业工作。要想改变这种局面，有一个办法就是离开北京。因为赵燕群是广东人，就通过她的高中同学，在中山大学图书馆工作的梁美灵联系到中山大学教书，中山大学很快表示同意。当商调函到了文化部后，文化部不同意调动，时任文化部部长王蒙同志还找我谈话，他说，广东是好地方，但最好是不要离开北京。如果认为展览公司不合适，可以先到文化部艺术研究院当副院长，以后的工作再作考虑。我除了感谢他的关心外，说了"不当官、搞专业、离开北京"三条理由，希望放我走。隔了一段时间后，文化部表示同意了。在此期间，武汉大学派人到了北京，动员我到武汉大学担任图书情报学院院长，我还是选择了中山大学。

如果说我报考图书馆学系是盲目的，我这次回到图书馆学系则是自觉的。尽管当前社会上还不怎么重视图书馆，甚至还有人瞧不起我们的职业，但实际的体验告诉我，我们所从事的工作是人民需要的、高尚的事业。我也相信图书馆的重要性将会被人们认识。中山大学时任校长黄达人在中山大学图书馆80周年馆庆暨新馆开馆典礼上说：图书馆是大学的地标，它是大学的象征，是大学精神的重要守护者。一所大学可以没有行政办公楼，但必须要有高水平的图书馆。

图书馆对于一所大学学风的培养有着不可忽视的作用。要看一所大学的学风，最好就是去看在图书馆里读书的学生们那些专注的眼神。我们如此地重视图书馆的建设，重视改善图书馆的环境，正是出于涵养中山大学优良学风的目的，是"善待学生"的一个本质的体现。

他还说：还有一点令我们自豪，就是我校的图书馆与国际各著名高校的图书馆有着密切的交往，我们的馆长在国际图书馆学界是有地位的，正因为如此，才有了哈佛大学哈佛学院图书馆向我校赠书的盛事。

图书馆馆长在大学中应享有重要的地位。早在几十年以前，清华大学时任校长梅贻琦提出著名的"三长论"，他认为教务长、总务长、图书馆馆长很重要，事关办学成败。他要求图书馆馆长应该是"中西汇通""古今融通""文理会通"的"三通"式大师级人物。

20年前，时任北京图书馆馆长刘季平参加全国人民代表大会会议后回来对我们说,他分到科教组,有些科学家说,"你们的工作能使'天增日月人增寿'",他们说,"我们搞科研要花很多的时间找资料,如果你们的工作做好了,我们的项目就缩短了时间,可以更快地转到另一个项目上,实际上是延长了我们的寿命,出更多的成果,推动社会的进步,就是天增日月嘛"。的确是这样,不仅科研人员,就是一般老百姓,包括少年儿童到古稀老人,多到图书馆读书,陶冶情操,增长知识,全民素质提高了,可以大大促进社会生产力的发展和社会进步,真的是"天增日月人增寿"。

为人找书、为书找人,是我们职业最简明的表述,让所有的人平等、自由、免费地获取文献信息,是我们基本的价值观,为全人类造福是我们的理想。

阿根廷国立图书馆时任馆长、著名诗人和作家博尔赫斯写了一首诗,诗中说:

> 我心中一直在暗暗设想,
> 天堂应该是图书馆的模样。

天堂是人们向往的地方,图书馆馆员的理想就是要将图书馆办成人间天堂。它究竟是什么模样呢?我的想象是,不管什么人,从国家元首到普通百姓,从亿万富翁到流浪乞丐,还有身有残疾的弱者,在监狱的囚犯,等等,都能在一个舒适、温馨的环境里,享受到最贴心的服务,能得到全人类的精神食粮,度过他最美好的时光,到那个时候,图书馆将是人们向往的地方,图书馆馆员将是令人羡慕、受人尊敬的职业。档案馆和信息服务业也是类似,同样有美好的前景,我们系的所有专业都是前途无量的。

我们系的筹建与发展,经过了几代人的努力。连老(指连珍——编者注)他们那一代是开创者,没有他们就没有这个系,也不可能有我们今天的欢聚一堂。万事开头难,是他们在艰苦的条件下打下了坚实的基础。除了有较长历史的武汉大学和北京大学的图书馆学系以外,我们系在20世纪80年代新创办的几十所学系中是名列前茅的。他们的功劳是应该载入史册，永远不能忘记的。

我们这一届在他们的基础上，由于骆伟、谭迪昭、黄平、兰永金等老师的共同努力，在全体教师的支持下，主要做了以下一些工作：

（1）进行教学改革。经过全体教师比较充分的讨论，制定了新的培养目标和教学方案，形成了比较完整的教学体系。

（2）争取在学校应有的地位。使我们系在学校学术委员会、职称评审委员会、教学指导委员会等机构中有发言权和表决权。

（3）加强国内外的交流与合作。我们举办了"第五届全国图书馆学情报学青年学术研讨会"。与此同时，邀请武汉大学、北京大学、北京师范大学、南开大学等10所知名大学图书馆学系的主任与会，讨论图书馆学教育的问题。与美国OCLC（即联机计算机图书馆中心）合作召开了国内首次"中文文献数据库国际学术研讨会"，还承办了"海峡两岸第四次图书资讯学学术研讨会"，并与香港岭南大学合作，在香港召开了主题为"图书馆的新纪元——图书馆与服务"的学术会议。这些活动加强了我们系与外界的联系与合作，也扩大了我们系在国内和国际的影响。

（4）加强师资队伍建设。我们系原来只有一位教授，那就是周连宽老先生，而且已经退休。后来我们系在职的有7位教授、9位副教授。在美国岭南基金会的资助下，几年内共派遣16位教师到美国、中国香港、中国台湾进修或考察，对师资队伍建设起了很大的作用。

（5）凭实力获授图书馆学、档案学两个硕士点。当时全国只有8所高校有图书馆学硕士点，我们系是其中之一，档案学就更是名列前茅了。而且完全是凭实力，没有进行任何不正当活动。

（6）实现新老交替，将一些年轻有为的青年教师推向学术前沿，走上领导岗位。1991年，程焕文、陈民先、陈永生分别担任了图书馆学、情报学、档案学教研室主任，以后程焕文、陈永生先后担任了系主任。连老创办这个系的时候已经60岁，我接手的时候正好50岁，程焕文上任时不到40岁，这是我们系兴旺发达的表现。

当然也有失误和遗憾的地方，例如没有拿到图书馆学的博士点就是一个遗憾，但我相信这个问题在程焕文手里一定会很快解决。在这一过程中我深深感到，到大学教书是一个正确的选择，大学教师可以安心搞自己的专业，而且不坐班，有假期，人际关系也没有那样复杂，特别是师生的感情是纯洁的、永久的。

图书馆学、档案学、信息学与文史哲（指中文、历史、哲学）、天地生（指天文、地理、生物）等基础学科和经济、法律、计算机等热门学科比较起来不是强势学科，但它们是社会需要的、不可或缺的学科，是有发展前途的学科。任何一个学科的生存发展，都要靠自己的努力。25年来，我们取得了很大的成绩，但这些已成为过去，我们今后还有很长的路要走。时代的进步、技术的发展对我们学科影响很大，最近十几年的时间，我们从手工操作，经历了自动化、网络化、数字化的阶段，发展如此神速是许多学科所没有的。因此，我们要跟上时代的步伐，培养更优秀的人才，以适应时代发展的需要。

作为学校，最重要的产品是学生，关键是学生在社会上的表现和对社会的贡献。我认为不必在乎出了几个官员和名人，而在于学生的整体素质，在社会上的口碑。我对我们系同学们毕业后的表现是满意的，也为此感到高兴和荣耀。现在我们国家处于转型期，各种观点在碰撞，各种思潮在较量，各种行为在顽强地表现自己。在这种情况下，希望同学们保持清醒的头脑，坚守做人的本分和职业良心，用高度的社会责任感，去从事自己的工作，以不辜负母校的培养和希望。

祝我们系兴旺发达。祝老师们身体健康，家庭幸福。祝同学们好好学习，天天向上，事业有成，前程无量。

谢谢大家。

(2005年12月17日在中山大学资讯管理系25周年系庆大会上的致辞)

作者简介

谭祥金，研究领域：现代化图书馆事业建设；教授课程：信息资源建设、信息管理导论、图书馆管理、图书馆建筑、文献信息学导论。

专题二

学科建设

试论情报科学体系

华勋基

一门科学成熟的标志,在于它的学科体系的严谨和完善。情报科学是处于发展中的新学科,它的体系也处于发展完善阶段。近年来,国内出版的情报学教材中,大多沿袭美苏两国情报学家提出的理论体系。这些体系都有一定的局限性。本文结合我国丰富多彩的情报工作实践,试就情报科学体系的建立问题谈一点意见。

1 建立学科体系的基本原则

科学是系统化的知识,科学体系是建立在学科的基本概念、定义、规律的基础上的。从本质上讲,建立任何一门科学的体系,都是对该门学科知识进行整序,使这些知识从零散无序的状态,集聚为系统的有序化结构。因此,尽管学科性质、功能不同,但是有一些基本原则可供遵循借鉴。

1.1 体系的整体性原则

整体性是任何一个系统的学科体系的基本特征。这是因为任何系统都是由许多要素组成的,要素与要素之间相互依存、相互联系,形成一个不可分割的整体。情报科学也是一个整体,它是由情报搜集、情报加工、情报存贮、情报检索、情报传递和情报研究等要素所构成。只是由于情报所含内容的不同，其适用范围和传递方向各异，因此也就产生了诸如科技情报、社科情报、经济情报等子系统。必须强调指出，不能把这些子系统分割为不同性质的学科，如科技情报学、社科情报学、经济情报学等。如果这样做，就违背了学科整体性原则。

按照学科体系的整体性原则，我们认为应该建立大情报科学体系，把各个情报子系统都纳入这一体系，运用同一概念进行解释和定义，运用同一规则指导其实践，运用同一功能评价指标衡量其作用，只有这样才能保持情报科学的独立学科地位，而不附属于其他任何学科。

提出大情报科学观点，并非好大喜功，而是科学升华的结果。例如，科技情报学家在解释情报定义时，强调了情报的知识属性，换句话说，没有一定知识内容的东西，概非情报。而经济情报学家在解释情报定义时，就强调消息，不管它有没有科学知识，只要有利于经营，都是无价之宝。再如，科技情报要求新颖性，而社科某些领域（如史学、古文献学等）则要求历史性。凡此种种，对同一个情报概念，给予各种不同的解释。这充分说明了情报科学整体性的必要。

1.2 要素相干原则

体系是由要素组成的。要素之间的相互作用是不是具有相干性，是体系是否严谨的判据。所谓相干性，就是非叠加性，犹如人体功能并非各个器官功能相加一样。要素具有相干性能够产生新的质量，正是由于这一缘故，才能使系统的功能大于各部分功能之和。根据这一原则，我们在建立情报科学体系时，不应简单地罗列情报工作项目，更不应牵强地输入一些不相干的要素。把工作项目罗列殆尽，只是简单叠加；把非相干事物说成相关，只能增加体系的无序性。比如有人认为情报科学的相关学科人才学和教育学，都应属于非相干要素。固然，人才的造就、教育的提高都离不开情报，但这只是事物之间的一种普遍联系，亦即哲学意义上的联系。把人才学、教育学与情报科学关联起来，并不生产新质，反而会使情报科学体系庞杂而又混乱。

检验要素之间是否具有相干性，只要抽出体系中的任一组成部分，看其是否对整体产生影响。若对整体结构和功能产生了影响，则为相干性要素，亦即体系不可缺少的组成部分；反之则不然。例如情报分析研究，有人认为这不是情报工作分内的事情，应由各门学科的专家自己去完成；特别是随着咨询业的兴起，更有人主张将这项工作分出去。显而易见，情报科学体系中抽掉了情报分析研究，将极大地减弱情报系统的功能。因此，我们既不主张任意扩大情报科学的范围，也不主张随意抽掉相干要素，而应该严格地依据要素相干性原则，组织其体系结构。

1.3　结构的层次性原则

学科体系的结构是分层次的。所谓结构就是体系中各组成部分的排列关系。一般说来，科研工作分为三个层次，即基础研究、应用研究和开发研究。折射到科学体系中来，就反映为理论部分、应用部分和技术部分。情报科学是研究社会情报运动规律的科学，从本质上说是促进社会信息和人类知识应用的科学，属于应用科学。正如其他应用科学一样，它也有理论部分、应用部分和技术部分。因此，情报科学具有三个层次。

有人认为，情报科学只存在如何利用知识这一层次，它的上一层次是各门知识的生产，下一层次是利用情报后的知识再生产。如此没有层次的结构，实际上是不能构成体系的。因此，我们建立情报科学体系时，不仅要确立它的相干要素，还应该将这些要素按照情报运动的客观规律排列组合，划分出层次。只有这样，才能使学科体系稳定发展。

1.4　功能专一性原则

所谓功能，是指特定结构的事物在其与外部的联系中所表现出来的特殊的能力。功能也是判断体系的重要标准。每一个学科都有自己的特定功能，即功能的专一性。情报科学的功能，简单地说，就是研究"三多一快"，即存贮信息多、查获信息多、交流信息多，信息传递快。

情报科学体系的内容必须围绕这一功能,情报科学体系的结构也要具备这一功能。

"三多一快"是个整体,缺一就破坏了情报键。比如只讲传递快,就无法区别情报系统与新闻媒介系统;只讲存贮多,也就难以区别情报系统与图书、资料、档案系统。

1.5 开放性与封闭性原则

一个学科的体系必须是开放的,这是基于它必须同周围环境不断地进行物质、能量、信息的交流,以保持系统的动态平衡的前提。开放性的主要表现形式是横向联系,也就是说,它必须吸收现代科学技术中的能强化其功能的新思想新成果。同时,体系又必须是封闭的,只有封闭才能有较稳定的内容和结构,否则就成游牧式。情报科学不研究各门知识的内容,但又必须掌握、了解各门知识的内容。无边际地钻入各门知识的深处,就失去了情报科学的功能专一性;对各门知识毫无了解,也发挥不了"三多一快"的特定功能。

以上是建立情报科学体系的基本原则。真理的长河是相对的,这些原则并不是凝固不变的。正如恩格斯所说,"我们只能在我们时代的条件下认识事物,而且这些条件达到什么程度,我们便认识到什么程度"[1]202。

2 情报科学总体结构

情报科学的总体结构有如下四个要点:①情报科学分三个层次,即基础理论、应用理论、实用技术;②各个层次分别由几个研究领域构成,各层次之间有的有"理论-实践"的对应关系,有的则没有;③几乎在每一层次中,都有一些相关学科,产生交叉效应;④马克思主义哲学作为指导思想和认识方法,始终贯穿于整个体系之中。据此,情报科学总体构成框架如图1所示。按照总体结构框架展开,各层次包括如下内容。

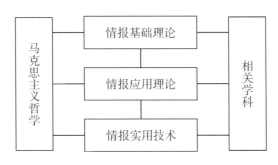

图1　情报科学总体构成框架

2.1　情报基础理论

情报基础理论包括情报科学原理（概论）、情报社会学、情报经济学、情报法规等研究领域。下面将着重研究情报社会学与情报经济学两方面的内容。

情报社会学是把情报这一社会现象作为社会大系统中的一个子系统，旨在研究情报与社会发展的关系、情报系统与其他系统相互协调的关系，以便从中找出情报工作的发展规律。它的主要内容有以下几个方面：

（1）作为社会生产力的情报，它如何促进社会生产的发展，又如何与社会的精神生产和物质生产相结合。

（2）作为社会产业的情报系统，它有哪些标志和特征，又怎样从传统规范向产业化过渡。

（3）作为一种社会资源的情报，它对社会发展的促进作用以及对改变人类知识结构的作用。

（4）情报必须与社会、经济协调发展。

情报社会学是情报科学基础理论的核心部分，除了上述几点外，它还有着广泛的课题。随着我国开放政策的加速实施，整个社会的情报意识将会极大地提高，真正的社会情报化终将到来。因此，我们在建立情报科学理论体系时，对情报社会学不能不予以高度重视。

情报经济学的主要任务是阐明情报的经济特性、情报的经济效益评价方法，以及如何用经济规律管理情报事业。

随着社会情报需求的增长，情报产业的逐步形成，情报活动中的经济问题也日益突出。在提高与扩大情报的社会效益的同时，情报的商品属性、价值与使用价值、投入与产出、转让费用等，也都是情报经济学亟待从理论上解决的问题。因此，我们也把它作为基础理论的组成部分。

2.2 情报应用理论

情报应用理论包括情报管理、情报交流、情报语言、情报计量、情报心理等理论问题。这一部分居于中间层次，是基础理论到实用技术的桥梁，是情报科学体系的中心。一门学科成熟的标志，主要是看它能否在基本原理的基础上，提出解决实际问题的方法。情报科学从性质上讲是一门应用科学，因此，怎样强调它的应用研究也不过分。

2.3 情报实用技术

情报实用技术包括情报搜集技术、加工整理技术、存贮检索技术、编辑报道技术、分析研究技术以及用户服务等。

实用技术也有各自的理论问题，但从总的方面来看，它侧重于方式方法、操作技巧方面。

综上所述，可以将这三个层次所含的主要内容用图 2 表示。

3 情报科学的相关学科

情报科学是一门边缘交叉的综合学科，这一学科性质决定了在其研究活动中涉及许多知识门类。但是，所涉及的知识并不等于就是相关学

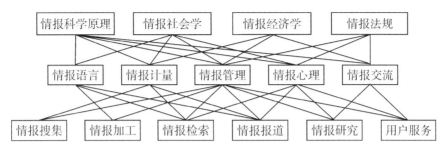

图2 情报科学的三个层次

科。比如，数学被誉为"科学皇后"，它在一切科学精确化方面成为不可缺少的工具；但是，它并不因此而成为一切科学的相关学科。学科的相关性，是指那些在其发生发展过程中，彼此具有内在联系的性质，亦称"科学生长相关律"。那么，科学生长有哪些相关规律呢？根据科学学研究所提供的认识，我们认为，以下几点可作为确定情报科学相关学科的依据。

3.1 边缘交叉相关性

所谓边缘交叉学科，是指在两门或两门以上学科的交接面上产生的新学科。交界的这些学科就是这一新学科的相关学科。恩格斯曾经天才地预见："在分子科学和原子科学的接触点上，双方都宣称与己无关，但是恰恰就在这一点上可望取得最大的成果。"[2]268我们认为，情报科学一面衍生于图书馆学的边缘，吸收发展了图书馆学有关文献管理与利用的理论和方法；另一面是在信息科学的边缘上，引进利用了信息科学的原理和技术，特别是计算机技术、通信技术、光电技术等，提高了文献存贮与检索利用的水平。因此，可以说，情报科学是在图书馆学与信息科学边缘上交叉形成的，所以，图书馆学与信息科学是它的相关学科。

3.2 整体部分相关性

所谓整体部分相关性，是就研究的对象来说的，一个是从广角镜角度研究对象的整体，另一个是从分角镜角度研究对象的一部分。它们由于角度大小不同，其作用范围也不同，但是都是为了揭示同一规律，认识同一事物，所以这些科学互为相关。科学学是研究科学活动整体的广角镜，情报科学是研究科学活动中情报现象的分角镜。同样，管理科学与情报科学在管理领域中也具有这种关系。因此，科学学与管理科学也都是情报科学的相关学科。

3.3 因果相关性

因果相关性，即一门学科的研究是另一门学科研究的条件，也就是说它为别的学科提供了前提，如数学为力学的前提，经济学为管理学的前提等。情报科学的研究为预测学、决策学提供了前提，而情报分析研究本身又是预测学的个例。因此，它们均属相关学科。

3.4 方法移植相关性

科学方法的渗透移植，是科学发展的重要途径。这种现象几乎比比皆是。但是，这里所指的是那些对学科本身具有根本意义的方法和手段。依此看来，传播学也是情报科学的相关学科，因为传播学有关媒介理论的研究，对情报收集和传递有着积极意义，它提供了情报收集渠道与传递渠道的选择标准，从而扩大了情报来源与输出效果。

参考文献

[1] 恩格斯. 自然辩证法[M]. 曹葆华,于光远,谢宁,译. 北京:人民出版社,1959.
[2] 恩格斯. 自然辩证法[M]. 中共中央马克思恩格斯列宁斯大林著作编译局,译. 北京:人民出版社,1971.

（本文原刊于《情报学报》1987年第6期，页446-450）

作者简介

华勋基，研究领域：信息经济学、科技情报；教授课程：情报学概论、科学学。

关于我国情报学研究范畴及情报学教育问题的思考

罗式胜

苏联著名情报学家米哈依洛夫提出的情报学的概念是建立在科学交流的基础上的。他的这一思想在历史上对情报学的产生和发展起过巨大的影响和作用。长期以来，我国关于情报学的概念、研究范畴和情报学教育也基本上是沿袭这一思想。但是，随着社会经济的发展和社会情报需求的多样化，单纯地把情报学的研究对象局限在科学交流的范围内，既不能在理论上全面揭示情报学作为研究社会普遍现象的学科的内容和本质，也不能在实践上满足各种社会交流（如经济、政治、文化等）的需要。因此，本文拟就米哈依洛夫关于情报学概念的局限性，我国目前对于情报学概念的认识以及我国情报学理论研究和情报学教育中应该注意的一些问题进行初步探讨。

1 米哈依洛夫关于情报学概念范畴的局限性

米哈依洛夫主张把情报学限制在科学交流范畴，其代表作是《科学交流与情报学》[1]。事实上，情报学是一门研究情报普遍规律的学科。情报的普遍规律不仅存在于科学交流的过程中，应该而且事实上也存在于经济交流、政治交流、文化交流、军事交流等社会交流之中。在这些交流中，客观而明显地存在着情报现象及其所表现的种种共性规律和个性规律。情报学作为一门独立的学科，在整体上它研究作为社会普遍现象的情报的共性规律，即科技情报、经济情报、政治情报、文化情报、军事情报等共同遵循的一般规律；同时它在具体内容上又应分为科技情报学、经济情报学、政治情报学、文化情报学、军事情报学等，这些分支偏向于研究各具体领域的个性规律。

科学交流仅仅是社会交流中的一种交流，如果仅仅在科学交流的基础上研究并确定情报学的概念，是会产生一定局限性的。有史以来，人类在经济、政治、文化、军事等方面的交往和科学交往（或科学交流）一样，在人类生活中一直占有极其重要的地位，甚至可以说，人类的经济交往比其科学交往来得更多、更早。特别是在我国当今活跃的经济改革形势下，经济情报的需求甚至要比科技情报更为普遍和急切。如果当今我国情报学界和情报学教育事业的指导思想仍然停留在科学交流和科技情报学的狭小范围内，显然是与我国的国情不相符合的。

目前，在世界范围内，经济、政治、文化、军事等活动日趋广泛和频繁，情报活动在其中起着非常重要的作用。在这种形势下，是否应把目前情报学的概念从科学交流的范畴中扩展开来，如何扩展以使情报学这一学科得以完整并得到发展等问题，是值得我们思考的。

2 我国关于情报学的概念及情报学教育有待开拓的内容

2.1 局限于科技情报的情报学已不能满足当今社会对情报的多样化需求

社会在发展，人类社会的交往越来越频繁，情报需求在数量上和种类上都在增加，社会各个部门都需要符合他们要求的情报。工厂企业、商业外贸乃至农业部门需要经济情报，文化教育部门、艺术公司需要文化情报，政治团体需要政治情报，军事部门需要军事情报。这些情报用户在宏观上需要情报学家揭示作为广义情报的一般规律和一般方法，在微观上需要情报学家提供狭义情报（如经济情报、政治情报、科技情报、文化情报等）的特殊规律和特殊方法。众多的情报用户的多样化要求是科技情报所远远不能满足的。科学技术情报学仅仅是情报学的一个分支，我们如果能从内容上把目前的科技情报学外延，即经济情报学、政治情报学、文化情报学等充实到情报学这个大体系中，从理论上把上述各类具体的情报学进行综合和抽象，无疑会使情报学的学科体系达到一个更加完美的地步。这既是社会交流的客观反映，又是社会交流的客观需要。为此，我们必须冲破现有科技情报学的局限，站在一个更高的高度来研究更大范围内的情报学问题；否则，情报学将永远不可能成为一个被学术界承认的独立学科，甚至有可能误入一个死胡同。

2.2 我国当今情报学教育不能适应社会的客观需要

长期以来，我国的情报学概念和情报学教育基本上是沿袭苏联米哈依洛夫的思想体系，即局限于科学技术情报的范畴。尽管目前我国高等院校各有关院系或专业冠以情报学的名称，如图书情报学院、图书情报学系、情报学专业等，其"情报学"的实质仍然是指科技情报学，情报专业的课程设置乃至毕业生的培养方面也基本上是按照科技情报模式安排的，即课程设置主要偏重于科学技术情报的教学内容，毕业生的培养目标和去向主要是科技情报部门。这种教育方式与社会需要之间存在着如下明显的矛盾：①科技情报部门所需要的情报人员接近饱和；②广大的工矿企业、商业外贸部门、文化部门、政府部门，甚至军事部门缺乏受过正规专业教育的高级情报咨询人员。

2.3 情报学概念的新认识

综上所述，我们不难看出：①情报学的范畴应包括政治情报学、经济情报学、科学技术情报学、文化情报学乃至军事情报学等方面；②情报学的含义已不仅是指目前的科学技术情报学了，而是一个在不同程度上被抽象化了的名词术语，它可以具体指经济情报学、政治情报学、科技情报学、文化情报学、军事情报学中的任何一种，也可以泛指各类情报学。

2.4 我国现有的情报学概论教程在内容上要扩大

目前国内有关"情报学概论"方面的教程有许多不同的版本,但它们讲的事实上都是科技情报学概论。如果"情报学概论"课程要成为名副其实的情报学基础课程,那么在内容上要在以下方面统一认识并加以开拓:①情报是一种普遍存在的社会现象,情报学则是以这些现象和过程为对象,研究其中的特征和规律的一门学科。情报学的研究范畴不局限于科学交流,而涉及整个社会交流,因此,情报学从抽象的角度来说是研究情报,并分为理论情报学和应用情报学;从具体的角度来说分为政治情报学、经济情报学、科技情报学、文化情报学等。②对情报用户需求、情报语言学、情报心理学、情报系统理论、情报社会学等的研究,要从原来的科技情报领域开拓到广义情报领域,即对各类(政治、经济、科学、文化等)情报用户、情报语言、情报心理、情报系统、情报需求、情报计量、情报社会等,分别研究其共性规律和个性规律。

3 目前情报学理论和情报学教育要注意的几个问题

在现代新兴学科丛生的科学世界里,情报学终于也亮出了自己的旗帜[2],但要得到学术界的普遍承认,有几个根本性的问题必须统一认识:

(1) 情报学的理论体系是否就是科技情报学的理论体系,或者换句话说,科技情报学的理论体系能否替代情报学的理论体系?回答是否定的。因为不论是目前的科技情报学理论,还是将要建立的经济情报学理论、文化情报学理论、政治情报学理论等都只是情报学理论体系的一个分支理论,目前作为上位类的情报学理论事实上并未产生。

(2) 情报学是不是一个独立的学科?如果是一个独立的学科,那么如何解释目前学术界的种种猜想：情报学是通讯科学，情报学是信息科学，情报学是图书馆学的延伸，情报学是计算机科学的一部分，情报学是管理科学？等等。

（3）是否应逐步把目前国内情报学专业的课程从单纯的科技情报学课程范围延伸到包括经济情报学、政治情报学、文化情报学等的课程内容？从长远的观点来看，大学里的情报科学系可下设科技情报专业、经济情报专业、政治情报专业、文化情报专业等。

（4）情报学要想作为一个独立的学科得到学术界的普遍承认，必须建立自身抽象的理论体系。"理论情报学至今尚未真正建立起来，目前看到的还只是一些零散的理论。这些理论本身在一定程度上是严整的，但彼此之间无法凝结起来。因此，可以作为理论基础的共同假说，无论是外显的还是内隐的均不存在。"[3]目前情报学学科建设面临的情况是：①情报学有具体的内容无抽象的理论。尽管目前情报学有了一些理论研究，但这些理论都含有很强的专指性（或具体性）。情报学的理论若不能从具体中抽象出来，是不可能具备更广泛的指导性的，也难以让学术界承认它作为一个学科单独存在的必要性。②情报学的理论要抽象，但抽象是相对于具体而言的，没有绝对的抽象。我们讲情报学的理论要抽象，是指在科技情报学、经济情报学、政治情报学、文化情报学等同位类学科理论基础上的抽象。这个抽象后的情报学理论已不再是单一的科技情报学理论或经济情报学理论，而是一个在深度和广度上都向前推进了一步的相对抽象了的理论体系。目前我们虽然可以看到情报学有一些零散的理论，但它们在横向上彼此间还未沟通起来，在纵向上还未提高。目前有些人认为，科技情报学专业可合并到计算机信息科学系；情报学专业可合并到管理系；经济情报学可合并到经济系或经济管理系；政治情报学可合并到政治系；等等。之所以出现这样的偏见，主要是目前情报学作为一个独立的学科还未得到科学界的普遍认可，目前情报学的学科性太具体了。③从实践中抽象出情报学的理论并不是说不要实践，而正是为了指导广泛的情报实践。建立情报学理论体系并不是一朝一夕就能完成的，这是情报学界长远的目标。但就目前情况而言，第一步应建立并健全科技情报学理论、经济情报学理论、政治情报学理论、文化情报学理论等各分支理论。可惜的是,至今除科技情报学外,同位类的经济情报学、政治情报学、文化情报学的理论都未建立起来。只有在各分支理论都成熟了的基础上,才有可能进行第二步,即对各分支理论在横向上进行沟通和归纳,在纵向上进行深化和提高。这是发展情报学理论体系的长远战略目标。

综上所述,摆脱米哈依洛夫关于情报学概念范围的局限,建立我国的情报学理论和情报学教育体系,是社会交流的客观需要,也是情报学学科自身发展的需要,更是我国国情的需要。这个问题应该引起我国情报学界的足够重视。

参考文献

[1] 米哈依洛夫,乔尔内,吉里列夫斯基.科学交流与情报学[M].徐新民,张国华,孙荣科,等,译.北京:科学技术文献出版社,1980.
[2] 陈刚.论情报学的研究方向[J].情报科学,1984,5(3):47-48.
[3] 布鲁克斯.情报学的基础[J].王崇德,邓亚桥,刘继刚,译.情报科学,1983,4(4):84-94.

(本文原刊于《情报学报》1989年第2期,页121-124)

作者简介

罗式胜,主要研究方向:文献计量学、科学计量学、企业情报、图书馆公共关系、竞争情报;教授课程:文献计量学、企业情报工作、科学计量学、图书馆公共关系、经济信息学。

谈当今科技档案的编研工作

徐富荣

当今,我国社会经济已逐步进入市场经济的时代,"开发信息资源,服务四化建设"乃是科技档案工作的发展方向。而开发日新月异、数量巨大的科技档案信息资源,其中一项重要的工作就是开展科技档案的编研。

所谓科技档案编研,是指通过对科技档案的分析、研究、选择,并依照一定的题目来进行加工、编排、组合,汇集和编制出各种编研成品。总的说来,就是把科技档案信息依照各自的需要编制出来。

通过科技档案编研,可以将科技档案内的信息从分散变为集中,从零星变为系统,从静态变为动态,使之更直观,更醒目,更适合当今市场的需要。这样就提高了信息密度,增加了实用性。可以说,编研是科技档案工作的重要一步,也是以后开展工作的基础。

以下从当今科技档案编研工作的一般程序和要求、编研人员的培养及编研工作的效益三个方面展开来谈。

1 科技档案编研的一般程序和基本要求

一般说来,科技档案的编研应经过如下程序:选题—制订编研方案—选材—编研加工—校审及批准。

当今,由于科技档案的数量及知识量猛增,没有选题,整个编研工作就无从下手。选题,就是根据当前市场经济的需要,选择编研的题目。选题适当与否,直接关系到编研成果的价值和编研工作的成败。选题的基本要求是要有客观性、实用性和预见性，既要有实际需要和材料基础，又能满足社会经济发展的需要。这样编研出来的东西才会受到科技人员的欢迎，才能为社会所接受，才会有较高的利用率。编研题目，总的选题方向应是满足当代市场经济发展的需要，为建立我国社会主义市场经济服务，这样的选题才能有生命力、有效益。具体的选题可以从如下途径获得：一是编研人员依据平时的了解，经过分析和预测而定；二是依据科技档案利用的情况进行选题；三是依据企事业单位的领导人的安排或者科技人员的具体要求来定；四是依据科技档案信息市场行情来定。

选题确定之后，编研人员要根据题目的大小、任务的轻重，制订编研方案，用以指导整个编研工作。方案内容包括：编研资料的主题内容、目的和要求、材料来源和范围、人员分工、时间安排等。

选材是决定编研资料质量高低的一个重要因素，其基本要求是完整、准确。对于科技档案专题著述，它的选材范围在坚持以科技档案为主的前提下，还应扩大到整个企业档案。首先，对于某个单位科技档案汇编、简介等形式，应以其本身的科技材料为主，离开了科技档案的原件，编出来的成品就成了无源之水、无本之木，失去了存在的基础。如《上海100年气象档案汇编》是上海气象的原始记录。另外，在选择材料时，如果选用了不准确的数据和文字，不但会影响编研材料的质量，有时还会给生产、建设、科研带来损失。因此，在选择科技材料时应选择权威的资料，并做好调查、校对的工作。

编研加工是围绕编研题目对所选材料进行提炼加工和编排，使之符合编研目的和要求的过程。依据工作的深度和难度，可以把编研加工分为"二次文献加工"和"三次文献加工"。特别是"三次文献加工"，是对选择好的材料进行综合、归纳和提炼，探索事物的本质，寻找规律性的东西。在这个信息量非常大的时代，这项工作更为有用，也是科技档案编研工作的发展趋势。这项工作的基本要求是要忠于档案原件，忠于科研、生产、建设的实际，保证材料准确无误。

校审和批准是编研工作的最后环节，通常分为三步，即初步校对、全面校对及最后审校。这项工作力求编研资料的准确。

2 编研人员的培养

科技档案的编研，必须首先依靠科技档案人员，因为科技档案编研是开发科技信息资源的重要手段，是科技档案业务管理的一个重要环节，搞好科技档案编研工作，是科技档案人员的一项重要职责。科技档案人员对库藏的科技档案情况要比较了解，内容要比较熟悉，从某种意义上讲，这对做好科技档案编研工作具有重要作用。因为对科技档案材料越熟悉，在科技档案编研时越能得心应手。经过长时间的实践锻炼和业务培训，我国科技档案人员的文化素质和业务素质普遍得到提高，涌现出一批文化程度和业务素质水平较高的科技档案干部。这是搞好科技档案编研工作的一个重要条件。

科技档案编研工作是一项专业性、综合性都很强的工作。要搞出一件有一定水平的编研成品来，不仅要熟悉科技档案材料，还要有一定的文字表达能力，更重要的是要熟悉有关科技专业知识。这就需要科技档案人员与科技专业技术人员相互合作，才能编出高水准的成品。

近年来，科技档案工作建立了"有意识形成论"，标志着我国科技档案工作步入了高水平的发展阶段，科技档案工作不再只是科技档案工作者的任务了。档案的"有意识形成论"就是科技人员在完成某项科技任务时，有意识、有计划地按着档案工作的要求，形成和积累档案材料，并在现行任务结束后自觉地整理归档的思想、理论。档案的"有意识形成论"符合当代科技档案工作发展的需要，使科技档案人员与科技人员共同编研档案，既提高了科技档案编研资料的质量，也节省了时间、金钱，同时，利用较长时间的编研工作，锻炼培养了大批素质高的档案工作人员。这是科技档案编研工作的动力之源。例如，上海民用建筑设计院的科技档案人员和本单位的工程技术人员及同济大学的一位教授共同编著的专著《上海近代建筑史稿》，对上海近现代建筑史、历史沿革、建筑特点逐个加以评述，是一本有着重要的历史价值和现实查考价值的专著。这个例子说明，科技档案工作者与科技人员之间的相互合作潜力巨大，可以使我国的科技档案的编研工作走上一个更高的层次，同时也推动着整个科技档案工作的开展。

3 科技档案编研工作效益剖析

开发利用科技档案信息资源是档案利用工作的延伸。科技档案编研成品为信息市场提供货源，为企业经营、生产、科研等活动提供服务，具有现实的和潜在的经济效益。但是，科技档案编研成品往往不直接产生经济效益，而是间接的效益表现。比如，上海沪东造船厂在《5000吨油轮发展概述和前景探讨》中有关改造该厂水平船台、扩大建造中型船舶能力的分析和建议，与领导决策相吻合，付诸实施，产生巨大的经济效益；又如，《缩短生产周期的回顾和思考》系统地回顾了40年来上海沪东造船厂在缩短造船生产周期方面取得的成效及其原因，总结出经验教训与不足之处，对妨碍缩短造船生产周期的主要问题进行剖析，间接为企业产生了效益。

上例说明，科技档案编研成品对企事业单位的技术改造等起了促进作用，其经济效益，即科技档案编研工作的效益是潜在的、间接的，是客观存在的。

另外，科技档案信息的开发，使科技档案信息走向市场，编研出适合市场急需的成品，满足用户需要，可产生直接的经济效益。我们知道，科技档案信息市场的建设，不可能把原始的档案拿出去卖，要进行加工，而这个加工处理，相当大的一部分工作是属于编研工作。

科技档案信息的开发利用显示了科技档案工作的作用，提高了其地位，进一步推动了科技文件材料的积累和归档，而做好科技文件材料的积累和归档又将科技档案编研工作推向新的水平。

要搞好科技档案的编研，就要做好两个方面工作：一是要重视编研工作的一般程序，保证编研材料的完整与准确，并在当代市场经济环境之下，灵活掌握，依据不同的需要和材料而进行；二是提高编研人员的专业水平和表达能力及市场信息的敏感性。

(本文原刊于《北京档案》1996 年第 11 期,页 27 – 28)

作者简介

徐富荣,主要研究方向:档案现代化管理;教授课程:科技档案管理、办公自动化、计算机管理档案等。

半个世纪以来的中国档案学
——关于自身问题研究的回顾与评价

陈永生

产生于20世纪30年代中期的中国档案学,已经走过了半个多世纪的历程。而就档案学自身问题的研究而言,中华人民共和国成立前的十几年可以说是个空白。那时的档案学研究把主要精力放在解决与行政效率和历史研究的需要密切相关的档案工作实际问题上,至于档案学的研究对象、学科属性、学科体系、研究方法、学科历史等档案学自身问题似乎被排除在档案学的研究范围之外。因此,回顾和评价档案学自身问题研究的时间指向自然是中华人民共和国成立以来的半个世纪。

总的来说,新中国的档案学在其半个世纪的发展历程中,研究具体的实践问题和理论问题多,而对自身问题的思虑少。所以,对档案学自身问题研究所取得的成绩及存在的不足做一回顾与评价,是很有必要的。

1 关于档案学的研究对象

对档案学研究对象的科学界定和正确表述,是档案学自身问题研究的一个最基本的方面。一门学科要研究和反思自己本身,就不能不首先明确回答这门学科究竟是研究什么的。

吴宝康先生在1957年发表的《关于档案学问题》一文中,曾对档案学的研究对象做过阐述。他认为:"档案学是研究档案文件和档案工作的发展历史以及全部档案工作实践活动的理论体系。"[1]76迄今为止，几乎所有关于档案学研究对象的表述都承继着吴老先生当年提出的框架模式，以至于把档案和档案工作确定为档案学的研究对象成了档案学界流行的观点。以下是已经出版的几个版本的《档案学概论》对档案学研究对象所做的表述：

"档案和档案工作是档案学的研究对象。档案学是揭示档案和档案工作的性质、功能和发展规律，研究档案信息资源的管理、开发和利用的理论、原则与方法的科学。"[2]232

"档案学是以档案、档案工作和档案事业为研究对象，并探索研究对象的结构、功能、运动规律的以及与其相关学科相互关系的一门科学。"[3]47

"档案学是研究档案和档案工作的客观发展过程及其运动规律的学问。"[4]1

应该说，人们对档案学研究对象的思考和表述，抓住了其中最为关键的东西，因为在事实上，档案和档案工作的确是档案学的主要研究对象。并且，把档案和档案工作确定为档案学的研究对象对促进档案学的独立发展具有重要的意义。"档案学是有自己的研究对象与任务的，因此档案学是一门独立的科学是毋庸置疑的。"[1]76

然而，这些表述是不全面的，它们的通病就是把档案学排除在档案学的研究对象之外。事实上，档案学不仅要研究档案和档案工作，而且要研究档案学自身以及其他方面。

到了20世纪80年代中后期，对档案学研究对象概括不全的缺陷引起了档案界一些学者的关注，人们通过借鉴其他学科成功表述其研究对象的方法，认为"档案学的研究对象就是档案现象及其规律"[5]。显然，这一概括表述把由档案这一终极现象的存在而引发和派生出来的档案工作、档案学等具体内容给抽象掉了，只保留了终极的档案现象，从而从根本上解决了档案学对研究对象表述不全的问题。这个问题的解决，让原本属于档案学研究对象范围而被人们有意无意地排斥在此范围之外的档案学本身，再度回到档案学研究对象的怀抱，这将有利于促进档案学本身的研究。

2 关于档案学的学科属性

对档案学学科属性问题的广泛讨论和争论，是80年代以后的事情。在那之前，人们对档案学的学科属性只有一些零散的研究和表述，并且都用十分肯定的语气来表明档案学属于社会科学这一态度，如"档案学应属于社会科学是毋庸怀疑的"[1]80，"毫无疑问，档案学是一门社会科学"[1]89。除此而外，我们找不到不同的观点。

进入80年代以后，情况发生了很大的变化，人们开始重新关注档案学的学科属性问题，并形成了各种不同的观点。除了仍有不少人坚持档案学属于社会科学之外，有的认为档案学属于管理科学，有的认为档案学属于新兴的知识科学，而最有代表性的观点是认为档案学属于边缘科学或综合性科学。就连早在50年代曾十分肯定地表明档案学属于社会科学的吴宝康先生也改变其原来的观点，认为"档案学基本上仍是社会科学，但从其发展来看，还应是属于社会科学和自然科学之间的边缘学科或综合性学科"[6]114。其理由是档案学中的科技档案管理学、档案保护技术学属于自然科学或技术科学，而多数科目仍属于社会科学。1988年初，任遵圣先生发表了《试论档案学的科学性质》一文，详尽地阐述了档案学属于综合性科学的观点。[7]

从档案学学科属性问题研究的历史进程中，人们不难发现，学界的观点呈现出从共识到分歧的走向。这是一种令人玩味的特殊现象，值得人们去深思。我认为，这种走向与档案学独立性问题的研究之间有着密切的联系：当档案学独立性问题研究观点发生分歧的时候，档案学学科属性问题研究则能够达成共识；而当档案学独立性问题研究达成共识的时候，档案学学科属性问题研究却出现了观点分歧。

档案学究竟是不是一门独立的学科？这在80年代以前尤其是五六十年代是一个颇具争议的问题。有人认为，档案学不是独立的学科，而是历史科学的辅助科目；有人则认为，档案学已经脱离了历史科学而成为独立的学科。两种观点都承认档案学与历史科学关系密切。正是这一点使人们达成了档案学学科属性的共识，因为历史学的社会科学属性是没有争议的，所以，与历史学关系密切的档案学的社会科学属性自然也是确定的。到了 80 年代，档案学是一门独立的学科的共识最终达成。这一方面使档案学的学科属性脱离了历史学的社会科学属性这一大前提的限制，另一方面推动了档案学学科建设的发展并出现了一些带有自然科学成分的分支学科，于是就出现了档案学学科属性研究的观点分歧。

从以上分析中我们可以看出，不同时期关于档案学学科属性的不同观点都是当时历史条件下的产物，其观点的提出也是具有其历史价值的。80 年代以前，尤其是 50 年代，人们认为档案学属社会科学是符合当时档案学发展的实际情况的。在这一共识下，人们更自觉地运用马列主义来指导档案学的研究，这对档案学的改造和发展无疑是有重要意义的。80 年代以来，人们在档案学学科属性问题上出现观点分歧也是一种必然的现象。这种局面的出现，使人们更加直面当代科学技术的发展对档案学的影响，并进一步强化了人们对档案学独立性的认识。

当然，以我个人的观点来衡量，80 年代以来对档案学学科属性问题的研究上出现的各种非社会科学的观点，是与档案学的本质属性不相符的，因而也是缺乏说服力的。我始终认为，档案学的研究对象——档案现象毕竟是一种社会现象，只要这点不变，档案学的社会科学属性也就不会改变。

3 关于档案学的学科体系

档案学的学科体系是在档案学的发展过程中自然形成并逐步丰富和完善的。对档案学学科体系的研究毕竟是一个带有全局性和规划性的重大课题，它集中体现了档案学理论工作者建设和发展档案学的客观需要，同时也反映了研究者们的某种良好的主观愿望。

人们普遍关注、研究并自觉设计档案学学科体系，也是 80 年代以后才出现的事情。当然，早在 50 年代，吴宝康先生确实曾经提及档案学学科体系问题。他说："档案学是由若干科学课目共同组成的，因此档案学实际上就是这些科学课目的总称。这些科学课目是：中国档案史、世界档案史、文书学、档案工作理论与实践（其中包括技术档案管理与组织、影片照片录音档案管理、档案文件保管技术学）、档案文件公布学。"[1]76-77 但是，吴宝康先生在当时并无意去研究和设计档案学的学科体系，而是想通过这种描实性的语言来说明档案学各课目的研究对象和内容，以便于人们进一步了解整个档案学的研究对象与任务，并帮助人们认识档案学是一门独立的学科。总的来看，当时人们对档案学各个分支学科是"一门一门地研究，再合到一起凑成一个体系"[1]585。能够合在一起的显然都是在现实中已经建立起来的一门一门的分支学科。

到了 80 年代中期，人们的基本路向有了一个较大的转变，那就是开始"对档案学的学科体系来一个设想，然后再去建设档案学"[1]585。于是出现了各种各样的档案学学科体系的设计模式。其中有"二分法"体系——把档案学分成理论档案学和应用档案学两大部类，然后在每一大类下设计具体的学科分支[8]；有"三分法"体系——把档案学分成理论档案学、应用档案学和档案管理技术，然后在每一大类下设计具体的学科分支[3]；还有"四分法"体系——把档案学分成理论档案学、应用档案学、叙述档案学和辅助档案学，然后在每一大类下设计具体的学科分支[5]。

档案学学科体系的研究和设计对整个档案学的建设和发展无疑具有全局性的重要意义，但其所以具有意义的前提是这种研究和设计具有科学性、合理性。纵观半个世纪以来中国档案学的发展，80 年代中期以前，档案学界虽然没有从宏观上关注和研究档案学学科体系问题，但为解决档案工作中的实践问题和进行各个分支学科的基本建设付出了实实在在的努力；80 年代中期以后，档案学界虽然自觉地从宏观上关注和研究档案学学科体系问题，但存在宏观构思的随意性和分支学科设置的泛滥现象。这种倾向应引起人们的足够重视。再说，到目前为止，各种档案学学科体系的设计模式都存在着明显的缺陷，"三分法""四分法"过于复杂，而"二分法"中的理论档案学是由档案学基础理论和档案专业史组成的，这显然是不符合逻辑的，因为无论如何专业理论也不能包括专业历史。所以,我曾把"二分法"体系中的"理论档案学"改造为"基础档案学",从而使它能够真正包括档案学基础理论和档案专业史。

4 关于档案学的研究方法

档案学理论工作者从一开始就运用一定的方法来思考和研究问题,他们是档案学研究方法的实践者。然而,把方法作为档案学的一个专题来进行专门的研究,也是 80 年代以后的事情。当然,此前人们也曾提到涉及方法的一些问题,如倡导档案学研究要做到理论联系实际,重视调查研究,反对教条主义等,但那时人们并无意把方法当作一个专门的问题来进行研究。

80 年代中期,方法研究成了档案学的一个热点问题。那个时期出版的几个版本的《档案学概论》,都有关于方法问题研究的专门章节,而各种档案学刊物也频频发表有关方法研究的文章。

应该说,档案学界能够相对集中地讨论方法问题,这对于帮助研究者寻求和运用科学的研究方法,提高研究工作的效率和促进档案学的发展,都是一件非常有意义的事情。研究者们在尝试定量分析方法的过程中的确取得了一些进展,大家都能欣喜地看到方法多元化给档案学带来的发展契机。然而,档案学的方法研究也存在着诸多不足和问题。其主要表现有以下几点:

(1) 热衷于构建档案学研究方法体系。几乎所有参加档案学研究方法讨论的人,都曾经试图借用科学方法的整个分类体系模式来设计档案学研究方法的分类体系,从而把档案学研究方法体系划分为哲学方法、一般方法和专门方法。在这个预设的方法体系中,人们要"对号入座"地弄出一个档案学研究的专门方法,恐怕是一件很头痛的事情,因为这样做的结果是人们很快就发现档案学还没有形成自己专门的研究方法,于是只能通过借用和贴标签的办法便大功告成地产生出档案学研究的专门方法。如有人把利用者调查法、档案馆统计法称为档案学的专门研究方法。如果真的那么简单的话，调查法和统计法倒是可以摇身一变而成为所有学科的专门方法，这一变法无非是在调查法、统计法前面贴上一个与某学科相关的标签就行了。显然，人们热衷于为档案学研究方法建构一个体系，这在方法上本身就犯了牵强附会和削足适履的错误。

（2）过高地估计方法的作用。方法研究者往往在无意中把方法看成第一位的，似乎只要掌握了好的方法，档案学研究就能马上实现一个飞跃。而在事实上，人们只能在研究问题的讨论中去把握和运用方法，而不是先把方法学到手然后再去做研究。黑格尔早就说过，真理的方法就在真理之中。同样，档案学研究的方法也就在档案学研究之中。

（3）从参与方法问题讨论的研究主体来看，大多数是青年学者，他们中间有的人甚至还没写过几篇文章就急着来谈方法。这种情况说明在研究方法问题的过程中，的确有一些人存在着"资格"问题。这个问题应该引起人们的关注。

5 关于档案学的学科历史

每一门学科都有自己的发展史，每一门学科要寻求自身的正确发展道路，就不能不关注和研究本学科的历史。

早在 50 年代，吴宝康等学术前辈就很重视把档案学当作一种历史现象来加以研究。吴宝康先生在阐述中国档案史的研究对象和内容的时候提出包括"研究档案学的理论发展"等理论。他在 1958 年编写的《档案学专题讲授大纲》中用了绝大部分的篇幅来谈档案学的发展历史。毫无疑问，档案学史研究是档案学自身问题研究的一个十分重要的内容。

吴宝康先生在 1986 年出版的《档案学理论与历史初探》是我国第一部研究档案学自身理论问题和历史问题的专著。这部专著在帮助人们了解和研究中国档案学史方面具有重要的学术价值。后来出版的几个版本的《档案学概论》《中国档案事业史》都用了专门的篇幅来论述档案学的发展史问题。尽管如此，档案学界对档案学史的研究投入仍显不足。包括吴宝康先生在内的许多档案学界的名流多年来一直呼吁建立档案学史的分支学科，但迄今为止，我们还没见到一部完整的档案学史专著问世。

我认为，档案学界应该重视档案学史的研究，因为档案学作为一门社会科学，尽管它的发展迅速，体系日趋丰富，但同自然科学的相关学科比较，它的发展又是相对迟缓的，具有明显的继承性。人们可以发现，档案学史上的每一次变革和发展都不是另起炉灶，而是一种扬弃，有着过去问题的踪迹，因此，档案学者要开展某一专题的研究就不能不去关注它在历史上的状况，就连"档案是什么"这样一个命题，从档案学产生的时候起到现在仍是一个争论不休的问题。在这种情况下，如果后人不了解前人对档案定义的研究历史，就很难把这一问题的研究引向深入。因此，尽管我反对人为地把档案学学科体系弄得过于庞大，但我仍觉得在目前大力开展档案学史的研究并着手建立起这一分支学科是很有必要的。

从以上我对档案学自身问题研究的五个方面的回顾与评价中可以明显地感觉到：档案界对档案学自身问题的普遍关注和研究是从80年代中期开始的，而这一现象是符合档案学发展的历史实际的。因为一方面，只有对档案学的具体实际问题和理论问题的研究达到一定程度，人们才能回过头来回顾和总结档案学自身所走过的路；另一方面，80年代中期是中国档案学走过半个世纪历程的时间界碑，在那时人们热衷于档案学自身问题的研究，探索档案学半个世纪的发展历程及今后的发展道路，自然是一件顺理成章的事情。我们今天来回顾和评价中华人民共和国成立半个世纪以来中国档案学自身问题的研究，也同样出自相同的理由。

参考文献

[1] 吴宝康. 论档案学与档案事业[M]. 南京：南京大学出版社, 1988.
[2] 吴宝康. 档案学概论[M]. 北京：中国人民大学出版社, 1988.

[3] 任遵圣.档案学概论[M].南京:南京大学出版,1989.
[4] 赵越.档案学概论[M].沈阳:辽宁大学出版社,1987.
[5] 寒江.论档案学的研究对象与学科体系:与吴宝康先生商榷[J].湖北档案,1988(6):28-32.
[6] 吴宝康.档案学理论与历史初探[M].成都:四川科学技术出版社,1986.
[7] 任遵圣.试论档案学的科学性质[J].档案与建设,1988(1):11-14.
[8] 吴宝康.关于我国档案学科学体系结构的一些基本思考[G]国家档案局档案干部教育中心.回顾与展望:第五期全国档案学研究班论文选集.北京:档案出版社,1991.

(本文原刊于《档案学通讯》1999年第4期,页16-20)

作者简介

陈永生,研究领域：档案学基础理论、档案现代化管理、电子政务与电子文件管理、信息资源整合与档案数字化、政府信息管理、信息安全与保密管理；教学课程：档案学概论、档案学基础理论、档案学理论研究、档案学研究方法与前沿、档案利用与公共服务、政府信息与档案管理、政府信息公开与现行文件开放利用研究、档案学论著评述与文献选读、信息资源整合与档案数字化。

学科规训理论视野中的档案学科：建设与发展

张锡田　张晓

档案学作为一门比较年轻的学科，在信息化浪潮席卷的历史时期，如何把握机遇，迎接挑战，谋求发展，走进辉煌，是我们每一个档案学人都应该深深思考的重要课题。本文试从学科规训理论的新视角，全方位审视我国档案学科的现状，进而为我国档案学科的建设和发展求得一解。

1　学科规训理论的基本内涵

学科规训理论是国外学者从对"学科"（discipline）的字源探究入手，在分析学科规训制度生成历史的基础上提出的一种学科理论。在英语中，discipline 是表达学科的重要词汇之一，它至少包括三重含义：一为"学科、学术领域及其相关的课程"，二为"严格的训练或熏陶"，三为"纪律、规范准则、戒律或约束"。基于 discipline 的多元性内涵，法国后结构主义的代表人物米歇尔·福柯曾从"知识－权力"之间关系的知识社会学思考出发，在其《规训与惩罚》一书中，首次对 discipline 的"规训"问题展开了论述。循着福柯的"知识－权力"的思路，美国学者华勒斯坦与霍斯金等人追寻社会学的发展轨迹，就学科规训制度的生成及其与知识的学科化和专业化相关的问题进行了进一步的探讨。[1] 在这一过程中，美国学者沙姆韦与梅瑟－达维多于 1989 年提出了一个生造词 disciplinarity，意指"学科规训""学科规训制度"，以综合性地表达 discipline 所包含的多元内涵。disciplinarity 具有的"学科、规训、建制"等特征,使得学科和规训成为一个事物的两个方面,学科的确立与完善化同时意味着与该学科相关联的一系列规训制度的形成,而学科也正是依赖于一套独特的规训制度得以成为成熟的学科。这就是所谓的"学科规训"。

大家熟知关于学科的两种观点——"学科体系说"和"学科机构说"。"学科体系说"主要从知识的角度认识学科。它认为学科就是知识的分类,是一个知识体系,不同类型的知识构成了不同的学科。这种学科理论关注的是学科的知识层面。"学科机构说"主要从组织机构角度来阐释学科。根据费孝通先生的说法,一门学科的社会建制大体上应包括五个部分:"一是学会,这是群众性组织,不仅包括专业人员,还要包括支持这门学科的人员;二是专业研究机构,它应在这门学科中起带头、协调、交流的作用;三是各大学的学系,这是培养这门学科人才的场所,为了实现教学与研究的结合,不仅要在大学建立专业和学系,而且要设立与之相联系的研究机构;四是图书资料中心,为教学研究工作服务,收集、储藏、流通学科的研究成果、有关的书籍、报刊及其他资料;五是学科的专门出版机构,包括专业刊物、丛书、教材和通俗读物。"[2] 从学科建制方面认识学科,对于学科的创建很有指导意义。但是,这种建制并没有把其背后最本质的东西——学科自身的知识体系体现出来,只是为学科的规范和发展提供了一种组织上的保障。

"学科体系说"和"学科机构说"都是从单一层面对学科含义进行描述,通常它们只体现了学科的一部分而不是整体含义。学科规训理论则把两者结合起来,从知识和规训的角度对学科进行了较为完整的界定。按照这一理论,学科不但包括知识的分类,还包括知识分类的制度和规范。学科不仅仅表现为静态的知识,而且涵盖了一种动态的知识分类和生产结构,即所谓学科的"知识-权力"体制。因此,学科是由专门的知识、保护专门知识发展和独立的制度规范、组织机构共同组成的一个完整体系。要认识一个学科,必须从知识层面和制度机构两方面来进行全面考察。

在知识层面上,一个学科必须有自己的研究对象和任务,一门成熟的学科还必须具备一个完整的科学体系，有自己专门的研究方法。在制度机构方面，首先，学科要有自己的组织机构——学术团体。这个组织要有自己学科的专业标准，并能通过相应的方式对本学科的研究成果进行有效的评价。其次，学科要有自己的知识和学术平台——学术刊物或媒体，以便交流研究成果，促进学科知识的发展。因为无论是历史上还是现在，学术刊物的出版者和编辑在某种意义上都充当了"学科把门人"的角色。再次，学科要建立自己的共同体——学术团队，以此作为研究的中坚力量。在共同体内，作为一门成熟的学科，还要有不同的学派，以便学术的争鸣。最后，还要有专业出版社、人才培养场所、图书资料中心等机构，这些都是学科能够成为学科的重要条件。[3]

2　中国档案学发展的成就与不足

档案学是以档案现象为研究对象，以揭示档案现象的本质和规律为目标的一门综合性学科。其初创于20世纪二三十年代，历经近80年的建设与发展。纵观其发展历程，大体上可划分为四个阶段，也可以说是四个高潮。第一个高潮出现在20世纪20—40年代，先后出版了《档案管理与整理》《中国档案管理新论》等13部代表性著作，从而使我国档案学得到了建立与初步发展。第二个高潮出现在50—60年代，这是我国档案学的重构与逐渐发展时期。在这个阶段，档案学作为一门独立的学科，初步形成了不同于旧中国的新的学科体系。第三个高潮开始于70年代末，这是我国档案学的繁荣时期。这一时期，档案的教育、宣传、科学研究、国际合作和交流等都得到了极大的发展。随着信息化的推进，到了20世纪末，我国档案学又迎来了第四个发展高潮，进入了一个新的历史时期。这一时期，档案学研究的范围和内容不断拓展、深化，学科知识体系也得到进一步发展。回顾档案学近80年的历程，从学科规训的视角认真审视，档案学科发展既取得了巨大的成就，也存在着不少的问题和不足。

2.1 档案学科发展的主要成就

（1）在学科知识层面上，从 20 世纪二三十年代以来，中国档案学的学科知识从无到有、从少到多、从分散到系统、从低级到高级，逐步发展形成了自己的学科知识体系。特别是 80 年代中期以后，档案学界比较重视对档案学科知识体系的研究，出现了诸如二分法、三分法、四分法乃至七分法等多种档案学学科知识体系的设计模式。目前，新版《档案学概论》将档案学的学科知识体系分成五个部类，即档案学基础理论研究、档案学史学研究、档案学应用理论研究、档案应用技术研究、档案学与其他学科之间的交叉与边缘性研究。[4] 可以说，目前档案学业已成为具有较完整系统的、由多层次的一系列分支学科组成的学科群体。随着档案学科知识体系的日趋成熟，档案学科地位也得到了提高。在过去相当长的一段时间内，档案学只是被视作历史学的一门辅助科目，不具备独立性。在学科目录中，档案学一直是历史学学科中的二级学科，即历史文献学中包含档案学。1996 年全国学科目录调整，档案学从历史学学科中完全独立出来，成为管理科学类，与图书、情报同为一级学科。

（2）在学科制度和机构的建设层面上，首先，建立起了专门的研究机构，形成了全国档案科研组织网络。1958 年 12 月，国家档案局成立档案学研究室，这是我国第一个专业档案科学研究机构。1981 年，档案学有了自己的研究组织——中国档案学会，这使得档案学研究从少数专家、学者研究发展为专家研究和群众研究相结合。目前，我国档案学专门研究机构主要有：国家档案局档案干部培训中心档案学理论研究室和一些省档案局设立的档案科学技术研究所；高校档案专业和档案学研究所；中国档案学会和各省、市、县、区档案学会等。其次，具有完善的学科知识与学术平台。档案学不仅建有自己的专业出版社——中国档案出版社，创办了世界上第一份全国性专业报纸——《中国档案报》，而且还有 40 多种不同类型的档案学专业刊物，从而实现了档案学科知识传播与学术交流渠道的畅通。再次，造就了一支素质较高的学术队伍。这支队伍的知识构成有档案学、情报学、图书馆学、历史学、哲学、理工科学等。档案学研究人员众多的知识背景，为档案学研究增加了活力。最后，设立有档案学的专门教育机构。高校档案学专业的确立，为档案学专业人才的培养提供了场所。从20世纪80年代开始，我国的档案教育发展异常迅速，许多高校纷纷兴办档案专业，改变了过去只有中国人民大学档案学院一家档案学教育基地的格局。此外，学历教育层次不断提升，形成了目前的从专科到本科、从学士到双学位到硕士和博士的完整的专业人才培养体系。

2.2 档案学科发展存在的不足

经过近80年的发展，我国档案学科尽管取得了巨大成就，实现了由非制度化向制度化的转变，但是，依然存在很多问题和不足，主要表现在以下四个方面。

2.2.1 档案学科"自我"意识不强

我国档案学取得的成就令人瞩目，但档案学研究目前仍不能说没有自发的成分，可谓"自发性有余而自觉性不足"。理论建设的自觉性以及自觉性所占建设行为的比例高，是一门学科成熟的重要标志之一。从这个意义上讲，档案学是不成熟的。当前，特别是新技术的发展和应用使传统的档案学研究面临严峻的挑战，"缺失自我意识"使档案学研究出现了许多问题。档案学本身是一门应用性较强的学科，档案学者在研究中常常会像处理实际问题那样对待档案学的理论问题。这种倾向的存在使得一些论文以随感形式权充研究，罗列许多问题和现象，把对某个问题罗列的几条理性解释称为理论；在一篇文章中，从其他学科中搬出一些公式，抽出几条原理，就算自己的研究中有了理论。这种不是从学科视野下做出分析和判断而一味把其他学科的理论生拉硬凑到档案学的做法，既反映了档案工作者和理论研究者对档案学理论的独创性、逻辑性认识的不足，也从侧面反映了档案学理论研究的浮躁和急功近利。档案学如果没有学科的自我意识，没有自己的理论创新和发展，没有学科内在要求的研究重点和研究方向，那么在不断吸收各种学科相关知识的过程中，就极有可能被边缘化，即被各学科所瓦解，甚至可能最终"销声匿迹"于相关学科之中。

2.2.2 档案学科体系建设与发展不完善

首先，缺乏对学科体系的整体性认识。按照学科规训理论，学科是由专门的知识、保护专门知识发展和独立的制度规范、组织机构共同组成的一个完整体系。这就是说，学科体系不仅包括学科的知识体系，还包括其制度、机构体系。档案界说到学科体系建设，往往有意无意地将两者分割开来，一味强调知识体系的构建，而且也往往惯于从学科知识体系来考察档案学科的发展。这种把学科的内容和形式相分离的观念与做法，肯定不利于档案学科的发展与成熟。其次，从我国目前的实际情况来看，档案学科体系建设还没有完全走上同档案工作实践同步发展、相互促进的互动轨道。以档案学科知识体系建设来说，在档案学发展初期，我们采用的是先研究一门一门的分支学科，然后合在一起凑成一个体系的做法。这样的方法存在着明显的缺陷。因此，早在1995年就有学者指出，档案学学科体系要适应档案学发展的变化，提议先给档案学学科体系来一个科学的设想，然后建设档案学。实际上我们目前在档案学学科体系建设上采取的就是这种方法，但在研究中又存在偏颇，有时几乎把体系作为学科建设的唯一目的，为建构体系而建构体系。这种"体系在先"的方法，容易导致学科建设的封闭性，使学科发展的客观前提——档案工作实践在学科建设中得不到相应的重视与反映。最后，就档案学学科知识体系本身来说，一方面，发展不大平衡。有的分支学科发展快，研究层次深入，研究领域广阔，已形成较为完整的体系；有些发展相对缓慢，处于继续发展时期；有些近几年才开始建设，处于材料汇总、体系初创阶段。这种失衡状态在一定程度上造成了我国档案学科知识体系的不完善。另一方面，其完整性和独立性还有待加强。学科体系的完整性是指构成学科结构的各种要素，如学科理论、学科术语和学科方法等的齐全，并通过这些要素的优化组合体现学科体系的整体作用；同时，也包括各要素本身内部结构的完整性。学科体系的独立性指学科要有自己的个性，有自己的研究范畴和体系，有自己的基本问题。以此标准衡量，档案学各门学科建设存在不同程度的缺陷，总体的发展水平不高，其学科体系仅仅确立了一定的门类，尚不成熟。

2.2.3 档案学科学术研究欠规范

托马斯·库恩在《科学革命的结构》一书中论述了建立科学研究规范对于一门常规学科的必要性："没有一套强有力的规则，还有什么能够把科学家限制到特定的常规科学的传统呢？"[5] 科学研究是一项严谨的"游戏"，是"游戏"就要讲究规则。档案学研究是一项科学活动，也须讲究基本的"游戏"规则。一方面，要求档案学科的研究在通用的学术规则之外建立起一套专门的制度范式与技术标准；另一方面，档案学人更要提升素养，洁身自好，遵守规则。现实中我们不难发现，这两方面的表现均不尽如人意。表现档案学研究成果的学术论著，其格式往往不是很规范，也缺少一套切实可行的学术评价标准与评判机制，档案学学术语言过于口语化。档案学学术活动中，存在学术成果低水平重复，缺少创新，东拼西凑，简单移植和拷贝相关学科的理论，复制国外学术观点，甚至漠视和侵占他人的学术成果的问题。尽管这一切并不是一种普遍存在，但是，它们对档案学科的发展所带来的影响却不能轻视。

2.2.4 档案学科研究主体功利性强

档案学研究是一项严肃而复杂的思维活动，要求研究者除了必须具有复合型的知识结构和丰富的专业经验外，还必须具有求真务实的学术情怀和痴心不悔的科研精神。但是，有不少档案学人正是缺少这样的情怀和精神，表现得浮躁和急功近利。为了追求学术成果，不肯直面档案工作的实践，不形成自己独特的视角与思考方式，研究问题浅尝辄止，只是简单地套用拼凑和移植复制，把档案学术变成一种粗制滥造的跟风游戏。也有研究者一味地热衷于档案学发展的所谓热点问题，只是在一定时间里对某些热点问题发表一些零星的、不系统的看法，没有形成完整的具有严密逻辑的理论体系，更谈不上有什么方法论和思想上的渊源。所以，档案学科没有形成自己的学术流派，档案学学术没有出现有影响力的争鸣与批判。档案学研究的生机和活力后天不足。

3 中国档案学科建设的发展和完善

面对信息化浪潮，档案学科迎来了新的机遇。在这关键时刻，档案学发展要从学科知识体系和制度机构方面入手，扬长补短，不断使自己走向成熟和完善。

3.1 深化档案学科研究与实践的互动

档案学的产生和发展是以档案工作的实际需要为动力的。档案学科与档案工作实践的这种密切关系，决定了档案学科的建设要注意与实践的联系，把两者结合起来。只有紧紧围绕实践中的问题进行理论探讨和学科建设，才能使档案学具有旺盛的生命力。我们要辩证地看待档案学科的建设和发展与实践的关系。实践是理论的基础和最终归宿，但实践和理论一样，是有类型、有层次的。不同类型和不同层次的理论所指向的实践是不同的。所以，档案学科工作者在关注和参与实践工作时，必须从其学科性质和具体的研究对象出发，在实践中找准自己的位置，在高度理性的层次上把握自己所指向的实践，并对实践进行批判性思考，根据学科发展的内在逻辑构建自身的理论系统。这种理论系统不只是实践的注解，也是从更高层次、更深刻意义上来反观实践、指导实践。沟通档案工作实践和档案学理论之间的桥梁，将理论研究成果转化为具体可操作的方法，是档案学科建设和发展的重要课题。随着社会进步和科技的发展，档案学不断拓展新的研究领域，交叉学科也不断地涌现。这就要求档案研究者把握时代脉搏，以一种超前意识和战略眼光，对档案学科进行跨国度、跨科际的空间型研究和渗入共时、历时因素的时间型研究，从而更准确地把握学科发展阶段，更科学地驾驭学科的发展规律，最终完善档案学科的建设。

3.2　加强档案学术队伍与学术流派的建设

档案学人，通常指从事档案学研究的人。"中国档案学人及其文化素质、知识结构、人生经历等'主体特征'，决定了中国档案学的基本理念和模式。一部档案学的历史，实际上就是档案学人的成长史和生活史。"[6] 档案学人作为档案学研究的主体，他们的治学态度和科研精神将决定档案学研究未来发展的命运。因此，档案学的发展和完善很大程度上有赖于档案学人这个科学共同体。科学共同体作为人们普遍接受的概念，由《科学革命的结构》一书的作者托马斯·库恩提出。他认为，科学共同体是由一些学有专长的工作者所组成。他们由他们所受教育和训练中的共同因素综合在一起，他们自认为，也被认为专门探索一些共同的目标，包括培养自己的接班人。这个共同体是一种在共同的科学精神和价值关怀的前提下，以研究领域、学术思想、研究方法上的特色凝聚和整合起来的真正的学术组织。在共同体内，要形成不同的学派。学派是一门学科自身结构的重要内容，一门学科内部学派的形成过程也是这门学科自身的发展过程。一门学科如果没有形成几个学派，就难以走远，不易形成"百花齐放、百家争鸣"的局面。有了良好的学术队伍，有了学术的争鸣和竞争，才会产生新的思想火花和创见；有了学术上的"和而不同"，才会促进档案学科的发展与完善。

3.3　完善档案学术的规范与制度

只有具备严密的学术规范与制度，学科建设才能逐步从自发到自觉，学科才能一步一步走向成熟，档案学亦是如此。首先，要建立严格的档案学术评议机制。严格的学术评议机制是良好学术氛围的基本保障，良好的学术氛围是学科繁荣昌盛的重要条件。因此，建立严格的档案学术评议机制十分必要。档案学术评议机制包括学术评论行为本身和相关标准。在学术评议工作中，可以采用同行评议的方法。同行评议也可以称为同行评估、同行审查、专家鉴定等，它是一种有组织的用于评价科研工作的方法。在档案学术研究中，可由档案或相关领域的专家采用一种特定的评价标准，共同对评价对象进行评议。档案学术评议必须以公正、公开为原则，它既是对研究者自身劳动的肯定，又是对研究者学术的再检验，同时也是真正的学术成果扩大其理论影响的一种途径。其次，要加强档案专业期刊与专著的规范性建设。档案专业期刊与专著是档案学思想的重要载体，尤其专业期刊更是档案学思想的创新阵地。专业期刊的瓶颈效用使其真正地成为档案学研究成果的检测器与过滤器。专业期刊与学术论著的不规范，会在一定程度上降低档案学的学术品位与学术性，故应该制定相应的技术标准，以保障格式的规范、学术语言和专业语言运用的适当，以及引文等数据的齐全与完整。

事实上，档案学科在学科之林中已取得了一席之地。在当今学科"大爆炸"的时代，档案学科要确立学科的地位和树立学科的尊严，要拥有相应的学术权力与话语权，而不能一直是学科大家族中的"次等学科"。是否能做到这些，均取决于档案学人是否以严肃的态度去探求科学的真谛，是否能有效地遵循学术规范来从事档案学科的建设。

参考文献

[1] 华勒斯坦,等.学科·知识·权力[M].刘健芝,等,译.北京:生活·读书·新知三联书店,1999.

[2] 费孝通.略谈中国社会学[J].高等教育研究,1993(4):1-7.

[3] 李爱民.学科规训视野中的高等教育管理学科发展[J].西安欧亚学院学报,2005,3(2):29-33.

[4] 冯惠玲,张辑哲.档案学概论[M].北京:中国人民大学出版社,2001.

[5] 库恩 T S.科学革命的结构[M].李宝恒,纪树立,译.上海:上海科学技术出版社,1980.

[6] 胡鸿杰.论档案学人[J].档案学通讯,2002(2):4-9.

（本文原刊于《中山大学学报（社会科学版）》2006年第2期，页116-120，128）

作者简介

张锡田，研究领域：档案和文件管理、档案事业管理与档案法学、档案历史；任教课程：档案法学、机关文件管理。

从引用习惯看档案学危机[①]

杨利军　萧金璐　陈永生

1　引言

学术界关于"档案学危机"话题的研究，主要有两大类：第一类主要是学术理论研究方面——认为档案学研究内容空泛、研究方法失效。代表性观点有：①档案学没有学科的自我意识，没有自己的理论创新和发展，在不断吸收各种学科知识的过程中，逐渐被边缘化；[1]②档案学理论研究深度不够，研究中的许多问题往往是小问题或假问题，或停留在概念的争论与一般性论述上，常常是"热而无果"；[2]③档案学研究存在大量"必要性、现状、对策"三段式体例的程式化、说教化文章，对实际生活参考价值不大；[2]④档案学研究方法已经失效，缺乏定量分析和方法创新，使得理论研究无法解决实际生活中的问题。[3]第二类存在于档案学教育和就业方面——如，有学者提出档案学教育出现了"生源危机""规模危机""信念危机"等。[4]代表性观点有：①档案学专业课程设置趋向一级学科开设课程，压缩了档案学专业课程教学，出现"档案学学科濒危"的现象；[5]②档案学教育的问题在一定程度上又引致档案机构专业人才外流现象严重，毕业生、在岗人员的就业竞争力下降等[6]"就业危机"。

本文认为，当前形势下，档案学界至少还存在另一类危机——由核

[①] 本研究得到中央高校基本科研业务费专项资金（项目编号：12wkpy93）资助。

心期刊列表变化导致的研究者的"生存危机"。事实上，在当前量化考核的大背景下，核心期刊数量的多少已经影响到一个学科的发展。另外，被引频次作为评价学术质量的一个标准，已经逐渐被学术界接受，并且作为核心期刊遴选的一个重要指标。因此，本文将从一个新的角度——核心期刊对于整个学科的重要性——分析档案学引用习惯对学术共同体造成的"生存条件危机"。

2 引用习惯对核心期刊列表遴选的影响

引用习惯是引用行为经过长期发展并逐渐形成的一种相对稳定、一时不易改变的行为或者社会风尚。[7]不规范的引用习惯包括引用不标注（匿引，即吸收他人成果而不进行说明）、假引（引用与论文内容相关性不强的内容，包括有意假引和无意假引）、将注释与参考文献混淆、将间接引用作为直接引用[8]等。

对期刊论文而言，作者的引用是一种行为，期刊的被引是一个结果，引用行为的发生同时伴随着被引的产生，因此，作者的引用习惯将直接影响论文的被引情况。另外，参考文献是作者引用习惯的直接表现，作者的引用习惯决定了其对参考文献的选取。因此，对参考文献的分析可以有效地帮助我们掌握作者的引用习惯及其对期刊论文被引频次的影响。[9]

2.1 引用习惯对篇均引文量的影响

缘于学科历史演变的差异，档案学是由史学不断发展并独立出来的学科，档案学专业也曾隶属于历史文献学之下。[10]因此，档案学学科在一定程度上继承了史学研究的习惯，有将参考文献作为脚注标注的写作习惯。这种将参考文献作为脚注的写作习惯，导致文后参考文献数量的减少。同时，档案学论文中存在许多不规范的引用习惯，如假引、匿引、不规范著录参考文献等。这些不规范的引用习惯也是档案学期刊论文篇均引文量偏低的原因。

本文以档案学知名期刊《档案学研究》2014年刊载的学术论文（剔除协会介绍、征稿说明、会议领导发言等非学术性论文）为例，对论文中引用不规范的情况进行统计。结果发现，2014年，该刊物共刊载学术性论文113篇，其中无参考文献的论文有10篇，占载文量的8.85%；存在匿引情况的论文有27篇，占载文量的23.89%，较常见的匿引存在于引言部分，多为引用百度百科、他人定义内容而未标注来源；存在参考文献与注释混淆情况的论文有8篇，占载文量的7.08%，多为将解释说明内容放入参考文献的情况或将参考文献用脚注解释的方式说明而未按规范标注。

事实上，白云[11]也通过对图情档学科（即图书馆学、情报学、档案学学科）CSSCI（即Chinese Social Sciences Citation Index，中文社会科学引文索引）期刊的实证分析，得到档案学期刊的篇均引文量（4.26篇）既低于图书馆学（7.07篇），也低于情报学（9.32篇）的结论。这也说明，匿引、将参考文献与注释混淆等不规范的引用习惯造成了学科期刊论文参考文献减少的结果。

2.2 引用习惯对被引频次的影响

在学科交叉广泛存在的情况下，一个学科的论文可能被其他学科的论文引用。因此，仅通过篇均引文量少，还不能直接得出被引频次低的结论。为了说明这个问题，还要证明，该学科的引用是"封闭的"，即学科的独立性较强，与其他学科交叉引用不明显。

学科影响度[12]指的是某学科期刊论文所引用的自身（或其他学科期刊论文）参考文献数量与该学科期刊论文所引用所有参考文献总量之比，即A学科的学科影响度 = 引用A学科期刊参考文献数/所有引用参考文献数。通过引文分析统计的学科影响度指标不仅能反映学科间的引用关系，还能体现学科自身的引用习惯。

本文以《档案学研究》《大学图书馆学报》《情报学报》2014年所载学术期刊为例，计算三学科之间的学科影响度，并对以下内容进行限定：①学术性论文指的是剔除会议报道、领导发言、学会介绍、封面介绍、简报等文章后的学术研究类文章；②由于参考文献中的网络文献难以确定其所属学科领域，所以，本次研究剔除网络参考文献；③为了减少不同期刊参考文献标注规定差异及学术不端行为的干扰，同一文献被同一论文引用多次，只计算为一次引用；④参考文献以来源期刊划分其所属学科，来源期刊为跨学科期刊的，按论文主题划分所属学科。

根据统计结果，得出档案学、图书馆学、情报学参考文献学科影响度（见表1）。

表1　档案学、图书馆学、情报学参考文献学科影响度统计

学术期刊	参考文献总数/篇	属档案学学科的参考文献数/篇	档案学学科影响度	属图书馆学学科的参考文献数/篇	图书馆学学科影响度	属情报学学科的参考文献数/篇	情报学学科影响度
《档案学研究》	1068	516	48.31%	67	6.27%	49	4.59%
《大学图书馆学报》	1294	6	0.46%	543	41.96%	139	10.74%
《情报学报》	3353	2	0.06%	223	6.65%	885	26.39%

从表1统计结果可知，档案学期刊虽然也有引用相邻学科期刊论文，但档案学自身学科影响度高达48.31%。从《大学图书馆学报》《情报学报》参考文献的统计可知，图书馆学与情报学学科的互引情况较多，而档案学学科期刊论文被其他两学科引用极少，《情报学报》一年仅引用了2篇来自档案学学科期刊论文。

从上文对档案学、图书馆学、情报学学科影响度的分析可看出，图书馆学、情报学关系密切，两个专业研究交叉内容多；而档案学则与图书馆学、情报学具有明显的学科边界，学科研究范围自成一体。因此，档案学学科研究者在论文写作过程中有自引较多的引用习惯（引用本学科论文比例相对较高）。由于被引的产生来源于引用行为的发生，因此，档案学研究的被引基本上产生于学科内部期刊的施引。

从 2.1 及 2.2 的分析可以看出，档案学期刊论文的引用习惯导致其篇均引文量少，而档案学学科论文又具有高自引习惯，这就导致档案学学科论文被引频次偏低的情况。

2.3 篇均引文量及被引频次对核心期刊遴选的影响

如前文所述，"被引频次"作为评价论文学术质量的标准已被学界普遍接受。作为我国核心期刊遴选体系之一的《中文社会科学引文索引来源期刊》（CSSCI），就是按期刊"他引影响因子"和"总被引频次"以权重 8∶2[13]进行计算排序的。

CSSCI 的遴选对期刊编辑规范有严格的限定标准，我国档案学期刊存在的匿引、参考文献与注释混淆等不规范情况，造成遴选核心期刊过程中某些数据集因不规范而被清洗掉，从而导致被引数相应减少的状况。由于引用和被引的相互作用关系，引用与被引同时产生，因此，总体上引用次数等于被引次数。在论文数不变的情况下，当篇均引文量下降时，整个期刊论文的被引频次也降低。而学科差异导致的引用习惯差异加剧了学科间的被引落差，导致在同一级学科下，档案学学科期刊论文被其他学科引用次数偏低。

而 CSSCI 核心期刊的遴选是统一在一级学科下对期刊被引进行考量。因此，档案学学科在核心期刊列表遴选过程中就会趋于弱势，很多期刊无法进入核心列表，造成 CSSCI（2014—2015 年）图书馆、情报与文献学 20 本核心期刊中仅有《档案学研究》《档案学通讯》两本档案学期刊的现状。

3 核心期刊列表变化导致的学者"生存危机"

3.1 一门学科的生存条件

按照库恩（Kuhn）对学科的定义，"用于刊载和传播知识的专业学术期刊"[14]，是学科构成的五要件之一。在我国，核心期刊除了作为学科构成的要件，更是关乎科研工作者学术命运的存在。尽管核心期刊遴选方法一直备受争议，却日益被学界视为科研成就的衡量标准，且有唯一性的趋势。[15]目前，教育部已将"中文社会科学引文索引"（CSSCI）数据作为全国高校机构与基地评估、成果评奖、项目立项、名优期刊评估、人才培养等方面的重要指标；[16]同时，在众多的教学科研单位中，申请高级职称、取得博/硕士论文答辩资格、申报科研项目、评估科研机构或高等院校学术水平、认定教师或研究人员工作量的前提条件之一，就是在一定时间内在核心期刊上发表若干篇论文[15]。而CSSCI中，档案学期刊仅剩《档案学研究》《档案学通讯》两本的情况，反映了图情档核心期刊设置比例失衡，此情况不仅不符合我国图情档就业人员的实际比例，也不符合我国图情档期刊的实际状况。[16]

3.2 核心期刊列表与博士毕业困顿

根据中国科学评价研究中心、中国科教评价网和武汉大学中国教育质量评价中心共同发布的中国研究生教育分专业排行榜[17]，笔者调查了2015年档案学专业研究生教育排行榜排名靠前的14所高校的博士生毕业要求[18-33]，发现13所高校明确指明博士毕业前需要发论文，并且要求论文刊载在核心期刊上，其中12所高校指定CSSCI为核心期刊。例如，中国人民大学在2014年5月新修订的《博士研究生在学期间发表科研论文暂行规定》[18]中提到，"博士研究生申请学位论文答辩前须发表至少 2 篇与本专业相关的学术论文。其中，至少 1 篇须已在'核心期刊'正式发表。其中被 CSSCI、《中国科技期刊引证报告》（CJCR）各年度版本收录的论文可视为核心期刊论文"。

在核心期刊上发表论文作为博士生的"毕业门槛"，是学科高素质人才走出校门服务社会的要件之一。但当前的现实情况是：CSSCI 中只有《档案学研究》《档案学通讯》两本档案学期刊。按两本期刊的出版周期和每期平均载文量计算，每年能刊载在核心期刊的论文约为 250 篇，而除去专家约稿、科研教师等发文，博士生论文发 CSSCI 期刊的机会所剩无几。这种在制度上提高了学科"毕业门槛"的做法引发了博士的毕业困顿。"毕业门槛"变高，在一定程度上减少了人才进入社会的机会，档案学人才培育的成本也会水涨船高。核心期刊作为学者学术成果传播的重要载体，真切地影响着学科的发展，而引用习惯所导致的档案学期刊不断被踢出核心期刊列表的状况，引发了博士生群体最现实的"生存危机"。

3.3 核心期刊列表与科研人员发展窘境

核心期刊列表与科研人员的"生存"也息息相关。首先，它是国内普通高校教师聘任、职称评选的重要条件之一。根据中国科学评价研究中心、中国科教评价网和武汉大学中国教育质量评价中心共同发布的中国研究生教育分专业排行榜[17]，笔者调查了 2015 年档案学专业研究生教育排行榜排名靠前的 93 所高校教师聘任及职称评选要求[25,34-43]，发现 8 所高校要求职称聘任需要提交科研学术成果列表，其中很重要的是需要发表在国内外核心期刊，其中 7 所高校承认 CSSCI 为核心期刊。例如，武汉大学人事处在公布的《教师专业技术岗位聘任教学、科研条件》[37]里规定"人文社科教师高级岗位科研条件，教学为主型的教授要求在 CSSCI 及以上级别期刊论文 6 篇"。另外，目前档案学入选 CSSCI 期刊的仅有两本，载文量的限制使得科研人员聘任、职称评选等"升迁门槛"被提高，升迁的困难又会导致学科科研人员地位越来越低下，形成恶性循环。

为了更好地适应核心期刊减少的现实环境，档案学学科科研人员只有"另辟蹊径"，进行"半转行"以应对危机。大部分学者的应对之策是转移研究方向，以便将文章投给一级学科类目下相邻学科的核心期刊。笔者对国内知名大学档案学专业的知名教授近年来发文主题进行了简单统计，发现近年来知名教授发文大部分集中在"知识管理""信息资源管理""电子文件管理"等主题方向，较少涉及档案学基础理论的研究。

这种改变直接影响科研项目立项。笔者根据国家社会科学基金项目数据库对 1996—2014 年间档案学学科项目的"国家社会科学基金重点项目""国家社会科学基金一般项目"的研究主题进行统计分析（见表 2），可以看出，档案学国家社会科学基金立项项目随着时间大致呈增长趋势，而对档案学基础理论的研究却并不是与项目增长呈正比例关系。1996—2005 年，档案学基础理论立项所占学科立项项目比例大部分保持在 50% 以上，有的年份甚至高达 100%。这说明在该时间段，档案学学科科研人员比较关注档案学基础理论的研究，同时，该领域的研究形成了质量较高的研究成果。而从 2006 年开始，档案学基础理论立项项目所占比例呈不断降低的趋势，档案学国家社会科学基金立项项目的研究主题开始转向"电子文件管理""政府信息"等方向。

科研人员研究转向在一定程度上扩展了学科的研究范围，促发更多与技术相关的合作研究机会，有利于借鉴和学习其他学科的研究思路和方法。但由于档案学学科科研人员大部分无技术背景，这就导致这种与技术交叉的研究暂时未取得较大的进展。而原来"当家的本领"——档案学基础理论方向的研究，因为科研人员的转向而研究力度降低，在近年来都没有取得大的进展，这使得档案学学科发展动力低下。

4 如何应对引用习惯导致的档案学危机

面对引用习惯导致的档案学学科危机，档案人员该何去何从？笔者呼吁，档案学学科学术共同体应该规范学科引用习惯、开拓一级学科下的合作研究以及科学地划分核心期刊。

表2 1996—2014年档案学国家社会科学基金重点项目、一般项目研究主题项数统计

年份	1996	1997	1998	1999	2000	2001	2002	2003	2004	2005
档案学基础理论立项项目数量/个	2	0	1	2	1	2	1	0	0	2
当年档案学立项项目总量/个	3	1	2	2	3	2	2	6	3	2
占当年档案学立项项目的比例	66.67%	0	50.00%	100.00%	33.33%	100.00%	50.00%	0	0	100.00%
年份	2006	2007	2008	2009	2010	2011	2012	2013	2014	—
档案学基础理论立项项目数量/个	1	2	2	0	2	2	1	3	3	—
当年档案学立项项目总量/个	3	12	7	3	12	13	8	10	17	—
占当年档案学立项项目的比例	33.33%	16.67%	28.57%	0	16.67%	15.38%	12.50%	30.00%	17.65%	—

4.1 规范学科引用习惯

核心期刊是学者学术交流的重要载体和学术发展的园地。前文提到,档案学学科核心期刊的减少引发了档案学学者的"生存危机",其原因是档案学学者不规范的引用习惯。因此,笔者在此呼吁,规范学科引用习惯,从以下几方面做起:①对于档案学学者来说,在撰写学术作品的过程中,应按照国家标准或行业标准标注参考文献,尊重他人的学术成果;②对于档案学学术期刊编辑部来说,要制定期刊刊文的编辑规范,严格控制来稿质量,对不规范的引用习惯进行监管;③对于档案学专业协会来说,应该根据国家标准,结合一级学科下几大学科的写作特点,制定适合学科引用习惯的著录标准,并统一推行。

4.2 开拓一级学科下的合作研究

由于档案学学科的历史缘由与研究主题范围的独立,档案学期刊被相邻学科期刊论文引用的次数极低,在一定程度上影响了学科核心期刊的入选。为了提高档案学的学科影响度,增加档案学期刊在相邻学科期刊中的被引频次,应积极地开拓一级学科下的合作研究,加强与图书馆学及情报学的合作交流,在合作研究的过程中将档案学研究自身理论与借鉴的研究思路、方法紧密结合,努力挖掘研究成果的跨学科意义,并借此提高档案学的学科影响度。

4.3 科学地划分核心期刊

核心期刊作为学者学术交流的园地和成长的港湾,对于学术评价具有重要的"门槛"作用,是学术共同体重要的生存依赖。目前,核心期刊遴选主要依据一级学科类目下相关指标的统计排序得出,但即使同一个一级学科类目下的二级学科都可能具有较大的学科差异。这种差异体现在引用习惯、研究主题相似性等方面,而这些方面对核心期刊遴选指标有明显的影响。指标数据差异并不一定就代表质量的差异。学科核心期刊偏少会导致学科科研成果无法及时地发表和被利用,抑制了学科的发展,对学科的成长起了反作用。为了平衡一级学科类目下多个二级学科的发展,应该避免以上情况发生。因此,笔者呼吁,应该尊重学科差异,根据不同学科的发展需求,调整现有核心期刊遴选机制。对同一级学科下有明显学科边界的二级学科,在遴选核心期刊时,应充分尊重学科特色,单独划分其核心期刊。

参考文献

[1] 王新才,王海佼.档案学发展的动力分析[J].档案学研究,2012(2):4-8.

[2] 宗培岭.档案学理论与理论研究批评[J].档案学通讯,2006(2):4-10.

[3] 何振.敢问路在何方:我国档案学的危机与契机[J].北京档案,1998(9):17-19.

[4] 朱玉媛.当前我国高等档案学教育面临的危机与发展策略[J].档案学通讯,2005(2):51-53.

[5] 胡鸿杰.从档案学的"濒危学科"谈起[J].档案学通讯,2006(5):7-9.

[6] 刘迁,朱束滢,陈彬.档案学专业高就业率背后的危机[J].云南档案,2012(11):45-46.

[7] 刘青,张海波.引用行为初探[J].情报杂志,1999(3):64-66.

[8] 许花桃.科技论文参考文献引用不当及文中标注不规范的问题分析[J].编辑学报,2011(4):318-320.

[9] 杨利军,万小渝.引用习惯对我国期刊论文被引频次的影响分析:以情报学为例[J].情报科学,2012(7):1093-1096.

[10] 马仁杰,李珍.论档案学与历史学的关系演变[J].档案学通讯,2007(2):19-21.

[11] 白云.图书馆、情报与文献学期刊学术规范量化分析:基于CSSCI的统计分析[J].情报资料工作,2009(4):36-39.

[12] 丁子涵,王芹,蒋卫荣.从引文分析看档案学与图书馆学、情报学的学科融合[J].档案学通讯,2012(2):25-29.

[13] 中国社会科学研究评价中心.CSSCI(2010—2011)来源期刊遴选原则与方法[EB/OL].[2015-05-03].http://cssrac.nju.edu.cn/news_show.asp?Articleid=71.

[14] 盛小平,刘泳洁.知识管理不是一种管理时尚而是一门学科:兼论知识管理学科研究进展[J].情报理论与实践,2009(8):4-7.

[15] 陆建平.从学术论文英文摘要语言与编校质量现状看我国"核心期刊"遴选[J].浙江大学学报(人文社会科学版),2009(4):192-199.

[16] 裴友泉,张学辉,欧阳旭峰.缘于CSSCI和核心期刊的尴尬和思考[J].档案学通讯,2011(3):7-10.

[17] 中国科学评价研究中心,中国科教评价网,武汉大学中国教育质量评价中心.档案学研究生专业排名[EB/OL].[2015-09-15].http://www.nseac.com/html/236/670541.html.

[18] 中国人民大学.博士研究生在学期间发表科研论文暂行规定(2014年5月修订)[EB/OL].[2015-08-20].http://grs.ruc.edu.cn/shownews.asp?newsid=1362.

[19] 武汉大学信息管理学院.信息管理学院关于实施博士研究生培养质量工程的决定及暂行规定[EB/OL].[2015-08-20].http://simyjs.whu.edu.cn/detail.asp?newsid=208.

[20] 南京大学研究生院.博士研究生申请学位科研成果基本条件[EB/OL].[2015-08-20].http://grawww.nju.edu.cn/31/1c/c1039a12572/page.htm.

[21] 云南大学.关于调整博士研究生在读期间科研成果要求的通知[EB/OL].[2015-08-20].http://www.grs.ynu.edu.cn/xwgz/bsxwsy/23898.htm.

[22] 吉林大学.博士学位申请者学术成果要求[EB/OL].[2015-08-20].http://gim.jlu.edu.cn/yjsy/xx_file/xwb_down13140791887760.doc.

[23] 上海大学.上海大学关于研究生学位授予科研成果量化指标体系的规定(试行)[EB/OL].[2015-08-20].http://yjsb.shu.edu.cn/NewsManage/Display.asp?ID=2077.

[24] 中山大学研究生院.博士生发表学术论文的具体规定[EB/OL].[2015-08-20].http://graduate.sysu.edu.cn/gra04/g04a/g04a01/17072.htm.

[25] 中山大学社科处.中山大学人文社会科学重要期刊目录原则(试行)(2014年修订)[EB/OL].[2015-08-20].http://zsuskx.sysu.edu.cn/2012/index.php?c=article&id=647.

[26] 南开大学.南开大学中文核心期刊表2009版[EB/OL].[2015-08-20].http://graduate.nankai.edu.cn/3f/3d/c3257a16189/page.htm.

[27] 南开大学研究生处.南开大学关于博士研究生申请学位科研成果的补充规定[EB/OL].[2015-08-20].http://graduate.nankai.edu.cn/_upload/article/98/

f6/d094667047baaffc179ad7075c6a/781b79c2-436f-4a65-bae9-f70815d25978. pdf.
[28] 华中师范大学研究生院. 关于公布《华中师范大学关于博士研究生在学期间发表学术论文的暂行规定》的通知[EB/OL]. [2015-08-20]. http://gs.ccnu.edu.cn/showNews-147.aspx.
[29] 福建师范大学. 福建师范大学研究生在学期间科研要求的规定(修订)[EB/OL]. [2015-08-20]. http://yjsy.fjnu.edu.cn/picture/article/175/ad/f0/bc83f450418ca35822a4e2f85e4a/20b99b71-00b5-42ab-8b4f-294e1fa3c7da.pdf.
[30] 西北大学. 西北大学学术学位研究生在读期间科研成果规定[EB/OL]. [2015-08-20]. http://yjs.nwu.edu.cn/article/show.php?itemid=1652&page=1.
[31] 浙江大学.《浙江大学授予具有研究生毕业同等学力人员硕士、博士学位实施细则(2008年11月修订)》的通知[EB/OL]. [2015-08-20]. http://grs.zju.edu.cn/redir.php?catalog_id=10031&object_id=11557.
[32] 浙江大学. 浙江大学关于调整和统一国内学术期刊分级目录的通知[EB/OL]. [2015-08-20]. http://grs.zju.edu.cn/redir.php?catalog_id=10038&object_id=12874.
[33] 湘潭大学. 湘潭大学申请硕士、博士学位发表学术论文规定(修订)[EB/OL]. [2015-08-20]. http://yjsc.xtu.edu.cn/html/179/777.html.
[34] 中国人民大学. 中国人民大学博士生指导教师核准审定办法[EB/OL]. [2015-08-22]. http://grs.ruc.edu.cn/shownews.asp?newsid=89.
[35] 中国人民大学. 中国人民大学关于申报教授职务基本条件的暂行规定[EB/OL]. [2015-08-22]. http://www.doc88.com/p-8949288255613.html.
[36] 中国人民大学. 中国人民大学核心期刊目录(2011修订)[EB/OL]. [2015-08-22]. http://postdoctor.ruc.edu.cn/displaynews.php?id=158.
[37] 武汉大学. 教师专业技术岗位聘任教学、科研条件(武大人字〔2012〕99号)[EB/OL]. [2015-08-22]. http://sph.whu.edu.cn/info/1118/2384.htm.
[38] 南京大学. 南京大学教师高级职务岗位申报最低标准[EB/OL]. [2015-08-22]. http://rczp.nju.edu.cn/urp-publish/publish/XmlFile/100/W_88_62846.html.
[39] 吉林大学. 关于印发《吉林大学各学部教师申报教授职务学术业绩条件》和《吉林大学各学部教师申报副教授职务学术业绩条件》的通知[EB/OL]. [2015-08-22]. http://art.jlu.edu.cn/index.php?mod=worktend_c&file_id=1453.
[40] 吉林大学. 吉林大学哲学社会科学学术刊物等级目录(2014年版)[EB/OL]. [2015-08-22]. http://hssra.jlu.edu.cn/business/website/mainPageIndex.do?actionType=showArticleView&articleId=3597.

[41] 黑龙江大学. 黑龙江大学教师专业技术职务聘任条例[EB/OL]. [2015-08-22]. http://hr.hlju.edu.cn/info/1991/2835.htm.

[42] 中山大学. 中山大学教授和副教授职务聘任实施办法(试行)[Z]. 2015.

[43] 中山大学. 中山大学过渡期(2014—2016年)博士生指导教师资格遴选代表性学术成果与科研项目的基本要求(试行)[EB/OL]. [2015-08-22]. http://graduate.sysu.edu.cn/gra05/g05d/17204.htm.

(本文原刊于《档案学研究》2016年第5期,页4-9)

作者简介

杨利军,**研究领域**:档案学基础理论、电子文件管理、网络行为分析、信息计量学;**教学课程**:专门档案管理、电子文件管理、管理统计学(本科),负责组织"档案学专题研究"导师组课程(硕士)。

陈永生,**研究领域**:档案学基础理论、档案现代化管理、电子政务与电子文件管理、信息资源整合与档案数字化、政府信息管理、信息安全与保密管理;**教学课程**:档案学概论、档案学基础理论、档案学理论研究、档案学研究方法与前沿、档案利用与公共服务、政府信息与档案管理、政府信息公开与现行文件开放利用研究、档案学论著评述与文献选读、信息资源整合与档案数字化。

前来源原则时代的档案学
——简论 17 至 19 世纪古文献学与档案学的发展

王岑曦

  目前，档案学界尤其是国内档案学界普遍认为，档案学作为一门独立的学科形成于 19 世纪末期，而来源原则的确立在这一历史进程中发挥了最为关键的作用。但是，随着国外学界尤其是国外的历史学界对 19 世纪前欧洲档案史研究的不断深入，越来越多的学者得出了不同的结论。然而，这些研究在分析档案学形成历史的过程中，普遍止于史料的搜集和陈述，而缺乏理论视角的深入解读，使得相关成果并不具有充分的说服力。[①] 在此次研究中，笔者将结合现有成果，根据社会学领域的相关理论，简要论述 17—19 世纪古文献学对档案工作职业化以及档案学科形成的历史影响，从而为档案学界提供一种审视学科自身历史的全新视角。

1 行业与职业之辨：职业社会学视角下 19 世纪前的欧洲档案工作

  对于档案学这样一门产生于实际工作的学科而言，对学科独立性的探讨必然不能离开对档案工作职业性的分析。虽然在各种解释社会分工

---

  ① 笔者在《档案管理》2019 年第 3 期发表的《西方档案史研究发展概述及其启示》一文中有更为具体的论述。

的职业社会学理论中,关于职业的形成和变迁还存在许多不同的意见,但从20世纪30年代起学界就普遍认可,某种受到社会广泛认可且具有排他性的专业知识体系的确立在职业形成的过程中具有非常重要,甚至是决定性的作用。[1,2]当代芝加哥学派著名社会学家阿伯特的《职业系统:论专业技能的劳动分工》一书堪称20世纪职业社会学的集大成之作,作者在书中进一步指出,所谓职业就是"面对特定工作需求时,采用某些共通的知识来解决特定问题的从业者的集合"[2]。具体来说,特定的社会需求会促使一种新的行业逐渐形成,但是面向这一特定领域的工作人员只是行业从业者而非职业工作者,只有当行业从业群体在解决这一领域的特定问题时形成了某种受到社会广泛认可且具有高度排他性的专业知识体系时,这些行业从业者才能获得对特定工作领域的合理管辖权,并成为客观上的职业工作者,而这种知识体系也才相应地形成一种真正意义上的专业学科。这一定义固然弱化了职业演进过程中政治的影响力,但是学界普遍认为,在权力干预较少的情况下,这一理论还是较为客观地描述了职业形成的规律性特征。[1,3]

基于这样一种理论视角可以推论,档案学的专业性和独立性并不能通过档案工作的存在得以实现;相反,只有当以档案工作为主要研究对象的档案学自身具备足够的专业准入性的前提下,它才有可能成为一门受到社会认可的独立学科,相应地,以这种专业知识体系为方法指导的档案工作才能从一种行业转变为职业。从历史上看,人类对于档案凭证价值的需求几乎是其作为文明生物的必然结果。早在文明的初期,人们就开始有计划地形成与保存档案了,而西方档案工作目前也可以追溯到"两河文明"时期。但是从职业社会学的理论出发,法国大革命前,西方社会从来不认为档案工作的相关方法可以作为一门独立的技艺或知识,也从来没有过真正意义上的职业档案工作者,档案工作长期以来只是一个行业而已。在"两河文明"及古希腊时期,政府只是将档案管理纳入特定官员的职责范围,而并没有设置专门负责档案管理的人员,那些官员在上任之前也没有被要求具备档案管理的经验或知识,当时与档案工作关联最为紧密的技能只是书写而已。[4,5]到了古罗马共和国时期,名义上负责档案管理的财政官由于时间、精力有限,根本无暇亲自管理国家档案馆的档案,于是国家开始雇用专门的人员进行档案管理工作,这些人员由财政官直接在自由民中挑选,而无须进行其他的资质考核。这些自由民在当时被称为公共管理人员,其性质颇为类似于今天的社工。这些公共管理人员除了从事档案管理的工作之外,也可能被选派去从事其他领域的基础工作。换言之,在当权者看来,这些人到底具不具备档案管理的专业知识,或者有没有受过档案管理的技能培训并不重要。虽然有些人在国家档案馆工作了很长时间,但是目前没有任何证据可以表明,他们有对档案管理的知识与方法进行过系统总结。[6]

西罗马帝国灭亡后,欧洲的档案工作在 9 世纪之后才得以逐步恢复,而档案工作的情况在之后的数百年中都没有得到明显的改变。需要再次明确,法国大革命以前,欧洲档案工作在专业性方面的缺乏并不妨碍档案工作作为一门行业而存在,也不意味着人们对于档案工作的方法从未进行过任何形式的总结。意大利学者波尼法西奥(Baldassare Bonifacio)尽管以诗人、作家和神职人员的身份为世人所熟知,但他在 1632 年发表了欧洲历史上第一部专门论述档案工作的著作《论档案》,并论述了档案工作者的资质要求。然而波尼法西奥仅仅是追溯了古代档案工作的传统,并没有结合实际工作进行更为深入的总结。他指出,古代的档案工作者都是"具备专业素养且不辞辛劳的人",而这些人最重要的能力就是具备较高的文化素质和读写能力,因此档案应该交由"品质优异且博学的人"来管理。换言之,在他看来,博学是档案工作所需要的最重要的素养,这一要求确实颇有难度,但是其内容过于模糊以至于它对于档案工作专业性的确立全然没有意义。[7] 18 世纪之后,日耳曼地区的档案工作伴随着登记室传统成为一项制度性的工作,这一时期产生了一大批论述档案工作的著作,其中不乏对于档案工作方法的深入思考。弗拉特(Philipp Wilhelm Ludwig Fladt)在其《登记室工作指导手册》(*Anleitung zur Registratur-Wissenschaft*)一书中详细分析了档案与登记件的区别,并相应提出了一系列专门针对档案管理的原则性方法[8],同时代的其他一些著作也提到了类似的内容。而斯皮斯(Phillip Ernst Spieß)在其《论档案馆》(*Von Archiven*)一书中甚至首次提出,在实际整理工作中,应当尽量维护档案在形成过程中原有的成套性和完整性。[9]在布伦内克等学者看来，这一观点几乎是登记室原则乃至来源原则最早的源头。显然，上述著作说明，相比于中世纪，18世纪时档案工作已经取得了长足的进步，某些档案工作方法逐渐上升到专业知识的程度，其中某些内容甚至预示了现代档案学的某些观点，其合理性及实践价值都是毋庸置疑的。然而仅从这些观点的字面含义就做出档案学在此时已经形成的结论未免太过武断，从职业社会学理论的角度来看，这些档案工作的知识仍然不具备受到社会普遍认可的专业性和排他性。历史的实际再次证明了这一点，上述关于档案工作的方法在日耳曼地区既没有为档案工作岗位树立较为严格的准入门槛，也没有使得档案工作明确区分于其他领域的相关工作。最显著的例证就是直到19世纪末，德国的档案工作者仍然没有全部接受过系统档案学的训练，甚至在进入档案馆工作之前完全没有任何工作经验；著名的"登记室原则"就是由一群在档案馆工作的历史学家提出的，在进入岗位之前，这些历史学家甚至完全没有接触过档案管理；而在机关登记室中，档案工作人员与文书登记人员的身份与职责也都没有明确区分开。[10,11]

尽管欧洲档案工作的历史源远流长，但是长期以来档案工作岗位的低准入性、档案工作知识在专业性方面的缺失，都证明了在上述历史时期和地域文明中，档案工作还不足以称为一种职业，档案学的独立性与专业性也无从谈及。这一现象在19世纪法国大革命前的欧洲十分普遍；但是在这其中，法国档案工作取得了极为特殊的成就。接下来笔者就以17世纪古文献学在法国的诞生为起点，具体分析古文献学对档案学及档案工作的历史影响。

2 方法与感知力之辨：古文献学独立性的确立路径

14世纪欧洲文艺复兴的开展使得越来越多的古代著作重新回到人们的视野。意大利学者在研读这些文献时发现，同一本书的不同历史版本往往在内容方面存在着较大的出入。为了尽可能地还原作者的本意，学者们开始基于某些历史背景，仔细地比较各种手抄本的纸张、墨水、笔迹、用词等细节，从而判定出特定文献最早的版本，或者排除掉那些较为可疑的内容。[12,13] 这一方法被称为古籍鉴定。在早期学者的努力下，古籍鉴定的方法借助文艺复兴的浪潮很快传播到了欧洲各地[14]，随后这一方法被逐步运用到文档真实性的鉴定工作中。其基本思路后来也被古文献学所进一步继承与发展[15]。

文艺复兴之后，欧洲的社会矛盾日益复杂，而文档的真实性问题也日益成为社会的焦点问题。在此背景下，《古文献学》应运而生。作者马比荣是法国本笃会的一名僧侣，作为当时最为杰出的学者之一，他花费了 6 年的时间，前往巴黎、香槟、洛林等地的主要修道院，仔细考察各类文件档案并收集了大量的相关材料。到了 1681 年，长达 6 卷的《古文献学》最终出版。[16]

关于古文献学的基本方法，意大利档案学家杜兰蒂曾做过系统的介绍，随着电子文件长期保存项目的不断推进，这些方法也为档案学界所熟知，在此笔者就不再赘述了。[17] 总体上，马比荣继承了古籍鉴定的既有思路，即通过对文档特定属性的详细考察与对比来实现文档真实性的鉴别，但是马比荣所创立的古文献学之所以能够区别于古籍鉴定而成为一门独立的学科，其背后有着十分深刻的原因，而这一点对于后来档案学学科独立性的确立有着至关重要的影响。

具体来看，相比于古籍鉴定，马比荣最显著的革新在于他在《古文献学》中列举了 211 份他认为绝对真实的文档，这些文档并没有遵循古籍鉴定或古文献学的方法经过仔细的对比分析，书中也没有具体解释这些文档之所以不容置疑的原因。它们在马比荣的方法中发挥了决定性的基础作用。他以这些文档为最初的线索和范本，用以考察和分析别的文档，从而实现对文档真实性的判定。[18] 这一方法实际上包含着较大的风险。1703 年，法国耶稣会学者热尔蒙（Barthélémy Germon）发表了《法国历史上的古文献》（*De veteribus regum Francorum diplomatibus*）一书，在副标题中他直接指出这本著作是为了就古文献学中的一些问题"与本笃会教士马比荣进行探讨"。热尔蒙指出，马比荣的做法使得古文献学从一开始就存在一个难以克服的缺陷。因为如果那些作为范本的文档本身就存在谬误，那么整个古文献学的方法最终只会导致从伪造文档到伪造文档的恶性循环。而问题恰恰就在于，那些被马比荣认可的文档并不一定都是绝对可靠的，热尔蒙甚至怀疑马比荣本人也没有足够的能力去赋予这些文档不容怀疑的真实性[19]，因此，由这一方法得到的结论从根本上就是站不住脚的。[20]

热尔蒙的论述显然戳中了《古文献学》的痛点，以至于仅仅一年之后，马比荣就出版了《〈古文献学〉的补充》（Librorum de re diplomatica supplementum）一书对热尔蒙的批评做出了正面的回应，并进一步完善了古文献学的理论基础。

与同时代的许多学者一样，马比荣认为，"真相的光芒足以照亮自身"[21]2-5，从而"消除与之对立的阴影，使得人们能够认清它"[22]267-268。当然它也不会轻易地显露自身，于是马比荣进一步指出，为了能够发现真实的文档，学者们需要通过"对各类文献坚持不懈的钻研来形成一种特定的（判定真实文档的）感知力"[21]3-4。这一说法在今天听来或许并不符合学术研究的严谨要求，但实际上在中世纪到近代的欧洲学术界有着十分坚实的基础。亚里士多德在提及真实性问题时曾提出，"一个人可以对他熟悉了的那些事物做出正确的判断"[23]7，这一观点在15世纪文艺复兴时期被许多教会学者所引用。[24]作为理性主义最重要的领军人物之一的笛卡尔认为，在几何学研究方面，一个人必须通过不断而广泛的练习才能养成追寻真相的能力。[25]笛卡尔的追随者拉米（François Lamy）将笛卡尔的观点进一步运用到人文学科的研究中。他指出，长期的学习积累才能帮助学者更好地判断"什么是真的，什么是假的，什么是看似有理的，什么是真正的证据"[26]371；另一位与马比荣颇为相投的历史学家蒂耶蒙（Sébastien Le Nain de Tillemont）在提及文档真实性问题时也曾说过与之完全一致的观点。[24]这种通过长期学习而在特定领域获取某种知识的方式在当时被称为博雅（erudition），它在西方世界有着悠久的传承，尤其在文艺复兴后成为学术研究所强调的极为关键的品质。在此基础上，马比荣转而指责热尔蒙的观点暗含着怀疑主义的陷阱，要想避免这种错误，必须依靠专业的文档真实性鉴定专家，而他自己之所以能成为这样的专家，"既不是因为我（马比荣）的（天生的）聪慧与判断力，也不是对个别文档进行研究的偶然结果，更不能依靠轻率的例行公事，同时也无法通过短期的研究来实现。事实上，我（马比荣）在过去的20年里日复一日地钻研（古代文档）"。作为一个对文档具有高度感知力的专家，马比荣坚持自己所挑选为范本的文档是绝对真实的，就像"一个金匠仅靠触摸就可以找到真的黄金，一幅画作的原作者或是纹章收藏家只需看一眼就可以辨别赝品"[21]4。

通过对博雅概念的引用和阐释，马比荣在当时彻底捍卫了古文献学的合理性。虽然这一论述在今天看来并不具有那么强的说服力，但在17世纪启蒙运动的早期，这种说法有着坚实的研究基础和难以辩驳的合理性。更重要的是，在这个过程中，马比荣的学说具备了一个全新的特征。

正如上文所述，其实在马比荣之前就有学者以文艺复兴时期古籍鉴定的方法从事着文档真实性鉴定的工作，然而作为一种方法，古籍鉴定既没有发展成为一门独立的学科，也没有促成某种新职业的形成，那些从事古籍鉴定工作的学者往往只认同自己历史学家或哲学家的身份。笔者认为，这一现象的形成主要是因为单纯地以文档对比分析为核心的古籍鉴定方法其实并不具备足够的专业性，或者简单地说，对于当时的学者来说并没有那么难以领会和掌握，能使得其自身发展为一门具有准入性门槛乃至高度排他性的独立学科与职业。许多学者往往不需要经过古籍鉴定的专业训练，或者对古籍鉴定有着长期的研究与心得就可以从事相关的研究与工作。在这种情况下，自然也很难形成所谓古籍鉴定工作者的身份认同。相比于传统的古籍鉴定，马比荣对文档真实性鉴定过程中感知力的强调，在客观上为古文献学建立了具有高度排他性的专业知识以及一种不可辩驳的职业优势，使其能够称为一门独立的学科，因为这种优势若非有意识地长期培养，其他人文学者是无法具备的。马比荣本人也指出，那些拥有特定感知力而非仅仅掌握方法的人才能称为古文献学家。[22]2 从这个角度而言，对于文档的感知力才是整个古文献学真正意义上的基石。

回到历史之中，面对马比荣的回应，热尔蒙在1708年再次发表了一本著作继续坚持之前的立场。然而他始终无法在实践中证明那些被马比荣认定为真实的档案实际上是伪造的[27]，这使得他的观点始终缺乏最根本的论据，同时也使得马比荣的论述看上去越发合理。马比荣及他所在的本笃会很快就赢得了法国王室和教会的高度器重[28,29]，而由他创立的古文献学也得以在权力阶层的庇荫下持续地发展。在《古文献学》一书发表后的将近半个世纪中，本笃会很快就培养了一批专门研究文档真实性问题的古文献学家，而欧洲各地更是涌现出许多马比荣的支持者。至此，古文献学知识体系的专业性获得了普遍的认可，相应地，古文献学作为一门独立的学科也正式得以确立，而马比荣也被后世认为是"古文献学之父"。[29]

3 博雅与实用之辨：古文献学影响下法国档案学及档案工作的发展

古文献学的形成给档案工作的发展带来了全新的历史契机。虽然古文献学的研究对象主要是古代历史文档，但凭借对文档问题的共同关注，古文献学与档案工作之间很快就建立起了联系。马比荣本人终其一生都没有亲自参与到档案管理的实际工作中，但在他的推荐下，他的学生巴鲁泽（Étienne Baluze）前往柯尔贝尔（Jean-Baptiste Colbert）的私人档案馆负责档案的管理工作，而这一档案馆也是法国第一个实际意义上的国家级政府档案馆。[28]到了18世纪中期，古文献学对档案工作造成了更为深刻的影响。

与日耳曼地区不同，在法国大革命之前，法国的王室、教会以及各级封建领主几乎都没有专门设置固定的职位来对档案进行管理，对于档案的拥有者而言，档案管理并不是一项长期性的日常工作，只有他们觉得有必要对档案进行整理时才会考虑雇用专门的人员来从事相关的工作，而这些工作处理完毕之后，这些档案工作人员也会被遣散。[30,31]当时的档案工作人员大部分是具有一定知识背景的神职人员，对于他们而言，档案工作无疑可以提供一份额外的薪酬。面对并不稳定的雇佣关系，他们需要时刻寻找新的工作机会，而这也使得档案工作的岗位竞争变得越来越激烈。如何树立竞争优势使得自己能够在众多同样具备较高文化素质的应聘者中脱颖而出，成为许多档案工作者不得不思考的重要问题。[32] 在这样的情况下，古文献学为一些档案工作者提供了巨大的启发。

1765 年，穆瓦讷（Pierre Camille Le Moine）发表了法国历史上第一部专门论述档案工作的著作《实用古文献学》（*Diplomatique-Pratique*）。穆瓦讷一生之中辗转供职于多个档案保存机构，面临着同时代档案工作者所共同面临的现实压力。相关历史研究也表明，穆瓦讷确实将出版《实用古文献学》一书视为提升自己专业声誉的重要手段，以至于他千方百计地寻找各种赞助和出版商，甚至借款自费进行书籍的印刷出版。[32] 在这本著作中，穆瓦讷认为主题分类法对于档案的分类管理是至关重要的，而要实现这一目的，必须对档案内容有着深入的了解，因而对档案内容的分析就成了穆瓦讷立论的中心与基础。他表示在他的档案工作生涯中，整理档案之余，他还仔细地分析档案的内容，因此，他清楚地知晓档案的意义，能够评价档案的重要性以及判断档案的来源和属性特征。穆瓦讷在年少时就长期跟随本笃会的学者学习，而古文献学显然对穆瓦讷产生了深远的影响。在论述档案分析方法的过程中，穆瓦讷引用了大量古文献学的相关内容。与马比荣十分看重文档研究知识的长期积累对古文献学家的意义一样，穆瓦讷也将对档案内容的熟识视作档案工作者最为核心的素质，而这种熟识毫无疑问要建立在对档案内容长期不懈的分析与研究之上。通过这种方式，穆瓦讷试图表现自己毋庸置疑的专业信誉以及难以取代的能力优势。[33]

当然仅凭这一论述，穆瓦讷还无法将自己与那些同样熟悉古文献学的竞争者明显地区分开来。于是他进一步强调了自己档案工作者而不是古文献学家的身份。早在 1757 年穆瓦讷就指出，"相比于我们（穆瓦讷同时代的人）日常关心的问题，古文献学研究的是那些更为古老的年代，它（古文献学）并不关注档案的整理"[32]，因此，对档案管理的具体工作而言，古文献学的内容过于学术而不够实际。穆瓦讷认为，档案工作需要的是在不断实践中所积累的经验，而不是单纯依靠博雅、从长期的书本学习中形成某种思维的感知力，因此，尽管在著作中大量引用了古文献学的相关方法，但是穆瓦讷坚持他的这种引用只是"从我们（穆瓦讷或档案工作者）经验的角度出发，而不是（要求档案工作者）像本笃会学者那样分析文档"[34]。这也是为什么这本著作要被冠以"实用"一名。在这里，"实用"不仅仅突出了这本著作的价值，更道出了穆瓦讷的观点与古文献学的本质区别。

今天我们已经无法判断穆瓦讷对于博雅的概念究竟有着怎样的理解，但不难看出，虽然穆瓦讷从档案工作的角度批判博雅过于缺乏实际价值，但他对于档案工作经验的强调在客观上与马比荣对于感知力的重视如出一辙，我们甚至可以认为，穆瓦讷通过他的论述以一种全新的方式阐释了博雅的概念并将其从古文献学带入档案工作之中。通过这样一种方式，穆瓦讷为档案工作建立起了一套颇有准入门槛的知识体系，而凭借对博雅与实用这两种路径的辨析，穆瓦讷甚至将其自身与古文献学明确地区分了开来，从而使得自己的学说具备了极强的排他性。事实上，凭借《实用古文献学》一书的出版，穆瓦讷的确获得了许多竞争优势。受他启发，同时代的许多档案工作者在此之后接连出版了许多论述档案工作的著作。这些著作尽管在内容上不尽相同，但在对古文献学的援引、对档案与古籍的区分以及对档案工作实际意义的强调等方面都有着共同的特征，实用古文献学甚至成为某种档案工作专业知识的代名词。[30]从这个角度来看，穆瓦讷及他的同行们已经具备了职业档案工作者的条件。他的学说尽管与现代档案学的内容有着巨大的差异，但实用古文献学这一概念在18世纪末的出现可以被视为西方历史上档案工作职业化及档案学独立化进程中的标志性事件。

但是历史的发展暂时延缓了这一进程的脚步，《实用古文献学》出版后仅仅20余年，法国大革命的爆发强行中断了18世纪法国档案工作的开展。尽管大革命几乎摧毁了旧时代的一切印记，包括原有的档案保管体系以及相应的档案工作人员雇用制度，但是马比荣的影响力并没有因此被磨灭。1821年，法国国立文献学院正式成立，学院在创立之初就明确将延续本笃会的学术传统、继续进行古文献学的研究作为主要宗旨之一[35]，而古文献学自然而然地也在开始就被确立为学院的重要课程[35]。然而在最初的8年间，学院对于古文献学的重视只是为了延续法国历史研究的学术传统，并无意培养职业的档案学家和档案工作者，虽然一部分毕业生会前往地方档案馆工作，但他们仍旧严格遵循着马比荣的传统，投身于故纸堆中，仅仅负责整理和分析古代历史文档，而并没有实际开展现代意义上的档案工作。[35]直到19世纪30年代末，法国许多地方档案馆由于长期的管理混乱，开始陆续出现档案遗失和损毁的问题，法国政府和学者这才开始关注档案管理的问题，并开始着手以国立文献学院为基础建立服务于档案工作的职业教育，而相关人员也在这时再次将古文献学提到了重要的位置之上。1829年7月，法国内政部负责科学文化的官员里维斯（Rives）在呈交给首相的报告中再次引用了学院创立之初的一份文件。他认为"如果不马上做出改变，古文献学将失去那些最为重要的支持者"，但为了进一步突出以古文献学为基础建立档案学教育体系的迫切性，他将原文中的"古文献学"或相关名词全部替换为了"档案科学"，而原文中将服务于档案工作的人员称为"档案的守护者"的表述，里维斯则将其全部替换为"档案工作者"。基于里维斯的提议，同年11月，国立文献学院调整了相关的课程安排，与档案工作关系最为接近的古文献学依旧是其中最为核心的内容，而满足相关要求的学生在毕业时也会被授予一个全新设立的头衔"档案-笔迹学家"（archiviste-paléographe）。[35]

这是档案学在西方历史上第一次被确立为一门独立且专门的学科，也是"档案工作者"或"档案学家"这个称谓第一次明确地出现在西方高等教育体系之中，这一历史进程与古文献学之间有着密不可分的关联。具体来看，①18世纪至19世纪40年代之前，法国档案工作在方法和内容上基本是依托古文献学而建立的，从某种角度来看，穆瓦讷的实用古文献学几乎可以被视为档案学的前身。②在继承与发展的过程中，这一历史阶段下档案学及档案工作将古文献学的博雅概念转化为实用的取向，并凭借这一核心内容在专业性方面建立了高度的排他性特征，而相应地，档案学的独立性以及档案工作的职业性也早在19世纪20年代就得以确立。[36]

当然，任何一个社会变迁都需要一个过程。国立文献学院1829年的改革并没有给档案工作局面带来立竿见影的影响，大部分毕业生依旧以历史研究为主要工作内容，直到19世纪40年代之后，才有越来越多的毕业生进入各类档案馆中真正从事现代意义上的档案工作。至此，职业的档案工作者以及档案学真正地走上了欧洲历史的舞台。

4　小结

客观地说，18世纪后，基于古文献学而建立起的档案学在内容上与现代档案学的确存在着明显的差异，比如从穆瓦讷开始对于主题分类法的坚持在很长一段时间里都影响着法国的档案工作，而来源原则的提出在20世纪之后彻底改变了档案学的面貌。这种改变并不是一种连贯式的继承，而更接近于库恩理论里那种革命式的突变，具体内容可参考相关文献，在此不另行展开了。阿伯特认为，职业及其赖以存在的特定知识一直处于动态变化的过程中，没有哪种知识体系可以一直维持相应职业的存在，面对工作领域、工作内容及外部竞争关系的变化，原有的知识体系也会处于不断调整的状态之中。[2] 从这个角度而言，来源原则对于旧有知识体系的取代只是这种档案学及档案工作跟随社会发展自我调整的一个结果。虽然从内容上看，两者之间并没有显著的关联，但是对17—19世纪古文献学的考察对于今天的档案学研究来说仍旧有着非常关键的意义。

第一，20世纪之前，档案学在古文献学的庇荫下获得了十分宝贵的发展空间，从而为现代档案学的形成奠定了重要的现实基础。19世纪40年代后，法国国立文献学院开始成为全欧洲档案职业教育的中心，尤其是"尊重全宗原则"提出之后，国立文献学院长期致力于研究和推广这一被现代档案学视作基石的重要理论。《荷兰手册》的作者之一穆勒1873年就曾前往法国国立文献学院进行过短期的进修，据他回忆，"教授档案组织的那位老师总是不厌其烦地讲述着尊重全宗原则的重要性"，以至于穆勒在后来甚至表示，《荷兰手册》中其实并没有什么"新颖的观点"[37]。古文献学的影响当然不仅限于法国。18世纪初，古文献学就传入了德语地区，它与历史学的高度结合是德语地区相关研究的最显著特征，这一特征也直接造成相比于欧洲其他地区，整个19世纪德国的历史学家对于档案都更为重视,"近代史学之父"兰克就是一名精通古文献学并长期埋首于各类档案馆中寻找资料的学者,在他之后的德国历史学家纷纷效仿此道甚至直接介入档案工作之中,1881年的"登记室原则"就是由兰克的学生席贝尔亲笔签发的。[18]古文献学对于档案学的影响十分深远,以至于直到19世纪末欧洲还有许多专门论述档案学及档案工作的著作继续冠以古文献学之名。1863年,法国学者在撰写国立文献学院的历史时,仍然骄傲地用"新时代的本笃会学者"来称呼职业档案学家及档案工作者[38],而直到今天,国立文献学院的本科生仍然和近200年前的学生一样,在毕业时会被授予"档案－笔迹学家"的头衔。法国历史学家朗格鲁的论调则更为清晰和有力。早在1895年《荷兰手册》出版前,他就从历史研究的角度指出,以古文献学为基础建立的档案学在来源原则确立之前就已经是一门独立的学科了。[39]①来源原则的确深刻地塑造了现代档案学及档案工作的面貌,但档案学独立化以及档案工作职业化的种子,其实早在马比荣的时代就已经被深深地种下了,这对于学界在宏观的角度上重新审视档案学学科历史是不可或缺的。

第二,17世纪至19世纪末以古文献学为核心的档案学及档案工作发展历程无疑向我们展示了这样一种可能性,在来源原则尚未提出的情况下,档案学也能借助另外一种方式确立其学科的专业性和独立性,推而广之,在不同的历史社会背景下,档案学的专业性和独立性很可能取决于不同的因素,而档案学学科作为一种社会性的存在,其本身在不同的历史阶段下也可能有着不同的面貌。笔者毫不怀疑,发轫于来源原则的现代档案学对于某些领域的实际工作有着巨大的贡献,但结合职业社会学对于专业知识体系的论述及相关史实,我们也必须思考这样一个问题,即在档案学领域,究竟有没有固定的、不可抛弃的支柱性理论?如果有的话,这种理论究竟是什么?如果我们认同档案学及档案工作的开展源远流长,而并不局限于来源原则的提出和现代档案学的建立,那么

---

① 目前国内许多文献认为朗格鲁的相关论述产生于1885年,但实际上,关于档案学独立性的观点出自他发表于1895年的一篇论文里。

在漫长的历史进程中,档案学及档案工作自身是否存在一种比形式与方法的传承更为深刻的内在连贯性?如果存在的话,这种连贯性又是依靠什么关键性因素而维系的?所有这些问题都必须切实地回到档案的历史与现实中去解答,而也只有这样,档案学本身才能形成更为丰满的学科土壤。

参考文献

[1] 刘思达. 职业自主性与国家干预:西方职业社会学研究述评[J]. 社会学研究, 2006(1):197-221.

[2] ABBOTT A. The system of professions:An essay on the division of expert labor[M]. Chicago:University of Chicago Press,1988.

[3] GREENHOUSE J H,CALLANAN G A. Encyclopedia of career development[M]. New York:Sage,2006.

[4] POSNER M. Archives in the ancient world[M]. Cambridge:Harvard University Press,1972.

[5] SICKINGER J P. Public records and archives in classical athens[J]. Chapel Hill and London:The University of North Carolina Press,1999.

[6] MOMMSEN T. Romisches strafrecht[M]. Leipzig:Duncker & Humblot,1899.

[7] BORN L K. Baldassare Bonifacio and his essay de archivis[J]. The American Archivists,1941,4(Autumn):233-235.

[8] FRIEDRICH M. The birth of archive:A history of knowledge[M]. Ann Arbor:University of Michigan Press,2018.

[9] SPIEß P E. Abhandlung von archiven[M]. Halle:Bey Johann Jacob Gebauer,1777.

[10] THOMPSON J W. A history of historical writing[M]. New York:The Macmillan Company,1942.

[11] POSNER E M. Max Lehmann and the genesis of the principle of provenance[J]. The Indian Archives,1950,4(2):133-141.

[12] GRAFTON A. Defenders of the text:The traditions of scholarship in an age of science,1450—1800[M]. Cambridge:Harvard University Press,1991.

[13] BRACCIOLINI P. Two renaissance book hunters:The letters of poggius bracciolini to Nicolaus de Niccolis[M]. New York:Columbia University Press,1974.

[14] LAZZARINI I. Materiali per una didattica delle scritture pubbliche di cancelleria nell'Italia del quattrocento[J]. Scrineum,2004(2):15-38.

[15] SHARPE K. Sir Robert Cotton,1586—1631:History and politics in early modern England[M]. Oxford:Oxford University Press,1979.

[16] BERGKAMP J U. Dom Jean Mabillon and the Benedictine Historical School of Saint-Maur[D]. Washington DC:The Catholic University of America,1928.

[17] DURANTI L. Diplomatics:New uses for an old science[M]. Lanham:Scarecrow Press,1998.

[18] 王岑曦. 来源原则历史源流新探[D]. 南京:南京大学,2017.

[19] GERMON B. De veteribus regum Francorum diplomatibus[M]. Paris:Apud Joannem Anisson Typographiae Regiae Praefectum,via Cytharaea,1703.

[20] MALAN C D. Histoire de D. Mabillon et de la congrégation de Saint-Maur[M]. Paris:Debécourt,1843.

[21] MABILLON J. Librorum de re diplomatica supplementum[M]. Paris:Caroli Robustel,1704.

[22] QUANTIN J L. The church of England and Christian Antiquity:The construction of a confessional identity in the 17th century[M]. Oxford:Oxford University Press.

[23] 亚里士多德. 尼各马可伦理学[M]. 北京:商务印书馆,2003.

[24] QUANTIN J L. Reason and reasonableness in French ecclesiastical scholarship[J]. Huntington Library Quarterly,2011,74(3):406-427.

[25] JONES L. The good life in the scientific revolution:Descartes,Pascal,Leibniz,and the cultivation of virtue[M]. Chicago:University of Chicago Press,2008.

[26] LAMY F. De la connoissance de soi-mesme:Suite du troisiéme traité. De l'Être morale de l'Homme;Ou de la science du coeur[M]. Paris:Pralard,1698.

[27] GERMON B. Histoire des contestations sur la diplomatique[M]. Paris:Chez Jean Gravier,1708.

[28] SOLL J. The information master:Jean-Baptiste Colbert's secret state intelligence system[M]. Ann Arbor:University of Michigan Press,2009.

[29] BERTRANDE P. Du de re diplomatica au nouveau traité de diplomatique:Réception des textes fondamentaux d'une discipline [C]//LECLANT, VAUCHEZ, ODON-HUREL. Dom Jean Mabillon. Paris:Académie des Inscriptions et Belles-lettres,2010.

[30] BURKE P. A social history of knowledge II:From the encyclopedie to Wikipedia[M]. Cambridge:Polity,2012.

[31] ROLL J C, TOTTER B S. A world of paper: Louis XIV, Colbert de Torcy, and the rise of the information state[M]. Montreal: McGill-Queen's University Press, 2014.

[32] FRIEDRICH M. Being an archivist in provincial Enlightened France the case of Pierre Camille le Moine (1723—1800)[J]. European History Quarterly, 2016, 43(3): 568-589.

[33] OMONT H. Les archives de Saint Germain-des-Pres[J]. Bulletin de la Societe de l'Histoire de Paris et de l'Ile-de-France, 1897(24): 62.

[34] MOINE P C L. Diplomatique-Pratique[M]. Paris: Imprimeur Ordinaire du Roi & de l'Academie Royale des Sciences, 1765.

[35] MOORE L J. Restoring order the ecole des chartes and the organization of archives and libraries in France[M]. Sacramento: Litwin Books, 2008.

[36] VIVO F D, DONATO M P. Scholarly practices in the archives, 1500—1800[J]. Storia della Storiografia, 2015, 68(2): 18.

[37] KETELAAR E. Muller, Feith and Fruin[J]. Miscellanea Carlos Wyffels: Archives et Bibliothèques de Belgique, 1986(57): 257.

[38] HILDESHEIMER F. Les premiers chartistes aux archives nationales[C]//BERCE Y M, GUYOTJEANNIN O, SMITH M. L'Ecole nationale des chartes: Histoire de l'école depuis 1821. Thionville: Gérard Klopp, 1997.

[39] PAUL H. Performing history: How historical scholarship is shaped by epistemic virtues [J]. History and Theory, 2011(50): 1-19.

（本文原刊于《档案学通讯》2019年第5期，页85-92）

作者简介

王岑曦，研究领域：西方档案史、档案基础理论研究。

我国数字图书馆研究热点的发展走向
——基于近10年的博硕士学位论文分析

黄晓斌　王尧

1　引言

数字图书馆作为实体图书馆在互联网上的延伸与创新发展，目前正迅速地展现出其无穷的魅力，深刻地影响着人们的信息理念、资料来源、阅读习惯和文化生活。数字图书馆作为一个极具图书馆实践和理论研究价值的领域，受到图书馆行业及学术界的广泛关注。近年来，许多博士、硕士学位论文（以下统称"博硕士学位论文"）热衷于将数字图书馆作为研究论文选题，进行系统的分析研究。博硕士学位论文是研究生教育的重要研究成果，有关数字图书馆的博硕士学位论文能反映数字图书馆学科领域的新近进展、发展现状和方向，具有较高的学术参考价值与现实指导意义。本文通过对我国近10年来博硕士学位论文中有关数字图书馆主题的关键词词频统计和共词分析，展示近10年来我国数字图书馆领域的研究热点和发展脉络走向，探讨今后的研究发展趋势与方向。

2 数据来源与分析方法

2.1 数据获取

目前，国内学位论文的主要数据库来源有知网、万方以及相关高校图书馆自建学位数据库。本文在知网和万方博硕士学位论文数据库、中山大学学位论文库中以"数字图书馆"为主题词，限定时间为2005—2015年，进行精确检索，分别得到1275篇、1391篇和12篇文献，检索时间为2016年6月1日。因各数据库之间具有一定的重复性且检索结果包含部分无实质意义的数据，通过人工对数据进行清理，最终获得1580篇博硕士学位论文。图1从年发文量上展示了我国近10年博硕士学位论文中数字图书馆的研究状态，即2005年起处于快速发展状态，于2010年达到高峰，之后逐步呈下降趋势。

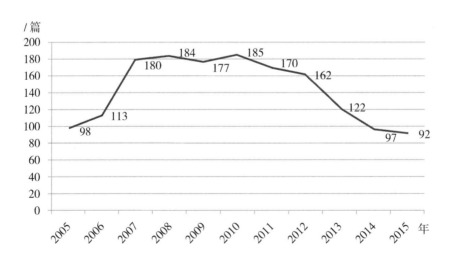

图1 我国近10年关于数字图书馆的博硕士学位论文年发文数量

博硕士学位论文下载量与被引用量可以在一定程度上反映我国近10年博硕士学位论文中数字图书馆的研究状态（见图2。因万方博硕士学位论文数据库不提供下载量与被引用量数据，因此图2的数据来源于知网博硕士学位论文数据库）。可以发现，我国近10年关于数字图书馆的博硕士学位论文下载量与被引用量波动的轨迹几乎同步，即

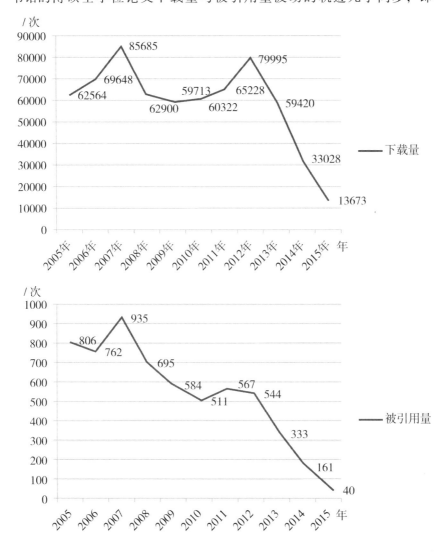

图2　我国近10年关于数字图书馆的博硕士学位论文下载量和被引用量

2007 年前数值飙升，然后经过一个"U"形发展后，于 2012 年迅速下降，逐渐走向低潮。

这表明我国对数字图书馆的研究经过快速发展后，已经处于一个趋缓状态，学术界对于数字图书馆的研究可能已经处于比较成熟的阶段，也可能是处于某个瓶颈时期，有必要寻求新的热点与发展方向。

2.2 分析方法

本文采用词频统计法和共词分析法，运用 SATI 3.2 文献题录信息统计分析软件、Citespace、SPSS 20.0 软件三种工具，利用共现矩阵、时区视图、聚类分析、战略坐标图等对所采集的博硕士学位论文的主题关键词数据进行多维度分析。

3 多维度分析

3.1 词频统计分析

利用 SATI 3.2 分析工具，提取出所获博硕士学位论文的所有关键词，经过人工清理后，得到 40 个频次≥12 的高频关键词（见表 1）。从高频关键词词频排序来看，一方面，可以发现，图书馆，尤其是高校图书馆是数字图书馆关注的重点，这可能是由于高校图书馆往往在数字资源、网络技术、从业人员方面更具优势。另一方面，著作权、数据挖掘、信息服务（尤其是个性化服务）是数字图书馆的研究热点，这表明网络的开放性与共享性使得知识产权保护问题面临严峻挑战，如何在读者与资源提供方之间达成合理的利益平衡，有效保护知识产权是一个亟须考虑的问题。同时，数字图书馆突破了时空限制，汇聚了海量信息，因而，如何更有效地运用数据挖掘方法与工具来提供更具针对性的个性化服务，是信息服务人员必须关注的问题。从高频关键词的整体内涵来看，随着数字技术、信息技术与图书馆深度融合，数字图书馆的研究内容得到了极大的拓展，研究主题也更为鲜明，"知识产权、服务、资源、技术、系统、管理"成为博硕士学位论文的热点领域。

表1 高频关键词（频次≥12）

关键词	频次	关键词	频次	关键词	频次	关键词	频次
数字图书馆	571	信息资源	30	知识产权	18	文本分类	14
图书馆	63	版权保护	29	关联规则	17	协同过滤	14
数据挖掘	59	高等学校	29	数字资源	16	信息安全	14
著作权	51	合理使用	28	服务质量	16	云计算	13
高校图书馆	51	资源整合	23	特征提取	16	知识服务	13
个性化服务	46	服务模式	21	资源共享	16	网络服务	13
信息服务	46	图像检索	20	著作权法	15	法定许可	12
信息检索	44	合理使用制度	19	高等院校	15	利益平衡	12
网络环境	39	数据库	19	知识管理	14	功能模块	12
元数据	35	搜索引擎	19	支持向量机	14	特征选择	12

以上高频关键词的频次能大体上反映近10年来我国博硕士学位论文在数字图书馆领域的研究热门知识点；但这种概括过于宏观，既不能发现热门知识点之间的联系，也不利于精确分析数字图书馆的研究重点方向。因此，我们在对关键词进行两两统计的基础上构建高频关键词共现矩阵（见表2。限于篇幅，这里仅列出部分数据），并以此为基础，运用SPSS 20.0软件的聚类算法对高频关键词共现矩阵进行统计分析。

3.2 关键词时区视图分析

Citespace提供时区视图（timezone view）功能，它能从时间维度上表示知识的发展态势，通过观察视图，能清晰地了解关键词的演进脉络和相互关系。因Citespace对数据格式有严格要求，这里利用CNKI博硕

表2 高频关键词共词矩阵（部分）

	数字图书馆	图书馆	数据挖掘	著作权	高校图书馆	个性化服务	信息服务	信息检索	网络环境
数字图书馆	571	3	29	15	19	35	25	21	6
图书馆	3	63	0	0	1	3	8	2	2
数据挖掘	29	0	59	0	3	13	1	2	0
著作权	15	0	0	51	0	0	0	0	23
高校图书馆	19	1	3	0	51	7	6	2	0
个性化服务	35	3	13	0	7	46	6	1	0
信息服务	25	8	1	0	6	6	46	0	0
信息检索	21	2	2	0	2	1	0	44	0
网络环境	6	2	0	23	0	0	0	0	39

士学位论文库导出的数据进行分析。将CNKI题录数据按照Citespace要求转换格式后，导入Citespace，并对Citespace进行相关设置，点击启动后，我们便得到时区视图（见图3）。时区视图中某一时区中的关键词越多，说明这段时间发表的成果越多，该领域处于繁荣时期；反之亦然。通过深入观察图3，我们发现，一方面，随着数字技术、智能技术逐步向数字图书馆领域渗透，数字图书馆研究的主题更为多元化，数字资源整合、特征选择、领域本体、云计算、网络化、信息推送、数据集成等关键词代表的新的研究热点逐步出现；另一方面，随着研究对象的

拓展，逐渐形成了风险评估、泛在知识环境、云服务、著作权问题、协同过滤、基于内容检索等研究领域。

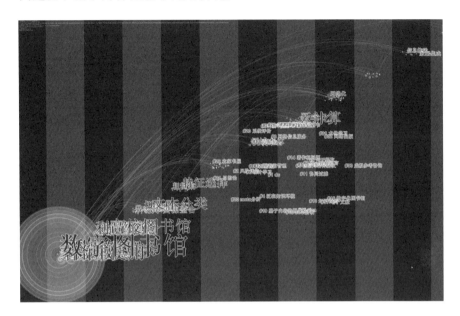

图3　关键词时区视图

3.3　关键词类团划分

通过计算关键词之间的距离，并按照一定的原则将距离相近的词汇聚成不同的团类，我们就能直观地了解特定团类中关键词以及不同团类之间的关系。因此，借助 SPSS 20.0 软件的聚类算法，将高频关键词共词矩阵生成聚类树状图（见图4）。依据关键词的词义、主题，以及关键词之间的知识紧密度，将图4中的高频关键词大致分为七个类团：信息组织及管理、图书馆信息服务研究、大数据及数据挖掘、知识产权保护研究、数字资源整合与共享、信息服务质量研究、合理使用与利益平衡研究。值得注意的是，这七个类团之间并非完全隔绝，研究主题存在交叉现象。这是一种合理的现象，将在下文的研究热点分析中对此做详细解析。

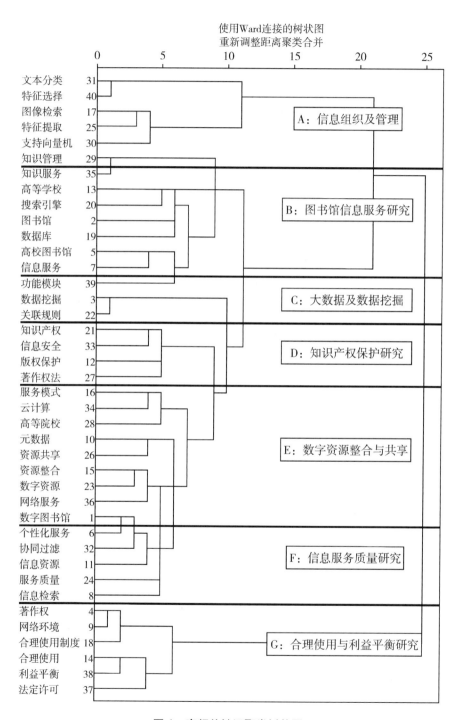

图 4　高频关键词聚类树状图

3.4 战略坐标图分析

战略坐标图通过向心度（X轴）和密度（Y轴）两个二维指标来描述某一研究领域内部联系情况以及领域间的相互影响情况。本文根据关键词共现矩阵和聚类分析结果，采用《国内生命周期理论研究知识图谱绘制——基于战略坐标图和概念网络分析法》[1]一文中提出的向心度和密度计算方法确定二维坐标（由于计算方法过程比较复杂，这里不再赘述，详细的计算实例可以参见科学网博文《如何计算战略坐标》[2]一文），然后将所有类团的向心度和密度的平均值设为两轴相交的原点，绘制战略坐标图（见图5）。

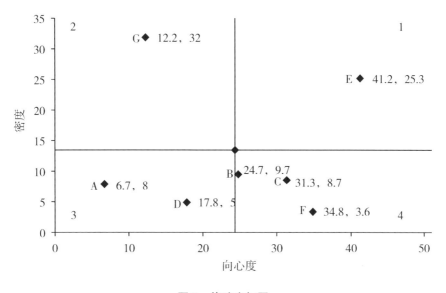

图5 战略坐标图

通过分析战略坐标图可以发现，E类团位于第一象限，该类团密度和向心度都较高，说明该类团不仅与其他类团联系紧密，而且类团内部元素具有较高的关联度，这表明该类团是数字图书馆研究的热点领域，是博硕士学位论文在研究数字图书馆时经常涉及的重要主题；G类团位于第二象限，该类团具有较高的密度、较低的向心度，说明该类团与其他类团联系不够密切，但类团内部元素之间具有高度的关联，这表明该类团在数字图书馆研究中具有较高的独立性，是博硕士学位论文中数字图书馆研究的特色领域；A 类团与 D 类团位于第三象限，这两组类团的密度都较低，向心度也不高，其中 A 类团尤甚，说明 A、D 两组类团不仅类团内部元素关联较为松散，而且与其他研究主题的关系也较为疏远，这不仅表明 A、D 两组类团的研究还不成熟，研究力量还比较薄弱，而且还表明应加强与其他主题的联系，在往后的博硕士学位论文写作中应引起注意；B、C、F 类位于第四象限，这三组类团密度都较低，但向心度较高，说明 B、C、F 三组类团内部元素之间研究比较分散，但与其他主题联系比较密切，这表明 B、C、F 三组类团各自都尚未发展为关联紧密的研究主题，且缺乏稳定的独立研究领域，在往后的博硕士学位论文写作过程中，应把握好研究主题，找准研究定位，避免偏离预定研究目标。

4 研究热点解析

通过有计划地阅读、梳理获取到的博硕士学位论文全文，并结合上述分析结果，我们对上述七个类团进行详细解析。

4.1 A 类：信息组织及管理

数字图书馆已经颠覆了实体图书馆的信息组织及管理方式，具体表现为数字图书馆信息组织及管理对象呈现内容海量化、类型多样化、分布式储存、数据类型异构性等特征。应用传统的信息组织方法已不能满足人们对图书馆数字资源的管理需求，而新的信息组织理念与技术的出现，极大地提高了信息组织与管理的科学性、有效性。博硕士学位论文对于该领域的研究热点主要包括：①不同情境下的数字信息资源组织。信息化时代极大地拓展了数字信息的载体形态，丰富了数字资源的表现形式,且呈现出动态变化的特点,因此,不同情境下数字信息资源的产生方式、数据格式、呈现形式都具有较大差异。博硕士学位论文对数字信息资源组织对象研究集中于组织策略、组织方法、组织模式等理论研究方面。具体的研究内容有:Web2.0环境下用户参与的信息组织研究[3]、网络环境下学术博客的信息组织模式研究[4]、虚拟社区的信息组织研究、面向区域信息资源共享的信息组织研究等。②数字信息资源组织技术研究。数字信息资源组织技术研究一直是数字图书馆研究的热点,也是提高数字信息资源管理效率的有效手段,经历了文本—图像—音频—视频—跨媒体几个阶段。目前,对于基于文本信息资源的组织的研究已取得了巨大成功,数字信息资源的组织技术正快速向图像、声音、视频的数字资源的语义层、内容层发展,且不断探索向数字信息资源智能化组织推进。博硕士学位论文对于这方面的研究内容有:基于内容的图像数据库检索技术的研究及应用[5]、基于内容的音频检索技术研究[6]、视频的内容分析与检索技术及其教育应用研究[7]、跨媒体元搜索关键技术研究、跨媒体融合关键技术研究、图书智能检索系统中的数据挖掘技术的研究与应用等。

4.2 B类:图书馆信息服务研究

信息服务是数字图书馆研究不可回避的研究主题。与传统的信息服务相比,在数字环境下的信息服务呈现出诸多特色,而这些特色是由于信息技术的广泛使用逐步形成、发展起来的,在传统环境下无法胜任,因而可以说是传统信息服务质的飞跃。通过阅读相关博硕士论文全文内容,可以归纳出以下研究热点:①图书馆,尤其是高校图书馆对于信息服务研究尤为活跃。高校用户具有显著的教学、科研特征,因而博硕士学位论文关于高校用户的信息服务的研究更强调个性化、精准化、虚拟化、情景化等。[8,9]②数字参考咨询服务。富媒体环境下,参考咨询的手段更为多样、渠道更为便捷、内容更为丰富,但如何完善数字参考咨询信息服务的运行机制、质量评价、咨询系统构建等成为博硕士学位论文关注的焦点。

4.3 C类：大数据及数据挖掘

大数据时代给人们带来的不仅是海量数据资源的优势，而且也造成了数据获取的困难。如何有效地从大量结构化、半结构化和非结构化数据中提取有用数据信息，就成为用户与图书馆信息服务人员亟待解决的问题。随着数字化环境的日益成熟，信息用户亟须一个简捷、有效的知识获取平台，而图书馆信息服务人员在面对用户急切的、个性化的信息需求时，不仅要通过积极的互动，清楚地理解用户需要的是什么，而且要逻辑清晰地向读者展示现在发生的与即将发生的事项。这就要求图书馆信息服务人员必须熟练掌握先进的信息服务手段，对数字信息资源进行挖掘、处理和分析，从广度与深度上深刻揭示数字信息资源之间的关联、隐含的信息，继而帮助用户发现潜藏在数据背后的知识。因而，相关的博硕士学位论文都力求通过知识挖掘、知识发现、知识关联等手段，期望提供给用户的信息结果不仅是一个点对点的数据表示，而且是能揭示数据之间关联的立体的知识体系，从而使信息用户获得更为精准的、个性化的知识服务。[10,11]

4.4 D类：知识产权保护研究

网络的共享性、无界限、虚拟性等特征，导致知识产权保护问题显得尤为复杂、迫切。数字图书馆理所当然地成为知识产权保护研究的主要阵地之一。随着大量研究成果涌现，尤其是具有重要影响的博硕士学位论文的发表，知识产权保护不管是在实践领域还是学术领域都得到了极大的关注，并取得了巨大成绩，在数字图书馆建设过程中，知识产权的保护也被列为重要的开发与建设原则。博硕士学位论文对于知识产权保护的研究主要有以下几个主题：①知识产权保护面临的两大问题，即信息资源数字化与复制权问题、信息资源网络传播与传播权问题；[12] ②知识产权保护的立法问题；[13] ③知识产权保护的技术研究问题。[14]

4.5 E类：数字资源整合与共享

互联网技术不断发展，尤其是"互联网＋"概念的提出，使得数字信息资源成为亟待开发的蓝海。大数据技术、云计算、人工智能、数据挖掘、可视化等新环境和新技术的发展则为数字资源得以有效重组、建设、整合、共享、展示注入了新的生机。博硕士学位论文对该领域的研究热点主要包括：①数字资源整合。内容交叉重复、信息冗余、知识关联程度低、数字资源和一次数字资源之间缺乏链接关系等问题的存在不仅产生海量的信息垃圾，也对用户获取信息造成极大干扰。为此，博硕士学位论文对数字信息资源整合的策略、模式、方法[15]，以及系统构建等方面进行了深入研究[16]。②共建共享。共建共享是公共文化服务均等化理念的具体实践，也是能够充分发挥数字图书馆优势的研究领域。博硕士学位论文对该领域的研究集中于共建共享的机制研究，共享平台（体系）标准、设计与实现研究，共享成本研究、版权保护与共建共享利益冲突与协调研究等。[17]

4.6 F类：信息服务质量研究

信息服务质量决定着信息服务工作的成败，一方面，在信息服务提供过程中，信息服务质量是影响信息用户满意度的决定因素；另一方面，随着数字信息资源日益成为信息用户获取信息的重要渠道，数字信息资源的展示载体——网站与网页的美观度、可用性、个性化在很大程度上影响着信息用户对信息服务质量的感知度。因而，对信息服务质量的研究，博硕士学位论文主要从两方面进行：①信息服务质量评价指标体系。构建能够客观评价对象各方面特性及其元素内在联系的指标体系，能够使得评价更为科学化、规范化，有利于开展个性化信息服务，提高用户对信息服务工作的信赖程度。[18]②数字技术、人工智能技术、智能穿戴设备等高新技术的引入，极大地提升了图书馆的服务能力，也极大地拓展了图书馆的服务范围。博硕士学位论文从各种视角研究了信息互动、协同过滤、可用性、人机互动、情境搜索等新概念在信息服务过程中的作用，以及如何有效运用新技术提升信息服务质量。[19]

4.7　G类：合理使用与利益平衡研究

数字信息生态中，用户的信息合理使用权与信息服务商的利益平衡问题日益成为一个尖锐的现实问题。目前，对于知识产权的保护受到了广泛的关注，取得了诸多研究成果，但在信息资源价值天平的两端——信息用户与信息服务商是一对共生共存的共同体。因而，在加大知识产权保护研究的同时，如何确保避免知识产权保护过度，如何保障信息用户获得合理使用数字信息资源的权利，也是数字图书馆研究不懈努力的方向。有关博硕士学位论文从合理使用制度、著作权限制制度[20]、版权授权模式[21]研究等方面对该课题进行了深入研究。

5　存在的主要问题

通过上面分析我们发现，信息组织及管理、图书馆信息服务研究、大数据及数据挖掘、知识产权保护研究、数字资源整合与共享、信息服务质量研究、合理使用与利益平衡研究七个方面是历年博硕士学位论文的重点与热点研究领域，这些领域既有对传统问题、观点的深入，也有对新问题、新观点的开拓创新。总体而言，以上七个方面的研究都鲜明地反映了社会热点与学科焦点问题，具有很强的现实指导意义。但必须清楚地认识到，目前博硕士学位论文关于数字图书馆的研究仍然存在一定的不足之处，主要表现在：

（1）数字图书馆研究没能突破图书馆研究的固有瓶颈，未能开辟图书馆研究新的领地，研究主题存在重复现象，研究深度不足。传统图书馆研究在管理制度、人才队伍、资源获取和服务创新方面面临着难以克服的瓶颈，导致传统图书馆研究领域狭窄，研究方法单一，研究内容缺乏创新等。数字图书馆研究虽然是基于传统图书馆研究发展起来的，但其具备传统图书馆研究无法比拟的优势——数字资源+信息技术。立足数字资源，充分发挥信息技术的优势，就能最大限度地规避图书馆研究在管理、人才、资源、服务上存在的瓶颈。而遗憾的是，目前数字图书馆研究还未能充分利用数字资源与信息技术的优势探索全新的研究领域、研究内容、研究方法，仍停留在传统图书馆研究的固有领地，虽是深耕细作，但收成不佳。

（2）随着研究领域的不断拓展，计算机科学、管理学、法学等相关学科知识逐步融入数字图书馆研究，造成数字图书馆研究领域越发模糊，数字图书馆学研究体系难以建立。数字图书馆，顾名思义，是数字技术与传统图书馆相结合的产物。在数字图书馆研究过程中，研究人员越来越多地关注到数字技术、信息技术，以及由这些新技术衍生出的知识产权、信息保护等问题，而图书馆学研究的特有方法对数字图书馆研究的影响越来越弱，研究主题也逐步缩小，这就造成数字图书馆研究逐步丧失了明确的研究阵地，数字图书馆面临着成为一门游离学科的风险。

（3）大数据、云计算、人工智能等新技术、新方法的出现对数字图书馆，甚至整个信息生态来说都是一把双刃剑，如何扬长避短，利用这把双刃剑促进信息生态良性发展，值得学界关注。2015年，国内外发生了十几起影响较大的网络信息安全泄露事件，如，机锋用户数据泄露、海康威视监控设备被境外控制、超过30个省（区、市）的5000万人的社保信息被泄露、人寿10万保单信息被泄露、考生信息被泄露、苹果xcode开发工具大范围感染app应用等[22]，这些泄密事件无一不是由于大数据、云计算、人工智能等新技术、新方法的应用不当而造成的。数字图书馆在引入新技术、新方法，提升自身业务水平与服务能力的同时，如何确保系统不留安全漏洞，是否制定了科学有效的应急处置方案，是否制定了完备的风险评估机制，这需要学术界与具体部门共同进行系统的研究。

6 研究展望

通过战略坐标图分析，可以看到目前我国数字图书馆研究的主要态势。经过学者的不懈努力，E 类团与 G 类团已经取得了不错的成绩，但是在 A、D、B、C、F 类团，还需要从以下几个方面投入更多的关注与努力：

（1）需要加大信息组织及管理、知识产权保护的研究力度。对于这两个领域，总体而言，一是要加大其内部知识的整合力度，提高密度；二是要加强其与其他领域知识的交流，拓展研究视野。具体而言，就是在信息组织及管理研究中，一方面，要更为深入地对信息特征进行选择，图像、视频、音频等非文本、非结构化信息检索等知识管理进行研究；另一方面，要积极向其他研究领域学习，吸收和引进新技术、新方法、新理念，提高信息组织管理能力；在知识产权保护研究中，不仅要加强版权保护、信息安全等研究，而且要警惕数字信息泛在环境下，新技术、新方法带来的负面影响，保护个人隐私安全、数据安全、产权安全，提高对新技术的风险管理能力。

（2）需要逐步形成数字图书馆信息服务研究和信息服务质量研究的稳定、独立的研究领域。这两个研究领域与其他研究领域关系密切，但其内部相对分散，这很大程度上是由于数字图书馆在服务内容、服务质量研究方面直接借鉴了传统图书馆的研究成果，从而对自身特色之处、特有之处未能充分发掘。数字图书馆相对于传统图书馆在形态上发生了颠覆性的变化，这种变化造成数字图书馆的服务方式、服务内容、服务空间、服务渠道、服务理念都与传统图书馆服务有着显著的差异，如何在这些差异中寻求独立于传统图书馆的研究领域，形成独立于传统图书馆的数字图书馆研究范式，或许也是一个值得思考的问题。

（3）大数据及数据挖掘与其他研究领域密切相关，其内部相对分散，但对于数字图书馆来说，它既是一个新的研究领域，又是一种新的研究方式，还是一种新的资源表现形态。虽然数字图书馆在大数据及数据挖掘研究方面很大程度上是来源于计算机信息科学,但大数据对于数字图书馆的影响极其深远,因此有必要引起格外的注意。吸收、借鉴计算机信息科学领域的知识,是数字图书馆走向成熟的必经之路,这无可厚非,但在吸收、借鉴过程中,如何把握好研究主题,加强内部知识整合,找准研究定位,避免偏离预定的研究目标,避免被其他科学等领域的知识发展牵着走,从而形成个性鲜明的研究领域,是数字图书馆研究应该严肃对待的问题。

(4) 从我国近10年博硕士学位论文的发文量、下载量、被引用量来看,最近几年的数量都呈现逐年锐减的态势,这对于一个成熟学科来说是种反常现象。这种现象的出现,从发文量方面来说,可能是由于近几年博硕士学位论文致力于数字图书馆领域研究的选题越来越少,数字图书馆研究面临着被冷落的尴尬困境;从下载量与被引用量来说,近几年数字图书馆领域博硕士学位论文的研究质量还有待提升,未能推出具有轰动性、影响度大的力作。上述迹象也表明数字图书馆的研究目前还未成熟,仍大有可为。因此,有必要加强对数字图书馆学科建设的关注,加大在数字图书馆相关研究领域的资源配置,着力培养一批数字图书馆研究领域的学术骨干。

7 结语

本文通过对我国近10年以数字图书馆为主题的博硕士学位论文中的关键词进行词频统计、共现网络分析、聚类分析和战略坐标图分析,发现博硕士学位论文的主要研究内容集中在信息组织及管理、信息服务研究、大数据及数据挖掘、知识产权保护研究、数字资源整合与共享、信息服务质量研究、合理使用与利益平衡研究等方面,这集中反映了当前的研究热点与学科焦点问题。目前的研究存在一定的不足之处,没能突破图书馆研究的固有瓶颈,未能体现图书馆学领域的专门研究方法,研究主题存在重复现象,研究深度不够;未能充分利用数字资源与信息技术的优势,探索全新的研究领域、研究内容和方法,仍旧停留在传统研究固有领地；等等。今后应进一步深入探讨现有的研究主题，力求在研究瓶颈处有所突破，同时不断拓展新的研究领域，夯实相关的基础理论，完善相关的研究方法，加强与相关学科的交叉研究，从不同的视角来丰富数字图书馆的研究内涵。

参考文献

[1] 马费成,望俊成,张于涛.国内生命周期理论研究知识图谱绘制:基于战略坐标图和概念网络分析法[J].情报科学,2010(4):481-487,506.

[2] 崔雷.如何计算战略坐标[EB/OL].[2016-06-10]. http://blog.sciencenet.cn/home.php? do=blog&id=312367&mod=space&uid=82196.

[3] 赵春琳.Web2.0环境下用户参与的信息组织研究[D].吉林:吉林大学,2010.

[4] 郎洁华.网络环境下学术博客的信息组织模式研究[D].武汉:华中师范大学,2012.

[5] 林铭德.基于内容的图像数据库检索技术的研究及应用[D].长沙:中南大学,2008.

[6] 唐杰.基于内容的音频检索技术研究[D].北京:北京邮电大学,2010.

[7] 刘俊晓.视频的内容分析与检索技术及其教育应用研究[D].济南:山东师范大学,2007.

[8] 孙士新.高校数字图书馆个性化服务的应用研究[D].郑州:郑州大学,2009.

[9] 李秀娟.高校图书馆在一体化虚拟学习环境中的服务模式研究[D].重庆:西南大学,2011.

[10] 仵淮林.大数据环境下数字图书馆面向用户的服务组织研究[D].武汉:华中师范大学,2015.

[11] 白果.云计算在图书馆信息咨询服务中的应用研究[D].大连:辽宁师范大学,2013.

[12] 熊咏梅.学位论文传播中的知识产权问题研究[D].昆明:云南大学,2011.

[13] 王越.传统文化知识产权法保护的立法问题研究:以历史发展的角度[D].哈尔滨:哈尔滨工程大学,2014.

[14] 张沙琦.数字作品知识产权保护的技术措施研究[D].武汉:华中师范大学,2006.

[15] 滕青青.本体整合策略及其自适应机制研究[D].上海:华东理工大学,2011.

[16] 苏菊.高校图书馆信息资源整合系统的研究与实现[D].青岛:中国海洋大学,2008.
[17] 刘红菊.版权保护与信息资源共享的冲突与协调[D].保定:河北大学,2007.
[18] 王晶晶.图书馆数字参考咨询服务质量评价体系研究[D].哈尔滨:黑龙江大学,2009.
[19] 马骏涛.基于移动互联网技术的移动图书馆系统研建[D].北京:中国人民解放军军事医学科学院,2012.
[20] 周贞.公共数字图书馆著作权限制制度研究[D].石家庄:河北经贸大学,2013.
[21] 朱娜娜.数字图书馆版权授权模式研究[D].哈尔滨:黑龙江大学,2010.
[22] 集美大学网络中心.2015年国内网络信息安全泄露事件盘点[EB/OL].[2016-06-11].http://net.jmu.edu.cn/s/3/t/757/04/5a/info132186.htm.

(本文原刊于《图书馆学研究》2017年第8期,页2-10)

作者简介

黄晓斌,教授,博士生导师。研究领域:数字图书馆、网络信息开发利用、情报研究。

王尧,中山大学资讯管理学院博士研究生,吉首大学图书馆馆员。研究领域:网络信息资源管理、地方文献数据库建设。

古籍保护学科建设研究：背景、现状及空间[①]

张靖　刘菡

1　研究背景

　　卷帙浩繁的古籍是中华民族的宝贵精神财富，是中华优秀传统文化和中国特色社会主义文化的重要载体。习近平总书记重视古籍保护。2013年12月，习总书记在中共中央政治局第十二次集体学习时强调，要系统梳理传统文化资源，让收藏在禁宫里的文物、陈列在广阔大地上的遗产、书写在古籍里的文字都活起来。[1]2014年3月，习总书记在巴黎联合国教科文组织总部的演讲中重申这一重要论述，进一步指出通过对传统文化资源的梳理和文化遗产的保护，让中华文明同世界各国人民创造的丰富多彩的文明一道为人类提供正确的精神指引和强大的精神动力。[2]

　　中华古籍浩如烟海，但在后世传承中历尽火、盗、虫、兵之灾，流传至今者百不存一。为抢救、保护、利用好古籍，2007年1月，国务院办公厅颁布《关于进一步加强古籍保护工作的意见》，历史上首次由政府主持开展的国家级重要文化工程"中华古籍保护计划"正式启动，经"十一五""十二五"至"十三五"，工程围绕"保护为主、抢救第一、合理利用、加强管理"的总方针，在古籍普查、古籍修复、书库

[①] 本文系中山大学高校基本科研业务费重大项目培育"中国文献保护管理制度建设研究"（项目编号：19wkjc10）的研究成果。

建设以及人才培养等方面不懈努力,取得令人瞩目的成果。然而,与数量庞大的古籍相比,古籍保护的资源和力量仍显薄弱。据不完全统计[3],目前收藏在中国各类型图书馆、博物馆、文物保护部门、佛寺道观等单位的古籍总数超过 5000 万册,其中善本古籍超过 250 万册,对这些古籍的保护需要与时间赛跑。

承载着中华文化的古籍是我国珍贵文化遗产的重要组成,其保护和传承是实现中华文化创造性转化和创新性发展的重要前提。如何保护好古籍文献,成为新时代发展的命题。2016 年 4 月,习近平总书记做出重要指示:"保护文物功在当代、利在千秋。"[4]

促进古籍保护的规范化和科学化(《"十三五"时期全国古籍保护工作规划》)、建立科学有效的古籍保护长效机制,是确保古籍保护事业行稳致远的文化战略需求。当前,古籍保护在科学研究上遵循着不同学科的研究路径,体现出多学科视角和方法交融的多元化特色,但仍未能形成一个系统的、适合我国国情的研究逻辑和理论范式;在人才培养上形成了继续教育日益完善、学历教育探索式展开的有益格局,但仍未能脱离有"方向"无"专业"的处境。具体而言,存在重技艺而轻理论、参与众而共识少、人才培养未入主流、科学研究有待规范、学术认同尚未取得等不足。这些困难的解决,或可归结为古籍保护学科的建立与建设问题。古籍保护学科的建立与建设也是古籍保护规范化和科学化的重要标志和路径。

2 研究现状

关于古籍保护学科建设的讨论,主要来自国家古籍保护中心、全国高等院校古籍整理研究工作委员会、中山大学、武汉大学、中国人民大学、复旦大学、云南大学、天津师范大学、郑州大学等的学术团队。

国家古籍保护中心有关古籍保护的论述,主要围绕古籍保护工作实践展开,工作成果多于学术表述。2007 年"中华古籍保护计划"实施、国家古籍保护中心成立,随即也成为国家对古籍资源进行规模化、系统化保护的开端。国家古籍保护中心的相关学者,不论是对古籍保护的认知,还是对知识体系的论述,以及人才培养、战略规划、业界合作等,都主要以古籍保护工作环节为主线,以支持相关工作的开展为前提,且多为行业宏观规划与指导。因此,国家古籍保护中心作为业界翘楚,在古籍保护工作实践上能够有高屋建瓴的视野,对相关专业人才应当具备的知识结构了然于心,且自身在人才结构、团队建设方面有机构优势。既有高瞻远瞩的专家及业界带头人如张志清、陈红彦等,他们在职业使命及资格、知识体系及人才培养、事业发展规划等方面的阐述对本领域有重大意义;又有技艺精湛的资深修复师如杜伟生、朱振彬等,他们是古籍保护技艺的重要传承人;同时还有专业人士运作和管理古籍修复实验室,综合运用生物、化学、物理、材料科学及相关仪器分析古籍纸张材料。整体而言,国家古籍保护中心认同且呼吁开展相关学科建设工作,但其本身并不承担学科建设的任务。

全国高等院校古籍整理研究工作委员会以古籍整理见长,研究者多具备文史背景,对于古籍版本、知识内容等的关注多于其他。如安平秋将古籍保护视为整个古籍研究工作的上游,是文献整理和研究的必要准备和基础。[5]而对古籍内容的研究本身庞杂且深厚,研究者群体的知识结构相对其他团队而言比较单一,且研究方法、视角及现实观照等方面的多元化、现代性不足,跨学科交流较少。相对于古籍整理而言,古籍保护、出版等方向在这一学术共同体中的研究相对薄弱,且从当前学者的知识结构、研究志趣、交流合作等角度考察,这些方向以后也较难得到充分、健全的发展。

中山大学团队以文献保护与修复为主要研究对象[6,7],在研究及师资团队构成中,整合了学院与图书馆的研究力量,建立了古籍保护国家级实验室,同时包含西文文献及民国文献等的修复,研究方向涉及文献整理、文献保护与修复、文献保护管理等。研究内容及方法多样,包括张靖、周旖、林明等人对国内外文献保护相关课程设置及人才培养方案[8,9]、资格认证[10]、文献保护状况等的调查研究[11,12];对传统修复手法、技艺的探讨与传承研究,如,曾特聘资深修复师潘美娣授习中山大学图书馆十余年,林明承担国家社会科学重点项目"中国古籍传统修复技艺的知识保存与传承模式研究"[13]；较早关注预防性保护相应措施与管理规范[14]；涉足有关古籍数字化研究、数据库建设等内容的研讨[15]。同时，注重国内外学术交流与合作，除与国家古籍保护中心签署文献保护与修复方向图书情报专业硕士研究生联合培养协议外，还曾多次承办西文文献修复培训班、举办相关学术研讨会，邀请海外知名专家学者授课、做学术汇报等。整体而言，中山大学团队在古籍保护领域研究内容更为全面，研究视野更为开阔，研究方法体系相对健全，人员构成合理；但因古籍保护为新兴领域，现有研究仍比较零散，缺乏系统梳理。

　　武汉大学和中国人民大学团队都是依托档案学、档案保护的相关内容进行古籍保护相关研究。其中，武汉大学侧重对文献保护管理、文献保护材料、文献遗产保护、文献遗产组织等方面的研究，研究基础扎实，系统或综合性论述较多。如刘家真出版了数本古籍保护相关的专著及教材[16-18]，较全面地阐释了古籍保护相关基础理论；周耀林围绕档案文化遗产、文献遗产保护出版了一系列重要研究成果[19,20]，并承担了相关国家社会科学基金重大项目，这也是目前图书情报学在该领域的唯一重大项目。中国人民大学张美芳等学者同样是围绕档案保护而拓展其研究轨迹，研究内容涉猎档案保护基础理论、档案保护技术与方法、纸张材质、古籍文献数字化等[21-23]。以上二者很大程度上是依托档案学的学科优势，在已有的知识体系的基础上拓展，并未阐明古籍保护、文献遗产保护、档案保护之间的区别与联系；在研究内容上，跨学科、跨部门的交流与合作较少，未能契合古籍保护研究跨学科发展的内在要求；没有设置相应的实验室，围绕古籍保护的材料学、生物及化学知识等尚处于意识或提法层面等。

　　复旦大学中华古籍保护研究院以"古籍整理、科学技术与非遗技艺"三位一体为特点[24]，就目前的人员结构、办学方式和发展方向而言，更有利于古籍保护中跨学科内容尤其是化学、纸张材料等与修复技艺、文献整理、文献开发利用等的融合。但由于研究院成立不到5年，尽管杨光辉等学科带头人基本形成本学科领域的知识体系雏形[25]，且有文献学家吴格以及杨玉良院士坐镇，但在科学研究、人才培养、社会服务与合作等方面都处于起步阶段。

云南大学在地方及民族文献保护研究领域有重要贡献。华林、胡莹等人承担了"文化遗产抢救视野下的西部濒危少数民族历史档案保护研究""西部散存民族档案文献遗产集中保护问题研究""世界记忆遗产——东巴古籍文献整合性保护研究"[26]等国家级或省部级基金项目，出版了数本有关民族历史档案研究的专著[27,28]，以及发表了多篇民族档案保护研究相关的学术论文；罗茂斌侧重于对档案的材料研究，成果多集中于采用化学相关方法对文献的防治保护等。整体而言，云南大学团队的研究多依托档案学，且突出对地方文化、民族文化的观照，探讨地方或民族档案遗产的保护方式及机制、防治措施及整理研究，虽然对有关修复技艺、修复科技以及文献开发利用等的研究不足，但从文化及内容多样性角度充实了古籍保护研究知识体系。

天津师范大学古籍保护研究院成立一年有余[29]，在文献整理、历史研究等方面有一定的优势。姚伯岳院长有长期在国内外图书馆从事古籍整理相关工作的经验，对古籍整理、版本、数字化以及文献修复等方面均有所涉猎，且勤于著述，其与周余姣合著的《任重道远 砥砺奋进——我国古籍保护学科建设之探索与愿景》一文全面且系统地阐述了古籍保护知识体系，并勾勒了未来发展框架[30]；但其中有关古籍保护学科属性的论述易引起争议。由于目前古籍保护学科属性、主干知识、研究范围等在学界还没有形成共识，如果开辟新门类，或脱离于图书情报及档案学的相关基础，将不利于相关知识的关联、借用、渗透、融合等，在学科建设道路上也会困难重重。

郑州大学团队，代表人物如王国强，主要关注古籍保护相关传统技术与方法。王国强承担的国家社会科学基金项目"中国古代文献保护方法及其现实价值"，对古籍传统的保护理念、方法及技术的内容、特征、现代价值等进行系统梳理[31]，在此基础上提出中国古籍保护技术体系建设的基本路径应以中国传统图书保护技术为主，而辅之以当代物理技术和化工技术，并结合当前实践，归纳当前修复中存在的技术处理问题，提出了相应的工作方法上的建议[32]。整体而言，研究内容比较集中，以传统保护方法为主，从古籍保护方法的历史维度健全了古籍保护知识体系。

此外，还有一些其他关注或从事古籍保护相关工作的学者、从业人员等的论述，但相对于学科建设研讨及知识体系的构建而言，多为零散的经验论述、历史研究或观点阐释，还有待进一步梳理、整合、讨论、论证等。

3 研究空间

在古籍保护事业推动下，关于古籍保护学科建设以及古籍保护学科理论的探讨和研究在近几年开始涌现并取得了一定的进展，达成了一定的共识；但处于起步阶段的这一领域存在着较大的研究空间。

第一，对于古籍保护能否成为一门学科的论证不足。当下对于古籍保护学科建设的呼吁主要来自以国家古籍保护中心为核心的古籍保护实践领域以及若干与国家古籍保护中心建立了人才培养合作关系的高校院系或图书馆。受角色和环境的影响，它们往往将古籍保护学科建设视作理所当然的命题，忽略了面向高等教育、面向学术共同体以及面向更大范围的学术界论证这一命题成立的重要性。这一不足将影响古籍保护学科建设在足够大的范围内获得广泛的认同。

第二，对于古籍保护学科建设的理解有失全面。现有的古籍保护学科建设探讨大多围绕古籍保护人才培养，特别是古籍保护研究生培养进行。人才培养确实是学科建设的主线，专业的设置、学科目录中的反映是学科建设的重要标志，但学科建设的内涵远不局限于此。没有明确的研究对象，没有自成体系的理论、知识基础和研究方法，没有相对独立的专业知识体系和研究方向，古籍保护学科不可能建立，遑论建设。而学科建设作为中国高等教育的特有概念，除了人才培养建设之外，还包含科学研究建设、社会服务建设、文化传承创新建设、师资队伍建设、国际交流合作建设等丰富的内涵。准确理解学科建设，方能找到古籍保护学科建设的正途。

第三，对于学科建设的背景和环境缺少观照。2015年《统筹推进世界一流大学和一流学科建设总体方案》、2017 年《统筹推进世界一流大学和一流学科建设实施办法（暂行）》以及 2019 年《中国教育现代化 2035》《加快推进教育现代化实施方案（2018—2022 年）》，两个系列的文件集中反映了党中央、国务院在新的历史时期所做出的教育领域重大战略部署。在中国当前高等教育深化改革的背景下，学科建设的环境发生了很大的变化，而这些均未进入古籍保护学科建设研究者的视域。从古籍保护出发而不是从学科建设出发，限制了古籍保护学科建设研究的视角，而这也可能导致所提出的古籍保护学科建设设想不切实际。

第四，对于古籍保护学科知识体系的研究现代性不强。具体表现为：其一，知识体系建构的研究方法以基于思辨的跨学科整合为主，其成果往往深受研究者的学科背景和学术眼界影响，具有过于鲜明的个人或团队特色；其二，知识体系建构的研究视野以过往和当前的古籍保护实践为界，缺少对于古籍保护学科可持续发展的思考，也缺少与新文科建设、交叉学科建设等古籍保护学科所处学术环境的对话；其三，缺少从中国特色哲学社会科学学科体系、学术体系、话语体系的组成部分的视角看待和建构古籍保护学科知识体系的自觉。

第五，古籍保护学科建设研究缺少实证。现有研究或从古籍保护实践出发，或从古籍保护人才培养实践出发，或从对相关学科的整合出发，大多是纯理论研究。古籍保护学科建设既是学术研究命题，同时也是高等学校教育教学改革的命题，应在理论研究的基础上，提出具体的学科建设实施方案，在具备古籍保护人才培养条件和经验的高等学校院系进行教育教学改革实证。

第六，参与国际学术交流、面向国际讲述古籍保护中国故事的意识不强。古籍保护学科是中国特色哲学社会科学学科体系、学术体系、话语体系的组成部分，而中国古籍保护是一个有传统、有当下、有未来，有人、有物、有故事的领域，具有参与国际学术交流、面向国际讲述中国故事的极佳条件。但目前这一领域只有武汉大学、中国人民大学和中山大学团队体现了这方面的自觉，在国际学术会议、国际学术期刊等平台上发出了声音。

4 结语

对应上述研究,我们认为古籍保护学科建设研究应该是一种综合研究,应该有以下几个方面的研究定位:①应在全面理解学科建设内涵的基础上,遵循学科建设的一般性规律,对标一流学科建设的目标和要求,进行古籍保护学科的科学布局和长远规划。②应在理论研究的基础上,提出具体的古籍保护学科建设实施方案,进行教育教学改革实证。③应在中国特色哲学社会科学框架下,以能够为古籍保护学科的可持续发展提供坚实基础为原则,以充分体现跨学科特色和优势,同时确保自成体系、不可替代为要求,以面向国际讲述中国古籍保护故事、寻求古籍保护学术话语主导为目标,科学建构古籍保护理论体系。

参考文献

[1] 习近平:建设社会主义文化强国 着力提高国家文化软实力[EB/OL]. (2013 – 12 – 31)[2019 – 09 – 03]. http://www.xinhuanet.com/politics/2013 – 12/31/c_118788013.htm.

[2] 马述强,梁晓华.习近平在联合国教科文组织总部发表演讲强调让中华文明同世界丰富多彩的文明一道为人类提供正确的精神指引和强大的精神动力[N].光明日报,2014 – 03 – 28(1).

[3] 扈永顺.古籍保护渐入佳境[EB/OL]. (2017 – 07 – 11)[2019 – 09 – 03]. http://liaowangnews.com/Electronic/201705/2017 – 07 – 11/1325.html.

[4] 新华社.习近平对文物工作作出重要指示[EB/OL]. (2016 – 04 – 12)[2019 – 09 – 03]. http://www.xinhuanet.com//politics/2016 – 04/12/c_1118599561.htm.

[5] 安平秋.谈当前古籍工作体系及人才培养[N/OL]. (2017 – 01 – 16)[2019 – 08 – 25]. http://www.ndcnc.gov.cn/tushuguan/cankao/201803/t20180316_1379040.htm.

[6] 林明.中国古代文献保护研究[M].桂林:广西师范大学出版社,2012.

[7] 林明,周旖,张靖.文献保护与修复[M].广州:中山大学出版社,2012.

[8] 张靖,林明.美国德州大学文献保护与修复课程体系分析:兼论 Preservation 与 Conservation 的中文译法[J].图书情报工作,2010,54(5):94-97,82.

[9] 周旖,林明.美国高校文献保护与修复通论课程教学设计研究:以德州大学、密歇根大学和匹兹堡大学为例[J].图书情报知识,2011(1):36-42.

[10] 张靖,张盈,韦力丹,等.文献保护与修复职业资格认证模式调查与分析[J].大学图书馆学报,2016,34(3):107-116.

[11] 张靖,张盈,林明,等.中国大陆及港澳地区图书馆西文古籍保护与修复情况调查[J].大学图书馆学报,2017,35(2):99-108.

[12] 林明,张靖.中国大陆图书馆文献保护灾难预案调查[J].中国图书馆学报,2010(4):61-71.

[13] 全国哲学社会科学工作办公室.2017年国家社科基金年度项目立项名单[EB/OL].(2017-06-16)[2019-09-04].http://www.npopss-cn.gov.cn/n1/2017/0616/c219469-29344851.html.

[14] 张靖,张怡.文献保护灾难预案及其编制工具研究[J].图书馆论坛,2014,34(4):106-114,101.

[15] 张靖,李梦霞,林明.广州地区公藏石刻文献情况调查:兼论地区石刻文献数据库的建立[J].大学图书馆学报,2011(4):55-63.

[16] 刘家真.古籍保护原理与方法[M].北京:国家图书馆出版社,2015.

[17] 刘家真.文献遗产保护[M].北京:高等教育出版社,2005.

[18] 刘家真.文献保护学[M].武汉:武汉大学出版社,1990.

[19] 周耀林,李姗姗.可移动文化遗产保护体系研究[M].武汉:武汉大学出版社,2017.

[20] 周耀林.档案文献遗产保护[M].武汉:武汉大学出版社,2012.

[21] 张美芳,张松道.文献遗产保护技术管理理论与实践[M].长春:吉林文史出版社,2009.

[22] 张美芳.档案保护技术[M].北京:中国文史出版社,2017.

[23] 张美芳,唐跃进.档案保护概论[M].北京:中国人民大学出版社,2013.

[24] 张志清.古籍整理、科学技术与非遗技艺三位一体:复旦大学中华古籍保护研究院成果累累[EB/OL].[2019-09-04].http://www.nlc.cn/pcab/xctg/bd/201708/t20170815_154571.htm.

[25] 杨光辉.古籍保护学纲要[G]//国家古籍保护中心.古籍保护研究(第二辑).郑州:大象出版社,2016:178-182.

[26] 全国哲学社会科学工作办公室.国家社科基金项目数据库[DB/OL].[2019-

09-04]. http://fz.people.com.cn/skygb/sk/index.php/Index/seach.

[27] 华林.西南少数民族历史档案管理学[M].北京:民族出版社,2001.

[28] 华林.西部散存民族档案文献遗产集中保护问题研究[M].北京:中国社会科学出版社,2017.

[29] 天津师范大学古籍保护研究院.研究院简介[EB/OL].(2018-08-19)[2019-09-04]. http://gjyy.tjnu.edu.cn/dhzwy_list.jsp?urltype=tree.TreeTempUrl&wbtreeid=1094.

[30] 姚伯岳,周余姣.任重道远 砥砺奋进:我国古籍保护学科建设之探索与愿景[J].中国图书馆学报,2019,45(4):44-60.

[31] 王国强,孟祥凤.古代文献保护方法的现实价值研究综述[J].图书与情报,2010(1):30-33,61.

[32] 王国强.中国古籍保护技术体系建设的基本路径研究[J].图书情报工作,2013(8):74-77,96.

(本文原刊于《图书馆论坛》2020年第3期,页101-106)

作者简介

张靖,历史学博士,教授、博士生导师。研究领域:文化遗产整理与保护、公共文化服务与管理。教学课程:本科课程有图书馆学基础、公共文化服务导论;研究生课程有现代公共文化服务体系专题研讨、文化遗产保护专题研讨;慕课"工匠书缘:古籍的修复与文化传承"等。

刘菌,研究领域:图书馆学人物研究、图书馆与社会发展、文献分类理论;参与公共文化服务导论、图书馆学基础等课程的辅助教学。

古籍保护学科建设核心议题述评

周旖　赵心　刘菡　张靖

1　古籍保护学科定位、建设及基础理论

1.1　古籍保护学科名称的讨论

21世纪以来，古籍保护研究逐渐受到关注[1]，尤其是2007年后，随着"中华古籍保护计划"的实施及相关政策的出台，全国范围内的古籍保护工作逐渐开展，如何系统、科学、有效地对古籍资源进行管理、保护、研究和利用等一系列问题进入学界及业界视野。其中，针对"古籍保护"学科名称的讨论相当热烈。

早在2006年中山大学图书馆主办的"2006文献保护与修复研讨会"上，领域内部分学者及资深从业人员就提出建立学术团体、定期开展研讨活动等建议，且就人才培养情况和特点进行讨论，为古籍保护学科建设奠定了基础。在古籍保护人才数量紧缺、结构不合理，古籍工作开展需依靠科学手段进行研究、管理和规范，现有学科分类无法完全与古籍保护相匹配等学界共识下，"古籍保护"作为独立学科领域被提出。而有关古籍保护独立成学的提法，可追溯至2007年甘露提出构建中国文献修复学学科体系[2]，2010年宋承志提出设立古籍鉴定与保护学一级学科的构想[3]。与古籍保护相关或相近内容的名称或提法还有档案保护、古典文献保护、古籍整理与保护、古籍保护学、文献保护与

修复、可移动文物保护、纸质文献保护等。

1.2 古籍保护学科属性及门类的讨论

对古籍保护学科如何命名、其位于学科体系中哪一层级、学科归属为何等问题的讨论主要出现在 2015 年之后。相关领域学者在这些问题上表达各自不同的观点。代表性观点及内容见表 1。

表 1 古籍保护学科设置的主要观点

代表学者	提出时间/年	学科门类	一级学科	二级学科名称
宋承志	2010	管理学	古籍鉴定与保护学	古籍鉴定学、古籍修复学、古籍管理学、少数民族古籍学
安平秋	2016	未阐述	中国古文献学	古籍保护、古籍出版、古籍整理
丁海斌	2017	未阐述	国学	文献修复
顾钢	2017	历史学	中国史	古籍保护
顾钢	2018	历史学	古籍保护	未阐述
柯平	2018	管理学	图书情报与档案管理	古籍保护（研究生）、文化遗产保护与管理（本科生）
姚伯岳	2019	管理学或历史学	图书情报与档案管理或考古学/中国史	古籍保护
姚伯岳	2019	文化遗产保护	古籍保护	古籍保护学、古籍鉴定编目、古籍保藏修复、古籍再生产传播

有关古籍保护学科属性及门类的讨论主要有：①在已有的一级学科

下，把古籍保护作为新的二级学科进行设立。目前学者们认为在图书情报与档案管理、中国史或考古学等一级学科下设置古籍保护相关的二级学科是比较可行且合理的方式。首先，关于在图书情报与档案管理一级学科下设置相应的二级学科，柯平、姚伯岳①在第三届古籍保护学科建设研讨会上有相应表述。因为图书馆作为古籍文献的富藏及保存机构，较早涉足并重视古籍保护与修复领域，有丰富的实践经验。其次，由于古籍收藏和保护是古籍整理、研究、利用的前提，因而也为文献学、国学等所重视。如安平秋提出建立中国古文献学一级学科，将古籍保护作为其下二级学科；[4]丁海斌②提出建立国学一级学科，将文献修复设为二级学科。最后，提出将古籍保护作为中国史学科下的二级学科，顾钢[5]等是代表人物。②设立一个新的一级学科，而古籍保护则作为其下的一个二级学科。近年来有关文化遗产保护、文物保护学等也被作为独立学科而讨论。③将古籍保护作为一个新的一级学科甚至新的学科门类进行建设。有学者从长远角度考虑，提出设置古籍保护一级学科，宋承志[3]、顾钢[6]、姚伯岳等[7]有相关提法，但存在学科名称不一、所属学科门类划分各异、学科范围边界模糊、学科细分有待进一步论述等问题，古籍保护被纳入管理学、历史学，甚至有人提出新建立文化遗产保护门类。

1.3　古籍保护学科建设方式

基于前述学者们对古籍保护学科属性及门类的认识，相应的有关古籍保护学科建设方式的讨论主要有如下三种代表性的观点：

（1）将现有相关学科知识内容进行整合，在厘清共性特征和共同问题的前提下，谋求融合发展。张美芳提出采用"保护联盟"或设置新专业的方式，将图书保护、档案保护、文物保护学科进行融合。[8]刘晓立等认为古籍保护是对历史文献学、文化遗产保护与博物馆、图书情

---

① 柯平、姚伯岳于2018年9月13日在"第三届古籍保护学科建设研讨会"上的发言。
② 丁海斌于2017年9月14日在"第二届古籍保护学科建设研讨会"上的发言。

报管理、古典文献研究等内容的整合,需要对这些内容进行系统化的求同存异。[9]

(2) 自上而下设置,构建学科体系。杨健指出图书馆等部门缺乏古籍保护人才,但本身不能担负人才培养责任,自下往上推的人才培养方式困难,有待文化部门与教育部门之间形成共识并主动推动。[10]倪晓健认为须以人才缺口为着眼点,向教育主管部门提出申请,设立专门的古籍保护学科。[11]刘晓立等指出,从长远角度而言,应建立文化遗产保护学科,并将古籍保护作为其中的分支学科。[9]姚伯岳等构建了古籍保护所在的文化遗产保护学科体系谱系图。[7]

(3) 依托古籍整理与研究工作。2007年,"中华古籍保护计划"提出并实施,国家古籍保护中心(挂靠国家图书馆)开展的古籍相关工作中,古籍保护相关知识体系被划分为科技、修复、编目、鉴定、收藏和工具。[12]王红蕾认为,古籍保护学科建设重点应放在图书馆古籍编目、古籍保护和修复技术,同时在鉴定、出版、修复、数字化等方面有所侧重。[13]张志清指出,古籍保护工作需要进一步通过顶层设计、研究拓展、健全法律法规等层面,促进行业内部或之间的渗透、交叉、重组等,以融合发展带动行业创新。[14]少数民族古籍整理工作则以"救人、救书、救学科"为重点,主要由全国少数民族古籍整理研究室及各地区少数民族古籍工作部门推进,将古籍工作分为保护、抢救、搜集、整理、翻译、研究、出版等环节,按照国家民族事务委员会(以下简称"民委")等的部署,涵盖学术研究、学科建设与人才培养,工作方法、技术手段、实施,管理及标准、政策法规等方面。[15]

1.4 古籍保护理论体系

古籍保护除修复技艺外,还有相应的古籍修复与保护理论、科技知识,以及古籍整理、管理、开发利用等一系列围绕古籍的人文社会科学知识。古籍保护学科内容具有综合性、交叉性、跨学科性,且具有强烈的现实应用需求,须在对现有学科知识进行整合的基础上,厘清主体内容和知识体系逻辑,进而界定学科知识体量及边界。目前,对于古籍保护的理论体系及观点见表2。

表2 古籍保护理论体系相关论述

论述角度	代表学者	提出时间/年	主要内容
古籍保护相关工作	杨健	2016	古籍鉴定识别及整理研究（古籍阅读、版本学、目录学、文献学等）、古籍修复（物理、生物、化学、材料等多个学科）、相关实践技能
	安平秋	2017	
专业人才知识结构	陈红彦	2009	科学与人文平衡，兼具技术和技能，具备纸张材料知识、古籍整理及非遗相关知识
	张志清	2018	具备古籍整理、科技、艺术、非遗相关知识及中外相关知识比较
古籍保护学科特性	刘家真	2016	综合性（包括古籍修复、古籍鉴定、环境维护、古籍整理等）、交叉性（涉及管理学、图书馆学、历史学、物理、生物、化学等）
	孔庆茂	2016	古籍纸张材料及修复工艺、印刷技艺、古文识读能力、古籍鉴定鉴赏能力
	杨光辉	2018	交叉学科属性，核心内容涉及实物载体、保藏条件、技艺传承、编目鉴定和职业伦理等
	张美芳	2018	材料学、历史和美学是古籍修复的核心内容；理论体系包括学科史理论、学科指导理论和学科研究方法理论；学科知识体系包括核心知识、专门知识、专业相关知识和实践操作；研究范式分为工匠式修复、工匠与技术组合修复、科技修复三种

有关古籍保护理论体系论述从三种思路展开：①从古籍保护工作角度阐述应涉及的学科知识内容[4,10]；②从专业人才知识结构角度进行论

述[16-17]；③从学科性质、特点、知识内容如何支撑实践等角度展开论述①[18-20]。整体而言，相关理论体系的论述多受到学者自身学科背景、知识结构、工作经历等的影响，论述内容多是方向上的提法，理论体系结构、内在逻辑、划分依据、理论之间的联系、理论具体内容等尚未得到充分论述。

1.5 古籍保护学科建设的推进情况

（1）古籍保护学科建设学术会议。"古籍保护学科建设研讨会"自2016年召开第一届以来，目前共召开了3届，会议集结古籍保护研究机构、人才培养单位、工作机构等的人员，围绕古籍保护学科建设、人才培养、相关政策、教材等进行学术交流与讨论。"古籍保护与流传学术研讨会"是由我国台湾古籍保护学会主办、旨在促进海峡两岸沟通古籍保护相关知识经验的平台，截至2019年已经召开了7届。

（2）古籍保护连续出版物。学术性辑刊如《古籍保护研究》（初名为《古籍保护工作与研究》），是为了配合实施"中华古籍保护计划"而创设的古籍保护专业学术出版物，由国家古籍保护中心主办，于2015、2016、2018年分别出版一辑，内容包括古籍保护、古籍收藏、古籍目录、版本、书评、工作经验及业界纪念等。[21]从第四辑开始由天津师范大学古籍保护研究院承办，主题栏目调整为普查与编目、版本与鉴定、保藏与修复、再生与传播、人才与培养、交流与合作。[22]《民族古籍研究》是由国家民委少数民族古籍保护与资料信息中心和中央民族大学中国少数民族古籍研究所创办的学术刊物，主要针对民族古籍的研究，隔年出版一辑，截至2018年已经出版4辑。相关专业报刊还有《藏书报》《中华读书报》《中国文化报》《图书馆报》《中华遗产》等，其中《藏书报》与国家古籍保护中心合作推出《藏书报·古籍保护专刊》，自2016年年底至2019年年初共出版52期108个版。还有一些相

---

① 孔庆茂于2016年3月16日在"第一届古籍保护学科建设研讨会"上的发言，后收录于国家古籍保护中心编《古籍保护研究》（第三辑），大象出版社2018年版，第139～142页。

关报道、采访散见于《瞭望》《中国社会科学报》《新华书目报》等综合性报纸杂志中。

（3）古籍保护相关协会、组织及研究型人才培养机构。国家古籍保护中心成立于 2007 年，是全国范围内开展和推进古籍工作的主要机构，在工作规划、实践开展、科学研究及人才发展等方面做出了突出贡献。中国古籍保护协会创立于 2015 年，业务主管单位为国家文化和旅游部，协会秘书处挂靠国家图书馆，协会在信息发布、行业交流、知识科普及发展志愿者方面发挥作用。中国台湾古籍保护学会成立于 2014 年，定期举办古籍保护与流传学术研讨会，积极沟通两岸古籍整理与修复事宜。自 2014 年开始，在国家古籍保护中心的推动下，国内一些高校开始从事古籍保护研究型人才的培养，具体见表 3。此外，南京市莫愁中等专业学校、金陵科技学院、吉林艺术学院、上海工会管理职业学院、上海视觉艺术学院等普通高等院校、艺术及职业院校也为古籍保护事业培养和输送了大批技术型人才。

表 3 主要研究人才培养机构及其设置情况

机构	研究方向	专业名称	培养层次	学位类别	所在院系
复旦大学	古籍保护与修复、地方文献保护与地方志编纂	图书情报	专业硕士	管理学	图书馆（中华古籍保护研究院）
	文献与古籍保护、传统写印材料与古籍保护	古籍保护	博士	考古学	
	高分子材料与古籍保护	古籍保护	博士	化学	

续表3

机构	研究方向	专业名称	培养层次	学位类别	所在院系
中山大学	文献保护与修复	图书情报	专业硕士	管理学	资讯管理学院（与图书馆合办）
天津师范大学	古籍保护与传播	文物与博物馆	专业硕士、学术硕士	历史学	古籍保护研究院（图书馆与历史文化学院联合培养）
中国社会科学院研究生院	文物鉴定与修复	文物与博物馆	专业硕士	历史学	文物与博物馆硕士教育中心
南京艺术学院	古籍保护与修复	文物鉴赏与修复	学士、专业硕士	美术学	人文学院

资料来源：依各机构招生目录整理。

2 人才培养

一直以来，古籍保护人力资源建设及人才培养相关问题不断涌现，包括工作环境不善、待遇及社会地位不高、职业晋升压力大、人员分布不均、年龄结构不合理、工作内容对多学科知识体系有要求而人员知识结构不符合要求，以及技术性操作人才为主而研究型、复合型人才不足等。[23] 随着古籍工作的开展，人才问题引起了社会各界的重视。《"十三五"时期全国古籍保护工作规划》在基本原则、发展目标、重点任务和保障措施中均提到要加强人才培养。[24] 目前，有关古籍保护人才培养的讨论主要涉及培养层次、培养模式、培养方式以及课程内容等议题。

2.1 培养层次

古籍保护工作由于其内容的复杂性、交叉性、跨领域性等特征，需要多层次、多类型、多样化的复合型人才。目前，古籍保护工作的人才培养主要通过传统传习所"师带徒"、在职培训与继续教育、学历教育以及近些年来才出现的研究型人才培养等方式进行。南京市莫愁中等专业学校是我国较早培养应用型人才的一所职业院校，为适应专业特性，曾从三年制中职改为五年制高职，且近些年在师资力量、硬件设施方面加大投入，培养了众多古籍修复人才。[25]2011年，文物与博物馆（以下简称"文博"）专业被纳入国家学位教育体系，28所高校获得文博硕士专业学位授予权，一定程度上改善了文博事业人才培养困境。2014年后开始有部分院校培养古籍保护方向专业硕士研究生，并逐渐覆盖至博士生培养。陈红彦结合国外修复人员的培养研究实验能力和实际操作能力并重的特点，认为学历教育是可行的借鉴方法。[16]李永等指出法国古籍保护与修复得到专业化和职业化建设，其中，政府的支持、指导和监管力度等为我们提供了借鉴。[26]胡万德等提出古籍修复专业教育需要改革，包括建立高层次学历教育、开办多种在职进修、实施职业资格认证、建立古籍保护学会。[27]张美芳结合美国档案修复高等教育指出，我国档案修复尚没有形成完善的高等教育平台，修复专业的本科学习仍具有明显的工匠师培养特征，研究生阶段则注重理论学习。[28]牛甲芝结合天津地区的实践，指出将人才划分为高级修复人才、修复技工人才和业余修复人才三个层次进行培养的案例，可为其他地区提供借鉴。[29]刘家真指出，古籍保护学科建设应当逐步建立本、硕、博多层级人才培养体系，本科的内容综合，并随学历层级升高而逐渐专深。[18]

2.2 培养模式

（1）"因需制宜"。刘家真等提出了定制与联合教育培养方式，实现人才培养与古籍保护需要零距离对接。[30]葛怀东指出要把握人才培养的特质，关注修复技能学习的过程性，形成可持续发展的学习潜质，实现"教学－上岗"的零距离对接。[31]郑泳建议公共图书馆与高校合作，实行订单式古籍修复专业人才培养模式。[32]庄秀芬认为应当在识别古籍保护人才需求类型的基础上，在资金投入、学历教育、国际交流与合作等方面予以提升。[33]

（2）联合培养。Banik认为需要在高校设置相关学术型研究生项目，提供包括材料学、技术史等方面的基础知识，并提供物理、化学、材料学等内容，为学生和文献保护专家合作做准备。[34]张建国认为合作办学尤其是图书馆与院校合作有助于建设实训基地、以课题研究的方式解决技术上的难题、强化师资队伍、优化课程结构。[35]杨玉良指出应当从学校各部门的协同创新体制机制建设出发，进行古籍保护学科体系规划。[36]事实上，当前的主要研究型人才培养机构多采用联合培养的方式。

2.3　培养方式

（1）国内各主要机构人才培养方案的探讨。南京艺术学院的文物鉴赏与修复专业包括陶瓷、古籍和书画三个方向，以鉴定鉴赏能力为培养重点，课程包括文物基础课、鉴定课、修复课以及课内外的大量实践，已形成本科、硕士、博士三个培养层次。① 中国社会科学院研究生院于2012年开始招收文物与博物馆专业硕士，并用文化遗产保护的学科体系来设置古籍保护专业子方向的课程，包括课堂讲授、专业考察、专业实习、撰写学位论文四个环节，共设38门课程，如古文字与古文献概论、中国古代典籍史、中国古代典籍修复、中国古代典籍鉴定与典籍市场等。[37]中山大学文献保护教育涵盖本科生和研究生，本科生课程包括文献保护与修复、图书与图书馆史、信息资源共享3门课程，研究生采取课程学习、实践学习和学位论文相结合的培养方式，课程设计上

---

①　孔庆茂于2016年3月16日在"第一届古籍保护学科建设研讨会"上的发言，后收录于国家古籍保护中心编《古籍保护研究》（第三辑），大象出版社2018年版，第139～142页。

包括公共必修课、专业必修课、专业选修课、实践课和实习五个模块[38]，形成了包含专业培训、专业课程、学历教育和师徒传习全方位的文献保护与修复人才培养模式[39]。

（2）对国外相关机构人才培养方案的学习借鉴。引介和学习国外古籍修复相关人才培养经验。加拿大古籍修复人才的培养遵循专业化的原则，有完整的培养和培训体系，学校教育与职业建设紧密配合，为行业发展提供了必要的人才保障。[40]日本除了注重学历教育之外，还有修理技术者资格制度和文物（含古籍）修理技术者讲习会、研修会，其职业资格制度等为我国古籍修复人才的培养提供了良好的借鉴。[41]意大利文物保护高等教育可分为学术导向与修复导向两大类，学术导向包括以文科为主的文化遗产学系、以理科为主的文物检测分析与材料分析；修复导向则文、理与技术三者并重，依文物特性设有不同专业的文物修复学系。[42]姚伯岳等对欧美主要设置文献保护相关专业的高等院校的人才培养方式进行概述，指出其古籍保护多设置在文化遗产保护与修复专业下。[7]

2.4 课程内容

张美芳认为档案保护技术课程的设置常年不变，课程内容偏老化，缺少专业化的特殊培训，培养目标的针对性、可操作性、规范性等都有待提高。[43]张靖等调查美国德克萨斯大学奥斯汀分校17门文献保护与修复课程，归纳其具有内容全面、结构合理、层次分明、承接有序、理论与实践并重、保护与修复分明等特点。[44]周旖等对美国德克萨斯大学奥斯汀分校、匹兹堡大学和密歇根大学安娜堡分校的文献保护和修复通论课程进行对比，认为我国高校相关专业应从教学内容、教材体系、授课方式、考核制度方面进行改革。[45]总体来看，当前我国古籍保护与修复人才培养存在培养层次偏低、课程不够全面、缺乏理论与实践的结合等问题，呈现出注重补救性技术、相关教材内容偏重档案保护技术、专业教育体现区域性的特点。[46,47]

2.5 职业资格制度

从教育过渡到职业后,需要通过相应的职业制度规范行业,在从业人员的职业规范、伦理道德和业务能力等方面发挥作用。张志清对《图书馆古籍修复人员任职资格》进行了解读,认为以规范的行业标准作为基础,对修复人员的文化素养、修复技艺科目、质量要求和准入资格进行严格规范和认证,才能培养出合格人才。[48]田丰从古籍修复的专业性角度,探讨了古籍修复师职业资格认证制度与古籍修复机构的准入条件,以及古籍修复行业管理。[49]何祯等比较了中美两国的文献保护与修复职业认证制度,认为我国的职业认证制度可以具有更为规范的任职资格以及更为灵活的资格准入方式。[50]张靖等调查了美国、加拿大、英国、德国和日本的文献保护与修复职业资格认证模式,发现各国进行认证的主体多是国家层面的专业组织,而且其职业资格认证能够不断为专业教育和继续教育提供指导和帮助。[51]

3 研究述评

3.1 古籍保护学科定位尚存争议,学科建设还在起步阶段

古籍保护学科设置的必要性和迫切性在学界已成为共识,但对设置方案各持见解,对具体内容缺乏系统论证。在人才数量稀缺、结构不合理等问题推动下,研究内容的综合性、跨学科性、复合性等特点超出了现有的学科体系框架。古籍保护工作的科学性、系统性、规范化等要求逐渐被学界所认可,古籍保护需要作为一门独立学科而建设已基本在学界达成共识。目前,古籍保护学科建设研讨会已经连续召开了3届,相关学术期刊以辑刊的方式陆续出版,学术共同体逐步扩大,主要学者及

从业人员的观点和呼声见诸报端，为古籍保护学科建设奠定了良好的基础。但具体如何设置，学界尚未形成统一认识，且对学科建设的具体内容、路径、方法等缺乏细致论述。相对保守的观点是，在现有的基础上将古籍保护设置在图书情报专业或文博专业下，作为二级学科；而更具有开创性的观点是设置古籍保护相关的一级学科，乃至设置新的学科门类。

3.2 古籍保护知识体系中的主干知识有待厘清

古籍保护学科定性和定位存在纷争，但学界基本认同其是具有综合性、跨学科性、学科交叉性的应用型学科。古籍保护学科建设方式和对其相关知识体系的勾勒主要有三种研究路径：一是"解构建构"的方式，不同学科背景的学者结合现实情境，以各自的学术眼光认知和解构古籍保护相关内容，在此基础上，将理论与实践相结合进行综合论述。二是"关联－整合"的方式，即将与古籍保护相关联的理论与实践，知识与技术、技艺，学界、业界乃至相关行业等整合起来，共同促进古籍保护学术研究及人才培养。尽管这一方式能最大限度地整合相关内容、调动关联资源，但缺乏对核心内容的识别与认知，且知识之间的内在逻辑有待梳理。三是"实践－理论"的方式，以现实古籍工作或项目为依托，部署古籍保护相应的环节和内容，进而形成古籍保护知识框架，但如何将实践知识转化成系统化、逻辑关联的学术理论体系，还有待进一步的积累、整合和凝练。基于此，学界需要就古籍保护学科的核心内容、研究驱动、现实观照等进行界定，以此为依据，构建知识体系。结合现有研究基础、现实环境和历史因素，古籍保护学科建设宜以图书馆古籍工作为现实基础，以图书馆学有关文献组织、整理、利用相关理论为支撑，在合理管理及创造性开发古籍文献信息知识的基础上延伸，自上而下、由内而外地构建完整的知识体系。

3.3 古籍保护学科建设现阶段主要以人才培养为突破点

人才的培养是推进古籍保护学科建设的主要现实依据，3届古籍保护学科建设研讨会都将人才培养作为核心议题。目前，研究型层次人才多采用联合培养的方式，但也存在一些操作性问题：一是师资的来源渠道、教师资格及选择、师资的组成结构不明朗；二是专业核心、主干知识的设定缺乏统一认知，学界公认的专业性教材缺位；三是现行的研究型人才培养机构对人才专业的划分不一，毕业生的培养目标及去向不同，导致授课内容和知识体系上存在差异，毕业生所应具备的知识结构和职业能力缺乏基线标准；四是当前主要机构的人才培养工作仍在尝试阶段，人才培养成功与否很大程度上依赖各机构的投入、各机构能够获得的外部支持、机构负责人调动和使用各种社会资源的能力、学生的个人意愿和志趣等，整体上缺乏自上而下的人才培养相关政策规定，没有可依赖的长效保障机制。因此，学科建设与人才培养需要在互相增进、互相观照的过程中谋求整体发展。

参考文献

[1] 欧阳菲.我国图书馆界"古籍保护"研究的计量分析[J].中山大学研究生学刊(社会科学版),2008,29(4):126-133.

[2] 甘露.关于构建中国文献修复学学科体系的设想[J].图书馆建设,2007(1):42-44.

[3] 宋承志.设立古籍鉴定与保护学一级学科的初步构想[J].图书情报工作,2010,54(11):128-131.

[4] 安平秋.谈当前古籍工作体系及人才培养[N/OL].(2017-01-16)[2019-08-25]. http://www.ndcnc.gov.cn/tushuguan/cankao/201803/t20180316_1379040.htm.

[5] 顾钢.新的学科 新的希望[N].藏书报,2016-07-25(5).

[6] 顾钢.古籍保护专业硕士一级学科建设的基本路径[G]//国家古籍保护中心.古籍保护研究(第三辑).郑州:大象出版社,2018:116-123.

[7] 姚伯岳,周余姣. 任重道远 砥砺奋进:我国古籍保护学科建设之探索与愿景[J]. 中国图书馆学报,2019,45(4):44-60.

[8] 张美芳. 图书保护、档案保护、文物保护学科整合研究[J]. 大学图书馆学报,2016,34(4):69-73.

[9] 刘晓立,刘强. 起步阶段,难在"整合"[N]. 藏书报,2016-07-18(5).

[10] 杨健. 古籍保护应设置独立学科[N/OL].(2017-01-16)[2019-08-25]. http://www.ndcnc.gov.cn/tushuguan/cankao/201803/t20180316_1379043.htm.

[11] 倪晓建. 古籍保护不能忘记私藏[N/OL].(2016-11-25)[2019-08-25]. http://www.cangshubao.cn/2016/tszt_1125/18.html.

[12] 古籍保护知识[EB/OL].[2019-10-12]. http://www.nlc.cn/pcab.

[13] 王红蕾. 培养具有"工匠精神"的高精尖缺人才[N]. 藏书报,2016-09-18(5).

[14] 张志清. 中华古籍保护进展暨融合发展[EB/OL].[2019-08-12]. http://www.sohu.com/a/330775393_717218.

[15] 中华人民共和国中央人民政府. 国家民委:探讨新时期少数民族古籍工作发展思路[EB/OL].(2016-06-14)[2019-08-12]. http://www.gov.cn/xinwen/2016-06/14/content_5081932.htm.

[16] 陈红彦. 国外古籍修复人才的科学培养对我们的启示[J]. 国家图书馆学刊,2009,18(4):75-80.

[17] 古籍整理、科学技术与非遗技艺三位一体:复旦大学中华古籍保护研究院成果累累[EB/OL].[2019-08-12]. http://www.nlc.cn/pcab/xctg/bd/201708/t20170815_154571.htm.

[18] 刘家真. 古籍保护需要顶层设计[N/OL].(2017-01-16)[2019-08-25]. http://www.ndcnc.gov.cn/tushuguan/cankao/201803/t20180316_1379041.htm.

[19] 杨光辉. 古籍保护学纲要[G]//国家古籍保护中心. 古籍保护研究(第二辑). 郑州:大象出版社,2016:178-182.

[20] 张美芳. 古籍修复学科构建的若干思考[J]. 图书情报工作,2018,62(10):5-9.

[21] 国家古籍保护中心.《古籍保护工作与研究》栏目简介[EB/OL].[2019-08-12]. http://www.nlc.cn/pcab/zy/bhgzyyj/.

[22] 天津师范大学古籍保护研究院.《古籍保护研究》征稿启事[EB/OL].[2019-08-12]. http://gjyy.tjnu.edu.cninfo1186/1183.htm.

[23] 钟小宇,钟东. 图书馆古籍修复人才需求与古籍修复人才就业需求[J]. 大学图书馆学报,2011,29(1):110-116,86.

[24] 中华人民共和国文化和旅游部."十三五"时期全国古籍保护工作规划[EB/

OL]. (2017 - 12 - 04)[2019 - 10 - 12]. https://www.mct.gov.cn/whzx/bnsj/ggwhs/201712/t20171204_829828.htm.

[25] 刘红. 培育紧缺古修人才 服务国家文明传承:南京市莫愁中等专业学校积极培养古籍修复紧缺文化人才的探索[J]. 中国职业技术教育,2011(34):57 - 62.

[26] 李永,向辉. 法国古籍保护工作概况[J]. 国家图书馆学刊,2009,18(2):92 - 95.

[27] 胡万德,孙鹏. 古籍修复人才培养现状调研报告[J]. 图书馆论坛,2012,32(2):175 - 178,181.

[28] 张美芳. 中美图书档案修复高等教育的对比研究[J]. 大学图书馆学报,2015,33(1):90 - 94.

[29] 牛甲芝. 基于机构联合的古籍修复人才培养模式研究:以天津地区为例[J]. 图书馆工作与研究,2016(10):42 - 45.

[30] 刘家真,程万高. 中国古籍保护的问题分析与战略研究[J]. 中国图书馆学报,2008,34(4):8 - 13.

[31] 葛怀东. 应用型古籍修复人才的特质与培养方案构建[J]. 图书馆论坛,2010,30(5):164 - 165,127.

[32] 郑泳. 推进公共图书馆古籍修复工作的思考:以福建省图书馆古籍修复为例[C]//福建省图书馆学会. 福建省图书馆学会2013年学术年会论文集. 福州:福建省图书馆学会,2013:2.

[33] 庄秀芬. 古籍保护人才培养模式研究[J]. 国家图书馆学刊,2014,23(5):18 - 24.

[34] BANIK G. Education strategies for science communication and education in conservation science[J]. Restaurator. International Journal for the Preservation of Library and Archival Material,2013,34(4):261 - 274.

[35] 张建国. 谈古籍修复与人才培养的新途径:以院校合作办学培养古籍修复人才为例[J]. 图书馆工作与研究,2015(7):91 - 94.

[36] 许婧. 杨玉良任院长的复旦大学"中华古籍保护研究院"正式成立[N/OL]. (2014 - 11 - 30)[2019 - 08 - 12]. http://www.chinanews.com/cul/2014/11 - 30/6829222.shtml.

[37] 刘强. 中国社会科学院研究生院古籍保护学科建设基本情况[G]//国家古籍保护中心. 古籍保护研究(第二辑). 郑州:大象出版社,2016:183 - 188.

[38] 周旖. 中山大学文献保护教学项目建设[G]//国家古籍保护中心. 古籍保护研究(第二辑). 郑州:大象出版社,2016:189 - 193.

[39] 张靖,张盈,林明,等. 中国大陆及港澳地区图书馆西文古籍保护与修复情况调

查[J]. 大学图书馆学报,2017,35(2):99-108.
[40] 向辉,张黎聪. 加拿大古籍保护工作概要[J]. 图书馆工作与研究,2010(11): 71-74.
[41] 娄明辉. 论日本古籍修复工作[J]. 图书馆建设,2011(8):91-93.
[42] 谢守斌,马艺蓉. 意大利纸质文物保护工作与文保教育概述:兼论中华古籍保护人才培养[J]. 文物保护与考古科学,2019,31(3):133-139.
[43] 张美芳. 国际背景下的中国档案保护技术及其教育发展[J]. 档案管理,2008(4):49-51.
[44] 张靖,林明. 美国德州大学文献保护与修复课程体系分析:兼论Preservation与Conservation的中文译法[J]. 图书情报工作,2010,54(5):94-97,82.
[45] 周旖,林明. 美国高校文献保护与修复通论课程教学设计研究:以德州大学、密歇根大学和匹兹堡大学为例[J]. 图书情报知识,2011(1):36-42.
[46] 何祯. 中美文献保护与修复教育之比较研究[J]. 图书馆工作与研究,2013(11):23-26.
[47] 何祯. 我国文献保护与修复教育现状及特点剖析[J]. 图书馆,2013(6):92-94.
[48] 张志清. 谈谈《图书馆古籍修复人员任职资格》标准[J]. 国家图书馆学刊,2006(3):32-36,43.
[49] 田丰. 试论古籍修复职业准入制度的建立[J]. 出版科学,2009,17(4):61-64.
[50] 何祯,何韵. 中美文献保护与修复职业认证制度比较研究[J]. 图书馆论坛,2012,32(2):152-154,108.
[51] 张靖,张盈,韦力丹,等. 文献保护与修复职业资格认证模式调查与分析[J]. 大学图书馆学报,2016,34(3):107-116.

(本文原刊于《图书馆论坛》2020年第3期,页107-114)

作者简介

周旖,研究领域:文献保护与修复、地方文献整理、图书与图书馆史、公共文化服务立法与政策;主要讲授课程:文献保护与修复、文献保护管理、信息资源共享、中外档案事业史等。

赵心,研究领域:古籍保护、地方文献整理、图书与图书馆史。

刘菡,研究领域:图书馆学人物研究、图书馆与社会发展、文献分类理论;参与公共文化服务导论、图书馆学基础等课程的辅助教学。

张靖，历史学博士，教授、博士生导师。研究领域：文化遗产整理与保护、公共文化服务与管理。教学课程：本科课程有图书馆学基础、公共文化服务导论；研究生课程有现代公共文化服务体系专题研讨、文化遗产保护专题研讨；慕课"工匠书缘：古籍的修复与文化传承"等。

国内外古籍保护研究议题及其比较[①]

刘菡 牛迎卜 周旖

1 古籍保护国外研究文献

1.1 文献整体情况分析

目前国外古籍保护研究成果并不宏富,对古籍保护研究进行计量分析宜将其扩大为文献保护研究以展开文献调研。课题组通过确定核心概念群,对古籍保护研究相关文献进行检索分析,从文献数量、时间分布、主题分布和领域分布等方面进行归纳阐述,以考察有关古籍保护学科领域当前整体情况及主要研究方向。选择 Web of Science(WoS)、Library and Information Science and Technology Abstract with Full Text(Lista)、Emerald、Taylor & Francis、ProQuest(PQDT)等数据库,以"preservation or conservation"分别匹配"library""archive""museum""movable cultural relics""paper cultural heritage"等词,进行主题检索,文献整体数量的检索结果见表1。

[①] 本文系中山大学高校基本科研业务费重大项目培育"中国文献保护管理制度建设研究"(项目编号:19wkjc10)的研究成果。

表1 国外古籍保护相关领域文献调查

单位：篇

数据库	preservation or conservation + library	preservation or conservation + archive	preservation or conservation + museum	preservation or conservation + movable cultural relics	preservation or conservation + paper cultural heritage
WoS	372	298	377	1	5
Lista	609	220	73	0	1
Emerald	1321	986	587	3	0
Taylor & Francis	178	166	260	0	1
PQDT	17	25	33	0	0
总计	2497	1695	1330	4	7

（1）文献时间分布。选择 WoS 数据库，以"preservation or conservation + library or archive or museum"为检索式进行检索，进一步分析检索结果，得到相关文献971篇。在时间分布上，最早有关文献保护的成果出现于1938年，此后文献数量平稳缓慢增长；2000年后，文献数量显著增加，并一直保持着相对稳定的数量（见图1）。

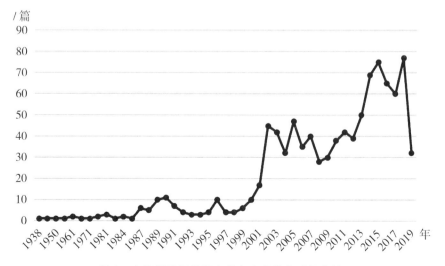

图1 古籍保护相关研究外文文献发布时间走势

（2）以高频关键词为依据考察当前研究热点。选择 WoS 数据库，以"preservation or conservation + library or archive or museum or book）"为检索式进行检索，对检索结果进行人工初步筛选后，得到 376 条相关度较高的文献。其中，高频关键词依次为 digital preservation, preservation, preventive conservation, conservation, cultural heritage, museum, digitization, restoration, archaeology museum, en-vironment control, documentation, paper, digital archive, storage, heri-tage, energy efficiency, archives, biodiversity, relics preservation, air curtain system。选择频次排名前 40 的关键词，去除重复和无实际意义的关键词，对剩余关键词进行归纳分析，得到外文文献研究主题（见表 2）。国外研究热点主要包括：①文献保存和日常维护；②文献保护技术领域，文献再生性数字化保护技术、修复中的技术应用和科学检测较受学界重视；③文献保护环境领域，对室内空气、室内气候以及整体的空气循环净化研究较多；④文献保护管理领域，主要关注灾难预案、灾后重建的系统化组织和迅速反应，但对修复方法的介绍较少。

表2　外文文献研究主题

一级主题	二级主题	关键词出现频次
文献日常管理与维护	文献保存	21
	日常维护	22
文献保护技术	再生性保护技术	48
	文献检测技术	17
文献保护环境	库房管理	18
	有害生物防治	12
文献保护管理	灾难预案与灾后重建	11
	文献保护整体规划	6

（3）文献的学科领域分析。在 WoS 数据库中以"preservation or conservation + library or archive or museum or book"为检索式进行检索，对检索获得的文献学科分布进行分析，结果如图 2 所示。整体而言，首

先，是对有关文献保护的内容主要集中于图书情报（information science library science）、计算机（computer science）和工程（engineering）领域，研究重点为与文献保护相关的管理、科技、技术；其次，有关人文（arts humanities other topics）、艺术（art）、历史（history）等领域的研究，即文献及文献保护的历史、文化、审美价值等受到重视；再次，是对有关化学（chemistry）、材料科学（materials science）、生物（biology）等领域的研究，主要涉及载体材料、字迹等的修复；最后，是对一些关于考古（archaeology）、修复工作指南（the preservation management handbook）、文献保护教育（preservation education）等的研究。

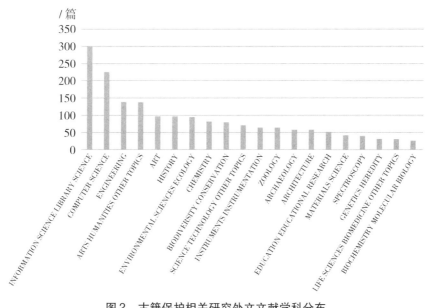

图2　古籍保护相关研究外文文献学科分布

1.2　主要研究方向及其代表性文献提要

（1）数字化是再生性保护中的重要手段。《数字项目手册：一种保护与获取的管理工具》（*Handbook for Digital Projects：A Management Tool for Preservation and Access*）一书包括文献数字化保护的一系列文章。[1]

Astle 等对英国 20 家公共图书馆和档案馆进行馆藏数字化与利用的调查，认为数字化产品在文献保护方面的重要性没有得到充分认识，数字化文献保护方面的资金投入也相对不足。[2]

（2）纸质材料的治理与修复。Kathpalia 的《档案材料的保护与修复》(*Conservation and Restoration of Archive Materials*) 一书对档案破损的原因、修复方法和保管条件进行了系统论述。[3] 在纸质文件脱酸研究方面，Kundrot 介绍了使用碱性金属氧化物、氢氧化物或盐的碱性颗粒气体或溶液进行脱酸的方法；[4] Sparks 介绍了美国国会图书馆馆藏的脱酸工作；[5] Porck 介绍了批量脱酸技术，并对其原理和优缺点进行了系统阐释；[6] Potthast 等将分散颗粒的脱酸与在潮湿和干燥加速老化条件下均匀溶解碱性化合物的方法进行比较，得出在均匀溶液中脱酸效果更佳的结论。[7]

（3）库房及环境管理。Reilly 介绍了有机物保护中动态环境监测的新方法，解释了存储条件的细微变化对改善图书馆和档案馆馆藏使用寿命的影响，为库房环境管理提供了新思路。[8] Ngulube 对非洲东部和南部的图书馆、档案馆馆藏环境进行调查，认为环境控制和监测是馆藏管理中预防性保存策略的关键。[9] Bankole 回顾了导致纸质材料变质的各种生物制剂的研究情况，提出在热带地区针对这些生物制剂的可行性干预策略。[10]

（4）文献保护管理。Matthews 等在《档案馆、图书馆、博物馆灾难管理》(*Disaster Management in Archives, Libraries and Museums*) 一书中评估了世界各地档案馆、图书馆和博物馆的灾害管理情况，提出解决相关威胁的建议。[11] Hussein 针对战时灾难管理对中东和北非图书馆馆员和档案管理员进行调查，这些地区的大多数图书馆和档案馆缺乏或没有足够的（灾难管理）计划。[12] Todaro 撰书说明图书馆灾难预案及其编制方法。[13]

2 古籍保护国内研究文献

2.1 文献整体情况分析

在 CNKI 数据库和我国台湾学术文献数据库中以"古籍保护或古籍修复、档案保护或档案修复、文献保护或文献修复、纸质文献保护、可移动文物保护、可移动文化遗产保护"为检索词进行检索，结果见表3。

表3　我国古籍保护相关领域文献调查

单位：篇

数据库	古籍保护或古籍修复	档案保护或档案修复	文献保护或文献修复	纸质文献保护	可移动文物保护	可移动文化遗产保护
CNKI－期刊（论文）	1030	4531	2913	22	64	11
CNKI－博硕士（学位论文）	136	642	27	15	3	10
CNKI－会议（论文）	129	386	275	6	5	1
台湾学术文献数据库	15	5	1	2	0	0
总计	1310	5564	3216	45	72	22

（1）研究文献的时间分布。以"古籍保护或古籍修复、档案保护或档案修复、文献保护或文献修复、纸质文献保护、可移动文物保护、可移动文化遗产保护"为检索词在 CNKI 数据库中进行检索，对检索结

果进行初步筛选后共得到检索结果1832条。我国最早有关古籍保护的文献出现于20世纪60年代，80年代相关研究日渐增多；2000年后文献数量增幅较大并保持波动性增长趋势，尤其是2007年"中华古籍保护计划"实施后，年度研究文献数量明显高于之前（见图3）。

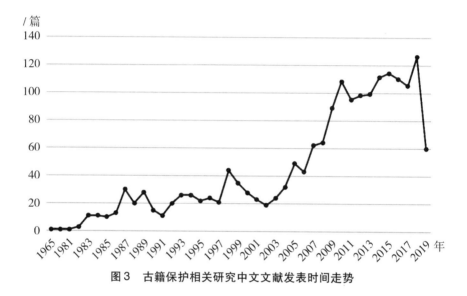

图3　古籍保护相关研究中文文献发表时间走势

（2）研究热点。对CNKI数据库中的检索结果进行主题分析，发现高频关键词包括：档案保护、古籍保护、图书馆、建筑物、古籍修复、古籍数字化、古籍整理、藏书机构、文化机构、藏书建设、文献保护、档案库房、古籍文献、档案馆、古籍普查、档案修复、高校图书馆、民族古籍、纸质文献、古籍善本。选择频次为前40的关键词，去除重复和无实际意义的，对剩余关键词进行归纳分析，结果如表4所示。

表4　中文文献研究主题

一级主题	二级主题	关键词出现频次
文献日常管理与维护	保存与处理	45
	日常使用与存放	44

续表 4

一级主题	二级主题	关键词出现频次
文献保护技术	再生性保护	104
	修复技术	92
	纸张和记录材料理化性能	33
文献保护环境	保存环境建设	57
	有害生物防治	18
文献保护管理	保护政策与计划	48
	灾难预案	25
	开发利用	21

(3)学科分布。CNKI 检索所得文献的学科分布情况见图 4,对比国外相关研究的学科领域分布发现,国外文献保护研究的学科交叉属性更明显。而国内研究集中在图书、情报、档案(简称"图情档")领域;与传统历史文化研究密切相关,体现在中医、历史、考古、民族等领域,但整体而言内容较少;国内研究中与材料、化学、生物等学科的

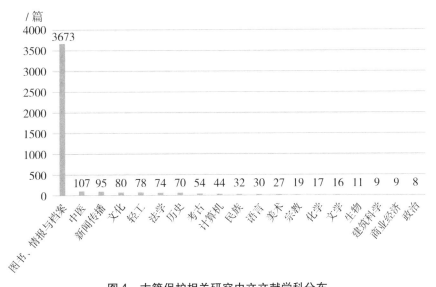

图 4 古籍保护相关研究中文文献学科分布

交叉渗透不充分，化学、生物、计算机领域的研究稀少。

2.2 主要研究方向及其代表性文献提要

现有关于文献保护的论著主要分为以下三类：

（1）图书馆学领域，部分古籍文献修复师在 20 世纪 80 年代已经意识到修复技艺传承与研讨的重要性，纷纷出版论著。《中国古籍装订修补技术》[14]《古籍修复技艺》[15]聚焦于古籍的修复装订，《古籍修复与装帧》[16]阐述了修复方法、古籍破损的成因与装帧技术。此外，高校教材《文献保护与修复》[17]详细论述了文献保护与修复两方面的内容。

（2）在档案保护论著中主要论及以档案为主体的可移动文化遗产的保护与修复。该领域 90 年代以来出版了一批有关文献档案保护理论与技术方法的论著，已形成较完善的档案管理与保护的理论体系。其中，既有综合性的论述，如周耀林等的《可移动文化遗产保护体系研究》[18]《档案文献遗产保护》[19]；也有关于特殊档案保护与修复的论述，如刘强[20]和华林[21]有关西南少数民族档案修复保护相关技术与方法的论著；还有专门针对档案保护与修复技术的论述，如《新档案保护技术实用手册》[22]《中国档案修裱技术》[23]《档案保护技术学教程》[24]。

（3）在书画装裱类著作中主要有有关文献修复的内容。比如，《装裱艺术》[25]《中国书画装裱大全》[26]中关于字画的修复，《书画装潢学》[27]中关于古籍重装等方法的介绍。

重要期刊论文主要涉及以下四个方面的研究：

（1）修复用纸及字迹修复材料研究。①修复用纸标准化及管理研究。姚伯岳等受开化纸启发，针对古籍用纸，提出收集古今文献中的相关文字记载、规范古纸著录方法、规范中国传统纸张的鉴定实验方法、建设对社会开放的网络型数据库、规范手工纸制作工艺、对全国传统手工造纸业进行普查登记等构想。[28]翟建雄主张为避免未来文献因纸张酸化而破损，应从立法、行政和经济等层面采取措施，推广无酸纸的生产和使用。[29]张美芳介绍了韩国修复用纸的选择，包括建立韩纸信息备案库，以韩纸性能测定和样本分析为依据确定选择类型、进行定制生产，形成档案部门与厂家供需的良性循环。[30]现代化信息技术手段也运用到纸张材料的研究中。万群等在天津图书馆古籍保护纸张研究信息系统逐步建立的基础上，运用知识管理理念和计算机网络技术提出古籍保护纸张信息数字化系统的构建思路。[31]②记录媒介研究。1990年，李玉虎团队"褪色档案字迹的恢复与保护"系列研究项目完成"扩散复写纸、圆珠笔字迹的恢复与保护技术""褪色复写纸、圆珠笔字迹的恢复与保护技术""蓝色墨水字迹显色固色剂"三项研究，并且对字迹保护研究予以持续关注，发表了系列论文。[32]张兆成通过对复印墨粉类字迹材料组成成分的分析和一系列理化实验，从原理上阐述了复印墨粉类字迹粘连、脱落的原因，并且提出了保护这类字迹材料的方法。[33]张媛媛等研究发现，外界环境因素对无碳复写纸字迹耐久性具有较大影响，紫外线、酸、碱、有机溶剂等能够直接作用于档案字迹，令其褪色明显；温湿度对字迹影响不太明显；霉菌短时间内无法影响档案字迹；等等。[34]

（2）文献收藏环境研究。①库房及环境管理。赵文山等分析了库房主要采用的空调设备类型，强调库房改建时空调设备的重要性，提出空调技术的未来发展方向。[35]刘淑云等提出采用白光LED作为新型替代光源，建立人体感应式智能照明控制系统，以实现节能降耗和档案文物安全保护利用的和谐统一。[36]窦梅等通过采集山东半岛地区部分档案库房空气微生物样本，计算档案库房空气中细菌和真菌的浓度，并与相关标准进行比较，从实体档案管理和档案工作人员健康角度提出了库房管理建议。[37]孙大东等就档案库房智能管理机器人的可行性，从管理效益、管理职能以及技术因素三个方面展开了讨论，认为库房智能管理机器人在现阶段的应用有一定难度。[38]李琛磊等针对智慧古籍图书馆，设计了一种基于物联网结构的多点无线传输环境监测系统。[39]②有害生物防治。霍艳芳从纸张选取、装潢修裱、收藏利用等方面介绍古人的防蠹措施。[40]李祎介绍了杀菌防霉的物理和化学方法，总结这些方法的原理及优缺点，为纸质档案霉菌的防治工作提供借鉴。[41]曹建忠认为档案库房病虫害的防治要坚持以预防为主，主要采用物理防治、生态防治方法，减少化学药剂的使用，探索新型智慧档案库房的使用，提升档案库房病虫害综合防治能力和水平。[42]陈惠琼对存放 50 年和 80 年的纸张样本进行分子生物学分析，得出纸质档案中的真菌随时间变得更为复杂，长时间存放档案会产生更多易分解纸质档案的真菌的结论，为库房纸质档案微生物防治提供科学依据。[43]③灾害防治。刘秀娥[44]、刘兹恒[45]阐述了图书馆灾难预防和危机管理的实践、理论和应用方法。林明等对 50 家图书馆进行文献保护灾难预案调查，发现受访图书馆的保护工作局限于古籍保护，应对灾难的能力比较薄弱，认知水平较低，没有标准的成文的灾难预案。[46]李聪敏等对美国国会图书馆、丹佛公共图书馆、印第安纳波利斯公共图书馆的危机预案进行分析，从预案的可操作性、人事沟通、灾后恢复、危机公关等方面提出值得我国公共图书馆借鉴之处。[47]张靖等对国际范围内公益性灾难预案编制工具进行系统梳理，为图书馆、档案馆、博物馆的灾难预案编制提供参考。[48]马泳娴对澳大利亚国家图书馆的《馆藏灾难预案》进行研究，为我国灾难预案编制提供思路。[49]

（3）文献保护（科学）技术。①纸质材料的治理与修复。刘姣姣等针对单薄、脆弱、酸化的古籍和档案修裱后增厚大、易发霉、耐老化性差等问题，提出采用多功能同种纤维最小介入手工纸浆修裱技术。[50]刘博等考察了不同质量分数的自制功能苯丙乳液及复配液对浸涂宣纸抗张强度、耐折度、撕裂度和白度的影响，认为功能苯丙乳液对提高宣纸强度性能效果显著，可以将其应用于宣纸文物保护。[51]黄四平等以中国传统的宣纸为载体，证实了氧化去污对纸张性能破坏较大，指出为尽可能对档案纸张性能产生较小影响，应将去污技术与脱酸技术联合应用。[52]纸质文件酸化是困扰文献保藏机构的一道难题。葛怀东介绍了国内外的纸张脱酸工艺以及国内纸张脱酸项目进展。[53]李玮等[54]、李妍等[55]、凡晓宇等[56]、陈玲等[57]、梁兴唐等[58]分别介绍了等离子体脱酸、氨基硅烷脱酸、羟丙基甲基纤维素复合纳米 $Ca(OH)_2$ 脱酸、非水相 MgO 脱酸、乙基纤维素稳定纳米 $Mg(OH)_2$ 乙醇分散液脱酸等纸张脱酸方法。②格式转录等再生性保护。王雁行主张利用已有的古籍数字化成果，以"中华古籍保护计划"为依托，在全国范围内组织建设国家古籍资源数据库，保障国家文化安全，促进中华优秀传统文化的继承与弘扬。[59]董晓莉等提出了古籍数字资源管护生命周期模型,从技术角度出发,对古籍数字资源的管护流程进行了分析和设计。[60]李建伟则提出针对民族地区文献保护的数字化策略。[61]

(4) 文献保护管理。①保护规划与实施。马富岐结合公共图书馆的保护实践,对古籍修复的原则、方法及今后古籍保护工作的新技术、新方法提出了见解。[62]蔡晓萍对《文献保护:问题与规划》中的预防性保护、普通文献保护和文献保护管理的思想进行重点评析,为文献保护提供了一种解决问题的框架和决策的依据。[63]对于保护力量相对薄弱的少数民族文献,韩南南等分析了新疆少数民族古籍保护工作的不足之处,认为档案馆、图书馆、民委古籍办、博物馆四系统应集约资源,从多方面加强保护力度。[64]何晓晶等结合鄂伦春族、鄂温克族和达斡尔族三个少数民族的档案保存现状,从意识、技术、科技、人才培养角度提出了发展规划。[65]马英论述了彝族毕摩文献的内涵、价值和保存现状,以及保护和抢救毕摩文献的重要性,探索毕摩文献保护的条件和方法,倡议做好毕摩文献保护工作,延长毕摩文献使用寿命。[66]余隆倩针对广西壮族民间文献的保护,提出构建政府主导、部门联动、整合力量、专家和群众参与、奖励优秀等有效结合、相互促进、共同发展的壮族民间档案保护体系。[67]②政策、标准与计划。黄丽华分析了现有档案保护标准的内容、范围、颁布实施及应用情况,从预防性保护和治理性保护的角度,提出了今后档案保护标准建设的基本框架和发展趋势。[68]何燕华提出将高校图书馆的古籍保护业务同"中华古籍保护计划"真正对接,对国家项目与各馆古籍保护业务给予协同支持。[69]于沛介绍了《图书馆及档案馆文献保护实用指南》的框架与内容,为我国各级区域古籍保护中心的工作提供了有益借鉴。[70]王莞菁分析了公共图书馆法中关于古籍保护与利用的主要规定,提出采用新兴技术、促进古籍传承,建立国际合作、拓展资源共享,完善配套规章、推行寄存制度等建议。[71]③保护机构与服务。田周玲论述了国家图书馆古籍保护实验室的建设目标及建设历程,为实验室建设工作提供参考。[72]王肖波讨论了区域性国家重点档案保护中心的建设意义、建设基础、定位与目标、场址与运行管理。[73]张靖等调查指出,中国图书馆西文古籍保护与修复的相关工作仍处于起步阶段，西文馆藏家底不清，更进一步的保护和修复基本未曾展开，建议首先应从古籍普查和通过高等教育培养人才这两项工作开始。[74]

3 国内外比较述评

整体而言，现有文献保护的相关研究中，对古籍载体材料的研究多于对古籍知识内容的开发与揭示；对古籍修复技术的研究多于修复知识和技艺；对古籍保护物理环境的重视和研究多于社会、政策环境。

3.1 古籍保护主要研究方向初步成形

将古籍保护纳入文献保护范畴进行综合考察，本调查所得形成的知识体系大致可分为文献日常保藏、文献保护环境、文献保护科技与技术、文献保护管理四个板块，与赵跃等2017年将国外文献保护研究的知识体系划分为材料、环境、技术和管理四部分[75]的做法相似。综上，可见，一是国内外研究均注重先进科学和技术在古籍保护中的应用（尽管在仪器设备、操作规范、材料运用及研究水平等方面国外较为领先），一方面，集中体现在采用现代科学（包括物理、化学、生物、材料学等）的方法对古籍载体和内容进行外部干预，促进其原生性保护、延长其寿命；另一方面，体现在对古籍数字化技术、标准与规范探讨，古籍数据库建设，数字化古籍的长期保存等问题的关注。二是古籍保护管理多从环境、材料、载体等物理环境进行干预和把控，但对外部社会环境如相关政策、法规及规范等的研究和讨论并不充分，而良好的社会及法治环境的营造是古籍保护走向系统化、规范化和制度化的必要保障，需要引起关注。此外，古籍保护研究的跨学科交流与融合不足，尤其体现在国内研究中。国内现有的文献保护相关研究多集中于图书情报领域，未来若想要从材料、科技等角度为古籍保护的研究和实践提供科学理论依据，那么，与生物、化学、材料学等学科的融合与渗透必不可少。

3.2 国内外研究的差异愈发明显

国外文献保护研究以材料研究和技术研究为主,体现出鲜明的技术导向和管理导向,而对修复方法的学术论述并不多见;国内文献保护研究则多从古籍保护工作实务出发,涉及文献保护与修复技术、技艺和日常维护等内容,其中,传统古籍的保护方法与修复技艺,古籍的识读、识别与鉴赏,古籍的装帧文化与审美等,都蕴藏在实际修复过程中。古籍保护研究又与古籍整理、文化传承、古籍创造性开发与利用等密切关联,是后续整理、研究、开发、利用的前提。因此,结合当下情境,国内的古籍保护研究须在继承和发扬中华传统知识文化的道路上,赋予古籍新的生命力,最大限度地体现或挖掘古籍价值,包括知识内容、社会文化记忆、艺术审美与文化传统等,创造更大的社会效益,促进古籍在当下"活起来"。

3.3 图书情报领域对古籍保护学科建设的贡献和未来方向

图书情报领域较早涉足古籍保护研究,当前依然是古籍保护研究的主要力量。在学术层面,图书情报领域有关古籍保护的研究占据当前研究文献的主要部分,在古籍保护技艺、技术及相关理论知识,文献保护管理、文献保护环境等方面已取得一定的成就,远超其他知识领域;档案保护领域目前已经形成相对完善的人才培养体系,文献保护与修复的课程设置、人才培养方案、培养层次、职业资格认证等子命题已经积累了部分研究成果,可供古籍保护人才培养借鉴。此外,图书情报领域对于古籍文献的整理与利用,如古籍编目标引、数字化建设、影印出版等有丰富经验。从实践层面而言,各地区公共图书馆是古籍保护的重要机构,是古籍修复师实验、实践和交流学习的重要场所,也是古籍保护和修复相关知识、技艺传承的平台。挂靠国家图书馆的国家古籍保护中心,在古籍普查、古籍书目编制、古籍整理、编目揭示、人才培养、数字化建设、影印出版和传播利用等方面发挥着重要作用。综上,结合现有研究及实践基础,图书情报领域更有能力系统、全面、科学地阐述和论证古籍保护学科知识体系,古籍保护学科宜放置在图书、情报与档案管理一级学科之下。

参考文献

[1] SITTS M K. Handbook for digital projects: A management tool for preservation and access[M]. Massachusetts: Northeast Document Conservation Center Andover, Massachusetts, 2000.

[2] ASTLE P J, MUIR A. Digitization and preservation in public libraries and archives[J]. Journal of Librarianship and Information Science, 2002, 34(2): 67 – 79.

[3] KATHPALIA Y P. Conservation and restoration of archive materials[M]. Paris: Unesco, 1973.

[4] KUNDROT R A. Deacidification of library materials: U. S. patent 4,522,843[P]. 1985 – 06 – 11.

[5] SPARKS P G. Mass deacidification at the library of congress[J]. Restaurator, 1987, 8(2 – 3): 106 – 110.

[6] PORCK H J. Mass deacidification: An update on possibilities and limitations[M]. Washington: Commission on Preservation and Access, 1996.

[7] POTTHAST A, AHN K. Critical evaluation of approaches toward mass deacidification of paper by dispersed particles[J]. Cellulose, 2017, 24(1): 323 – 332.

[8] REILLY J M. New tools for preservation: Assessing long-term environmental effects on library and archives collections[M]. Washington: Commission on Preservation and Access, 1995.

[9] NGULUBE P. Environmental monitoring and control at national archives and libraries in eastern and southern Africa[J]. Libri, 2005, 55(2 – 3): 154 – 168.

[10] BANKOLE O M. A review of biological deterioration of library materials and possible control strategies in the tropics[J]. Library Review, 2010, 59(6): 414 – 429.

[11] MATTHEWS G, SMITH Y. Disaster management in archives, libraries and museums[M]. London: Routledge Taylor & Francis Group, 2016.

[12] HUSSEIN M L. Endangers culture heritage: A survey of disaster management planning in middle east libraries and archives[J]. Library Management,2015,36(6/7):476 - 494.

[13] TODARO J. Emergency preparedness for libraries[M]. Lanham:The Rowman & Littlefield Publishing Group Inc,2009.

[14] 肖振棠,丁瑜.中国古籍装订修补技术[M].北京:书目文献出版社,1980.

[15] 朱赛虹.古籍修复技艺[M].北京:文物出版社,2001.

[16] 潘美娣.古籍修复与装帧[M].增补版.上海:上海人民出版社,2013.

[17] 林明,周旖,张靖.文献保护与修复[M].广州:中山大学出版社,2012.

[18] 周耀林,李姗姗,等.可移动文化遗产保护体系研究[M].武汉:武汉大学出版社,2017.

[19] 周耀林,戴旸,林明,等.档案文献遗产保护[M].武汉:武汉大学出版社,2012.

[20] 刘强.西南少数民族历史档案保护[M].北京:中国社会科学出版社,2016.

[21] 华林.西南少数民族历史档案管理学[M].北京:民族出版社,2001.

[22] 国家档案局档案科学技术研究所.新档案保护技术实用手册[M].北京:中国文史出版社,2013.

[23] 冯乐耘.中国档案修裱技术[M].北京:中国档案出版社,2000.

[24] 郭莉珠.档案保护技术学教程[M].2版.北京:中国人民大学出版社,2008.

[25] 汤麟.装裱艺术[M].武汉:湖北人民出版社,1979.

[26] 杨正旗.中国书画装裱大全[M].济南:山东美术出版社,1997.

[27] 杜子熊.书画装潢学[M].上海:上海书画出版社,1986.

[28] 姚伯岳,吴晓云.中国传统纸张研究策略断想:从开化纸说开去[J].图书馆杂志,2019(1):60 - 64.

[29] 翟建雄.无酸纸应用的国际经验及思考[J].国家图书馆学刊,2016(6):90 - 95.

[30] 张美芳.韩国档案修复用纸选用机制及其对我国的启示[J].档案学研究,2016(1):107 - 111.

[31] 万群,高学森.谈数字化背景下古籍保护纸张信息系统的构建[J].图书馆工作与研究,2016(9):67 - 69.

[32] 冯乐耘.近现代纸质档案修复技术的重大突破:评"七五"期间字迹恢复技术研究成果[J].档案学通讯,1991(2):55 - 57.

[33] 张兆成.复印墨粉类字迹材料的保护[J].档案学研究,2003(3):62 - 64,61.

[34] 张媛媛,王成兴.无碳复写纸字迹材料耐久性的实证研究[J].档案学通讯,2017(1):81 - 84.

[35] 赵文山,何刚.档案库房空调设备的选择[J].档案学研究,2004(2):50-52.

[36] 刘淑云,李鸿强.档案库房人体感应式白光LED智能照明控制系统的研究[J].档案学通讯,2008(3):86-89.

[37] 窦梅,孙京波,吕锐,等.山东半岛地区档案库房空气微生物调查研究[J].档案学研究,2019(3):131-134.

[38] 孙大东,张欢笑.现阶段档案库房智能管理机器人不可行分析:兼与王啸峰商榷[J].档案与建设,2019(6):50-53,56.

[39] 李琛磊,种兰祥.智慧古籍图书馆的环境监测系统[J/OL].图书馆论坛,2019[2019-08-10].http://kns.cnki.net//KXReader/Detail?TIMESTAMP=637068334667002500&DBCODE=CJFQ&TABLEName=CAPJLAST&FileName=TSGL20190802001&RESULT=1&SIGN=SYa2NRHbM%2bZmhRPeJAp46nF56vU%3d.

[40] 霍艳芳.古代纸质文献防蠹措施研究[J].图书馆杂志,2015(12):50-54.

[41] 李祎.纸质档案霉菌防治方法研究[J].档案学研究,2017(1):63-67.

[42] 曹建忠.档案库房病虫害防治研究:以常见档案病虫害烟草甲、档案窃蠹和霉菌为例[J].北京档案,2018(11):28-30.

[43] 陈惠琼.纸质档案真菌群落分析:以80年和50年样本为例[J].档案学通讯,2018(5):81-84.

[44] 刘秀娥.图书馆防灾与危机管理[M].北京:海洋出版社,2007.

[45] 刘兹恒.图书馆危机管理手册[M].北京:国家图书馆出版社,2010.

[46] 林明,张靖.中国大陆图书馆文献保护灾难预案调查[J].中国图书馆学报,2010(4):61-71.

[47] 李聪敏,高波.美国公共图书馆危机预案制定现状及启示[J].图书馆,2014(1):98-100.

[48] 张靖,张怡.文献保护灾难预案及其编制工具研究[J].图书馆论坛,2014(4):106-114,101.

[49] 马泳娴.澳大利亚国家图书馆《馆藏灾难预案》研究[J].图书馆论坛,2018(7):116-122,115.

[50] 刘姣姣,李玉虎,邢惠萍.脆弱纸质档案多功能纸浆加固新技术[J].陕西师范大学学报,2018(4):64-70,90.

[51] 刘博,齐迎萍.功能型苯丙乳液在纸质文物保护中的应用研究[J].中国造纸,2018(6):44-48.

[52] 黄四平,李玉虎,欧绣花.氧化去污技术对档案纸张性能影响的研究[J].档案学研究,2010(1):66-69.

[53] 葛怀东.国内外纸质文献脱酸技术研究[J].金陵科技学院学报,2015(3):7-11.

[54] 李玮,施文正,徐绍艳.等离子体脱酸技术对纸质文献与档案脱酸效果评估[J].中国造纸,2019(2):35-39.

[55] 李妍,申永峰,邵帅,等.氨基硅烷偶联剂用于劣化纸的脱酸加固研究[J].中国胶粘剂,2018(10):21-25.

[56] 凡晓宇,胡道道,梁兴唐,等.基于羟丙基甲基纤维素复合纳米 $Ca(OH)_2$ 的纸质档案脱酸加固[J].档案学研究,2018(1):118-122.

[57] 陈玲,黄晓霞.非水相 MgO 脱酸体系在纸质档案脱酸中的老化行为:以书写纸为例[J].档案学通讯,2018(1):97-102.

[58] 梁兴唐,凡晓宇,胡道道.乙基纤维素稳定纳米 $Mg(OH)_2$ 乙醇分散液用于纸质档案的加固脱酸[J].档案学通讯,2017(5):80-84.

[59] 王雁行.以"中华古籍保护计划"为依托 建设国家古籍资源数据库[J].国家图书馆学刊,2016(3):82-88.

[60] 董晓莉,李春明.以数字资源管护为手段促进古籍的再生性保护[J].图书馆理论与实践,2017(12):55-60.

[61] 李建伟.文化云模式下的侨批档案保护:以梅州客家侨批为例[J].图书馆论坛,2018(4):147-152.

[62] 马富岐.浅论公共图书馆古籍文献的保护方法[J].图书馆工作与研究,2015(S1):96-97,112.

[63] 蔡晓萍.面向馆藏整体的文献保护:读《文献保护:问题与规划》[J].图书馆论坛,2017(2):24-29.

[64] 韩南南,张馨元,张伟.新疆濒危少数民族古籍保护研究[J].山西档案,2016(2):46-48.

[65] 何晓晶,李兴平."三少民族"档案保护现状与对策[J].中国档案,2019(3):40-43.

[66] 马英.毕摩文献的保护与典藏[J].四川戏剧,2018(8):90-92.

[67] 余隆倩.广西壮族民间档案保护体系研究[J].档案与建设,2018(4):27-30,8.

[68] 黄丽华.档案保护技术标准体系构建与发展研究[J].档案学研究,2018(6):40-43.

[69] 何燕华."中华古籍保护计划"实施十年来北京大学图书馆古籍保护成果及思考[J].大学图书馆学报,2018(2):107-111.

[70] 于沛.地区文献保护中心的责任:读《图书馆及档案馆文献保护实用指南》[J].

图书馆论坛,2017(2):30-36.
[71] 王莞菁.公共图书馆法中的古籍保护和利用[J].图书馆,2018(2):8-13.
[72] 田周玲.国家图书馆古籍保护实验室的建设与思考[J].实验室研究与探索,2013(11):214-217.
[73] 王肖波.区域性国家重点档案保护中心建设研究[J].浙江档案,2019(4):19-21.
[74] 张靖,张盈,林明,等.中国大陆及港澳地区图书馆西文古籍保护与修复情况调查[J].大学图书馆学报,2017(2):99-108.
[75] 赵跃,周耀林.国际文献保护研究回顾与展望:以Restaurator 1970年代以来刊文为对象[J].图书馆论坛,2017(6):111-121.

(本文原刊于《图书馆论坛》2020年第3期,页115-123)

作者简介

刘菡,研究领域:图书馆学人物研究、图书馆与社会发展、文献分类理论;参与公共文化服务导论、图书馆学基础等课程的辅助教学。

牛迎卜,研究领域:文献保护与修复、文献保护标准研究。

周旖,研究领域:文献保护与修复、地方文献整理、图书与图书馆史、公共文化服务立法与政策;主要讲授课程:文献保护与修复、文献保护管理、信息资源共享、中外档案事业史等。

专题三

人才培养

中国图书馆学教育面临的挑战与机遇

谭祥金

1 历史回顾

中国是世界文明古国,图书馆事业有着悠久的历史,但正规的图书馆学教育如果从1920年创办武昌文华图书馆学专科学校算起,只有几十年历史,直到20世纪70年代末期才有了迅速发展,可以说是举步维艰,历经沧桑。远的不说,从中华人民共和国成立直到"文化大革命"前,国内只有北京大学、武汉大学有图书馆学专业。20世纪50年代,每年毕业学生只有几十人,60年代后期和70年代中期,遇到"文化大革命",教育陷于停顿状态。60年代前5年和70年代后5年,每年毕业生有100人左右。所以,在中华人民共和国成立后的前30年中,全国图书馆学专业毕业的学生总数约2000人。从70年代末期开始,我国图书馆学教育迅速发展。1987年,设立图书馆学、情报学专业的高等院校达到58所,加上各地图书馆和社会团体办的职工业余大学、民办大学的教学点,达到90所之多,中等教育、函授教育也相继发展。从80年代中期起,全国每年图书馆学专业毕业的本科生超过1000人,还不包括函授生,仅北京大学、武汉大学两校每年培养的图书馆学专业函授生就接近1000人。"文革"前的硕士研究生屈指可数,近10年培养的硕士研究生是前30年的100倍以上。过去没有博士研究生教育,现在北京大学、武汉大学都有了博士授予权。在扩大规模的同时,对课程设置、教学内容和教学手段等方面进行了改革，教学质量有了提高。此外，专业范围有所拓宽，一些院系除了图书馆学专业外，还设立了情报学、档案学、出版发行学等专业。到目前为止，我国已经形成了完整的多专业、多层次、多类型的教育体系。

2 严峻的挑战

从美国传来消息，有些历史悠久、负有盛名的图书情报学院关闭了。对此，中国图书馆界的一些人士感到震惊和迷惑。为什么出现这种状况？据说原因各异。在众多的因素中，有一点是共同的，就是这些学院沉迷于过去的荣耀或满足现状，跟不上时代发展的潮流。这样看来，关闭也是理所当然的了，因为竞争的法则就是优胜劣汰。

如果冷静地思考，我们就会发现，我国图书馆学、情报学教育在繁荣的背后也面临着严峻的挑战。主要表现在以下几个方面。

2.1 课程设置问题

我国的图书馆学、情报学教育原定的目标是培养面向图书馆和情报单位的专业人才，课程设置基本上是以手工操作进行文献的搜集、加工、储存和传递为主的。

现在的情况发生了变化，主要有以下两点。

（1）毕业的学生除了到图书馆、情报单位工作外，还到政府机关、金融部门和企事业单位的信息管理部门工作，这种现象在经济比较发达的沿海地区已经显现出来。随着人事制度的改革、国家统招统分模式的改变及人们价值观念的变化，这种趋势会逐渐加强。

（2）我国图书情报事业和各类型的信息管理部门处于从手工操作到自动化的转变时期，电子计算机等现代技术的应用日益普遍。

鉴于此，学生的知识结构就要发生较大变化，基本技能也要大大提高。虽然一些学校对课程进行了一些改革，但总的说来与形势发展的要求相差甚远。而用人单位对受过高等专业教育的学生期望较高,要求他们有真本事、硬功夫,能独当一面。随着时间的推移,学生素质与社会需求的矛盾会越来越尖锐,如果我们的专业只能满足部分的社会需求,就不可能有大的发展;如果我们根本不能满足社会的需求,就失去了存在的价值。

2.2 教师队伍问题

我国图书馆学教育教师队伍的骨干力量主要由两部分人员组成:一是"文革"前北大、武大图书馆学专业毕业的大学生,二是"文革"后图书馆学、情报学专业的硕士研究生。从知识结构看,前者基本上属于传统的图书馆学;后者除了专业知识外,计算机知识较强,外语较好。但总的来说,知识结构比较单一。从实践经验看,前者不少人先从事图书情报工作,后转到教学岗位,有实际工作经验;后者一般是出校门马上进校门,缺乏实际工作的锻炼。从年龄结构看,50 岁以上和 35 岁以下居多数,中间层薄弱。这些年来,虽然有其他一些专业的同志加入教师队伍,但知识结构与年龄结构不尽如人意。如果不改变现状,恐怕难以胜任 21 世纪的教学任务。

更为严重的是,由于社会分配不公,社会上流传着"穷得像教授,傻得像博士"的说法,这是教师待遇低的写照。而社会上一些单位的优厚待遇有较大的吸引力,并且可以让人发挥自己的才能,促使一些教师调离岗位。因为同样的原因,一些有真才实学的人也不愿意当教师,更不愿意当"穷系"的教师,造成在职的要走,需要的又调不来的局面。教师是在教学活动中起主导作用的因素,教师队伍的状况令人担忧。

2.3 教学手段问题

图书馆学、情报学是实践性、实用性很强的学科。传统的手工操作,只要有了文献和工具书,就能进行文献分类、编目、检索等环节的教学实践。但现代技术管理文献，就需要电子计算机等设备，目前除少数学校外，多数学校的设备都比较简陋，连当前的教学任务都不能应付，更不要说长远的需要了。落后的教学手段是难以培养出高水平的学生的，造成这种状况的原因，除了经费困难外，还在于有些学校的领导和职能部门认为我们专业属于文科，将之与中文、历史、哲学等学科同等对待，不了解或不承认计算机等现代设备对我们专业的重要性。如果这种观念不改变，有了设备也分配不到我们头上。

2.4 生源问题

20世纪70年代末期，由于经历了"文化大革命"动乱的年代，人们希望安定，在一些人看来，图书馆是远离政治的世外桃源，图书馆学一度成为热门专业。随着市场经济的发展，人们的价值观念发生了变化，对于"清水衙门"的图书馆就望而却步了。从80年代中期开始，图书馆学的热度有所下降，录取高素质的学生遇到困难。随着大学教育改革的深入，计划体制下统招统分的模式逐渐改变，学生本身所负担的费用逐渐增加，在选择专业时，就会考虑这种投资是否值得，这种变化对我们专业可能带来不利影响。

2.5 经费问题

经费不足是造成许多困难的根源，除了上述教师待遇低、教学设备不足等问题以外，还有图书资源问题。经费没有增加多少，书刊价格却猛涨，所订品种和数量一减再减，教师和学生所需要的基本书刊资料都不能保证。又如教学实习，由于经费不足，只能偷工减料，不能按照教学要求完成教学任务。教师科研经费少得可怜，有一所国家教委重点大学的图书情报学系，除少数教师得到科研项目的资助外，全系每年的科研经费仅3000元，只要有3个人到外地参加一次学术会议就花完了，该系30个教师，每人10年才能轮到一次……在经费如此不足的情况下，怎能更好地提高教学质量？

由此看来，面对21世纪，我们不能对专业的前景盲目乐观，只有居安思危、励精图治，才有希望。

3 难得的机遇

在面临严峻挑战的同时，也有着难得的机遇和美好的前途，主要表现在以下3个方面。

3.1 经济繁荣促进事业发展

从根本上说，图书情报事业的发展，不是取决于人们的主观愿望，也不是靠图书情报工作者的强烈呼吁，而在于经济实力。经济实力增强，政府投资增加，社会需求日益迫切，事业就兴旺发达。近几年来，珠江三角洲图书馆事业的迅速发展就是明证，事业发展了，对人才的需求就会增加。在市场经济大潮的冲击下，一些学生不愿到图书馆工作，这是实事，但不完全如此，准确地说，不是不愿到图书馆工作，而是要看到什么样的图书馆工作。近几年，北京、上海、武汉、成都、长沙、哈尔滨等地的学生愿意到广州、深圳、珠海、佛山等珠江三角洲地区的图书馆工作就证明了这一点。学习了这个专业，到图书馆既能发挥自己的才能，又能得到较好的待遇，何乐而不为呢？关键在于图书馆能否吸引人才。随着社会主义市场经济体制的建立与完善，逐步迈向小康水平的中国社会，给图书馆学、情报学教育的发展带来了希望。

3.2 第三产业的崛起拓宽新的领域

第三产业的水平是衡量现代社会经济发达程度的重要标志。当经济发展到一定水平时，要求加快第三产业的发展，我国正处在这个阶段。为此，中共中央、国务院出台了《关于加快发展第三产业的决定》。在重点发展的行业中，许多都与我们的专业有关，如咨询业、信息业、技术服务业等。这些第三产业的发展，给我们专业带来良好机遇。就拿信息咨询业来说，由于经济的发展，对信息的需求增加，信息咨询业应运而生。以广州市为例，起步于改革开放之初的 1979 年，截至 1992 年年底，信息咨询机构有 750 户，总产值占当年地区生产总值的 0.012‰。应该说，广州信息咨询业从无到有，到现在已经粗具规模，但从整体看，广州信息咨询业对广州经济活动的影响十分微小，与其经济地位极不相称，严重滞后于广州经济的发展。从全国看，信息咨询业还相当薄弱，远远不能满足形势发展的需要。随着经济的发展、信息市场的发育，信息产业等第三产业有强劲的发展势头，为图书馆学、情报学教育开辟了广阔的天地。

3.3 国际交流促进教育水平的提高

党中央改革开放的决策，使中国走向国际社会，闭关锁国的状况一去不复返了。中国图书馆学、情报学教育与世界息息相关，使我们能及时了解世界的动态、经验和教训，借鉴国外先进的经验与技术，根据我国的国情，建设有中国特色的图书馆学、情报学的教育体系。应该说，中国图书馆学、情报学教育界同仁的改革意识比较强，总是力图适应形势发展。广泛的国际交流与合作，为我们的改革创造了有利的条件。

4 思考与对策

21 世纪对我国图书馆学、情报学教育来说，困难与希望并存，挑战与机遇同在，关键就要看我们能否以积极的态度抓住机遇，迎接挑战了。我们从以下几个方面进行探讨。

4.1 培养目标

我国高等教育的根本任务是为社会主义建设培养各类专门人才，也就是满足社会对人才的需求。社会究竟需要什么样的人才？据调查，社会各行各业对大学生素质总的要求是德才兼备，政治思想上事业心强，有使命感、责任心，业务上要求基础扎实，知识面较宽、能力较强，在"知识、能力、做人"三方面都合格的人才。对我们专业的学生，除了政治上的共同要求，还要求学生专业基础知识牢固，知识面较广，外语水平较高，计算机应用能力较强，还要有一定的文字表达能力和组织管理能力，是一种应用型、复合型及管理型人才。根据社会需要，我们的目标是培养德才兼备的从事信息资源管理的应用型、复合型专业人才。这里所说的应用型和复合型是以信息资源管理的理论、技术与相关学科为基础的，并不是无所不包。由于党和国家工作重心的转移，社会主义市场经济体制的建立，信息产业的崛起，我们不能只培养单一的面向图书馆、情报单位的人才，这样会限制人才培养的定位与扩展，限制教学与科研活动的范围，招生与就业工作受到一定的限制与误解。除了图书情报事业外，我们培养的人才还要面向政府机关、金融部门、企事业单位等各行各业的信息管理部门，使之成为信息系统的建设者、管理者，也是信息系统使用中的服务者、向导与顾问。当然，不同层次的学生，有不同的目标与要求，而且，全国也不一定都是采取同样的模式，不同地区、不同类型的学校，可以根据实际情况确定自己的侧重点。

4.2 课程设置

课程设置是落实培养目标的中心环节，我们认为，可按"打好基础，强化应用，拓宽口径，综合平衡"的原则设置课程。

4.2.1 打好基础

我们专业培养的是从事文献信息资源管理与服务的专门人才。文献信息管理与服务包括技术课程、人文管理和经济管理。我们的工作是用手工或机器等手段，使信息从分散到集中，从无序到有序，从储存到利用的过程，所以，信息的搜集、整理、储存和利用的基本理论和基本技能是我们专业的基础知识，这类课程是我们的看家本领。由于我们正处于从手工操作向自动化的转变时期，课程内容应既有手工的，也有自动化的。为了适应长远的需要，传统的课程可适当压缩，根据需要与可能，加强自动化方面的课程。基础课中还包括国家规定的其他课程。

4.2.2 强化应用

图书馆学、情报学是应用性学科，要求学生有较强的综合分析能力、文字表达能力和计算机操作能力等。我们应该强化这方面的课程，主要有：①外语。要从事文献信息的搜集整理、分析研究工作，应有较高的外语水平，第一外语要能阅读、翻译国外文献，能处理工作中的文件和信函，还能用外语直接对话与交流；除第一外语外，至少还要掌握一门第二外语。②计算机应用。要使学生有较强的动手能力，要求学生能操作和应用所在单位的现有系统，并能参与应用系统的维护与研发。③语文。要使学生有较强的文字表达能力和综合分析能力，能写出质量较高的总结和调查报告，要有撰写综合研究报告的能力。

4.2.3 拓宽口径

为了使学生毕业后能更好地适应工作的需要，并有较广阔的就业范围，成为复合型人才，必须努力拓宽学生的知识面，除了专业基础课和重点应用课以外，还要让学生掌握哲学、数学、管理学、经济学（主要是信息经济学）、法学（主要是知识产权）、传播学、文书学、公共关系学等方面的基础知识，同时鼓励学生利用选修课教学和图书馆增加横向学科知识。

4.2.4 综合平衡

课程设置是一个系统工程，要综合平衡，也就是要正确处理一些矛盾。

（1）当前与长远的矛盾。从我国文献信息管理的现状看，有完全手工的，有手工与机器并用的，也有自动化水平较高的，这种状况会持续一段时间。从长远看都会趋向自动化，但不会一刀切。所以，课程设置既要面对现实又要顾及将来，这样就有一定的难度。根据目前的状况和可预测的趋势，应把着眼点放在从手工向自动化过渡的基点上，这样比较现实，能满足多数单位的需要。

（2）现实与需要的矛盾。从需要来看，我们专业的课程要进行较大的变革。主观愿望上，教育界的同仁也希望设置符合需要的课程，但由于师资、设备等条件的限制，一时难以实现，心有余而力不足。对此，我们的态度是既不安于现状又要面对现实，不能设想一步到位，一劳永逸，而是在现有条件下做最大努力，不断争取更好的条件，循序渐进。

（3）必修与选修的矛盾。既要打好基础，又要强化应用，还要扩大知识面，大家都抢课时，必修课和选修课在课时的安排上有一定的矛盾。这个问题只有限定各门课的教学目的和教学内容才能解决，把课时限定在合理的数额之内，正确处理理论与实践、知识与能力的关系，形成一个合理的结构，使学生在规定时间内达到培养目标的要求。另一点是改进教学方法，压缩课堂讲授时间。目前灌输式的教学方法不利于学生学习积极性的发挥和独立思考能力的培养。有些课程除必要的课堂讲授外，主要是实践与操作。

为了搞好教学，编出一批有较高水平的教材是必要的，不同课程有不同的要求，总的说来要具备思想性、科学性、适应性和启发性。

由于图书馆学、情报学学科定位的不确定性和研究对象的综合性，与别的专业比较起来，课程设置难度大，过去设想和实施了多种方案，都不太理想，如何建立合理的课程体系，是值得探讨的重要课题。

4.3　教学实践

当前学生的动手能力和解决实际问题的能力较差，必须加强实践。对学生毕业时应达到的能力和技能要有一个总体设计，提出明确的目标，然后分解到各个教学环节中，通过调查研究、课堂学习、撰写论文、社会实践、毕业实习等方式，使学生获得针对性较强的、比较系统的基本技能和专业技术训练，培养学生解决实际问题的能力。

为了更好地进行教学实践，配备必要的设备是完全应该的，还可以与社会上的有关单位联系，建立相对稳定的实习基地。

为了培养学生独立学习的能力，应该规定一定数量的专业必读书目，并按照教学进度进行切实有效的督促与检查。必读内容应纳入考核与考试的范围，并计入成绩。采取多种形式，如完成读书笔记、心得体会、书面作业、调查报告及撰写论文等方式，要求学生进行广泛的写作活动，努力提高学生的写作水平。

4.4 教师队伍

如前所述，教师队伍建设存在着亟待解决的问题。教师在保证人才培养的质量方面起着关键作用，所以必须再次强调教师队伍建设问题。当前应本着"稳定、鼓劲、纳新、提高"的精神，切实做好这一工作。首先是稳定现有队伍，充分发挥各个年龄、各个层次教师的作用，抓好学术梯队建设，努力给教师，尤其是青年教师创造深造的机会，使他们感到有发展前途。吸收有志于从事教学、又适合本专业教学工作的人员，建立一支有较好政治与业务素质，知识、年龄、职称结构比较合理的教师队伍。这是一项艰巨的任务，也是希望所在——随着国家经济的繁荣、相关制度的完善，实现这一点还是有希望的。

4.5 图书、情报、档案一体化

图书、情报、档案原是不分的，后来分化，有了各自的工作与事业，为了探讨各自的本质与规律，分别建立了图书馆学、情报学与档案学。它们有各自的领域与特点，但也有共同的基因，这就是文献信息，而且都有一个搜集、整理、存储、传递与利用的过程；现代技术的应用，使得三者差距逐渐缩小，三者互相渗透，实行一体化教学是有可能的。有些学校本着"淡化专业、强化基础、分段教学、按需分流"的精神，进行了尝试，即按系招生，一、二年级上共同的基础课，三、四年级上不同的专业课，效果较好，这是符合现代科学综合化和互相渗透趋势的。

4.6 宏观调控

自 20 世纪 80 年代以来，我国图书馆学、情报学教育发展很快，除综合性大学、师范院校外，还有农业、医药、卫生、机械、水电、矿业、部队等系统都办图书情报专业。在一定阶段，这对满足人才的需求是有好处的，但从宏观管理的角度看，出现了一些问题，如地区不平衡。据 1988 年不完全统计，我国有图书情报专业的 58 所高校，集中在 26 个城市，平均每个城市 2 所，3 所以上的有 5 个城市，有一个城市竟有 6 所之多，这种状况造成力量分散，教学质量不能保证。长此以往，会影响专业声誉。况且现在的潮流是淡化专业，培养通用型人才，我们的专业越分越细，是否合适？看来有关部门有必要进行适当调整，以保证专业布局合理和教育教学水平的提高。

参考文献

[1] 肖东发. 中国图书馆学情报学教育 40 年（1949—1989）[J]. 图书馆学通讯,1989（1）:3-10.
[2] 赵燕群. 中国图书馆学教育史[M]//吴仲强,等. 中国图书馆学史. 长沙:湖南出版社,1991.

（本文原刊于《图书与情报》1994 年第 1 期，页 48-51）

作者简介

谭祥金，研究领域：现代化图书馆事业建设；教授课程：信息资源建设、信息管理导论、图书馆管理、图书馆建筑、文献信息学导论。

对近年来中国大陆图书馆学教育发展走向的思考

程焕文

图书馆学教育究竟应该向何处去？这是大家共同关心的问题，也是我特别关注的问题。我今天的报告题目是《近年来中国大陆图书馆学教育发展走向的思考》，这是黑龙江省图书馆夏国栋先生邀我完成的一项学术任务，借此机会谨向这次研讨会的组织者表示衷心的感谢！

在进入正题之前，我先向大家推荐一本书——《谁动了我的奶酪？》。这是近年来管理学界十分畅销的一本书，全球销量已经超过2000万册！这本书讲的是一个关于"奶酪"的故事。故事的内容大概如下：

从前，在一个遥远的地方，住着四个不起眼的小家伙，其中两个是老鼠，一个叫嗅嗅，一个叫匆匆；另外两个是小矮人，一个叫哼哼，一个叫唧唧。他们四个实在太小了，所以，他们在干什么当然不会引起旁人的注意。但是如果你凑近去仔细观察，你会发现许多令人惊奇不已的事情！为了填饱肚子和享受乐趣，他们每天在不远处的一座奇妙的迷宫里跑来跑去，在那里寻找一种叫作"奶酪"的黄澄澄、香喷喷的食物。嗅嗅和匆匆的大脑和其他啮齿类动物的差不多一样简单，但他们有很好的直觉。他们喜欢的是那种适合啃咬的硬一点的奶酪。哼哼和唧唧则靠脑袋行事，他们的脑袋装满了各种信念和情感。他们要找的是一种带字母"C"的奶酪。嗅嗅和匆匆作为老鼠，有其自身的秉性，不会像人那样思维，而是靠老鼠的直觉在迷宫中寻找喜欢的奶酪；而哼哼和唧唧却有人的思维，靠人的经验去学习、寻找。他们以各自的方式不懈地追寻他们想要得到的东西。终于有一天，在迷宫某个走廊的尽头，在奶酪C

站，他们找到了自己想要的奶酪。四个小家伙围在一起欣赏奶酪，每天按固定时间穿着运动鞋跑到迷宫去吃喜欢的奶酪。他们当时的口号是"拥有奶酪，就拥有幸福"。

可是，奶酪一天天减少。老鼠凭直觉感到，奶酪总有一天会没有的，所以，他们在享受奶酪的同时，每天还在迷宫中继续寻找奶酪，找了好多天，终于发现了一处新的有奶酪的地方。而两个小矮人一直沉浸在拥有奶酪的幸福中，可是，有一天他们到达迷宫奶酪 C 站时，突然发现奶酪吃完了，他们根本不相信这个事实，更不愿意再去寻找新的奶酪，一直就那么饿着，痛苦地思索。一天，哼哼猛然想到两只小老鼠不知跑到哪儿去了，他到处去寻找两只小老鼠，在这过程中发现了许多奶酪站，其中的奶酪也都已经吃光了。终于有一天，哼哼找到了两只小老鼠，发现他们那里有更丰富的奶酪。他回去告诉唧唧，唧唧开始不太相信，后来唧唧态度也改变了，他们一起重新到了新的奶酪站。

这本书其实讲的是一个"变化"的故事，其中心思想是如何去适应变化。我向大家推荐这本书，也请大家关注一下变化的问题。

1　谁动了我的奶酪？——后变化时代

我在这里制造了一个新的名词——"后变化时代"，其主要用意是想表达我个人的一种态度，即近 20 年来图书馆学教育在大陆的变化实在是太多了，我希望这些变化到一定程度能够适当停止一下或放慢一点。我之所以不用"变革时代"，是因为变革意味着不断地变化和革命，或者不断地重构，我不希望动不动就革图书馆学教育的"命"。图书馆学教育的改革是必要的，但是天天都在变革，人人都在变革，一改再改，改得面目全非；一变再变，变得没有自我。这总不是好的兆头，也不符合教育的发展规律。

20 世纪 80 年代以来，整个社会都在发生变化，图书馆学教育也在发生变化，这种变化是由多种因素引起的。这些变化主要有以下几个方面。

1.1 技术的变化：手工操作→自动化操作→网络化数字化

技术的变化非常大。80年代以来，图书馆工作的变化大致经历了三个阶段，即手工操作→自动化操作→网络化数字化。大陆图书馆学教育的崛起是在80年代以后，这时恰好是图书馆工作由手工操作向计算机自动化操作转变的时候。90年代末期，图书馆开始进入网络化、数字化的时代。在这个时代，整个技术都发生了变化，图书馆工作也随之发生变化。每一次技术的变化都会对图书馆学教育产生非常大的冲击，正如对图书馆产生很大的影响一样。

但是，在网络化数字化时代，新的信息技术究竟会对图书馆学教育产生多大的影响？在大家都为这些技术陶醉的时候，实质上，不是所有的人都头脑清醒。80年代以后，由于信息技术的飞速发展，整个世界基本处在技术主导的状态下，好像技术是万能的，什么都可以做到。技术的发展当然对我们的学科发展有很大的推动作用，但技术是否是万能的，这是非常值得我们思考的问题。

譬如大陆今天谈到数字图书馆建设，整个世界都在建设数字图书馆，图书馆界也在建设数字图书馆。但究竟什么是数字图书馆，大家并不真正清楚。相反，因为整个社会在炒作，影响到政府最高层的决策者、反映到他们头脑中的图书馆概念就只有数字图书馆，其他的图书馆都不需要再办了。这些观念已经对图书馆事业造成了危害。有的图书馆已经很破旧，需要扩建维修，需要增加印刷出版物，而领导们常常会说：不用了，现在网上都有了，你们建数字图书馆就可以了。殊不知，虽然我们在不断地努力向数字图书馆逼近，但是它毕竟离我们还很远很远。

1.2 学术的变化：经验图书馆学→理论图书馆学→文献信息学→信息管理学

80 年代以来，图书馆学的整个学科体系一直在不断变化，至今大体经历了四个变化阶段。80 年代以前是经验图书馆学，没什么理论，层次较低。从 80 年代中期开始，大陆开始进入理论图书馆学阶段，即哲学化。那一时期产生了很多理论，当时针对图书馆学基础理论的讨论也非常热烈，很多教科书也在悄悄地改变整个图书馆学体系的面貌。90 年代以后，大家觉得这种理论图书馆学也渐渐落伍了，太玄了，开始希望有更大的，能够把更多学科融在一起的学科体系，于是出现了文献信息学。这一时期，学科面貌的改变不像前一时期那样热烈，那么红火，但一直在变。90 年代末期到现在，文献信息学又开始被抛弃了，出现了信息管理学。最近又有苗头向知识管理学转变。总之，还会再变。

图书馆学整个理论体系的变化一直在不断发生，90 年代的学生们学到的图书馆学知识与 80 年代的完全是两回事。过去的人看不懂今天的东西，现在学的与过去完全不一样。

1.3 专业的变化：图书馆学、档案学→图书馆学、档案学、情报学→图书馆学、档案学、信息管理与信息系统

随着学科的变化，专业也在发生变化。80 年代初期，图书馆学教育是非常单一的和专业的。大陆图书馆学教育最初大多只有图书馆学、档案学两个专业，而档案学专业最初大多开设在历史系，这是最早阶段。从 1978 年武汉大学设立情报学专业以后，其他学校也开始陆陆续续地开办图书情报学专业，一些图书馆学系还把原来在历史系或中文系的档案学专业合并过来了，或者自己新开办了档案学专业。这在 90 年代以前是一个很大的变化，也是一个非常好的现象。90 年代末期，专业的名称发生了很大的变化，其中最大的变化是，1998 年时，情报学

的本科专业名称开始变成了信息管理和信息系统。这个专业是情报学和另外五个相邻专业（管理信息系统、经济信息管理、林业信息管理等）合并起来的大杂烩。迄今为止，我们的专业名称是个什么样的呢？在硕士生和博士生阶段，三个专业名称依然是图书馆学、情报学、档案学，而本科生是图书馆学、档案学、信息管理与信息系统。这是一个非常奇特的专业设置现象，因为其本科与硕士、博士专业的名称不是完全对应的。

1.4 学科的变化：文学→理学→管理科学

学科的归属也在不断发生变化。70年代末到80年代初，图书馆学归属于中国语言文学中的一个类，档案学归属于历史学，情报学又在另外一个学科。到了90年代，学科地位提升了，三个专业终于走到一起了，变成了图书馆情报文献学，是一级学科，当时归属于理学。1998年及以后专业大调整的时候，该本科专业调整到了管理科学，而硕士、博士专业仍旧归属于理学。当然，具体的变化比我所讲的还要复杂一些。总的来说，经过20多年的发展，图书馆学专业的学科地位是提升了。

1.5 名称的变化：图书馆学系→图书情报学（院）系→信息管理（院）系

名称的变化是大家非常熟悉的。最初的系名是图书馆学系，80年代中期时武汉大学图书馆学系升为图书情报学院，其他学校院系也随之改名为图书情报学系。1992年北京大学图书馆学情报学系率先改名为信息管理系，接着各系纷纷效尤，发生了一连串的改名，改到几年前只剩下武汉大学还保留着"图书情报"这个院名，那时很多人都希望武汉大学保持"图书情报学院"这最后一块招牌，不要改名。但是，它们还是变了，而且从那以后学院的名称连续改了两次，现在用的是"信息管理学院"。

名称的变化实在是太大太快，大家有时对名称的变化感到非常困惑。从某种意义上说，名称的变化是在反映整个教育的变化，是在反映学术的变化。但名称的变化究竟能带来多少益处，是值得我们冷静反思的。有人说这是市场运作，形象包装。问题是形象老在不断地改变，改变到今天连自己都不认识自己了，别人怎么能认同呢？关于名称的变化人们有很多不同看法，这里只涉及这种变化现象。

1.6 课程的变化：专才教育→通才教育→素质教育

课程也相应地发生了很大的变化。可以说，80年代中末期以前，图书馆学教育培养的是图书馆学的专门人才，即专才教育。整个图书馆学课程体系非常专业，除公共课程、基础课程外，大量的是图书馆学课程，培养的学生是做图书馆专业工作的。但到80年代末期，学界提出了一个非常响亮的口号，即"拓宽专业口径，淡化专业界限"。当时，第一件事就是把图书馆学、档案学、情报学三个专业的课程打通，使专业的界限更加模糊。各个院系都做了很多调整，有的院系安排学生在前两年都学同样的课，到后两年再将课程做一些调整。其他院系即使没有这样，课程体系也做了相应调整。培养的学生毕业后可以到图书馆、档案馆等很多地方工作，即所谓通才教育，或叫"T型人才"，既有广博的知识，又有专业技能。因此，整个课程体系发生了非常大的变化。90年代后，变化更大了，如今强调素质教育，仔细看一看图书馆学系现在开设的课程，很多是计算机、经济学、管理学课程，在课程体系中要找到"图书馆"三个字非常困难，我们已经完全不认识那些课程了。大家强调的是素质教育，并不刻意侧重某一专业。这一变化引发了很多挑战，它不像前一时期，虽然是通才教育但仍还有图书馆学的成分。这就牵扯到很多很深刻的问题：我们的图书馆学专业究竟应该培养什么样的人才？为谁培养人才？

2　还剩下多少奶酪？——低潮的到来

经历了这么多变化，究竟还剩下多少奶酪？奶酪代表一个目标，一个理想，一个追求。我们做了20多年的图书馆学教育的改革，图书馆学已改成什么样子了？究竟还剩下多少本质的东西？要知道还剩下多少东西，先看一看我们失去了多少东西。

2.1　人才流失：人才外流→自然减员→人才内流

80年代以来，图书馆学专业教育人才经历了从人才外流到自然减员，再到人才内流三个变化过程。

2.1.1　人才外流

80年代，不少图书馆学教育人才流到其他行业去了，"孔雀东南飞"比较时髦。我们没办法要求每个人坚守在这块阵地上，因为每个人都有自己的理想和目标，有自己要寻找的奶酪，走了就走了吧，没有什么值得惋惜的，问题是谁来办图书馆学教育？

2.1.2　自然减员

自然减员是没有办法的事情，非常遗憾。只要看一看今天会议的情况，我们就会明白自然减员已经到了多么严重的程度。在前五届海峡两岸学术讨论会上，我们能够看到很多图书馆学界的泰斗，有很多资深的教授出席。现在他们都退休了。一不小心，我们这些年轻人一下子从听众变成了报告人，怎能不叫人感慨万分？自然减员导致图书馆学界已没有"大菩萨"了，目前靠的都是中青年图书馆学者，这些人可能未来会有很大发展，可以成就一番大事业，但是，目前在各个层面，尤其是决策层毕竟还没有产生具有较大影响力的专家。我们知道，人微言轻，没有足够的影响力，实质上对整个学科的发展是相当不利的。

2.2 人才内流：行内流动→系际流动→校内流动

这里所说的人才内流是指人才在图书馆界内部的流动，包括行内流动、系际流动、校内流动三种形式。初看这种流动是一种动态平衡，不会对图书馆学教育产生多少影响，是一件好事；但是，仔细看一看，其实不尽然。人才是怎样在内部流动的呢？

2.2.1 行内流动

这是近几年最快的一种变化，即由图书馆学教育界流动到图书馆界。近年来，有很多从事图书馆学教育的人到图书馆去做实际工作或管理工作，这批人有很好的理论知识，很有见识，对图书馆的发展是很大的推进作用。但是，对图书馆学教育所造成的种种影响却不可小视。例如，倪晓健教授原是北京师范大学信息管理系主任，2001年调离担任了首都图书馆馆长；杨沛超教授原是东北师范大学信息管理学院院长，2002年也调到了中国社会科学院做图书馆副馆长。院长、系主任都走了，只要想一想他们的成长历程和他们在院系所起的作用，那么，他们突然放下自己经营了这么多年的事业，究竟对其教育事业有多大的影响也就不言而喻了。

2.2.2 系际流动

系际流动，即院系之间的流动。这种系际流动近两年也发展得非常快，有很多有影响力的人物在不断变动。举两个最近的例子：张晓林教授，四川大学信息管理系原主任，2002年调到中国科学院文献情报中心做数字图书馆项目的副主管；柯平教授，郑州大学信息管理系原主任，2002年调到南开大学图书馆学系任教。系主任走后，我们立刻会有一种感觉：那些地方的知名人物还有谁？很多系也就那么一两个在全国有影响的人物，走掉之后不可能不对原有的院系产生相当大的影响。所以，这是有很大影响的变化。

2.2.3 校内流动

有很多人才在校内也在不断地流动，虽没有离开学校，但离开了信息管理系，去做别的事情了。例如，南京大学信息管理系原副主任郑建明先是调去任校教务处副处长，最近又调到图书馆任常务副馆长，还好，又回到图书馆队伍中来了。党跃武原来是四川大学信息管理系副主任，后来调到校教务处任副处长，与专业没有什么关系了。这样的例子非常之多。总之，在图书馆学专业人才中，凡是冒尖的人物都在不断地流动。这些内部的变化，对图书馆学教育也有相当大的影响。

2.3 主任流失：图书馆学专业→情报学、档案学专业→非本专业

上面的标题可能是不准确的，但我要表达的意思是明确的，那就是系主任（院长）也在不断地变，而且变来变去，科班出身的似乎越来越少。

80年代以前，绝大多数系主任都是图书馆学专业毕业的，这对图书馆学教育的发展非常重要，因为他们是这个行业出身的，自然对这个行业有感情，能够认同和看重这个不起眼的专业。从90年代初期开始，这种情况陆续发生了变化，不少情报学、档案学专业背景的人开始做系主任或副系主任，他们中的一些人对图书馆学专业没有太深的感情，也不十分认同。90年代以后，不少系主任或副系主任与图书馆专业没什么关系。我并不排斥其他专业的人从事图书馆学教育，但是，需要说明的是，这种主任的流失，或者说对图书馆学专业认同的缺失，必然会影响到图书馆学专业或图书馆学教育。

2.4 专业萎缩

2001年，我曾发表过一篇题为《高涨的图书馆事业与低落的图书馆学教育——图书馆学教育逆流发展现象的分析与思考》的文章。这

篇文章实际上只讲了一句话：20世纪末的最后10年虽然是20世纪大陆图书馆事业发展的黄金时期，却也是图书馆学教育急剧滑落的时期。为什么会有如此之大的反差？这的确值得我们重新好好地思考一下其中的问题。

我想说明一下图书馆学专业究竟萎缩到了什么程度。1998年教育部重新公布新的专业目录时，在专业目录上共有20个大学设置了图书馆学专业，这是官方的统计数字，它意味着全国只有20所大学设有图书馆学专业，比80年代中期的数量减少了一半以上。而据我所知，在1998年教育部公布的这20个大学中大约有6所学校已多年没有招收图书馆学专业的学生了。也就是说，实质上，全国只有十多所院校招收图书馆学专业的学生，而每个系每年的图书馆学专业招生人数通常不会超过60，一般为20～30，有的还是隔年招生。大家可以想象一下，这是什么状况？与该状况相关的，是教育主管部门近几年还在不断地发布文件，将图书馆学、档案学专业列在控制招生、控制发展的专业范围内。这是一个非常不好的现象，与80年代一批老图书馆学家要做的事业相比完全是两回事。

2.5 专业缺失

我建议信息管理系的主任们问一问你们的图书馆学专业任课教师，问一问系里的学生："你懂图书馆学吗？"你们会发现很少有人懂。作为信息管理系图书馆学专业的一名教师，我是"人才生产者"；作为图书馆馆长，我又是"人才消费者"，我比纯粹的"人才生产者"更懂得"人才消费者"的实际需求。我接待过不少前来面试的图书馆学专业毕业生，谈话之间，没有多少人懂图书馆学，一些毕业生甚至不知道自己学的是哪种分类法，究竟学了哪些编目规则。这不完全是学生的问题，更多的是教师的问题。试想一想：图书馆学专业的老师不懂图书馆学，图书馆学专业毕业的学生不懂图书馆学，图书馆学专业会变成什么样？这是让人非常尴尬和困惑的事情。

3 没有奶酪怎么办？——未来的对策

如今图书馆学教育已进入一个十分尴尬的低潮时期。面对低潮，我们该怎么办？虽然我不知道是否有可用的"救世良方"，但是，我认为先做点切实可行的实事还是有必要的。

3.1 守望相助

实际上，图书馆学教育一直是一个弱势的教育群体。除了武汉大学信息管理学院以外，所有的信息管理系在各院校里都是一个非常弱势的群体，生存空间有限。在这样一个非常有限的生存空间中，我认为下面两点很重要：

第一，要坚守阵地。究竟有多少人能守住阵地，这是决定图书馆学教育最后能发展成什么样的一个关键问题。人存政举，人亡政息，人在阵地在，这种坚守的信念非常重要。

第二，要守望相助。整个图书馆学教育界是唇亡齿寒的关系，要相互帮助，相互协调。我始终认为，没有数量，就没有质量。图书馆学专业要做大，应该增加博士点、硕士点，把学科点做上去，有了足够的学科点，才会有足够的生存力量。过去不少颇有影响力的图书馆学教育界人物认识不到这一点，觉得只要保持很少的几个博士点进行高层次教育就可以了，那样就保证了高质量的教学水平，其他院校只进行大众化教育也就行了。实际上这种做法或许有一天会危及其自身的生存，甚至有一天会退到80年代以前只有两三所院校设置图书馆学系的局面。因此，守望相助，共同发展非常重要。

3.2 重整旗鼓

3.2.1 寻找失落的自我

在过去20多年中，图书馆学教育界一直存在着两个毛病：一是妄自尊大，认为我们所从事的事业非常伟大，本学科很了不起，在整个社会中占很高的位置，而实际上别人并不这样认为。二是妄自菲薄，觉得本学科什么也没有，什么都不值得做，甚至认为本学科是伪学科，不把自己当回事。很重要的一点是，大家要准确认识图书馆学，认识图书馆学教育在整个教育体制中究竟处于什么位置。大家必须明确图书馆学教育的内核是什么，核心的课程一定是这个专业最本质的东西，不能丢掉，丢掉了最本质的东西，培养的也就不是图书馆学专业的学生。

近日，有一个非常可喜的消息：教育部于2002年6月成立了教育部图书馆学学科教学指导委员会。这是图书馆学教育重新发展的一个重要契机。7月14日在天津南开大学召开教学指导委员会会议，检讨一下图书馆学教育的状况及今后的发展方向，这是图书馆学界多年努力的结果。

3.2.2 重建专业精神

大家对专业要有足够的认同。从事这个专业是需要一些牺牲和奉献精神的，然而更多的是对专业的认同和热爱，若没有这种精神，图书馆学教育也很难发展下去。

3.2.3 卧薪尝胆，东山再起

从最近一年来看，实际上不少系已经开始痛定思痛，不断积蓄力量，准备上一个台阶。比如，南开大学图书馆学系正在引进教授，准备申报博士点；南京大学也在调进教授，要申报图书馆学专业博士点；华东师范大学的图书馆学专业尽管已经"休克"，但它在与上海图书馆联手，意在借助上海图书馆的力量，东山再起。总之，各个院校的图书馆学专业都在积蓄力量，准备在图书馆学教育上做出一番成就。确实，我们现在已经到了不得不卧薪尝胆的时候了！

3.3 精英教育

在未来图书馆学的发展方向中，很重要的一点是要走精英教育的道路。在过去的20年中，图书馆学教育在很大程度上是向大众化方向发展，更多的是培养大众化层面的，即本科和专科以下的图书馆人才。"五大"办了非常多的图书馆学专业，招生的人数非常多，在那个时期为图书馆事业的发展做出了很大贡献。但是，经过过去20年的大众化教育后，潜在的需要接受图书馆学大众教育的图书馆从业人员基本上被一网打尽了，再走大众化图书馆学教育的路显然就不那么通畅了，因为基本上没有生源。所以，未来的发展方向应该是精英教育。

所谓的精英教育，通俗地讲，就是向硕士、博士这种高层次的专业教育发展。大陆的图书馆学教育也确实在向高层次发展，因为向低层次发展会越来越没有地位。现在绝大部分的图书馆学专业都设置在部委属或省属重点大学中，这些学校正在向研究型大学发展，在这种情况下，我们的专业教育如果不向更高层次的研究型教育发展，很快将被淘汰。所以，本专业未来的发展方向是精英教育。这个方向也与英美等国的情形非常接近，英美图书馆学教育本身就没有本科教育这一层次，而是从硕士开始的。

以上是我对中国大陆图书馆学教育发展走向的一些看法，主要是提出一些问题供大家思考，说过了头的，或者不对的，欢迎批评指正。

（黑龙江省图书馆肖红凌根据录音整理）

（本文原刊于《图书馆建设》2002年第5期，页3-6）

作者简介

　　程焕文，研究领域：信息资源管理、图书和图书馆史、图书馆学史、图书馆权利与道德、图书馆学基础理论、历史文献学、目录学等；教学课程：图书馆学基础、信息资源共享、图书馆管理、图书馆学基础理论、图书馆学理论研究等。

图书情报学教育的转型
——国外图书情报学教育改革研究之观察

邹永利

图书情报学教育面向的职业实践处在当今变化最激烈的信息技术的应用前沿，信息技术日新月异，图书情报学教育自然要因应其变，与时俱进；高等院校的学科调整、就业市场需求的变化等因素也不断影响着，有时甚至左右着图书情报学教育的进程。自20世纪80年代以来，图书情报学教育实际上处于持续变革之中，有时甚至是巨变。教育的核心是专业主干课程，其变化是衡量专业教育变化的风向标。80年代以来，图书情报学专业主干课程变化显著，大信息管理观念与信息技术已经渗透到图书情报学教育的核心领域。[1] 图书情报学专业课程变革也是近年国外的研究热点，出现了一些研究规模空前的课题，如日本的LIPER、美国的KALIPER等。研究结果显示，图书情报学教育正迅速向情报学（information studies）或者说信息科学转型，70年代开始的"图书馆学与情报学"的"联姻"走向瓦解。

1 教育改革研究项目评介

1.1 日本的 LIPER 项目

LIPER（Library and Information Professions and Educations Renewal）

是日本图书情报学会为庆祝该会成立 50 周年而策划的一项共同研究课题，于 2003 年启动，2006 年 3 月正式结项，资助机构是日本学术振兴会。[①] LIPER 可能在两个方面创造了图书情报学教育研究之最：一是耗资最多，经费额高达 3159 万日元，折合人民币约 220 万元；二是集结研究人员最多，号称"倾日本图书情报学会之全力，集结相关领域代表性研究者"[2]，课题组成员达 30 人之多。LIPER 采用实证方法，调查不同类型图书馆（公共图书馆、大学图书馆、中小学图书馆）对研究人员的专业知识、技能的特殊要求，收集所有图书情报学任课教师对当前培养计划、课程设置的评价与建议，调查的广度与深度前所未有。

LIPER 的主要研究成果是"图书馆情报学核心领域及相应课程方案"（见表1）。新方案清晰地显示，图书情报学教育正在转型，培养目标由图书馆工作人员的培养向信息（情报）专门职务[②]（information profession）的培养过渡。在 LIPER 确立的 8 个核心领域——图书馆情报学基础、情报利用者、情报资源组织化、情报媒体、情报服务、情报系统、经营管理、数字情报中，面向开放信息环境、信息问题的课程占去大半，图书馆特色明显淡化。LIPER 报告指出，现在的图书情报学课程体系落后于实践，其出发点仍是纸质媒体，不能反映信息环境及信息专业职务领域发生的巨大变化，也不足以支持多样化职业环境中的图书馆业务。[3]

表1 图书馆情报学核心领域及相应课程方案

领域	课程
图书馆情报学基础	①图书馆情报学基础论＊；②情报基础论；③实习；④调查研究法

---

① 关于 LIPER 项目更详细的资料，可参阅该项目主页 http://wwwsoc.nii.ac.jp/jslis/liper/index.html。

② "情报专门职务"作为源自图书馆学领域的一个概念，原指图书馆员在信息社会中担任的角色与职能。信息处理与传播技术的巨变不断促其内涵和外延发生变化，图书馆员之类特定机构从业人员的印记日益淡薄，正在围绕信息技术与信息服务形成一个知识共通而领域、机构不特定的职业群。

续表 1

领域	课程
情报利用者	①情报探索行为论*；②利用者教育论
情报资源组织化	①情报资源组织论 a*；②情报资源组织论 b*；③情报资源组织演习*；④情报资源组织特殊演习 a；⑤情报资源组织特殊演习 b
情报媒体	①情报媒体论*；②文献集合形成论；③情报媒体特殊演习
情报服务	①情报服务论*；②情报服务演习*
情报系统	①图书馆情报系统基础论*；②情报检索论*；③数据库构建演习；④情报检索演习
经营管理	①经营管理基础论*；②知识情报资源管理论*；③图书馆/情报服务计划演习
数字情报	①数字图书馆管理*；②数字化内容基础论；③数字化内容应用论

注：*表示特别重要。

1.2 美国的 KALIPER 项目

1998—2001 年，美国图书馆与信息科学教育协会（Association for Library and Information Science Education，ALISE）在 Kellogg 财团的资金资助下，对北美图书情报学教育实施 80 年来最大规模的调查研究项目——KALIPER（Kellogg-ALISE Information Professionals and Education Reform Project 1998—2000）。日本 LIPER 项目主持人、日本庆应大学的上田修一教授坦承，LIPER 项目的策划与实施受到美国 KALIPER 项目的启发与刺激。[2]

KALIPER 研究报告概括出课程变化的五种趋势[4]，排在首位的即是"图书情报学的对象正从作为制度的图书馆以及图书馆特有的运作，扩大到更广泛的信息环境及信息问题"，专业核心课程几乎无一例外地强调大信息环境,而新增课程所探讨的问题,如许可证制度、信息法律与法规、信息产品创出与营销、数字信息组织与管理等,也都超出图书馆这一特定制度的范畴。与此同时,编目、分类法、参考咨询等传统图书馆学科目,或名称变更,或重新构造,甚或被从核心科目中移出,退至选修科目。一进一退,反差巨大。在美国图书馆协会(American Library Association,ALA)认可的56个教育机构中,越来越多的学校把"图书馆"字样从名称中抹去。KALIPER项目启动时,这样的学校只有5所,5年后的2003年猛增到14所,增加近两倍。[4]据 usnews.com 2006年公布的最新专业排名,名列图书情报学专业前十的学校中只有一半左右在名称中保留了"图书馆"字样[5],有些学校甚至取消图书馆学专业,只保留情报学专业。更有一些学校一改图书情报学专业教育的传统,设置了信息技术、信息学、信息系统等专业的学士学位课程,开始从基础上改变图书情报学专业教育的性质,被认为是KALIPER报告发表以来专业教育领域发生的最剧烈的变化。[4]

1.3 英国图书馆与情报专家协会的课程认定标准

英国图书馆协会(Library Association,LA)与信息专家协会(Institute of Information Scientists,IIS)经过多年的折冲樽俎,终于在2002年合并成图书馆与情报专家协会(Chartered Institute of Library and Information Professionals,CILIP)。两会曾于2002年联合修订颁布"课程认可规程"(Procedures for the Accreditation of Courses),作为英国图书馆与信息本科及研究生相关课程的认可标准。受其影响,近年来图书馆学在课程体系中的主体地位逐渐消退,代之的是信息系统、信息管理等面向更广泛信息环境的课程,其中图书情报学专业的就业市场改为信息科技与行业被认为是导致这一变革的深层原因。"课程认可规程"要求图书馆与信息研究教育课程涵盖下列五大领域:信息生成、传播与利用,信息管理与机构环境,信息系统与信息及传播技术,信息环境与政策,管理与交流技能;对每一个领域的知识范围及具体课程内容也做了规定(见表2)。[6]

表2 英国图书馆与信息专家协会课程认定标准

领域	范围	课程
信息生成、传播与利用	为满足特定用户群体要求而进行的信息源创立、分析、评价、维持与操作等所基于的方法与技术	①图书馆学与情报学原则；②信息流动与信息源的确认及分析；③馆藏与数据管理；④知识组织、记录与检索；⑤信息评价；⑥数据重组与呈现
信息管理与机构环境	在特定组织的文化、目标和目的的背景下，计划、实施、评价、分析和开发图书馆与信息产品及服务的技术的应用	①信息服务与产品的开发和供应；②信息服务策略、方法与财务规划；③信息服务营销与商业展开；④质量问题与责任；⑤信息服务绩效评价；⑥信息系统/组织分析；⑦用户信息需求分析；⑧用户研究与培训
信息系统与信息及传播技术	人工和电子信息系统的可获得性与功能性，用于信息管理原理与实践的信息及传播科技，确认、分析、指定、实施以及评价适宜系统的技术的应用	人工及电子系统与工具的指定、确认、分析、实施、评价和使用
信息环境与政策	社会、国家、政府之中或之间信息流动的机制、信息与媒体业	①法律法规问题；②行业与伦理问题；③国际或跨国信息传递；④区域、国家和国际信息政策与问题
管理与交流技能	与商务和制度性管理有关的原理和技术、读写和计算的传达技能	①人力资源管理；②培训与发展；③财务与预算管理；④统计分析；⑤研究方法；⑥项目管理；⑦母语及外语技能；⑧交流与人际关系技能

1.4 IFLA"图书馆与信息专业教育指南"

国际图书馆协会联合会(International Federation of Library Associations and Institutions, IFLA) 2000 年对"图书馆与信息专业教育指南"(*Guidelines for Professional Library/Information Educational Programs - 2000*,以下简称"指南")的修订,在更广泛的意义上显示专业教育面向信息环境、信息问题与信息管理的转型。指南规定图书情报学专业核心课程应该涵盖下列 10 个要素:①信息环境、信息政策与伦理、专业领域的历史;②信息生成、传播与利用;③评估信息需求与设计响应式服务;④信息传递过程;⑤信息的组织、检索、保存与维护;⑥信息研究、分析与阐释;⑦信息与通信技术在图书馆与信息产品及服务中的应用;⑧信息资源管理与知识管理;⑨信息机构管理;⑩信息与图书馆利用绩效的定量与定性评价等。[7]

2 问题与思考

图书情报学教育转型也带来了一些新问题,比如学科身份问题、师资知识结构问题等。

2.1 学科的身份或定位问题

近年来,国内外高校存在一个相当普遍的现象:信息科技学院、管理学院、传播学院等相关院系在扩张和增设新专业过程中,往往主张将情报学或信息管理专业划入它们的学科范畴。图书情报学教育向情报学和信息管理学的迅猛转型实际上肯定了它们的主张,向大学发出不利于本学科生存的信号。如前所述,美国一些学校一改图书情报学专业教育的传统,开设信息技术、信息学、信息系统等专业的学士学位课程,其课程计划与图书情报学教育渐行渐远,与信息科学与技术越走越近,以致形影难辨。如何确立自己的身份，以区别于强势的信息科技学院，成为它们的新课题。日本一些图书情报院系也面临相似的问题，它们尝试改称"文化情报学院"或"社会情报学系"，将自己定位于信息的文化或社会领域、信息技术的应用领域等，以示不同。

图书情报学教育的社会效果从一个侧面佐证了学科身份问题的存在："图书情报学"在美国现在几乎是"信息技术"的同义词，毕业生进一般公司就业的现象相当普遍，也是外国学生留学美国的热门专业[8]；在日本，这一专业毕业生的社会形象是：电脑水平高、基本上持有"基本信息技术者""系统管理员"". com Master"等专门资格证书，作为图书情报学专业的毕业生，他们对本专业的支持实体——图书馆——的认同度越来越低。

2.2 师资知识结构问题

随着信息技术、经济与管理理论、数理科学等科目及教学内容的大量增加，一大批来自其他学科领域的专业人才进入图书情报学教育领域。KALIPER研究显示，教员构成的日益复合化是美国图书情报学教育最显著的特征之一，来自公共政策、电子工学、计算机科学、经营学、语言学、经济学、医学、心理学、企划、通信等领域的教师，正越来越多地被图书情报学院系聘为专任、兼任或临时教员。[4]他们通常既缺乏图书情报学教育背景，又缺乏图书馆实践经验。如何使这部分教师将所学有机地融入图书情报学专业课程体系，并最终融入专业课程之中，而不是游走于体系和专业课程之外、自话自说，仍然是一个挑战。

3 结束语

20世纪80年代，传统图书馆学教育在美国出现危机，相当一批图书馆院校关闭，其中包括"理念"与"实用"图书馆学派的"旗舰校"。[9]一个重要原因是图书馆学院系缺乏与其他系科的联系，百余年来从未与学校整体真正有机融合过，不存在学校其他系科间广泛存在的交叉研究、教学合作、课程互选等，形单影只，几如一座孤岛。图变自救的结果，是图书馆学院系全部变成"图书馆与情报学"（library and information science）院系。外延的扩大的确增加了其与外部的联系，也提高了对生源的吸引力。然而，正如学科名称——"图书馆"与"情报"学——所昭示的，"图书馆学"与"情报学"是两个不同的学科，它们从未真正融合到一起，形成一个有机的学科体。当信息技术渐渐成长为信息科学，成为一个强势的学科门类时，图书馆学与情报学的"拉郎配"也就走到了头。学科名称的演化生动地记录了这一历程：图书馆学→图书馆与情报学→情报与图书馆学→情报学（information studies）或信息管理。回头看去，与情报学这场"姻缘"并没有改变图书馆学教育的处境：幸存者现在是信息管理或情报学下的一个专业，孤独依旧，瘦比西风；不幸者则被一举铲除了。筚路蓝缕20年，图书馆学教育再履80年代初的险境。不同的是，当年的关闭风潮突如其来，铁靴踏处尖叫声四起；而这一次，改名在先，瘦身其后，抹杀收场，似乎名正言顺、水到渠成，故能无声无息。

当然，以上说的主要是美国的情形。国情不同，同样的问题可能导致完全不同的结局。LIPER项目主持人、日本图书馆情报学会会长上田修一就相当乐观。他认为，图书馆情报学教育在日本已有50年的历史，能生存这么久，自然有其存在的理由，现在它拥有自己的专业协会、专业杂志，有一大批从业人员，应该没有理由不继续存在下去，悲观论者历来有之，原因是他们对这一领域缺乏了解，也缺乏远见。

参考文献

[1] 程焕文,潘燕桃,倪莉,等. 1999—2003年中国图书馆学教育进展(续)[J]. 大学图书馆学报,2004(6):54-59.

[2] 上田修一. LIPER报告书:序文[EB/OL]. [2006-07-13]. http://wwwsoc.nii.ac.jp/jslis/liper/report06/jobun.doc.

[3] LIPER报告书[EB/OL]. [2006-09-28]. http://wwwsoc.nii.ac.jp/jslis/liper/re-

port06/report. htm.

[4] PETTIGREW, KAREN E, DURRANCE, et al. KALIPER project:final report-KALIPER:Introduction and overview of results[J]. Journal of Education for Library and Information Science,2001(3):170-180.

[5] [2006-06-29] http://www.usnews.com/usnews/edu/grad/rankings/lib/brief/libbrief.php#.

[6] 王梅玲.英美与亚太地区图书与资讯学教育[M].台北:文华图书馆管理资讯股份有限公司,2005.

[7] Guidelines for professional library/information educational programs-2000[EB/OL]. [2006-05-28]. http://www.ifla.org/VII/s23/bulletin/guidelines.htm.

[8] 邹永利.图书馆员这一行[J].图书馆,2004(5):36-37,40.

[9] 邹永利.美国图书情报教育的危机与启示[J].图书馆,1993(1):29-32.

（本文原刊于《图书馆》2007年第6期，页25-28）

作者简介

邹永利，研究领域：信息检索；主要教授课程：网络信息组织与传播等。

日本图书情报学教育改革项目（LIPER）观察

邹永利

LIPER（library and information professions and educations renewal）作为图书情报学教育研究的集大成者，在许多方面予人启发，值得借鉴。[1]本文主要围绕 LIPER 揭示的五种现象或问题展开讨论：图书情报学教育培养目标的转型、专业教育向研究生教育的过渡、非图书情报学专业生的吸收与研究生考试制度、教育相对于图书馆实践的脱节与滞后、课程总体的"厚物薄人"。

1 向情报学教育转型

图书情报学教育向更一般的情报学教育转型。LIPER 提出的新课程方案，也是该项研究最主要的成果——图书馆情报学核心领域及相应课程方案，清晰地反映出这种转型。

图书情报学教育的转型和图书馆工作的数字化、网络化趋势，与图书馆员职务内容的变化是相适应的，也是信息管理相关行业及其知识体演化、重组的必然结果。信息技术的发展与普及使信息业内不同职务种类所需知识体趋同、职种之间的界线日益模糊、机构特定性降低。例如，图书馆员与网络专家现在都需要具备以下主题的相关知识：网络运作、信息组织与检索、知识产权、信息公开、隐私保护、信息安全以及服务业政策法规等。对信息管理职位所需知识与技能的调查亦显示，不同行业、不同岗位的信息管理人员之间的差异越来越小。[2]这一趋同趋势的影响已开始在图书馆职业实践中显现：越来越多的图书馆员感受不到工作的"专门性"或"专业性"。[3]

2 向研究生教育过渡

LIPER 调查了不同类型图书馆——公共图书馆、大学图书馆、中小学图书馆对专业知识、技能的特殊要求，并据此分析评价了当前本科及本科以下层次图书情报学专业教育的内容，其结论是本科及本科以下层次教育培养出来的人才仅能满足公共图书馆对信息专业人才的要求，无法满足其他类型图书馆对信息专业人才知识及技能的要求，因而不足以承担专业教育的任务，明确肯定了专业教育由本科教育向研究生教育转移的世界潮流。

LIPER 项目主持人、日本庆应大学的上田修一教授指出，不同类型图书馆之间的隔阂越来越大，大学图书馆界对公立图书馆的事情几乎一无所知，对中小学图书馆的事情更是如此，连它们最热点的话题是什么也不清楚，反之亦然，所谓"道不同不相与谋"[4]。图书情报学教育应在共通专业基础课程的基础上，根据不同类型、不同主题的图书馆，设计有针对性的培养计划。一般来说，大学等专门机构图书馆的信息服务工作总是与相应的领域知识、主题知识及其传播流通方面的知识紧密相关，要求专业教育基于这些知识制订教学计划。然而，在本科生教育日益向通识教育转型的大环境下，要求其涵盖不同类型图书馆所需知识与技能，承担相应知识结构的塑造，越来越不现实。

据上田修一和东京大学的三浦逸雄教授介绍①，现在大学图书馆、研究机构图书馆、国家图书馆或 ThinkTank 之类的专门信息服务机构基本上不录用图书情报专业的本科毕业生，认为四年本科教育培养出来的学生，无论是领域知识还是专业知识，都不足以胜任专门信息服务工作。更低层次的专业资格教育，即通过学习日本图书馆法所规定的图书

---

① 2004 年 5 月，笔者就日本图书情报学教育与研究现状等问题在日本东京分别对两位教授进行了专访。

馆学主干课程，获得图书馆员（司书）资格，更是无助于受教育者在任何图书馆就职。据统计，日本现在提供图书馆员资格课程的大学（包括短期大学）近300所，每年超过12000人获得面向公共图书馆的图书馆员资格，但图书馆平均每年提供给他们的就业职位只有30个左右。

3 对非专业学生更开放

LIPER报告指出，目前日本希望从事图书馆工作的其他专业学生人数多、热情高，帮助他们进入图书情报学领域，既符合他们的利益，也有利于增加专业研究的活力。截至2004年10月，日本共有296所大学（包括短期大学）提供图书馆员或学校图书馆员资格课程[①]，2003年度约有12000人获得图书馆员资格，12500人获得学校图书馆员资格。LIPER所做学习动机的调查显示，在1044人当中，"希望从事图书馆工作"者234人，占总数的22.4%。依此推算，希望从事图书馆工作的学生人数每年增加5000人以上，而图书馆提供给他们的职位少得可怜，公共图书馆面向图书馆员资格招聘的职位每年仅有30个左右，供求严重失衡。换句话说，仅凭图书馆员资格，几乎没有可能谋到图书馆员的职位。[5]日本"图书馆员资格课程履修指南"对此严峻形势有明确说明，但选修者热情不减，足见其有志于图书馆工作的决心。目前日本大学生学习图书馆员资格课程的人数继续呈增长趋势，设置资格课程的大学也随之增加。

对于图书馆事业与研究而言，一大批热爱并有志于图书馆工作的非图书馆学专业学生的存在，意义深远。日本图书情报学知名学者细野公男、三浦逸雄等人认为，美国图书情报学研究的旺盛活力与其能有效吸

---

① 日本图书馆法和学校图书馆法规定两种图书馆员资格，获取的基本条件是大学或高等专科学校毕业、修满规定的图书馆学专业课程学分或履修图书馆员讲习课程，学校图书馆员资格要求履修者首先取得中小学教师资格。

收其他专业人员进入这一领域密切相关，日本在这方面尚缺乏得力的措施，目前，非专业学生进入图书馆学领域的主要通道仍是获取图书情报学硕士文凭，而以专业科目考试为主的现行研究生考试制度，实际上又封死了这一通道。LIPER 改革提案一方面肯定了图书情报学专业教育的研究生教育方向，另一方面也大大降低了研究生录取的专业门槛：核心领域课程的学习可能成为进入研究生阶段学习的专业要求。

4　教育脱离并落后于实践

LIPER 针对图书馆实践到底需要怎样的知识与技能展开调查、采访，并以此为依据评价现行的图书馆员资格课程，发现图书馆学课程教授内容与图书馆现实脱节，不足以支持多样化职业环境中的图书馆业务。报告指出，目前图书情报学课程体系的出发点是纸质媒体，有关电子媒体及相关领域和主题的内容不足，不能反映信息环境及信息专业职务领域发生的巨大变化。

LIPER 报告分析说，导致这种脱节与不足的一个重要原因是任课教师缺乏实践经验，与图书馆界的联系不足。对 149 所大学 257 名专任教员履历的调查显示，有图书馆工作经验者只有 50.7%，与 20 年前（1982 年）的 81.8% 相比，下降幅度超过 30%。另一个原因是任课教师知识结构陈旧，难以在现有教学内容中及时而充分地纳入有关电子媒体等信息技术方面的内容。

来自其他学科领域的专业人才进入图书情报学教育领域，他们通常既缺乏图书情报学教育背景，又缺乏图书馆实践经验，其教学内容与图书馆实践相脱节也是预料中的事。

5　课程总体"厚物薄人"

对现有课程设置的调查显示，课程总体的重心置于文献或信息的收集、组织、利用上，对利用它们进行知识探索活动的主体——人及其信息行为的关注相对薄弱。有关用户信息素质教育、信息行为的课程和内容明显不足，缺乏基于信息获取、信息利用视点而设计的信息检索策略、信息检索行为、信息检索系统等方面的课程与内容，无论是在宏观还是在微观上，"用户中心"的理念都尚未贯彻到图书情报学教育当中。

  传统图书情报学教育以作为制度的图书馆制度和作为职业的图书馆员职业为中心，今天，当信息技术深刻影响和改变着图书馆制度与图书馆员职业时，图书情报学教育有回归传统的趋势，只不过中心发生了变化，成了信息技术。其主要关心的不是用户，甚至不是信息，而是包含信息的媒体以及对其进行收集、描述、保存、流通的技术，用John Perry Barlow的话说，就是"只知装瓶，不问内容"，对"酒"（信息）不了解，对"饮酒者"（用户）也不了解。技术的推进可以不断提高从业者"装瓶"的效率和效益，但不会以同样的程度改善其对"酒及饮酒者"的认知水平；信息技术使图书馆员信息服务的效率和效益得到大大改观，但他们对信息以及信息用户的认知水平未必得到相应的改观，而对信息内容与信息用户的必要认识是提供高质量或真正意义的信息服务的前提，即使用户能够基于所提供的信息服务，与信息系统在认知层面而非物理层面上发生交互作用。[6]作为专业教育的图书情报学教育，只要有新技术渗入图书馆职业实践，它就应该将其纳入专业教育中，否则便会与其传统支撑实体的需要疏远、脱节；但与此同时，也绝不可忽视关于服务对象（人）和服务内容（信息）的知识，否则将与信息系统、信息服务的终极目的相疏远、相脱节，本末倒置。当图书情报学的课程构成、教师学科构成越来越复合化时，以"用户（包括个人、集团、社会）中心"作为支配理念，形成图书情报学独自的学科核心，意义重大。美国一些大学的图书情报学课程具有"用户中心"的传统，"利用者中心主义"渗透于图书馆学研究与教育之中，即使是编目、数据管理这些与利用者没有直接关系的科目，也逐渐引入"用户中心"的理念。图书馆学课程将重心放在利用者身上，可能使它与其余信息相关学科和领域从根本上分别开来。

6 结束语

在 LIPER 揭示出来的现象或问题中,有些具有普遍意义,有些为日本所特有,但共同而显著的特征是变化、变革。图书情报学教育面向的职业领域处于当今世界变化最剧烈的信息技术的应用前沿,技术进步及技术革命无疑会继续对其产生巨大影响和冲击,变化与变革将是永恒的主题。如何更有效地统合人、信息、技术三个核心要素于持续变化、变革之中,为本学科找寻立定稳且准确的根基,事关图书情报学专业教育的生存。我们相信,这样的根基是存在的。KALIPER 项目负责人、密歇根大学教授 Joan C. Durrance 在题为"危中生机:美国图书情报学教育的塑造"的讲演中,引用 Christine Borgman 的一段话作为结语,这里亦转引之,以结束本文:

> 信息获取是一个极其重要的问题,以至于不能将其完全托付于政府官员、企业政策负责人、图书馆员、档案馆员、计算机专家或法律专家中的任一伙人。这是一个地不分东西南北、人不论男女老幼,各行各业、各色人等都需要面对的问题。

参考文献

[1] 上田修一. LIPER 報告書:序文[EB/OL]. [2006 - 05 - 11]. http://wwwsoc. nii. ac. jp/jslis/liper/report06/jobun. doc.

[2] 邹薇. 信息管理人员所需知识的研究[D]. 广州:中山大学,2006.

[3] 邹永利. 图书馆员这一行[J]. 图书馆,2004(5):36 - 37,40.

[4] 日本図書館情報学会創立 50 周年記念シンポジウム記録:これからの図書館情報研究と教育[J]. 日本図書館情報学会誌,2003,12:172 - 194.

[5] 竹内比呂也,辻慶太等. 司書?司書教諭資格取得希望学生の意識についての調

查.2005年度日本図書館情報学会春季研究集会発表要綱,専修大学,2005 - 05 - 18:43 - 46.[2006 - 05 - 23]. http://wwwsoc.nii.ac.jp/jslis/liper/report06/ed2005 takeuchi.pdf.

[6]邹永利,细野公男.情报学研究的认知观点[J].情报学进展,2000(3):53 - 77.

(本文原刊于《大学图书馆学报》2007年第5期,页10 - 13)

作者简介

邹永利,研究领域:信息检索;主要教授课程:网络信息组织与传播等。

英国高校图书情报学研究生教育的办学特色[①]

肖永英　卢婷

英国的图书情报专业教育由来已久,最早发端于1885年英国图书馆协会组织的图书馆员教育考试,但直到1919年,英国才在伦敦大学设立了第一所正规的图书馆学院,并提供图书馆学专业的全日制课程。[1]我国图书馆界对英国图书情报专业教育的关注和探讨,较早见于文献的有1992年刘迅对英国图书情报学教育状况的考察。[2]21世纪以来,国内学者更多地关注英国图书情报学的研究生教育,代表学者有冷伏海等[3]和王知津等[4]。但是,从文献检索的结果来看,国内专门研讨英国图书情报学研究生教育的文章并不太多。考虑到国内外对图书情报专业研究生教育的日渐重视,我们有必要对国外图书情报专业的研究生教育进行更为深入的研究,以探索我国图书情报学研究生教育的发展方向。鉴于英国大使馆文化教育处是向中国介绍英国高等教育的较为权威的机构,本文以其编纂的《英国留学指南2010》[5]列出的21所排名靠前的英国图书情报院系为对象,通过对其网站进行搜索,剔除那些单纯以计算机技术为培养方向的院系,选出10所比较有代表性的图书情报院系进行重点分析,以了解英国图书情报学硕士教育的培养方向、课程设置和教学方式,供我国高校图书情报学研究生教育参考和借鉴。

---

① 本文系中山大学研究生教育教学改革项目"国内外图书馆学情报学研究生培养方案和学位论文比较研究"的研究成果之一。

1 院系及其所在高校名称的变化

20世纪90年代以来,英国图书情报专业教育经历了多次改革和重组,而其所在的专业教育机构也发生了相应的变化。本文所调查的英国10所高校图书情报院系情况见表1。

表1 英国10所高校图书情报院系一览

学校名称	院系中文名称	所在城市
拉夫堡大学	信息科学系	拉夫堡
谢菲尔德大学	信息学院	谢菲尔德
阿伯瑞特威斯大学	信息研究系	阿伯瑞特威斯
伦敦大学学院	信息研究系	伦敦
伦敦城市大学	信息学院	伦敦
罗伯特戈登大学	信息管理系	阿伯丁
曼彻斯特城市大学	信息和传播学系	曼彻斯特
诺桑比亚大学	计算机、工程与信息学院	纽卡斯尔
布莱顿大学	计算机、工程和数学学院	布莱顿
西英格兰大学	计算机科学与科技创新系	布里斯托尔

(1)开设图书情报专业教育课程的学校名称的变化。英国的很多大学历史悠久,但也有一些大学是在20世纪90年代由技术院校或理工学院发展而来的。在我们所调查的学校中,拉夫堡大学的前身是成立于1909年的拉夫堡技术学院,之后又与拉夫堡教育学院和拉夫堡艺术和设计学院合并,1996年更名为拉夫堡大学;[6]曼彻斯特城市大学原为1970年成立的曼彻斯特理工学院,1992年升格为曼彻斯特城市大学;[7]布莱顿大学尽管历史渊源可追溯至19世纪中期,但其前身是1970年由布莱顿艺术学校和布莱顿技术学院合并而成的布莱顿理工学院,1992

年升格为布莱顿大学。[8]这些学校改革重组后很快发展为综合性大学,其拥有的雄厚教学资源和先进教学理念,为图书情报学教育的改革和发展提供了良好的机遇。

（2）图书情报专业教育所在院系名称的变化。英国国内政治与市场的发展影响了图书情报院系名称的变化,图书情报院系通过更名以吸引更多的学生,并借此提高其在所属高校的地位。[9]图书情报院系名称的变化主要有两种情况:①保留原来的实体地位,仅改变其名称。这些院系在名称上通常是使用"信息学"来代替原来的"图书情报学"。例如,拉夫堡大学就将原来的"信息与图书馆研究系"更名为现在的"信息科学系";[9]谢菲尔德大学也将"信息研究系"更名为现在的"信息学院"。[10]图书情报院系名称的变化反映了图书情报专业教育重点的转移,而将图书情报学归入信息科学领域,则是英国高校对图书情报机构社会信息服务功能和地位的肯定。②与其他院系合并重组。主要是与经济学院、传播学院、计算机学院、管理学院、商学院等院系合并,合并后成为所在学院的一个学科分支,失去图书情报学独立院系的地位。从表1可看出,布莱顿大学的图书情报专业教育设在计算机、工程和数学学院,诺桑比亚大学的图书情报专业教育设在计算机、工程和信息学院,而西英格兰大学的图书情报专业教育则设在计算机科学与科技创新系。通过合并或重组,图书情报专业教育获得了更好的教学资源和学术环境,这有利于图书情报院系在竞争中生存与发展;但与此同时,它们也失去了主导地位,并且容易在大环境中改变自身的学科性质。

2 硕士培养方向的设置及其特点

2.1 硕士培养方向的设置

英国图书情报院系的硕士培养方向类型众多,其开设的专业在数量和名称上更是不尽相同。在我们所调查的英国图书情报院系中，图书情报学硕士阶段的培养方向主要有如下几个方面：

（1）图书馆研究方向。包括图书馆学、信息与图书馆管理、电子与数字图书馆管理等，这些培养方向通常授予 MA/MSc 学位。10 所大学中，除了布莱顿大学，其他 9 所大学的图书情报院系都开设了图书馆研究的培养方向。正如伦敦城市大学信息学院所指出的，这些培养方向旨在使学生掌握图书馆与信息服务工作的基本原理，培养学生信息组织与检索的熟练技能、认识图书馆与信息服务的运作管理、了解和评价信息技术在图书馆与信息服务领域的应用，并培养学生独立从事科学研究和评价的能力。[11]

（2）信息管理研究方向。主要有信息管理、信息系统、信息管理系统、信息管理与商务技术、信息管理与安全、商务信息系统管理等，学生可获 MSc 学位。其中，7 所大学开设了信息管理相关专业。例如，拉夫堡大学的信息管理与商务技术专业旨在培养学生在商务管理、信息技术和情报学领域的理论与实践知识，其内容涉及在企业运作过程中的最新技术、信息系统、商务实践和管理方式，从而使学生在快节奏的社会中取得就业方面的竞争优势。[12]

（3）信息研究方向。主要有情报学、信息素养、健康信息学、化学信息学等，学生可获 MA/MSc 学位。信息研究方向涵盖许多方面的主题，尤其是特定领域的信息服务。这些专业旨在使学生系统地学习情报学的基本原理及其在专门信息服务领域的应用。经过课程的学习，学生可以深入了解数字环境下信息服务的多样性，并学会利用现代工具对信息进行组织、管理和检索。[13]

（4）其他培养方向。主要集中在电子出版、数字人文科学等新兴领域，学生可获 MA/MSc 学位。这些培养方向多数是图书情报领域的交叉学科，开设这类交叉学科课程的学院有日益增多的趋势。较为典型的是伦敦大学学院，在该校开设的 8 个图书情报学硕士培养方向中，就有电子通讯与出版、数字人文科学专业，学生在校期间主要学习数字技术在出版、艺术、人文、文化遗产领域的应用，以便毕业后从事相关工作。[14]

2.2 硕士培养方向设置的特点

从图书情报学硕士培养方向的设置情况，我们可以看出英国高校图书情报硕士教育有以下几个特点：

（1）图书情报学硕士培养方向的数量在一定程度上反映了所在高校教育的历史传统和科研实力。英国大学图书情报学的专业设置主要由学校来管理，灵活度比较大。例如，谢菲尔德大学开设了9个图书情报学硕士专业，阿伯瑞特威斯大学和伦敦大学学院则开设了8个图书情报学硕士专业。这些学校都是英国图书情报专业教育排名靠前的大学，拥有优质的教学资源和较高的科研水平。

（2）跨学科、跨学院设置硕士培养方向蔚然成风。除了图书馆学、信息管理、信息系统管理等传统的图书情报专业，英国的图书情报院系还设置了相当数量的图书情报学与其他学科交叉的专业，如谢菲尔德大学的健康信息学和化学信息学、拉夫堡大学的商务信息管理等。此外，图书情报院系还与其他院系联合办学开设图书情报学相关专业的课程。例如，伦敦城市大学的信息学院与文化政策管理系合作，共同开设了文化行业的信息管理专业，又与新闻系合作开设了电子出版专业。[15]

（3）图书情报院系根据时代发展和社会需求来调整培养方向和课程设置。很多院系在课程名称上都进行了调整，不再孤立地开设图书馆学或情报学专业，而是将两者更好地融合起来。面对社会发展的新形势，英国图书情报院系还会根据自身的实际情况对硕士培养方向进行适当的调整。例如，谢菲尔德大学的电子与数字图书馆管理专业，伦敦大学学院的电子通讯与出版，拉夫堡大学的信息管理和商务技术、信息与知识管理，都是适应社会需求而新近增设的硕士培养方向。与此同时，也有一些培养方向出于某种原因而被取消，如伦敦城市大学信息学院就从2010年开始停办了地理信息学和地理信息管理两个专业。[15]

3 课程体系的设置及其特点

英国的图书情报院系大多采用"核心模块+选修模块"的课程设置方式,但也有一些院系只设置核心模块的课程。所调查的英国图书情报院系都在自己的网站上明确列出了其核心模块的课程。每个院系开设的课程类型和名称有所不同,笔者对这些院系的课程名称进行了大致分类(见表2)。通过分析这些院校的核心课程设置情况,我们可以看出英国图书情报专业硕士教育有以下几个特点。

3.1 传统课程与新兴课程并存

随着网络化和信息化的深入,英国图书情报院系根据社会需求和学校自身资源的情况,在保留和更新传统核心课程的基础上,适当增设了一些反映学科发展的新兴课程。传统课程与新兴课程并存是目前图书情报学课程设置的突出特点。例如,拉夫堡大学的信息知识管理(IKM)专业开设的核心课程中,除了有传统的数据库结构与设计、信息检索等课程之外,还有知识管理原理、信息构建、商务智能与分析等新兴课程。[16]谢菲尔德大学的电子与数字图书馆管理专业则开设了电子与数字图书馆的管理和策略、数字多媒体图书馆、可用性网站的设计、信息搜索、信息搜索:搜索引擎与数字图书馆等课程。[17]此类课程的开设,在一定程度上反映了图书馆从传统馆藏管理向数字图书馆和网络信息资源管理方向的转变。

表 2 英国图书情报学硕士核心课程的设置情况

核心课程	实际课程名称
信息组织与检索（10）	信息检索，信息组织与检索，信息搜索：搜索引擎与数字图书馆，知识管理与信息检索，信息资源与组织，信息源与检索，信息获取与检索，知识组织，编目与分类，馆藏管理与保存，信息资源与信息素养，信息构建，信息与知识管理
管理理论（9）	管理导论，管理研究，信息环境下的管理，战略信息管理、知识管理原理，领导和变革管理，人力资源管理，运营与供应链管理，项目管理与领导
研究方法（9）	研究方法，研究管理，研究方法与论文准备，专业问题，研究、评价和沟通技巧，研究、方法与专业问题，专业研究与评价方法
信息服务与用户（9）	信息与图书馆服务管理、信息系统与信息服务、以用户为中心的信息服务、图书馆与信息服务、信息服务管理、图书馆与信息服务的规划与发展、特殊媒体或特定用户的信息服务、信息服务的管理与营销
信息政策与法律（8）	数据、法律与伦理，公共政策与信息，职业意识，信息管理与政策，图书馆、信息与社会，信息法律、政策与社会，文件管理与信息法
信息与网络技术（7）	计算机基本技能、计算机与信息技术原理、信息技术、信息与通信技术、因特网技术、万维网设计与分析、可用性网站的设计、编程与脚本处理导论、数字存贮库与文本挖掘、数字信息技术与结构、合作工作的技术支持、信息和社会网络分析、信息管理与语义技术、信息行业的超媒体、数字多媒体图书馆
信息系统（7）	系统管理、信息系统管理、信息系统与信息社会、组织中的信息系统、信息系统模型、数据库设计、数据库系统分析与设计、数据库结构与设计
其他（7）	文件管理、信息与文件管理、健康信息与知识管理、电子通讯与出版、电子出版、数字人文科学、信息社会的图书馆与出版业、商务智能与分析

注：①表中核心课程类别下面所标数字为开设该类课程的图书情报院系的数目。因培养方向不同，各院系实际使用的课程名称会有所不同。

3.2 模块化课程灵活且连贯

英国大学课程设置的最大特点就是课程设置模块化,每个模块可以用于独立教学。模块化教学是依据一定的标准划定几个教学单元,每一个单元由不同的小专题和课题组成,一个单元就是一个模块。[3]这些大学注重模块内单元间、模块与模块之间的相关性、逻辑性、连贯性和系统性。英国图书情报院系基本上是采用"核心模块+选修模块"的教学方式,它可以使学生根据自己的兴趣与需求选择不同的课程模块组合。核心课程与选修课程间有很强的联系,选修课程通常是核心课程的深化与拓展。通常,核心模块相对稳定,选修模块可根据社会需求做相应修改。表3为英国城市大学情报学专业的教学模块与课程设置。

表3 英国城市大学情报学专业的课程设置

核心模块	选修模块（任选其一）
数字信息技术与架构	数据可视化
信息专门领域	独立研究
信息管理与政策	信息法律与政策
信息资源与组织	信息社会的图书馆与出版业
信息检索	开放源系统
图书情报学基础	网络应用开发
研究、评价和沟通技巧	

3.3 理论知识与实践技能并重

除了开设信息组织、信息存储、信息检索、馆藏建设、信息服务等基础课程之外,英国图书情报院系基本上都开设了有关研究方法的课程,以培养学生思维的逻辑性和严谨性,加强学生对理论知识的实际运用能力。此类课程的教学内容主要有:研究的具体过程、研究进程的规划、文献资料的利用、定量和定性的研究方法、数据分析统计应用、定性数据分析法、数据的呈现、研究报告的写作以及学术伦理问题。课程旨在使学生对研究过程有清楚的认识,并为学位论文的写作打下良好基础。[18]

随着信息技术和网络技术对人们社会生活的不断深入,信息机构对信息专业人员的技术知识要求越来越高。英国大学的图书情报学教育比较重视信息技术的应用,有关信息技术的教学贯穿整个课程体系,以培养学生对最新信息技术的掌握能力。英国图书情报院系的此类课程主要侧重对信息管理、信息系统管理、信息服务中的新信息技术和网络技术的应用研究。从表2可看出,尽管各院系开设的课程名称有所不同,但多数开设了有关信息与网络技术和信息系统之类的课程。

3.4 广度与深度统一

广度与深度一直是困扰图书情报学教育的问题,英国图书情报学教育历来重视专业化人才的培养。随着学科综合化和整体化趋势的发展,学科间的界限越来越模糊,学科间的有机联系不断加强。图书情报学教育开设其他相关学科的课程,旨在培养既掌握图书情报学领域基础知识与技能,又有宽广知识面的综合型人才。当前英国图书情报院系的课程设置在一定程度上解决了广度与深度的问题。首先,图书情报管理更多地融入了管理学的知识。管理学的理论和知识在图书馆管理中占有重要的地位,图书馆管理工作中更多地运用和融入了管理学的思想,采用有效的策略对图书馆的员工、馆藏、信息资源和技术进行有效的管理。其次,图书情报学与交叉学科的渗透较为明显。从表2可知,英国图书情报院系较为注重图书情报学与其他学科的联系,开设的交叉学科课程主要有健康信息与知识管理、电子通讯与出版、信息社会的图书馆与出版业、商务智能与分析等。

3.5 社会信息服务功能深化

英国的图书情报院系更加注重有关专门化信息服务的教学，这主要体现在各类课程对信息服务的对象及范围的广泛关注，并涉及不同的群体和不同的领域。首先，信息服务方面的课程大多将重点放在儿童和青少年群体上。例如，拉夫堡大学的信息与图书馆管理专业开设了信息需求与利用、信息服务管理和营销、信息服务与图书馆、性别与信息、儿童与图书等服务性较强的课程[19]，而谢菲尔德大学的多个硕士专业都开设了图书馆如何向儿童和青少年提供信息服务的相关课程[20]。其次，信息服务方面的课程还涉及企业、政府和学校等不同领域。西英格兰大学尤其注重信息服务的教学，所开设的信息与图书馆管理专业既包括信息服务的基础理论，又涉及不同社会群体、不同信息机构和不同主题的信息服务。其核心课程注重图书馆与其他信息机构信息服务理论知识的学习，而选修课程主要侧重于公共图书馆的青少年服务、高校图书馆管理、企业信息服务、法律信息服务、健康与社会福利信息服务等。[21]与此同时，由于信息服务过程中的伦理道德问题受到人们的日益关注，信息政策、信息法律与信息伦理也成为图书情报学研究的热点问题。从表2我们还可看出，英国的很多院系都开设了信息政策与信息法律的相关课程，以适应图书馆与信息管理实践领域的需求。

4 教学方式的特点

4.1 弹性的学制

在我们所调查的英国图书情报院系中，大部分院系开设的硕士课程均有全日制和在职学习两种形式。这种灵活的教育形式可以使没有足够时间接受全日制教育的人也有接受教育的机会。全日制研究生的学制是

1 年，在职研究生通常会比全日制学生要多 1～2 年的学习时间。全日制的课程紧凑严谨，通常分上、下两个学期及论文写作三个阶段。紧凑的全日制教育不仅节省了学生的时间和金钱，也使学生的专业技能在较短时间内得到提高。对于在职学生来说，由于时间分配不同，学校允许其灵活选择课程学习的时间，并做适当延迟。学制的弹性较大，但通常不超过学校规定的培养年限。英国图书情报院系的弹性学制，吸引了更多的学生选择接受图书情报学的在职教育。

4.2 多样化的教学方法

第一，英国图书情报院系在教学过程中普遍运用了多种媒介进行教学，计算机技术的应用日益普及。信息管理的相关课程多数采用运行软件的典型范例开展教学，以方便学生了解软件的基本原理，增强学生的实际操作能力。此外，虚拟学习环境和电子讨论板的日益普及也对教学效果的提高起到了促进作用。在学校提供的虚拟学习环境中，学生可以获取相关资料或访问相关网站，诸如课堂笔记、阅读书目、讨论记录之类的资料均可在虚拟学习环境中获取。[22]

第二，对课程内容采用多样化的教学方法。课堂讲授是高等教育的主要教学方式，但随着学生人数的增多，传统的课堂讲授效果受到质疑，课堂教学更多地引进了互动的教学方法。英国图书情报学硕士教育的交互式教学一般有讲座、小组学习、课堂讨论、作业展示、案例研究等多种形式。作业展示重在培养学生的沟通、表达能力，而案例分析则要求学生针对当前的热点问题或争议较大的主题进行思考和讨论。在互动式教学中，学生不仅可以学习专业知识，还可以增强思辨和表达、沟通能力，进而形成独立思考和批判性思维的能力。[23]

4.3 重视专业实习和学位论文的考核

英国图书情报院系的教学过程包括课堂讲授、教学实习和学位论文写作等多个环节。它们注重学生实践技能的培养，要求学生到相关的信息机构或图书馆岗位进行专业实习。教学实习环节一般与学分课程分开,但也有几个院系把教学实习纳入学分教学环节。如罗伯特戈登大学就将专业实习作为核心课程,占60个学分,内容包括技能评估、职业目标的设定、简历撰写、实习报告写作、个人发展规划和专业岗位的实习。全日制的学生需要到信息机构或图书馆相关岗位进行为期4个星期的实习,而远程教育形式的学生则可在征得任课老师的许可后,根据自己所从事的实际工作经验完成课程布置的作业,并取得相应学分。[24] 英国高校对图书情报学硕士学位的学分要求较高,通常要达到180个学分,其中,学位论文占的比重最高,可达60学分。一般来说,研究生证书或文凭阶段的课程设置与硕士学位课程相同,学生只需修满规定的学分就可以拿到研究生证书或文凭,但修硕士学位课程的学生在毕业时需完成一篇专业学位论文,以培养其独立从事学术研究的能力。

4.4 灵活的远程教育方式

英国作为世界上最早开展远程教育的国家之一,近年来,随着网络技术的成熟与普及,其图书情报学研究生远程教育也得到了迅速发展。远程教育面向更为广泛的学生群体,不同国家、不同区域、不同职业和不同年龄的人都有接受教育的机会,这使得终身学习成为可能。同时,远程教学手段灵活,学生可以在家中用电子邮件与教师交流、探讨学术问题,通过电子讨论板与小组成员交流、讨论来完成团队作业,经过注册的学生还可以使用在线的教师讲义、学校的图书馆资源以及其他电子资料进行自主学习。不少图书情报院系逐渐采用远程教育进行图书情报学研究生教育。在我们所调查的图书情报院系中,最为成功的应属阿伯瑞特威斯大学的信息研究系。该系有20多年的远程教育经验,近年来提供了信息管理、图书情报管理、图书馆管理和信息服务、档案管理等多个专业的研究生远程教育课程。在远程学习的过程中,学生可以灵活掌握自己的工作时间和生活节奏,同时兼顾学业和家庭。远程教育采用多种教学方式，除集中授课之外，学生可以通过定制的 Moodle① 在线学习环境，获取最新的自学模块包和在线教学资源。这些在线资料除了有系统的专业知识和重要的参考文献之外，每一单元还会列出学习目的、总结和反馈，以方便学生记录和核对自己的学习进度。[25]

5 结语

英国的图书情报院系在硕士培养方向、课程设置和教学方式上各有侧重，并形成了自己的特色。社会需求是英国图书情报学教育改革和发展的驱动力。英国图书情报学研究生教育的培养方向和课程设置根据社会的就业需求而定，更新速度快，从而使学校传授的专业知识较好地与社会实践相结合。模块化的教育模式使英国图书情报院系不仅实现了基础理论知识与技术应用的有机衔接，也实现了图书情报学与经济、管理、技术等其他课程的有效整合。总之，英国图书情报学教育的经验值得我国图书情报学专业教育借鉴和参考。以社会需求来改革图书情报学研究生教育，并形成自己的办学特色，应当成为我国高校图书情报学研究生教育发展的方向。

参考文献

[1] THOMAS C. Library education in the United Kingdom: Past history, current trends, future possibilities and implications for library education in the United States. Chaper Hill: University of North Carolina[EB/OL]. [2011-01-10]. http://www.ils.unc.due/MSpapers/backup_pdf/Library%20Education%20in%20the%20United%20kingdom.pad.

---

① Moodle 是面向对象的模块化动态学习环境，是由澳大利亚教师 Martin Dougiamas 基于建构主义教育理论而开发的免费的、开源的课程管理系统（CMS）。它具有内容管理、学习管理和课程管理三大功能，包含论坛、测验、资源、投票、问卷、作业、聊天和博客等模块，并具有大量功能丰富的第三方插件，是目前全球范围内应用最广泛的在线教学平台之一。

[2] 刘迅.英国图书馆学情报学教育状况考察[J].大学图书馆学报,1992(2):33-39.

[3] 冷伏海,安新颖.英国图书馆学情报学研究生教育及其对我国的借鉴意义[J].中国图书馆学报,2003(3):70-72.

[4] 王知津,谢瑶,严贝妮,等.美英图书情报学硕士培养目标、模式及课程设置实例研究[J].图书馆建设,2009(2):76-81.

[5] 英国驻华大使馆文化教育处.英国留学指南2010[M].北京:群言出版社,2009.

[6] Loughborough University. About the university: History and structure [EB/OL]. [2010-01-10]. http://www.lboro.ac.uk/about/history.

[7] Manchester Metropolitan University. About Manchester Metropolitan University: History [EB/OL]. [2010-01-10]. http://www.mmu.ac.uk/about/history.

[8] University of Brighton. About us: Facts and figure [EB/OL]. [2011-01-10]. http://www.brighton.ac.uk/aboutus/facts/history/in-dex.php?PageId=720.

[9] WEBBER S. Information science in 2003: A critique[J]. Journal of Information Science,2003,29(4):311-330.

[10] University of Sheffield. Information school: About us[EB/OL]. [2010-01-10]. http://www.sheffield.ac.uk/is/about.

[11] City University London. School of informatics: Postgraduate courses: MA/Msc library science[EB/OL]. [2010-01-10]. http://www.soi.city.ac.uk/pgcourses/lis/index.html.

[12] Loughborough University. Information science and business technology, Msc [EB/OL]. [2010-01-10]. http://www.lboro.ac.uk/departments/dis/studying/pg-imbtph.html.

[13] City University London. School of informatics: MSc in information science[EB/OL]. [2010-01-11]. http://www.soi.city.ac.uk/pgcourses/is/index.html.

[14] University College London. Postgraduate teaching at UCL department of information studies(DIS)[EB/OL]. [2010-01-10]. http://www.ucl.ac.uk/infostudies/teaching/postgraduate/.

[15] City University London. Department of information science: Courses [EB/OL]. [2011-01-12]. http://www.soi.city.ac.uk/organisation/is/course.html.

[16] Loughborough University. Information and knowledge management[EB/OL]. [2011-01-12]. http://www.lboro.ac.uk/departments/dis/studying/pg-ikmph.html.

[17] University of Sheffield. MSc in electronic and digital library management[EB/OL].

[2011 - 01 - 10]. http://www.shef.ac.uk/is/prospectivepg/courses/edlm.

[18] Loughborough University. CIS portal-module specification WP5105: 10ISB010 research methods [EB/OL]. [2011 - 01 - 10]. http://luis.lboro.ac.uk/epublic/WP5015.module_spec? select_mod = 10ISB010.

[19] Loughborough University. Postgraduate programme in information and library management [EB/OL]. [2011 - 01 - 12]. http://www.lboro.ac.uk/departments/dis/studying/pg-ilmph.html.

[20] University of Sheffield. Information school: Prospective postgraduates [EB/OL]. [2011 - 01 - 12]. http://www.shef.ac.uk/content/1/c6/08/48/23/MA%20Librarianship%20Interior.pdf.

[21] University of the West England. Msc information and library management (full-time) [EB/OL]. [2011 - 01 - 12]. http://www.cems.uwe.ac.uk/exist/studentprogrammestructure.xql? code = GP5112&pathway = Full-time.

[22] 安·莫里斯,肖永英译,岳凯军译,等.英国图书情报院系研究方法的教学[J].大学图书馆学报,2006,24(6):70 - 76.

[23] ODHIAMBO F, STEPHENS D, GOULDING A. Teaching and assessment methods in UK information science: A ten year review of professional and scholarly journal content and predictions for 2011[J]. Education for Information,2002,20(3):183 - 198.

[24] Robert Gordon University. RGU module: Professional fieldwork placement(BSM152) [EB/OL]. [2011 - 01 - 12]. http://www4.rgu.ac.uk/prospectus/modules/disp_moduleView.cfm? Descriptor = BSM152.

[25] Aberystwyth University. Courses by distant learning. The department of information studies [EB/OL]. [2011 - 01 - 12]. http://www.aber.ac.uk/en/media/Distance-Learning-Brochure.pdf.

(本文原刊于《大学图书馆学报》2011年第5期,页15 - 21)

作者简介

肖永英,主要研究方向:参考咨询研究、信息用户与服务、知识产权;教授课程:参考咨询与信息服务、信息服务营销、专业英语。

卢婷,研究领域:教育理论与教育管理、心理学、图书情报与数字图书馆。

中美 LIS 学院课程设置比较研究

韦景竹　何燕华　刘颉颃

信息环境的变化使图书情报学（library and information science, LIS）教育面临不断发展与完善的机遇与挑战。优化课程设置、完善课程体系对提高图书情报学教育水平具有重大意义。本文采用调查法与比较法，选取美国图书情报专业排名前 10 的大学以及中国 10 所重点高校，以网站调查为主，结合文献调查分析法，比较、总结中美两国图书情报学课程设置的异同，以期为我国图书情报学教育发展提供借鉴。

1　美国图书情报专业课程设置

根据 2010 年《美国新闻与世界报道》（*U. S. News & World Report*）的排名[1]，美国图书情报专业排名前 10 的学校依次是伊利诺伊大学厄巴纳－香槟分校（全书以下统一简称为"伊利诺伊大学香槟分校"——编者注）、北卡罗来纳大学教堂山分校、雪城大学、华盛顿大学西雅图分校、密歇根大学安娜堡分校、新泽西州立罗格斯大学新伯朗士威校区（以下简称为"新泽西州立罗格斯大学"）、印第安纳大学伯明顿分校、德克萨斯大学奥斯汀分校、德雷塞尔大学、西蒙斯学院。

1.1　核心课程

美国排名前 10 的信息学院核心课程设置的情况见表 1。

表1 美国排名前10的信息学院核心课程设置情况

学校名称	核心课程名称
伊利诺伊大学香槟分校	信息组织与获取，图书馆、信息与社会，参考咨询与信息服务，图书馆及信息机构的管理，编目与分类Ⅰ，网络系统导论，图书情报科学信息处理基础
北卡罗来纳大学教堂山分校	文献组织、信息资源与服务、资源选择与评价、人类信息交互、研究方法、信息职业的管理、学位论文、信息工具
雪城大学	信息和信息环境，图书馆和信息职业概论，参考咨询与信息素质服务，图书馆规划、营销与评估，信息资源：组织和存取，管理理论与信息职业，通信与信息政策纵览
华盛顿大学西雅图分校	生命周期理论，信息行为，信息资源、服务和馆藏，信息与资源的组织，社会环境下的信息，信息职业指导与培训策略，研究方法，信息机构的管理，4个学分的技术课程（信息检索、XML、数据库设计、网络系统管理）
密歇根大学安娜堡分校	社会系统中的信息：收集、流动与处理，语境咨询与项目管理，网络化计算机运作：信息存储、交流及处理
新泽西州立罗格斯大学	用户信息行为，信息组织、检索原理，图书馆与信息代理的信息技术，图书馆与信息中心管理，信息专业知识架构
印第安纳大学伯明顿分校	参考咨询、馆藏发展与管理、信息资源展示与管理、编目、图书馆管理、大学图书馆管理、公共图书馆管理、学校媒体、研究导论、信息系统评估、资源与服务评估
印第安纳大学伯明顿分校	情报学导论、信息架构、数据库设计、人机交互、组织情报学、编程需求、系统分析和设计、基于电脑的信息工具
德克萨斯大学奥斯汀分校	情报学导论、用户服务与分析、信息组织与获取、信息服务与信息组织中的管理、情报学研究导论
德雷塞尔大学	信息职业的社会内容、信息用户与服务、信息获取与信息资源、档案学基础、信息系统基础与展望、数字图书馆、管理信息组织、组织中的知识财产管理、数字图书馆技术、信息架构、图书馆自动化、馆藏管理、信息专家角色教育
西蒙斯学院	信息服务评价、管理学原理、参考咨询/信息服务、信息组织、信息专业技术

上述 10 所大学的专业核心课程设置都较重视管理、信息组织、信息服务、职业与技术等方面。10 所大学都开设了管理类相关课程（含信息机构管理与资源管理），其中，8 所大学开设了信息组织课程，8 所大学开设了信息服务方面的课程（含参考咨询、用户服务等），4 所大学开设了信息职业相关的课程。此外，10 所大学中除德克萨斯大学奥斯汀分校外，都开设了信息技术方面的核心课程，既包括基础技术类课程，如信息架构、信息工具、信息系统基础等，也有与图书馆紧密相关的技术类课程，如数字图书馆、图书馆与信息技术、信息处理基础，还有网络信息技术方面的课程，以顺应图书馆与信息行业的发展对网络技术的要求。

1.2 选修课程

美国排名前 10 的信息学院选修课程设置的情况见表 2。

表 2 美国排名前 10 的信息学院选修课程设置情况

学校	课程方向的设置	课程示例（仅列举部分）
伊利诺伊大学香槟分校	信息组织与知识表达	信息资源表示及组织、网络结构与信息构建、知识表达及形式本体论等
	信息资源、信息利用及信息用户	信息利用及信息用户、健康信息资源与服务、政府信息等
	信息系统	系统分析与管理、信息存储与检索、搜索引擎与信息检索系统等
	历史、经济、政策	图书史、全球化通讯及信息政治经济学、信息政策等
	管理与评价	特殊馆藏管理、人力资源管理、信息服务营销、评价项目与服务等
	青少年文学及服务	青少年文学与资源、讲故事、面向青少年的智识自由与图书馆服务等

续表 2

学校	课程方向的设置	课程示例（仅列举部分）
北卡罗来纳大学教堂山分校	高校图书馆	特定用户的信息服务、教学与艺术人生研讨会、人文社会科学信息等
	公共图书馆的青少年服务	讲故事、青年用户服务的管理、公共图书馆研讨会、儿童文学表演等
	信息与文献组织	信息检索，数据库Ⅱ：中级数据库，元数据构建与应用，文档挖掘等
	参考咨询	企业信息、健康科学信息、音乐图书馆、用户视角的信息系统与服务等
	学校媒体	学校图书馆媒体中心、信息伦理、课程问题与学校馆员等
	专门图书馆与知识管理	专门图书馆与知识管理、企业信息、法律图书馆与法律信息等
雪城大学	服务与资源	法律信息资源与服务、生物医学信息、讲故事、信息职业战略与技能指引
	组织、检索与获取	基于网络服务的信息构建、数据挖掘、知识管理、编目、分类与主题描述理论
	信息系统设计、实施与管理	信息系统分析、网络环境下的信息安全、电子商务、通信与网络管理技术

续表2

学校	课程方向的设置	课程示例（仅列举部分）
华盛顿大学西雅图分校	信息组织	编目与分类、信息与资源组织专题研讨、索引与文摘等
	信息系统	信息系统设计，信息检索系统，信息系统、结构与检索等
	资源和服务	信息资源、服务与收集专题研讨，企业信息资源，健康科学信息需求等
	儿童、青少年、成年	讲故事、少年文献的评价与利用、公共图书馆的青年用户服务等
	学校图书馆、资源与服务	信息素质、图书馆的计划与营销、图书情报学专题研讨等
密歇根大学安娜堡分校	信息表达、组织和检索	信息检索之人机交互、数据库应用设计、网页存档、信息检索、信息资源组织
	文献知识：内容和收集	儿童与青少年媒体、图书与印刷品历史、信息素质、数字化与保存等
	信息需求、利用和环境	信息查找行为、非盈利图书馆与信息服务的管理、职业实习、社区信息利用等
新泽西州立罗格斯大学	人机交互	界面设计、信息媒体与课程、儿童与青少年服务、用户教育等
	信息组织	元数据等
	信息获取	馆藏发展与管理、手稿与档案、政府信息资源、竞争情报、儿童读物等

续表2

学校	课程方向的设置	课程示例（仅列举部分）
新泽西州立罗格斯大学	信息系统	信息可视化与展示、多媒体产品、数据库设计与管理、管理信息系统等
	管理学	图书馆与信息组织的财务管理、教育媒体中心管理、媒体中心管理等
	信息与社会	儿童文学的历史、成人阅读兴趣、图书文档印本记录及电子环境历史等
印第安纳大学伯明顿分校	图书馆学	图书馆服务与信息服务实习、图书信息学专题研究等
	情报学	网络技术与管理、定向研究、图书信息学研修班、图书信息学专题研究等
德克萨斯大学奥斯汀分校	信息管理	信息服务与组织的管理、信息项目评价、社会中的信息、信息营销等
	信息组织与信息系统	信息检索与评价、图书馆技术的规划与管理、知识管理系统、编目与元数据等
	资源和服务	馆藏管理，信息服务：理论、技术与主题，网络信息，信息素养等
	专业信息资源	儿童读物、电子资源与服务、儿童资料、青少年资料、法律信息资源等
	资源保藏与文献修复	文献修复和实习、可持续的数字化保存、电子记录长期保存的相关问题等
德雷塞尔大学	档案学与文献保护	档案学、档案评价、数字化保藏等
	信息系统	知识库系统、实用数据库技术、人机交互、信息检索系统等
	信息服务	公共图书馆服务、组织中的信息服务、数字参考咨询服务等

续表2

学校	课程方向的设置	课程示例（仅列举部分）
德雷塞尔大学	专业信息资源	健康信息、特藏、社会科学资源、商业资源、法律研究等
	信息组织	元数据与资源描述、编目与分类、内容表达等
西蒙斯学院	信息技术与系统	信息检索、数字图书馆、多媒体技术与信息管理、网页开发和信息架构等
	信息服务	用户教育、青少年图书馆服务、讲故事、数字信息服务、弱势群体服务等
	档案学	档案方法与服务导论、档案获取与利用、档案与手稿评估等
	专业信息资源与服务	儿童信息资源、商业信息源和服务、医学图书馆事业、儿童文学等
	信息与社会	社会信息学、信息政策相关问题、口述历史、信息自由和审查制度等

上述10所大学的选修课程涉及面广，课程较为细化。总的来说，10所大学选修课程都非常重视信息组织、资源、服务、管理、技术方面，所占的比例也相对较高。其中，8所大学开设了信息组织与检索相关选修课程；信息资源类相关课程，除印第安纳大学伯明顿分校外，其他9所大学都较为细化，细分为政府信息、企业信息、法律信息、医学信息、健康信息、人文社会科学信息等；而信息服务相关课程更以特定对象作划分，如特定用户的信息服务、讲故事、儿童文献、青少年服务等课程；管理学相关的课程主要包括图书馆管理（人力资源、财务管理等）、项目管理与评估、服务与组织的营销等方面。选修课中的技术类相关课程相对于核心课程而言，内容更具体深入，主要集中在数据库、网页设计、信息系统、人机交互、信息检索等方面。

1.3 专业社会实践课程

形式上,这些学校的专业社会实践课多以定点课程、实习等形式出现,且必须完成一定的学分,实习日志、实习报告及论文等是大多数实习课程所必需的。内容上,有的偏重于学校图书馆的工作实践,如西蒙斯学院的实习课程分为幼儿园到高中阶段的图书馆工作等;有的结合本学院自身特色,提供专业实习课程,如德克萨斯大学奥斯汀分校在文献保护、馆藏修复等方面提供实习项目;有的偏重于信息服务方面,如德雷塞尔大学的实习课程集中在组织中的信息服务、信息系统管理、竞争情报方面,密歇根大学安娜堡分校则提供循证医疗健康信息的实习。华盛顿大学西雅图分校的实践课程分为两部分:一是作为必修课的毕业前实习,要求在图书馆或相关信息机构实习 100～200 个小时;二是选修的指导性实习,提供图书馆、档案馆的实习,包含参考咨询、数据库开发、网页设计、青少年服务等工作,成为该校 iSchool 最受欢迎的课程之一。

1.4 技术课程

数字图书馆、信息检索系统、系统分析与管理、管理信息系统、人机交互、数据库等是技术类核心课程,而文本挖掘、信息可视化、知识管理、网络技术与分布式计算等课程的设置紧跟图书情报领域信息技术发展的最新动向。其中,雪城大学、印第安纳大学伯明顿分校开设的技术类课程体系完备、内容较为先进。技术类课程的设置往往针对不同的背景与需求,提供有层次的课程内容。如德雷塞尔大学为数字图书馆方向的学生提供高级数据库管理、数字图书馆技术等选修课程。

1.5 特色课程

除较为核心、普遍的课程外,一些学校在课程设置上体现了独有的特色。

（1）学科内特色课程。特色课程如非洲书目（伊利诺伊大学香槟分校）、东南亚书目（西蒙斯学院）、音乐书目（密歇根大学安娜堡分校）等，培养学生了解各种书目并掌握检索特定地域或专门领域信息资源的技巧；伊利诺伊大学香槟分校的词库建设课程要求学生学会自建词库，掌握词库建设的理论与实践；艺术与视觉信息管理（北卡罗来纳大学教堂山分校）、从查理大帝到古腾堡的中世纪手稿（西蒙斯学院）等课程重视特殊信息资源的管理；少数民族地区之信息查找行为（华盛顿大学西雅图分校）、弱势群体服务的问题与对策（西蒙斯学院）等课程关注特殊群体的信息服务问题；德克萨斯大学奥斯汀分校开设企业档案课以及专门讲授如何寻求信息研究资助的课程。

（2）跨学科课程。10所大学中的大部分学校开设了跨学科课程，如全球化通讯及信息政治经济学、信息经济学、美国通讯史、财政管理、图书情报学的法律问题（伊利诺伊大学香槟分校）、法律研究（华盛顿大学西雅图分校）、口述历史（西蒙斯学院）、图书馆建筑与空间设计（西蒙斯学院），体现了图书情报学与其他学科的交叉渗透。北卡罗来纳大学教堂山分校还推荐学生选修一门本校商学院或政务学院的课程。

（3）职业环境与指导课。一些大学着重培养学生的职业意识，开设了职业环境与指导方面的课程，如信息职业中的种族与性别、信息职业的社会公平（伊利诺伊大学香槟分校）、图书馆和信息职业概论（雪城大学）、信息职业指导与培训策略（华盛顿大学西雅图分校）、信息职业的社会内容（德雷塞尔大学）。

2 美国图书情报专业课程设置比较和特点

2.1 相同课程之比较

不同学校的课程设置各不相同,而对于同一门课程,不同学校的理解与安排也不尽相同。同一门课程在某个学校被设为核心课程,而在另一些学校可能为选修课,其选修的前提与课程内容也可能存在差异。例如,数字图书馆课在德雷塞尔大学为核心课程,而在雪城大学则为选修课。编目与分类课在伊利诺伊大学香槟分校为核心课程,而在华盛顿大学西雅图分校与德雷塞尔大学都为选修课;选修前提也不相同,前者要求已修信息与资源组织及信息生命周期理论课,后者要求已选修信息获取与信息资源且成绩至少达到 C。课程内容上,雪城大学的数字图书馆课程着重使学生掌握数字图书馆的信息表达、检索机制及数字图书馆的社会政治环境,而德雷塞尔大学则关注数字图书馆的历史发展与趋势、数字化保存与保护以及用户界面设计等内容。编目与分类课程在伊利诺伊大学香槟分校与华盛顿大学西雅图分校是介绍基本理论、标准和实践的课程,这两所大学还开设编目与分类Ⅱ或高级编目与分类,深入讲授更为复杂的编目与分类,着重介绍如何对各种类型资源进行编目与分类;而德雷塞尔大学的课程没有专门讲授这方面的内容。

2.2 特点总结

2.2.1 课程细分程度高

多数大学对信息资源的讲授细分为人文社科信息资源、法律信息资源、生物信息资源、健康信息资源、政府信息资源、商业信息资源等,如此细化的课程适应了信息相关职业对不同专业领域知识的需求,有利于培养更为专业、更具竞争力的人才。有人提出"图书馆员好像什么都知道一点,但对特定领域又知之甚少"[2],馆员仅具备单一专业背景难以满足用户多元化的需求,不利于提供优质服务,也可能使图书馆花费大量经费购买的各学科纸本资源及电子数据库闲置。

2.2.2 重视信息管理与信息技术课程

10所大学都开设了信息管理与信息技术课程,且皆列为核心课程,它们占课程总量的比例较高,如雪城大学开设的技术类课程占全部课程的1/3以上。综观这10所大学开设此类课程的情况,信息管理学是一门研究信息与人复杂而紧密关系的学科,相关院校希望通过技术类课程,使学生从人或组织的角度关注信息技术,如北卡罗来纳大学教堂山分校开设的用户界面设计、用户视角的信息系统与服务,雪城大学开设的自然语言处理,新泽西州立罗格斯大学开设的以用户为中心的信息服务与系统的设计等课程。这些课程还体现出对信息技术之于信息创造、传播、存取、管理等方面影响的关注。

2.2.3 注重用户相关的课程

10所大学均开设了用户相关课程,主要包括以下三个方面:①用户信息行为。如华盛顿大学西雅图分校开设的少数民族语言地区的信息查找行为课,新泽西州立罗格斯大学开设的用户信息行为课。②用户研究与分析。如德克萨斯大学奥斯汀分校开设的用户研究与用户服务和分析,德雷塞尔大学开设的信息用户与服务,北卡罗来纳大学教堂山分校开设的特定用户的信息服务等课程。③针对不同用户的信息资源与服务。10所大学都开设了此类课程,旨在将信息资源与服务按用户需求细分。

2.2.4 学院定位在一定程度上影响课程体系的构建

从调研结果来看,各信息学院的自我定位和对图书情报专业的理解直接影响到课程体系的建设。以下以伊利诺伊大学香槟分校与雪城大学为例进行说明。

伊利诺伊大学香槟分校信息学院的使命被定义为"引领科学、社会、文化、商业等领域信息认识与利用上的变革，改变人类日常生活"，目标是培养学生掌握专业基础、原理、观念、职业等方面的理论知识与实践技能，使学生学会预测社会与技术的变化并推动信息职业的变革，锻炼专业研究批判性思维以及掌握信息服务的发展与评价。[3]据此，该院设置了 6 个课程方向，其"预测社会与技术的变革"的培养目标引领了历史、经济、政策等课程方向的设置。此外，"管理与评价"方面课程的设置，也受到"掌握信息服务的发展与评价"培养目标的影响。

雪城大学信息学院的使命定位是"用信息扩展人类能力"，认为学院的竞争力在于提供计算机科学、管理、信息科学课程及相关项目的教学科研，并基于用户及用户信息需求整合信息及信息技术。[4]受此影响，该院目前共开设了 23 门技术类课程，占 64 门课程总数的 36%，形成了偏重技术并拥有技术优势的课程体系。

3　中美课程设置比较及结论

为掌握国内图书情报专业课程设置的整体情况，笔者选取了国内不同地区的"211 工程"学校共 10 所，包括武汉大学、北京大学、中山大学、南京大学、南开大学、浙江大学、四川大学、东北师范大学、华东师范大学、华南师范大学，对这些高校的图书馆学、情报学专业本科与硕士课程进行了调查。限于篇幅，本文省略了对这 10 所高校图书情报专业课程设置调研结果的整体性描述，而将部分调研结果分散使用在比较分析的过程中。

美国大学的图书馆学专业不开设本科层次教育，硕士教育大多整合了图书馆学与情报学专业，只有个别学校分别开设；在教学内容上，尝试突破以"图书馆"为对象的局限，突出以信息为中心的导向，关注图书情报学的内在本质联系，整合教学内容。[5]我国图书馆学与情报学专业为独立开设，且这两个专业都包含本科与硕士层次的教育。以下将从核心课程、选修课程、技术课程、实践课程、职业指导课等方面比较中美图书情报专业的课程设置。

3.1 核心课程

在美国10所大学图书情报专业的核心课程中,信息组织、信息服务、技术、管理与职业指导等方面的课程占了很大比重。我国相关院系在2003年的湖南湘潭会议上确定了7门图书馆学专业本科核心课程:图书馆学基础、信息组织、信息描述、信息资源共享、信息存储与检索、数字图书馆、目录学概论。[6]这7门课程也是本次调查的国内高校图书馆学本科核心课程中比较集中的课程。可以看出,中美在核心课程的设置方面有一定的重合。此外,我国图书馆学本科教育技术与职业方面的核心课程比例较小,硕士核心课程更多地侧重于研究性,注重培养专业研究型人才;而美国的相关课程教育则注重培养应用型人才。有研究人员指出,图书情报专业核心课程应由反映图书情报专业与职业本质特征的不同课程组成,而这些课程既包括理论知识,又涉及专业技能。[7]高校应根据学科发展和社会环境的变化,构建实用而科学的核心课程体系,使课程在反映学科本质的同时,既体现学科传统,也紧跟学科和社会发展的潮流。

3.2 选修课程

美国10所大学图书情报专业的选修课具有数目多、范围广、注重技术与实践、学科交叉性强、细化深入等特点,学生自主选择的空间较大,有助于构建满足学生意愿与需求的知识结构。此外,这些大学的选修课程大多分方向而设,比如信息组织、资源与服务等方向,在每个方向下开设若干相关课程,可帮助学生增强对学科体系和课程间联系的认识。与此同时,课程细分程度高使课程具有较强的针对性与实用性,有利于培养竞争力较强的应用型信息人才。我国图书情报专业的选修课程数目也较多,但体现学科交叉的课程少,且未清晰地划分课程模块,课程内容的深度与广度存在局限。研究人员指出，图书馆工作中对情报学、通讯学知识的需求越来越大，图书情报专业课程应体现出图书馆学、情报学和通讯学科的交叉。[8]根据调研结果，我们认为，应对专业选修课体系加以改革，细化课程设置，强化课程间的联系，注重课程的整体性和实用性；同时，开设与职业需求相关的交叉学科课程，以培养具有较高综合素质和较强竞争力的信息人才。

3.3 技术课程

无论在美国还是在中国，技术类课程都属于图书情报学科的核心课程，一些大学对毕业生的调查结果也显示图书情报学科的教育需更多地侧重信息技术。[9]相比较而言，美国的大学开设的技术类课程注重先进技术及理念在图书情报领域的应用与发展，而国内大学开设的课程更为关注技术的基础应用及发展趋势；美国的大学通过选修课、高级课程等方式开设内容深浅不同的课程，在完备性与层次化方面优于国内高校；而国内多数高校开设的技术类课程略显单一，需要在技术的功能实现与用户需求之间寻找更好的切合点。正如有学者所指出的那样，应使我们的学生既懂技术又懂管理，形成专业的核心能力。[10]

3.4 实践课程

瑞典实施的一项关于图书情报教育的调研中提出，图书馆学的实践应该存在于更广泛的社会背景之中，需提高学生理解与分析学科环境的能力。[11]专业社会实践课程就是为帮助学生认识理解该职业的社会角色，并了解该角色是如何受到社会变革影响的。中美图书情报学院都较重视学生的社会实践能力，要求提交实习日志、实习报告等以检验效果。美国高校多在顶点课程的框架下组织专业实践课程，形式多样，内容细分程度较高，更注重与相关公司或信息机构合作进行实习基地建设。如雪城大学通过设立由国内外公司组成的咨询理事会，不断加强与有关公司的合作，保证学生的实践机会。[12]而国内高校近几年对学生的社会实践重视度增加，但社会实践课程内容普遍趋同，在具体操作上略显粗糙，在这方面仍须加强。

3.5 职业指导课程

美国的大学注重开设与图书馆或信息职业相关的职业指导课程，如职业环境、职业规划、职业管理、职业培训策略、职业内容等方面的课程，且大多被列为核心课程。相比而言，一方面，我国高校图书情报专业提供的职业指导课针对性不够，如就业指导、职业规划与领导能力等课程多为适用于所有专业的笼统的指导，缺少针对图书情报行业的专门职业指导；另一方面，国内很多高校的职业指导课程仅在高年级开设，这就使学生没有充足的时间做职业规划和准备，也无法排解可能产生的专业抗拒情绪。

4 余论和展望

虽然笔者花费了大量的时间和精力对中美各10所高校信息学院的课程设置进行了调研、整理、总结和比较，并引用了相关文献进行印证，但我们也认识到，本文存在明显的不足：首先，课程内容问题。课程名称及课程描述虽有助于对该课程内容进行初步判断并作为比较的基础，但由于客观原因，笔者并不能深入地知晓被调研课程的具体内容和讲授的深浅程度，在未来的研究中需增加访谈和现场观察以弥补该不足。其次，课程名称问题。由于跨语言障碍及相关专业知识的局限，本文中美国高校的课程名称及相关译文的准确性也可能存在欠缺。最后，国内高校选择的典型性问题。笔者的选择标准主要有两个：①是否为"211工程"的高校。本文选择的高校全部在"211工程"高校之列。②不同地区。本文在参考了国内相关大学图书、情报、档案专业排名的同时，强调了所选高校所在的区域不同。这两个标准可能会使国内高校的选择在代表性上有所不足。

本文基于对中美图书情报专业课程设置的调研进行总结、比较，并以此为基础进行了简单评价。但笔者也认为，从课程设置本身评价课程体系并不是科学的。本文没有涉及评价课程体系的标准和原则，而评价标准和原则亦受到诸多因素的制约，如已毕业学生、雇主、用人单位的反馈，在读学生及家长的期望，社会环境的要求等。有专家强调图书情报学院明显需要清楚他们的新生、在读生的职业期待和毕业生所在的岗位，唯其如此才能提供一流的课程，也才能最大化地提升他们的技能以胜任其工作。[13]也有专家指出，发展和健全学科课程体系，在设置课程之前充分了解用户的需求非常重要。[14]图书馆学、情报学应理论联系实际，并要在实践中反思。[15]还有专家认为，由于图书情报本身是一个多学科组成的专业领域，所以讨论其核心课程就像讨论生命的意义一样徒劳无功。[11]进一步而言，只有好的课程体系也不一定能促进学科的发展，还应注意全面评估影响和制约学科发展的其他因素。[16]而这些将是未来的研究重点。

参考文献

[1] Library and information studies programs[EB/OL].[2010-05-08]. http://www.usnewsuniversitydirectory.com/graduate-schools/library-information-studies.asp.

[2] WILSON K,TRAIN B. The future of business information services and schools library services[EB/OL].[2010-08-08]. http://www.sheffield.ac.uk/content/1/c6/07/01/24/CPLIS%20-%20The%20Future%20of%20Business%20Information%20Services.pdf.

[3] University of Illinois at Urbana-Champaign. Master of science degree[EB/OL].[2010-05-10]. http://www.lis.illinois.edu/academ-ics/programs/ms.

[4] Syracuse University. About the school[EB/OL].[2010-05-16]. http://ischool.syr.edu/about/.

[5] 肖希明,卢娅. 论图书馆学情报学教育的整合[J]. 图书情报工作,2009,53(5):7-10.

[6] 潘燕桃. 中国大陆图书馆学教育发展现状及社会需求调查[J]. 中国图书馆报,2009(6):29-40.

[7] AUDUNSON R. LIS and the creation of a European educational space[J]. Journal of Librarianship and Information Science,2005(4):71-174.

[8] LARSEN R L. Libraries need iSchool[J]. Library Journal,2007,132(17):11.

[9] RODRIGUEZ BRAVO B. Library and information science graduates from Spain:Professional training and workforce entry profiles[EB/OL]. (2005-06-08)[2010-08-02]. http://www.ifla.org/files/cpdwl/conference-documents/presentations/2009/rodriguez-bravo.ppt.

[10] 李明杰,朱少强,任全娥,等. 挑战与机遇,传承与创新:数字时代图书馆学情报学教育展望:第二届中美数字时代图书馆学情报学教育国际研讨会访谈之一[J]. 图书情报知识,2006(6):5-9.

[11] AUDUNSON R. Library and information science education:Is there a Nordic perspective? [EB/OL]. [2010-08-02]. http://archive.ifla.org/IV/ifla71/papers/061e-Audunson.pdf.

[12] TAMPONE K. New dean outlines iSchool relationship with business[J]. The Central New York Business Journal,2008:7.

[13] WEECH T L,KONIECZNY A M. Alternative careers for graduates of LIS schools:The North American perspective:An analysis of the literature[J]. Journal of Librarianship and Information Science,2007,39(2):67-78.

[14] TEDD L A. The what? and how? of education and training for information professionals in a changing world:Some experiences from Wales,Slovakia and the Asia-Pacific region[J]. Journal of Information Science,2003,29(1):76-86.

[15] EDWARDS P M. Theories-in-use and reflection-in-action:Core principles for LIS education[J]. Journal of Education for Library & Information Science,2010,51(1):18-29.

[16] JOHNSON I M. Education for librarianship and information studies:Fit for purpose? Dedicated follower of fashion[J]. Information Development,2010,26(2):127-128.

(本文原刊于《大学图书馆学报》2011年第4期,页94-100)

作者简介

韦景竹,研究领域:信息资源管理、智慧图书馆、智慧公共文化、公共文化服务、知识产权;主讲课程:信息描述、知识产权、公共图书馆与公共文化服务、公共数字文化管理、信息管理概论、信息法律前沿、信息资源管理原理与案例、信息职业伦理等。

论大数据时代下的图书情报学教育
——基于 iSchool 院校"大数据"相关课程调查及思考[①]

曹树金　王志红　刘慧云

1　引言

根据大数据发展的调查统计[1-3]，不管是在全世界范围还是在欧洲或中国等区域或国家，大数据市场规模均在高速增长。与此相应的是大数据人才的缺乏，如麦肯锡调查显示，2018年，美国的数据科学家将面临19万人的缺口，能够理解和使用大数据进行决策的管理者和分析师的需求更是达到了150万人；[4]《哈佛商业评论》发表观点称，数据科学家是21世纪最抢手的人才；[5]《美国国家科学基金 2014—2018 年战略规划》(*National Science Foundation Strategic Plan for* 2014—2018)指出，2014—2015 年，美国国家科学基金的首要目标之一是提高国家的数据科学能力。[6]作为高端人才的教育基地，各高校纷纷开始调整教育教学培养方案，尤其是与大数据存在密切关系的计算机科学、统计学、图书情报学等领域，以及生物医学、制造、能源、金融等应用领域，部分高校甚至开设大数据相关学位教育或成立研究基地，以培养专

---

① 本文系国家社会科学基金重大项目"基于特定领域的网络资源知识组织与导航机制研究"（项目编号：12&ZD22）的研究成果。

业人才。而为应对大数据带来的大变革，以信息处理与分析见长的图书情报学已经做了哪些改变？图书情报学教育者又应该采取何种应对措施？这些问题关系到图书情报学应该如何适应大数据带来的挑战与机遇，以及如何发挥学科核心优势，从而避免学科建设走向泛化与边缘化，是作为图书情报学教育者必须三思的问题。

虽然已有研究开展了大数据教育相关的调查，如大数据相关专业的课程体系设置[7-9]、大数据环境下相关学科课程创新与建设[10-13]以及具体课程的教学与设置[14,15]，但是已有调查和研究侧重于课程数量或类型的统计分析，很少通过系统调查与分析深入思考大数据为图书情报学教育带来的巨大冲击以及如何应对的问题。为此，本文以欧美和亚太地区iSchool高校图书情报学学院为调查对象，从大数据相关学位教育、课程主题和课程设置特点出发，具体指标包括课程介绍、课程性质、课程内容、教学方法、考核方式、参考书目、教学条件、授课教师等方面，详细调查和分析图书情报学研究生课程中与大数据相关的课程，并以此为基础，从大数据环境、大数据资源、大数据方法、大数据技术四个维度，对图书情报学教育在人才培养目标、课程设置、教学方式、教学条件方面提出相应的设想，为大数据时代下我国图书情报学院相关课程建设提供有意义的参考与借鉴。

2 研究方法

根据iSchool官网成员列表，目前iSchool联盟成员有65所，其地区分布为：北美（30所）、欧洲（21）所、亚太地区（13所）、非洲（1所）。综合考虑语言障碍等方面的原因，本文选择欧美和亚太地区以官网语言为英语、日语、汉语的iSchool图书情报学院为调查范围，最终选择的调查范围是：美国（26所）、加拿大（3所）、英国（6所）、北欧（4所）、澳大利亚（3所）、新加坡（1所）、日本（1所）以及中国（3所）共47所iSchool学校。通过iSchool官网获取上述院校链接及课程信息，根据课程名称或课程描述中是否出现大数据相关关键词如

"big data""data scientist""data analyst"等进行判断，经过多次调查确认，最终得到调查对象共有 17 所（36.17%）iSchool 院校（见表1）。调查时间为 2015 年 9 月 26 日—10 月 26 日。

表 1 iSchool 调查对象

学校	国家	学校	国家
多伦多大学	加拿大	北卡罗来纳大学	美国
卡内基梅隆大学	美国	田纳西大学诺克斯维尔分校	美国
印第安纳大学	美国	谢菲尔德大学	英国
新泽西州立大学罗格斯分校（现一般译为"新泽西州立罗格斯大学"）	美国	坦佩雷大学	芬兰
雪城大学	美国	筑波大学	日本
加州大学伯克利分校	美国	新加坡管理大学	新加坡
伊利诺伊大学香槟分校	美国	南京大学	中国
马里兰大学	美国	南澳大利亚大学	澳大利亚
密歇根大学	美国		

3 调查结果

3.1 大数据相关学位教育开设情况

在所调查的 17 所 iSchool 学校中，有 11 所学校已经开展数据科学学位教育，占全部学校的 64.7%，其中 4 所分别来自英国、芬兰、新加坡和澳大利亚，其余 7 所均来自美国。从大数据相关学位教育类型来看，包括两种类型，一种为设置大数据相关专业，共 8 所，占比

(72.73%)较高,如卡内基梅隆大学信息系统与管理学院设置数据分析硕士,加州大学伯克利分校信息学院开设信息与数据科学硕士等;另外一种为在原有专业下设置大数据相关的研究方向,共4所,占比36.36%,如卡内基梅隆大学不仅单独设置了数据分析硕士,且在信息系统管理硕士专业和信息技术硕士下均设置了商务智能与数据分析方向,新泽西州立大学罗格斯分校信息传媒学院在情报学专业下设置了数据科学方向等。从所开设的学位教育培养目标和介绍来看,高频关键词包括大数据、(大)数据集、数据科学专家、数据分析、数据可视化、商务智能、信息生命周期、建模、数据存储与管理等,说明大数据相关学位教育以数据科学家的培养作为总体目标,进一步培养与发展学生具备大数据分析能力,掌握管理和利用大数据集以及数据可视化的方法与技术,从而创造有价值的信息以支持决策和组织目标。

3.2 大数据相关课程的主题及特点

对17所iSchool院校所开设课程进行深入调查,发现目前所开设的与大数据相关的课程共39门,课程开设时间基本在最近1～2年,培养对象主要为数据科学硕士、情报学硕士、信息管理或信息系统硕士等,部分也包括图书馆学专业。以下将具体从课程主题、课程设置特点两个方面进行深入分析。

3.2.1 课程主题

依据现有研究对大数据主题[16]以及大数据相关课程[13]的分类,并结合本研究对iSchool院校课程主题的梳理,将iSchool院校大数据相关课程主题分为以下四类:大数据综合类、大数据资源类、大数据关键技术、大数据应用,每个类对应的数量及比例分别为8门(20.51%)、4门(10.26%)、17门(43.59%)、8门(20.51%)。

(1)大数据综合类。该类课程主要包括大数据基础理论的介绍以及探讨数据收集、存储、分析和使用中所产生的隐私、所有权等问题,例如坦佩雷大学数据科学硕士开设的"科学家的法律、政策和道德问题"课程，旨在贯穿数据科学收集、存储、处理、分析和使用整个生命周期中的法律、政策和道德问题；伊利诺伊大学香槟分校社会-技术数据分析方向开设的"隐私与技术"课程，从社会技术的角度识别、分析和管理由技术带来的隐私挑战；多伦多大学信息管理与系统硕士"数据科学基础"课程的目的是教授计算机编程和统计、推断相关的概念和技能、现实世界数据集的动手实践能力，以及探讨与数据分析相关的社会和法律问题，包括隐私和数据拥有权的问题。

（2）大数据资源类。此类课程关注数据生命周期中的数据质量问题，以及大数据和复杂数据的知识表示、数据整合、语义化等。例如伊利诺伊大学香槟分校信息计量学硕士的"大数据和复杂数据的管理、获取和利用"课程是其中的典型代表，课程内容主要是大数据和复杂数据的知识表示、数据处理、数据管理，课程的特定主题分别为数据整合、语义化和来源、工作流和管道、分布式 NoSQL 存储。雪城大学社会-技术数据分析方向开设的"数据清洗理论与实践"课程，是对整个数据生命周期中如何以及在哪儿出现什么类型的数据质量问题的总体概览，教授学生学习检查和提高数据质量的特定技术和方法。密歇根大学情报学硕士课程"大数据监护与管理基础"介绍如何使用大数据集，以及教授学生学习如何设计、管理、探索大的文本、图像和数字数据集等。

（3）大数据关键技术。大数据关键技术既是大数据研究的重点，也是课程开设和教学的重点，占比最大。大数据关键技术包括编程和软件工程、数据分析技术两个方面。编程和软件工程方面的课程，如卡内基梅隆大学信息系统管理硕士课程"NoSQL 数据库管理"、新泽西州立大学罗格斯分校信息系统管理硕士课程"Hadoop and MapReduce"和"数据科学的 Python 编程基础"等，侧重于大数据编程语言的学习。大数据分析技术相关课程，如多伦多大学情报学硕士课程"数据分析：介绍、方法和实践方法"、北卡罗来纳大学信息管理硕士课程"信息专家的数据分析"、加州大学伯克利分校数据科学硕士课程"云、可视化和存储"、谢菲尔德大学数据科学硕士课程"数据挖掘：方法与应用"以及印第安纳大学数据科学硕士课程"大数据分析"等，重点是从数据分析和处理过程讲述分析、存储、检索和展示大数据的各种方法，如后验分布、贝叶斯分类法、后间隔和后预测分布等相关数据挖掘和机器学习知识，以及数据分类、数据处理和情报系统化与可视化的方法。

（4）大数据应用类。该类课程强调数据科学在学术研究、商业、科学和网络等中的应用，旨在优化决策效率和最大限度地利用可用的数据以做出专业判断。如卡内基梅隆大学信息系统管理硕士课程"数据科学应用"目的是探讨数据学科在实际中的应用，即基于现代企业是拥有一系列复杂的目标形成的复杂系统之一这一背景，旨在优化人力经理的决策效率和最大限度地利用可用的数据做出专业判断。此外，这一课程教授学生学习如何制订分析任务，以支持业务目标；如何定义成功的项目等也是课程内容之一。坦佩雷大学数据科学硕士课程"数据和分析的研究设计与应用"旨在用数据科学技术发现和回答学生将在行业中遇到的问题。田纳西大学诺克斯维尔分校数据科学硕士课程"数据科学应用"介绍科技数据、数据管理、科学数据的使用方面的基础，讨论与科技数据管理和使用相关的技术以及数据质量与出版实践更为广泛的问题。

3.2.2 课程设置特点

根据课程性质、教学方法、考核方式、参考书目、教学条件、授课教师等多个方面的指标，对大数据相关课程进行深入的调研分析，归纳总结其课程设置有如下几个方面的特点：

（1）大部分课程为核心课程和必修课程。在所调查的 iSchool 院校中，绝大多数院校课程设置层次按照课程的重要程度分为核心课程、必修课程和选修课程三类。其中，核心课程也属于必修课程。[13] 在 39 门大数据相关课程中，大部分为核心课程和必修课程。这表明，在大数据环境下，iSchool 院校对大数据相关课程的重视程度较高，是培养学生专业核心竞争力的重要内容。

（2）教学方法多样化。大多数 iSchool 学院的课程在教学方法上呈现多样化的特点，即融合了多种教学方式和多种授课形式，主要包括将传统授课与虚拟在线授课相结合，专题讲座、案例研究、讨论与展示、实验等各种方式相结合，以及个人学习和小组作业相结合。例如，马里兰大学信息学院采用互联网（Piazza 学习平台）和传统课堂开展实践项目、讨论和家庭作业相结合的方式；密歇根大学采用专题报告和学生讨论相结合的方式，要求每个学生主导至少一个主题的讨论；谢菲尔德大学信息学院则强调学术专题讲座和实践人员参与开展研讨会、专题报告、小组合作、计算机实验、独立学习等多种方式。

（3）实验条件要求较高。由于数据分析需要相应的实验设施的支撑，因此，各学院在设置相关课程时，都会配置相应的实验资源以配合教学活动，从而为学生在实践中具备解决问题的能力打下基础。调查发现，大数据相关课程教学所需的实验条件主要包括软硬件环境和数据资源两个方面。在软硬件环境方面，多采用开源或免费的软件和平台，如 R/R Studio、Python 等以及 Google/IBM 集群、Cloudera 虚拟机、RENCI/NCDS 平台，此外，也有院校采用自主开发和自主部署的形式，如马里兰大学自行开发 Hadoop library 软件包，卡内基梅隆大学亨氏学院自主部署搭建 20 台服务器 Hadoop 集群；在数据资源方面，如马里兰大学信息学院使用欧盟议会记录、维基百科等作为实验语料库。

（4）重视时新性的参考阅读。在课程的参考阅读方面，大多数课程没有指定教材，但是会提供书籍和期刊论文等参考阅读资料，且由于大数据为时下热点，各类研究成果多以期刊论文形式呈现，因而期刊论文成为参考阅读的重要来源。如参考书籍包括《在线统计图书》、《第四范式：数据密集型科学发现》、《数据科学导论》（第三版）、《大数据由浅入深》等，期刊如 *ACM Tech Pack on Cloud Computing* 等。可见，大数据相关课程的参考阅读内容重视对最新技术与方法的学习。

（5）课程考核方式多元化。课程考核的方式除了课堂参与情况、作业完成情况和考试三大部分之外，有些课程还要求学生在社交媒体上进行互动。如密歇根大学课程要求学生发布与主题相关的博客与评论，占考核的 15%；北卡罗来纳大学课程要求学生通过 The Sakai Site 发布博客，且建立与个人数字图书馆类似的专题期刊档案，并采用标签、元数据等形式对阅读内容进行标注；田纳西大学诺克斯维尔分校也要求学生建立个人期刊电子档案，占考核的 10%。

（6）重视授课教师的实践经历。课程授课教师主要包括专职教师和兼职教师两类。专职教师通常拥有信息科学或者计算机科学等相关专业的博士学位，而兼职教师往往拥有丰富的实践经历。如 G. E. Krudy 作为兼职教师在雪城大学讲授数据科学应用、信息分析等课程长达 14 年。他曾经在伟伦公司中担任 CIO，在信息技术方面的实践经验超过 25 年。此外，授课教师背景和研究方向也主要分为两类：一类是单纯技术性研究，如数据挖掘、文本分析、大数据算法和云计算、机器学习等；另一类是结合领域专业知识研究其他学科或者解决在各行业中遇到的问题，如生物学、商业、金融等领域。由此可见，iSchool 院校在大数据课程教师的选择上，既注重教师的专业理论背景，也非常重视教师的实践经验。

4 大数据环境下图书情报学教育的思考与建议

4.1 大数据与图书情报学职业竞争力

我国图书情报学教育一直以来非常注重培养"宽口径、厚基础、重素质"的复合型人才。[17] 随着大数据时代的到来以及科学研究向数据密集型范式的转变，就业市场对人才需求也相应地发生变化，对图书情报从业人员的能力提出了新的要求。T. Davenport 在 *The Accidental Data Scientist* 序言中写道："毫无疑问如果信息专家想在大数据时代扮演一个重要的角色，他们将不得不扩展他们的角色和技能，不得不熟悉关于大数据和分析的资源，不得不做一些数据结构化、过滤、清洗或分析的实际操作。"图书馆作为当前图书情报学学科专业的就业领域[18]，高校图书馆（40%）是情报学硕士研究生的就业首选，远高于其他如企业（13.33%）等[19]。M. Bieraugel 指出，图书馆员需要掌握大数据的基础知识及其如何影响学术研究，且提出不同类型及不同学科的图书馆员所需要掌握的大数据相关的内容。[20] Gordon-Murname 认为数据爆炸对图书馆员来说意味着一个新的就业市场，并指出图书馆员将需要在以下四个领域中发挥作用：①组织；②内部数据集检索与获取；③知晓外部数据集；④为版权和知识产权问题提供权威服务。[21] R. J. Wittmann 等指出，图书馆员处于计算机编程员、统计员和数据科学家之间的中间地带，必须拥有数据咨询和数据监护方面的技能，他认为图书馆员必须在数据科学教育中处于领导的地位，防止数据专家的位置被其他专业背景的人占领。[22] 可见，我国图书情报学毕业生要适应大数据环境下新的市场需求，必然需要具备大数据相关的职业竞争力，在此当口，我国图书情报学教育再次面临新的挑战。

4.2 不同维度大数据环境下的图书情报学教育

大数据时代，数据呈现新的特点，同时，新的大数据环境也出现了一些新的理念、方法、技术以及应用实践。[23,24] 获得广泛认可的大数据特征是"3个V"，分别为大量（volume）、多样性（variety）、高速（velocity）。[25,26] 除此之外，IBM 则提出"4个V"特征，第四个"V"为真实性（veracity）。[27] IDC 公司则认为大数据的"4V"特征的第四个"V"为价值（value）。[28] 也有研究者从大数据存在方式及其功能的角度进行审视，可以分为四个维度，包括自身维度、支撑维度、工具维度和价值维度，分别对应数据科学、技术平台、研究方法和潜在资源四个层面。[29] 因此，本文按照大数据的不同维度划分为大数据环境、大数据资源、大数据方法、大数据技术，根据前文对 iSchool 院校大数据相关课程调查结果的分析，对不同维度下的培养目标、课程设置、教学方式和教学条件四个方面提出了相关的设想。

4.2.1 大数据环境维度

如同互联网是一种思维方式、生活方式[30]一样，大数据作为互联网时代甚至物联网时代的衍生品，同样也作为一种思维方式和生活方式渗透于人们的生活与工作当中。维克托·迈尔－舍恩伯格等将大数据理念概括为三点：①不是抽样数据，而是全部数据；②不是精确数据，而是模糊数据;③关注相关性,而非追究因果性。[31]该维度提出的大数据环境主要是指大数据时代呈现出一种新的理念与思维,即人们需要对周围环境具备一种数据意识。图书情报领域作为数据和信息处理与应用的先驱,大数据思维和数据意识的培养则应该是课程体系的重要内容,不仅为增强图书情报领域专业毕业生的职业竞争能力,也为今后图书馆员、信息专家面向社会大众提供大数据素养教育打下重要的基础。从课程培养目标来看,大数据环境下主要是培养学生具备大数据/互联网思维和批判性思维,提高大数据时代学生的数据素养,让学生了解和掌握大数据相关的基础概念、应用领域及相关隐私问题等。课程设置方面可以考虑设置大数据导论,大数据法律、伦理与道德问题,大数据市场与应用,数据监护等课程。教学方式以专题讲座、文献阅读、案例研究和交流讨论为主,通过对大数据领域重要文献的研读,掌握大数据相关的研究前沿动态,然后通过选择与大数据相关的实践案例开展研讨,加深对大数据的理解。

4.2.2 大数据资源维度

大数据时代,各类新型信息技术如传感设备等的应用,导致数据资源规模呈现爆炸式、指数级增长的趋势,数据来源与类型呈现高度复杂化。Google 公司每月处理数据量超过 400PB,Facebook 超过 10 亿注册用户每天生成 300TB 以上的日志数据,淘宝网每天千万笔的交易数产生约 20TB 的数据。[32]图书馆作为信息资源中心,纸质馆藏资源的数字化和虚拟馆藏的增长,以及各类互联网信息资源和科研数据的采集与保存,导致图书馆信息资源急剧增长,同样使得图书馆在大数据资源建设、组织与提供等方面面临巨大的挑战与困难。因此,在大数据资源这个维度,图书情报学教育者需要培养学生对大数据基本概念、数据各种来源包括传感器、社交媒体等的兴趣和意识,对数据产生原理、不同体裁的数据类型、数据采集与融合、数据质量辨别等方面具有有一定的能力。在其课程体系中可以设置的相关课程包括大数据的获取与利用、数据清洗与实践、大数据基础设施、语义网、本体、社交网络媒体、网络内容管理、知识组织与检索、数据质量评估、数据洞察、数据融合等。

教学方式可以结合专题讲座、上机实验、实地参观、小组项目等，教学方面可以提供传感器等数据产生和检测实验与处理环境。

4.2.3 大数据方法维度

从方法论的四个维度来看，大数据方法在演绎与归纳、定律与模型、因果与相关、说明与预测方面有别于传统的方法，具有很高的预测力；但是具备较低的说明力。[29]因此，在大数据方法维度，关注更多的是大数据分析方法的流程及方法论在各个方面的适用性。在课程培养目标方面，强调以培养深入理解和熟悉大数据生命周期及相关概念、大数据处理流程及各阶段流程中的工具为主，同时需要让学生具备针对不同大数据问题选择不同的方法与技术，以及利用大数据方法辅助决策的能力。在课程设置方面，可以开设如大数据基础设施导论，大数据介绍、方法与实践，大数据分析应用，可视化工具与技术等课程。为达到预期的课程培养目标，同样应该结合采用多种教学方式，包括专题讲座、实践研讨、上机实验、课堂展示等。在教学条件方面，则需提供解决实际生活中大数据问题方案设计与实施的全程参与机会。

4.2.4 大数据技术维度

目前我国大数据技术专利呈现迅猛发展的态势，2012年和2013年的增长率达到了200%和233%。[33]大数据技术是成功解决大数据环境中相关问题的基础能力，对大数据关键技术的掌握也必然能够大大增强学生的职业竞争能力。因此，在大数据技术方面，需要培养掌握运用大数据工具和技术解决所面临的数据收集、处理、分析的技术型人才，强调程序开发与实践能力的培养。在课程设置方面，应该开设的课程包括编程基础如R、Python，机器学习，数据挖掘，Hadoop and MapReduce，NoSQL数据库，云计算，可视化技术等。在教学方式上，可以以专题讲座、上机实验、小组项目等相结合的方式进行。在教学条件上，则应该为学生提供分布式服务器集群、Hadoop等部署软件平台以及PB级甚至EB级数据集。

5 结论

本文对欧美和亚太地区 iSchool 院校开设的大数据相关学位教育和具体课程进行了详细的调查，对课程主题及课程性质、教学方法、实验条件、参考书目、考核方式和授课老师等的设置特点进行了深入的分析。调查发现，目前在应对大数据带来的各种变化时，已有部分 iSchool 院校在图书情报学教育方面做出了相应的变化。在大数据相关学位教育开设方面，所调查的 47 所 iSchool 院校中，共有 11 所设置了数据科学、数据分析等相关的学位教育或研究方向，有些甚至通过设置在线证书等方式以快速应对这种变革。在大数据相关课程设置方面，则有 17 所 iSchool 院校设置了相关的课程。总体来说，目前 iSchool 院校大数据相关课程可以分为四类，分别为大数据综合类、大数据资源类、大数据的关键技术、大数据的应用，课程呈现理论与实践并重、注重与原有专业优势结合、教学与考核方式多元化以及教学配套资源完善等特点。相比之下，国内 3 所 iSchool 院校均未查找到大数据相关学位教育和课程的开设情况。因此，我们通过适当扩大调查范围，对国内其他图书情报学院校进一步开展了调查。目前北京大学信息管理系、中国人民大学信息资源管理学院分别设置了情报学专业（大数据方向）管理学硕士高级研修项目、信息分析（大数据方向）专业课程研修班，已开设的相关课程包括大数据挖掘与分析、云计算架构设计、Hadoop 开发与管理以及数据挖掘与人工智能、数据恢复、数据分析方法与案例等，但是招生对象均为在职人员，学费较为昂贵。因此，我们在调研目前 iSchool 院校大数据相关课程的主题和设置特点的基础上，从大数据环境、大数据资源、大数据方法、大数据技术四个维度，对图书情报学教育在人才培养目标、课程设置、教学方式、教学条件方面进行了进一步的思考，认为：大数据环境下需要培养学生具备大数据/互联网思维和批判性思维，提高大数据时代学生的数据素养；大数据资源维度需要培养学生掌握数据产生原理和数据类型及具备数据采集与融合、数据质量辨别能力等；大数据方法方面强调让学生具备针对不同大数据问题选择不同的方法与技术以及利用大数据方法辅助决策的能力；大数据技术重点在于培养能够运用大数据工具和技术解决所面临的数据收集、处理、分析的技术型人才。

此外，本文只是在大数据背景下，对图书情报学教育从大数据环境、大数据资源、大数据方法、大数据技术四个维度提出的人才培养的一些基本设想，每个维度下课程设置的方法和模式还需要结合各个院校自身的特点进行抉择。

参考文献

[1] IDC. Big data research[EB/OL]. [2016-04-12]. http://www.idc.com/prodserv/4Pillars/bigdata#Press.

[2] European Commission. Digital single market. [EB/OL]. [2016-04-12]. http://ec.europa.eu/priorities/digital-single-market/docs/dsm-communication_en.pdf.

[3] 中国信息通信研究院. 中国大数据发展调查报告(2015年)[EB/OL]. [2016-04-12]. http://www.catr.cn/kxyj/qwfb/ztbg/201512/P020151211378952148273.pdf.

[4] MANYIKA J, CHUI M, BROWN B, et al. Big data: The next frontier for innovation, competition, and productivity. [EB/OL]. [2016-04-12]. http://www.mckinsey.com/business-functions/business-technology/our-insights/big-data-the-next-frontier-for-innovation.

[5] DAVENPORT T H, PATIL D J. Data scientist: The sexiest job of the 21st century. [EB/OL]. [2016-4-12]. https://hbr.org/2012/10/data-scientist-the-sexiest-job-of-the-21st-century/.

[6] National Science Foundation. Investing in science, engineering, and education for the Nation's future[EB/OL]. [2016-04-12]. http://www.nsf.gov/pubs/2014/nsf14043/nsf14043.pdf.

[7] 何海地. 美国大数据专业硕士研究生教育的背景、现状、特色与启示：全美23所知名大学数据分析硕士课程网站及相关信息分析研究[J]. 图书与情报, 2014(2): 48-56.

[8] 迪莉娅. 高校数据科学专业硕士课程设置研究[J]. 教学研究, 2014, 37(6): 39-43.

[9] 司莉,何依. iSchool 院校的大数据相关课程设置及其特点分析[J]. 图书与情报, 2015(6):84-91.

[10] 吴修国. 大数据背景下经管类专业 IT 支撑课程群教学体系构建[J]. 中国管理信息化,2015,18(7):252-254.

[11] 张家年,罗毅,陈柏彤. 大数据对信息管理类教育的影响及挑战[J]. 信息资源管理学报,2016(1):105-112.

[12] 周明,谢俊. 大数据视角下信管专业的培养模式创新研究[J]. 图书馆学研究, 2016(6):41-46.

[13] 王晰巍. 大数据时代背景下中美图书情报专业研究生课程体系建设比较研究[J]. 图书情报工作,2015,59(23):30-37.

[14] 李海林. 大数据环境下的数据挖掘课程教学探索[J]. 计算机时代,2014(2): 54-55.

[15] SONG II-Y,ZHU Y J. Big data and data science:What should we teach? [J]. Expert Systems,2016,33(4):364-373.

[16] 董克,陶艳. 基于内容挖掘的国际大数据研究主题分析[J]. 图书情报知识,2016 (1):65-73.

[17] 王守宁,蒋丽艳. CIO——图书情报学教育培养目标的新定位[J]. 情报资料工作,2003(5):71-73.

[18] 吴志强,邓胜利. 图书情报学毕业生的职业竞争力分析[J]. 图书情报工作, 2006,50(11):113-116.

[19] 黄春娟,陈萱. 情报学硕士研究生就业趋势及竞争力研究[J]. 图书馆学研究, 2012(1):8-10.

[20] BIERAUGEL M. Keeping up with…big data[EB/OL].[2016-08-29]. Association of College & Research. Libraries. http://www. ala. org/acrl/publications/keeping_up_with/big_data.

[21] GORDON-MURNAME L. Big data:A big opportunity for librarians [EB/OL]. [2016-08-29]. Online,2012,36(5). https://www. questia. com/magazine/1G1-301969491/big-data-a-big-opportunity-for-librarians.

[22] WITTMANN R J,REINHALTER L. The library:Big data's boomtown[J]. The Serials Librarian:From the Printed Page to the Digital Age,2014,67(4):363-372.

[23] 余放,陈盛双,李万君,等. 大数据环境下的多源数据演化更新研究[J]. 计算机科学,2016,43(12):1-6.

[24] 化柏林,李广建. 大数据环境下的多源融合型竞争情报研究[J]. 情报理论与实

践,2015,38(4):1-5.

[25] GARTNER. Big data[EB/OL].[2016-04-15]. http://www.gartner.com/it-glossary/big-data/.

[26] 孟小峰,慈祥. 大数据管理:概念、技术和挑战[J]. 计算机研究与发展,2013,50(1):146-169.

[27] IBM Big data & analytics Hub. The four V's of big data.[EB/OL].[2016-04-15]. http://www.ibmbigdatahub.com/infographic/four-vs-big-data.

[28] BARWICK H. The 'Four Vs' of big data[EB/OL].[2011-08-05].[2016-04-15]. http://www.computerworld.com.au/article/396198/iiis_four_vs_big_data/.

[29] 孙晓强. 大数据方法:科学方法的变革和哲学思考[J]. 哲学动态,2014(8):83-91.

[30] 李海舰,田跃新,李文杰. 互联网思维与传统企业再造[J]. 中国工业经济,2014(10):135-146.

[31] 迈尔-舍恩伯格 V,库克耶 K. 大数据时代:生活、工作与思维的大变革[M]. 盛杨艳,周涛,译. 杭州:浙江人民出版社,2012:27,45,67.

[32] 李国杰,程学旗. 大数据研究:未来科技及经济社会发展的重大战略领域:大数据的研究现状与科学思考[J]. 中国科学院院刊,2012,27(6):647-657.

[33] 李鹏飞,卢瑾,辛一. 基于专利的大数据技术发展情报分析及战略研究[J]. 情报杂志,2014(9):45-50.

(本文原刊于《情报理论与实践》2017 年第 12 期,页 17-22)

作者简介

曹树金,研究领域:信息组织与信息检索、信息组织与信息建构。

王志红,研究领域:信息组织与信息检索。

刘慧云,研究领域:信息组织与信息检索。

信息素养通识教育的理论创新及其实践探索

潘燕桃　李龙渊

1　谁是罪魁祸首？

近年发生了李文星与魏则西两起大学生英年早逝的惨痛事件，引起了社会的普遍关注与热议：到底谁是这两起事件的罪魁祸首？

1.1　"李文星事件"

李文星是东北大学 2016 届毕业生。2017 年 5 月，他通过网上招聘平台"BOSS 直聘"进行求职并收到号称"北京科蓝公司"通过 QQ 邮箱发来的聘用通知函，次日他从北京前往天津入职，之后频频失联并屡次向亲友借钱。7 月 8 日，他的母亲接到他的最后一个电话说："谁打电话要钱你们都别给。"7 月 14 日，李文星的尸体在天津静海区被发现。[1]

警方经过全力调查取证，已基本查明李文星被诱骗进入传销组织的经过，陈某等 5 名涉案人员已被抓获并对其犯罪事实供认不讳。[2]

8 月 10 日，"BOSS 直聘"就"李文星事件"发布了道歉信，表示拥护北京市互联网信息办公室和天津市互联网信息办公室开展的依法联合约谈，坚决落实整改要求。[3]

10 月 25 日，天津静海区警方向李文星家属通报案件调查情况称，"李文星被传销组织送归途中意外溺亡，确系意外落水身亡，不予刑事立案"。[4]

事件发生后,北京科蓝软件系统股份有限公司核实,公司并无曾与李文星联系的"人事部薛婷婷"和"人事行政部王文鹏"两名员工,而且公司回复求职者使用的是企业邮箱,而不是员工个人的 QQ 邮箱。[5]

1.2 "魏则西事件"

2014年4月,西安电子科技大学大二学生魏则西体检时发现患有滑膜肉瘤,这是一种恶性软组织肿瘤。随后,他在百度搜索引擎上找到武警北京二院,接受该医院号称与美国斯坦福大学合作的 DC-CIK 细胞免疫治疗4次,共耗资20多万元,然而病情未见好转。2016年2月,他将自己的经历发布在知乎网上,认为自己与家人被百度的竞价排名所欺骗。4月12日,魏则西不幸去世。[6]

4月28日,媒体爆出魏则西就诊医院存在外包诊所给民营机构、百度竞价排名等问题。其后,百度就此次事件先后进行了3次回应:第一次回应时称"涉事医院资质齐全"[7]。第二次回应则说"正在向发证单位及相关部门递交审查申请函"[8]。第三次回应时表示:①不对未获资质批准的医疗机构进行商业推广;②对于商业推广搜索结果从竞价排名,改为信誉度为主、价格为辅的排名。[9]

5月2日,国家互联网信息办公室会同国家工商总局、国家卫生计生委和北京市有关部门成立联合调查组进驻百度公司进行了调查取证,并在其后对百度公司提出了立即全面清理整顿医疗类商业推广服务、改变竞价排名机制、建立网民权益保障机制等3点整改要求。整个事件到此画上了句号。[10]

1.3 案例反思

在上述两起悲剧发生之后,媒体和网民不断地追问:谁是这些事件的"罪魁祸首"?是"BOSS 直聘"还是传销组织?是百度公司还是武警北京二院？

笔者认为，无论是"BOSS 直聘"还是百度公司均难逃其责，传销组织与资质不全医院的危害更无须赘述，众人皆知，同时还存在政府相关部门监管不力等问题。然而，笔者认为，还可以从信息素养方面对此事做出分析。

这两起悲剧的主角都是大学生，可是，从事件的经过可看出，他们的信息素养都不高，既缺乏信息安全防范意识，也不了解网络信息鱼龙混杂的严重程度；既缺乏对信息真伪的甄别、判断、分析和评价能力，也不知晓网络求职招聘平台运作和搜索引擎的工作原理等基本知识。

需要说明的是：①网上求职招聘平台仅是一个提供求职招聘信息的网上平台，"BOSS 直聘"在其网站上的《BOSS 直聘用户协议及隐私政策》中声称"不保证在其平台上所发布信息的安全性与准确性"[11]；②搜索引擎也只是一个利用网络机器人或自动程序抓取网页并进行自动索引生成的网页索引数据库[12]，百度公司不可能对其网页数据库内的海量的全部网页进行鉴别和筛选，在《百度免责声明》中也声明了"不保证其搜索结果的安全性、正确性与合法性"。[13]

因此，笔者认为，对于上述两起事件的发生，"BOSS 直聘"与百度公司负有一定责任。信息技术是一柄双刃剑，如何利用，在很大程度上取决于利用技术的人，取决于这个利用技术的人的信息素养。假如李文星和魏则西及其家人拥有较高的信息素养，或许就会知道网上信息良莠不齐的严重程度，或许就不会如此盲目轻信，或许就会对所有的网上信息进行甄别、评价并核实之后才加以利用，可能这两起悲剧就不会发生，或者至少结局不会如此令人惋惜。这两起值得我们警醒的事件表明，拥有和提升信息素养非常重要！有时候甚至是生死攸关的！面向全民开展信息素养通识教育不仅很有必要，而且紧迫。

2 三大现实场景理论框架

如今，我们生活在信息社会，信息社会是以知识经济、信息化、全球化为特征的新社会,其社会变迁和社会面貌均呈现出不同于以往的新特点,人们面临的整个信息生态环境发生了颠覆性的变化。在这个日益多元且复杂的新型信息环境下,信息素养已经成为人们在数字化时代生存与发展的必备素养与重要能力,信息素养通识教育已经成为全民数字化时代生存的必修课。因而,根据学习者的个性化与多元化发展的需要,以有效的方式面向全民开展信息素养通识教育,推广无处不在的开放式按需学习,引导他们应对信息爆炸和信息垃圾泛滥成灾的困境,教授他们掌握快速高效获取信息的技能与方法,培养他们的信息意识和信息能力,提升他们的信息素养,是信息素质教育者责无旁贷的重要任务和神圣使命。

为了更好地应对21世纪的变化与挑战,国际相关组织和多个国家纷纷提出了核心素养与信息素养的框架、标准和声明等文件(见表1)。梳理并归纳这些现有的核心素养相关文件发现,创新创业素养、批判性思维、解决问题能力、学习能力、社会与公民素养、交流与合作能力、自我发展与自我管理、信息素养或数字素养是被共同强调的8种核心素养。

表1 国外信息素养与核心素养框架与标准

序号	发布时间/年	文件名称	机构名称
1	2005	《素养的界定与遴选》[14]（*Definition and Selection of Competencies: Theoretical and Conceptual Foundations*）	经济合作与发展组织（Organization for Economic Cooperation and Development）
2	2005	《终身学习核心素养:欧洲参考框架》[15]（*Key Competences for Lifelong Learning: A European Reference Framework*）	欧洲联盟（European Union）

续表1

序号	发布时间/年	文件名称	机构名称
3	2007	《21世纪素养框架》[16]（Framework for 21st Century Learning）	21世纪素养合作组织（Partnership for 21st Century Skills）
4	2012	《21世纪素养》[17]（21st Century Skills）	21世纪素养评估与教学项目（Assessment and Teaching of 21st Century Skills Project）
5	2013	《全球媒体与信息素养评估框架》[18]（Global Media and Information Literacy Assessment Framework）	联合国教科文组织（United Nations Educational, Scientific and Cultural Organization）
6	2015	《高等教育信息素养框架》[19]（Framework for Information Literacy for Higher Education）	美国大学与研究图书馆协会（Association of College and Research Libraries）
7	2017	《数字素养声明》[20]（IFLA Statement on Digital Literacy）	国际图书馆协会联合会（International Federation of Library Associations and Institutions）

近年国内也开始对核心素养与信息素养及其教育给予了高度关注，并推出了一些标志性成果：

（1）2014年9月至2015年3月，沈阳师范大学图书馆联合国内17家高校图书馆，对全国28个省（区、市）的545所高校图书馆信息素养教育现状进行了问卷调查。调研结果表明，现有的信息素养教育实践不能适应新的信息环境和高校教育环境的变化需要，其内容和模式都亟待突破与创新。[21]

（2）2015年底，教育部印发了《普通高等学校图书馆规程》（教高〔2015〕14号），该规程第三十一条明确提出："图书馆应重视开展信息素质教育，采用现代技术手段，加强信息素质课程体系建设。"[22]

（3）教育部在2016年提出的《中国学生发展核心素养》，以培养"全面发展的人"为核心，指出学生应具备的能够适应终身发展和社会发展需要的必备品格和关键能力，确立了学生六大核心素养：人文底蕴、科学精神、学会学习、健康生活、责任担当和实践创新。[23]

（4）2016年，有学者提出了中国21世纪现代人素养的清单，包括创新能力、批判性思维、公民素养、合作与交流能力、自主发展能力和信息素养6种核心素养。[24]

（5）2017年，广东省在小学课堂开展"媒介素养"学习，全国首套《媒介素养》教材进入中小学公共教育课程教材体系。[25]

从上述研究成果可见，作为核心素养的重要组成部分，信息素养及其教育的相关问题越来越得到全社会的关注与重视。我国信息素质教育始于20世纪80年代，主要采用在全国高校开设文献检索与利用课程（全校公共选修课）的形式，针对在校大学生进行信息素质教育。这些课程的核心内容主要围绕信息素养与文献检索的基础理论和基础知识、各科各类检索工具的基本原理及检索方法、主要数据库的利用、图书馆利用指南等。

1974年，陈光祚编写了《科技文献检索》（油印本），这是国内第一部文献检索领域的正式教材，开创了以检索工具类型来编排文献检索的教材和课程内容体系的理论框架。[26]自此以后，无论是面向图书馆学与情报学专业学生，还是面向其他学科专业学生，作为全校公共选修课的信息素养与信息检索课程和教材，基本上都沿用了这个体例，并在这个理论框架的基础上进行发展和更新，其深远影响延续至今。到了20世纪90年代后期，随着网络时代与数字时代的来临，尤其数字信息检索工具的出现，在原有框架的基础上增加了计算机文献检索，如光盘文献检索、国际联机检索系统与数据库检索以及网络信息资源的检索等内容。21世纪以来，此类课程进入新的发展阶段，不仅纷纷改名为"信息检索"或"信息素养"等类似名称，而且其内容体系与教材体例也呈现多样化的趋势。除了沿用根据检索工具类型而建立的原有体例之外，也有依据学科专业和知识分类而建立的内容体系，如潘燕桃在《信息检索通用教程》提出的包括综合性信息检索、社会科学信息检索、政务法律信息检索、经济商务信息检索和自然科学信息检索的教材体例;[27]或以不同主题或专题形成教材体例,如韩志伟在《信息素养与信息检索》提出的包括常用馆藏信息资源检索与利用、常用中文学术资源检索与利用、常用外文资源检索与利用、联合信息资源与服务、网络信息检索与利用和特种文献信息检索的教材体例。[28]

为了更好地适应社会发展和时代进步的需求、新的信息环境和教育环境的变化,以及全民个人发展和终身学习的需要,针对现有信息素养教育的内容和模式亟待突破与创新等存在问题,在回顾与反思信息素养教育理论与实践研究成果的基础上,汲取国内外核心素养尤其是信息素养框架与标准等理论与实践的精髓,笔者首次提出在生活、学习与工作三大现实场景下开展信息素养通识教育的全新的理论框架(见图1)。

图1 三大现实场景信息素养通识教育理论框架示意

2.1 生活场景信息获取

综观现有信息素养与信息检索课程和教材,生活类信息获取方面的内容比较鲜见，未引起足够的重视，这在一定程度上影响了此类课程和教材的实用性与适用面。21 世纪以来，此种状况有所改善，出现一些了包括生活类信息检索的教材和课程，如潘燕桃在 2009 年出版的《信息检索通用教程》第 6 章增加了文化生活信息检索的相关内容，包括旅游度假、文艺演出、美食、房地产等方面的信息检索；[27] 又如秦殿启在 2012 年出版的《信息素养论》第 2 章第 3 节为"生活信息资源"；[29] 再如黄如花在 2014 年 9 月开始开设的"信息检索"慕课设有第 2 讲"如何利用信息检索提高生活质量"，其中包括旅行预订、穿衣打扮、医药健康等信息检索的相关内容。[30]

数字时代，在我们的日常生活当中，衣食住行的时时处处都需要获取各类信息，如网购、交通、美食、房地产、医疗健康、旅游度假、音乐舞蹈、文艺演出等信息。只要学会获取这些实用性生活类信息的方法与技能，民众的生活信息素养就能得到有效提升，人们现实生活的实际需要就能得到满足，不仅为人们的日常生活提供便利，极大地提高人们的办事效率与生活质量，同时能够提高个人信息安全防范意识，防止上当受骗，免受经济损失。因此，创设生活场景信息获取理论框架，不仅能够丰富和充实生活类信息素养教育的内容，建立并完善生活类信息素养教学体例，而且能够极大地提高信息素养通识教育的实用性与趣味性，使信息素养通识教育更加贴近人们的现实生活需求，更接地气，以达到快速提升学习者信息素养的终极目标，从而使信息素养通识教育拥有得以普及全民的广阔舞台。

2.2　学习场景信息获取

信息技术尤其是新的通信技术、教育技术和社交媒体技术的飞速发展，为人们提供了全球范围内交流与合作的便捷渠道，而"互联网＋教育"则为教育提供了及时、丰富而卓有成效的教育教学资源，用互联网思维及其行为模式重塑现代教学模式、内容、工具、方法的过程，也给教育带来更大的变革空间和更多的应用场景。[31,32]

在现有的信息素养与信息检索的教材和课程当中，尽管未发现有

"学习场景信息获取"的表述与提法,但学习获取相关学术信息一直是最受关注与重视的内容,且大多占有较大的篇幅,主要包括中外文书刊数据库检索、常用中外文全文数据库系统、中外文工具书检索、图书馆利用指南、国外科技报告文献检索、会议文献检索、常用中外文学术资源检索与利用、学术文写作与信息资源利用、开放获取学术资源的检索等内容,且多以人文社会科学、自然科学、工程科学、医学等学科门类进行分类。[33-35]

随着"互联网+"时代的到来,终身学习观念的流行与普及,学习已经不仅是学生群体的要务,当今社会人人都要学习,时时都要学习,处处都要学习。显然,上述现有学习或学术信息获取的内容体系已无法适应全民终身学习的新需求。因此,笔者认为,有必要提出学习场景信息获取的理论框架,以此拓展并延伸不同群体在不同阶段由于不同目的而开展的不同学科领域的信息素养通识教育内容体系。如学生群体在学历学习阶段需要获取学习环境、学习资源、作业资料、百科知识、学术信息、考研信息、留学信息等;又如职场人士在职场"充电"阶段需要获取所从事专业的技能和相关知识、职场心理学、专业外语、信息技术知识、办公软件使用技能、职场人际关系学等信息;再如特殊群体当中的病患人群在患病和康复阶段需要获取医疗、社保、护理、康复等信息。只有创设学习场景信息获取的理论框架,才能够突破现有的种种限制与局限,将信息素养通识教育普及到不同群体,延伸到不同领域与学科,扩展到人生的不同阶段。

2.3 工作场景信息获取

在人的一生当中,一般而言,在工作场景的时间最长。如果按照一周工作5天、每天工作8小时计算的话,从22岁开始参加工作,到60岁退休,那么,人的一生大概需要工作7000多小时。在这漫长的工作场景当中,人们所需信息可谓数不胜数。不同行业、不同阶段、不同职位的工作所需信息有所不同,如在未入职场时需要获取实习求职等信息,在初入职场时需要获取行业等信息,在谋求升职时需要获取市场等信息,在自主创业时需要获取专利、标准、商标等信息。与此同时,有些类别的信息却是所有行业、所有阶段、所有职位都会需要的,如求职、行业、统计、市场、专利、标准、商标等商用信息。在已有的信息素养与信息检索课程和教材的体系当中,这些内容大多被分散在综合信息检索、特种文献信息检索等不同类别当中,而且类别不多,未形成体系,既不方便学习,也不方便利用,更影响了信息素养教育的实际效果。

随着知识经济时代的到来,各行业的核心竞争力逐渐从物质资产演变为与人力资产密切相关的技能、知识和观念等知识资本,而知识资本的积累需要以知识创新、知识积累为前提,这就凸显了创新能力、批判性思维、问题解决能力等核心素养尤其是信息素养的重要性。工作场景信息获取理论框架的提出,不仅有利于丰富并拓展现有商用信息获取的内容体系,建设适用于各行各业职场人士的信息素养通识教育的系列课程和教材,而且有利于他们增强高效获取各类商用信息的能力,快速提升工作场景的各种信息素养,从而助力他们时刻掌握先机,在残酷的行业和市场竞争中立于不败之地,最终炼成职场达人。

3 "信息素养通识教程"实践探索

作为生活、学习与工作三大现实场景理论框架的实践探索,2017年9月,笔者在"爱课程"的中国大学 MOOC 平台上开设了"信息素养通识教程:数字化生存的必修课"(见图2)。自开课以来,本慕课已吸引5000多名学员参加学习。学员们反馈学习效果良好。

本慕课是在笔者自2007年起开设的中山大学通识教育核心课程"信息获取与利用"(后改名为"信息素养与信息检索通用教程")的基础上,由全体团队成员通力合作、精心打造而成的一门兼具实用性与趣味性的慕课。为了更好地适应数字时代信息素养通识教育的新要求,本团队改变了目前许多信息素养与信息检索课程与教材由高校教师团队或者图书馆馆员团队单独建设的普遍方式,采用了从事多年信息素养教

图2 "信息素养通识教程：数字化生存的必修课"慕课截图

育的高校教授与工作在信息检索第一线的图书馆专家共同配合组成慕课教学与教材编写团队的新方式，组建了由横跨图书馆学、情报学、计算机科学与技术、教育技术学等十几个学科专业近20名成员组成的教学团队，包括具有较高教学水平的主讲教师团队，擅长运用教育信息技术手段进行教学设计的教学管理团队以及能够配合线上、线下教学的助教团队。本团队从转变教学理念、变革内容体系、活用教学方法、拓展教育对象等方面对信息素养通识教育进行了实践探索。

3.1 转变教学理念：以学习者为中心

中国教育的弊端在于应试教育，而应试教育的硬伤之一就是以教师为中心，教师根据教学大纲主讲，学生被动听讲。本慕课把"以教师为中心"的教学理念转变为"以学习者为中心"。以学习者为中心意味着关注的重点从标准化考核转移到掌握知识技能的评价，从总结性评价转移到过程性评价，学习者从被动学习转变为主动学习。[36]

为了实现把教学理念转变为"以学习者为中心"这个目标，本团队精心设计了"五好"理念，即好看、好学、好记、好用、好玩。"五好"理念相互贯通，无一不体现了以学习者为中心这个理念。①观看（阅读）好看的内容：微课将以VR（虚拟现实）、图文、动画、视频等多种形式展现，无论理论课还是实践课都尽量丰富微课元素，力求有趣而不单调;②学习好学的方法:运用任务驱动和情景教学等教学方法,将学习者置身于真实的情景中,将精炼的知识点融入轻松的小任务,通过简单的实际操作方法来掌握信息获取方法;③牢记好记的检索高招:以简洁明了而好记易记的"达人高招"来归纳提炼一些重要方法与内容要点;④利用好用的学习资源:除了教学视频和教学课件之外,本慕课还提供教学案例、阅读材料、拓展资源、单元讨论、单元测验等丰富的课程学习资源;⑤获得好玩的学习体验:利用先进的信息技术与教育技术手段,让学习者在轻松愉快的氛围中学习,同时享受学习的乐趣,激发他们的学习兴趣,最终达到提升信息素养的目的。

3.2 变革内容体系:创设三大现实场景

本慕课的内容体系主要由信息素养模块与信息检索模块两大模块组成。信息素养模块涵盖了信息社会及其相关概念、信息素养的概念与类型、信息素养的重要性、数字素养、计算机素养、网络素养、数据素养、图书馆素养、信息意识的概念与培育、信息能力的概念、核心信息能力、现代社会的信息能力要求、信息伦理、个人信息管理的概念与工具、个人信息安全与保护等内容。

本慕课内容体系的创新主要体现在信息检索模块,创设三大现实检索场景是本慕课及其教材的最大特色。它彻底改变了以往按照检索工具类型、学科分类或知识分类、专题类别等来编排信息检索的教学体系的传统方式,创设了生活、学习和工作三大现实场景理论框架(见图3),将生活信息检索、学术信息检索和商用信息检索置于可操作性强的、舒适愉悦的特定场景之下,并为每个场景专门创作了年轻的女主角或男主角的卡通形象,由这些主角带领学习者模拟利用各类信息获取的策略与工具完成任务,在轻松有趣的场景下学会各类信息获取方法和技能的同时,有效提升了学习者的信息素养。

图 3 "信息素养通识教程"内容体系

3.3 活用教学方法:快乐地翻转课堂

为了将"五好"教学理念付诸实践,本团队灵活运用了人物设定、情境代入、任务驱动、模拟教学等多种教学方法，分别为三大现实检索场景创作了三个卡通人物：生活场景中的小帅、学习场景中的小云和工作场景中的小伟，并为这些主角们设计了不同的检索情景动画，以情景代入的方式引导学习者进入这些特定情景，将知识点变身为一个个接地气的具体任务，通过检索演示的录屏实现"手把手教学"，让学习者跟随男女主角"身临其境"地模拟操作，了解和熟习检索的整个过程，轻松学会检索各类信息。

生活场景中的男主角小帅是一个典型的"休闲男"，即将大学毕业，兴趣广泛，喜欢交友，热爱美食和旅行。他平时很有兴趣查找各类生活信息，本团队为他设计了为好友网购生日礼物、举办毕业美食派对、查找街舞和欧美流行音乐、查询并预订文艺演出门票、计划并预订毕业旅行行程等任务，学习者在跟随他模拟完成这些任务的过程中，可轻松愉快地学会网购、品美食、听音乐、观看舞蹈等文艺演出、旅行等生活类信息检索的工具与途径。

"学霸"小云是学习场景中的女主角。她是一名电子商务专业的大学生，勤奋好学，好奇心强，喜欢泡图书馆，课外一直对心理学很感兴趣，毕业后想读研或留学。根据不同的学习阶段，本团队为她设计了不同的情景及其任务，包括"新生入学"阶段的查找学习环境信息、熟悉图书馆等学习资源，"老生常学"阶段的利用图书馆完成作业、利用信息资源发展兴趣爱好，以及"毕业升学"阶段的利用学术信息资源完成毕业论文、查找考研信息、查找留学信息等，并模拟完成了上述学习相关学术信息检索的整个过程。

工作场景中的男主角叫小伟，他是一个职场"菜鸟"，是通信工程专业的大学毕业生，学习成绩一般，信息素养课程却学得特别好，并已修炼为信息检索达人。本团队为他设定了"初入职场"场景下找实习找工作、了解行业信息，"掌握先机"场景下年终做报表时获取统计信息、推广产品时查找市场信息，以及"创业路上"场景下立项前查找专利信息、研发新产品时查找标准信息、注册商标时查找商标信息等情景及其任务，学习者可在跟随小伟模拟完成这些任务的过程中学会利用商用信息检索的工具与途径。

3.4 拓展教育对象：从小众普及到大众

从前，传统教学由于师资、场地、技术设备等条件的限制，无法向全社会开放，大学生等知识阶层之外的大部分人群被排除在外。如今，随着互联网的延伸，信息技术的发展，慕课等在线课程的全面开放，教育对象从小众拓展到大众已经成为可能与现实。

长期以来，由于多方面的原因，信息素养教育的对象主要集中在教师、学生、科研人员、图书馆等信息服务机构从业人员和用户等少数群体，较少对上述群体以外的人群开展信息素养通识教育。这样的状况不仅已无法适应信息社会与数字时代的发展与要求，而且也给了不法分子有机可乘，导致各类网络和电信诈骗案件频频发生，令不少信息素养不高的老百姓遭受了财物损失甚至人身伤害。因此，有必要将信息素养教育的对象从小众拓展到大众。

在建设伊始，本慕课即明确将高等院校所有学科专业的本科生与研究生、信息管理从业人员以及各行各业致力于提升信息素养的社会人士作为目标受众。这个思路贯穿在慕课建设的整个过程和各个环节，无论确定课程目标还是教学理念，无论设计教学方法还是编排课程内容体系，无论进行教学设计还是实施教学安排，自始至终力求将通识教育真正落到实处，将教育对象从"高知小众"普及到普罗大众，将本慕课努力打造为适合全民学习的兼具实用性与趣味性的通识课程。[37]

4 结语

综上所述，三大现实场景信息素养通识教育的理论创新与实践探索具有以下两个方面的重要意义：

（1）通过建立贴近现实需求的三大现实场景理论框架，构建兼具实用性与趣味性的信息素养通识教育的内容体系，为开展信息素养通识教育的理论创新与实践探索提供一种新的思路、一种可供参考的理论框架与教学体例，以期推动信息素养及其教育相关领域涌现更多的理论创新与实践探索。

（2）生活、学习与工作三大现实场景信息素养通识教育的理论创新与实践探索，是吸引更多各行各业的社会人士学习信息素养通识课程，力求将信息素养通识教育真正落实到"通识"、普及到全民的一次努力与尝试。我们期许全社会一起关注并参与到信息素养通识教育中来，从而提升全民信息素养，提高个人信息安全防范意识，以防受骗上当，避免"李文星事件""魏则西事件"等惨痛事件的再次发生。

参考文献

[1] 赵凯迪. 大学生疑入传销组织溺亡:曾因家庭困难拒绝上大学[EB/OL]. (2017 - 08 - 03)[2017 - 08 - 03]. http://www.china.com.cn/news/2017-08-03/content_41338083_2.htm.

[2] 李鑫. 李文星误入传销组织经过查明 涉案人员已被刑拘[EB/OL]. (2017 - 08 - 06)[2017 - 10 - 22]. http://news.enorth.com.cn/system/2017/08/06/033489271.shtml? url_type = 39&object_type = webpage&pos = 1.

[3] BOSS 直聘. BOSS 直聘的道歉信[EB/OL]. (2017 - 08 - 10)[2017 - 10 - 22]. https://media.weibo.cn/article? id = 2309404139119096805820&jumpfrom = weibo-com.

[4] 刘经宇. 静海警方:李文星被传销组织送归途中意外溺亡 不予刑事立案[EB/OL]. (2017 - 10 - 25)[2017 - 11 - 05]. http://www.bjnews.com.cn/news/2017/10/25/461717.html.

[5] 裴刚虎. 北京科蓝回应李文星事件:涉事招聘方系恶意冒充[EB/OL]. (2017 - 08 - 03)[2017 - 10 - 22]. http://media.china.com.cn/cmyw/2017-08-03/1107122.html.

[6] 魏则西整个事件过程[EB/OL]. [2017 - 08 - 09]. https://www.sohu.com/a/73038639_393515.

[7] 百度推广. 第一次回应:声称涉事医院资质齐全[EB/OL]. (2016 - 04 - 28)[2017 - 10 - 22]. http://weibo.com/2359359985/Dt4FxaIo2? from = page_

1006062359359985_profile&wvr = 6&mod = weibotime&type = comment#_rnd150928 1282346.

[8] 百度推广. 第二次回应:声称百度积极向有关部门递交审查申请[EB/OL]. (2016 - 05 - 01)[2017 - 10 - 22]. http://weibo. com/2359359985/Dtqxo10VY? from = page_1006062359359985_profile&wvr = 6&mod = weibotime& type = comment.

[9] 百度推广. 第三次回应:声称遵照联合调查组整改要求[EB/OL]. (2016 - 05 - 10)[2017 - 10 - 22]. http://weibo. com/2359359985/DuSGsADJG? from = page_ 1006062359359985 _ profile&wvr = 6&mod = weibotime&type = comment # _ rnd1509281599103.

[10] 国家网信办联合调查组公布进驻百度调查结果[EB/OL]. (2016 - 05 - 09) [2017 - 08 - 09]. http://www. cac. gov. cn/2016-05/09/c_1118840657. htm.

[11] BOSS 直聘用户协议及隐私政策[EB/OL]. (2017 - 09 - 11)[2017 - 10 - 15]. https://www. zhipin. com/register/protocol/introduce? ka = link-privacy.

[12] 陈利国, 刘忠民. 搜索引擎的工作原理和发展趋势[J]. 电脑知识与技术(学术交流), 2007(23):1300 - 1302.

[13] 百度免责声明[EB/OL]. [2017 - 10 - 22]. https://www. baidu. com/duty/.

[14] OECD. Definition and selection of competencies(DeSeCo)[EB/OL]. [2017 - 10 - 22]. http://www. oecd. org/education/skills-beyond-school/definitionandselectionofcompetenciesdeseco. htm.

[15] European Union. Key competences for lifelong learning:A European reference framework[EB/OL]. (2006 - 12 - 08)[2017 - 10 - 22]. https://publications. europa. eu/en/publication-detail/-/publication/0259ec35-9594-4648-b5a4-fb2b23218096/language-en/format-PDF/source-45338035.

[16] Partnership for 21st Century Learning. Framework for 21st century learning[EB/OL]. [2017 - 10 - 22]. http://www. p21. org/our-work/p21-framework.

[17] Partnership for 21st Century Skills. Framework for 21st Century Learning[EB/OL]. [2017 - 10 - 22]. http://www. battelleforkids. org/networks/p21.

[18] United Nations Educational, Scientific, and Cultural Organization. Global media and information literacy assessment framework:country readiness and competencies[EB/OL]. [2017 - 10 - 22]. http://www. unesco. org/new/en/communication-and-information/resources/publications-and-communication-materials/publications/full-list/global-media-and-information-literacy-assessment-framework/.

[19] Association of College and Research Libraries. Framework for information literacy for

higher education[EB/OL]. (2015 - 02 - 02)[2017 - 10 - 22]. http://www.ala. org/acrl/standards/ilframework.

[20] International Federation of Library Associations and Institutions. Building a stronger information society from the bottom up:IFLA statement on digital literacy[EB/OL]. (2017 - 08 - 22)[2017 - 10 - 25]. https://www.ifla.org/node/11599.

[21] 洪跃,付瑶,杜辉,等. 国内高校图书馆信息素养教育现状调研分析[J]. 大学图书馆学报,2016(6):90 - 99.

[22] 中华人民共和国教育部. 教育部关于印发《普通高等学校图书馆规程》的通知[EB/OL]. (2016 - 01 - 04)[2017 - 10 - 22]. http://www.moe.cn/srcsite/A08/moe_736/s3886/201601/t20160120_228487.html.

[23] 赵婀娜,赵婷玉. 中国学生发展核心素养[EB/OL]. (2016 - 09 - 14)[2017 - 10 - 22]. http://edu.people.com.cn/n1/2016/0914/c1053-28714231.html.

[24] 褚宏启. 核心素养的国际视野与中国立场:21世纪中国的国民素质提升与教育目标转型[J]. 教育研究,2016(11):8 - 18.

[25] 吴少敏. 广东"媒介素养"教材进小学课堂[EB/OL]. (2017 - 03 - 15)[2017 - 10 - 22]. http://news.xinhuanet.com/newmedia/2017-03/15/c_1361 29472.htm.

[26] 郜向荣. 与时俱进的学科探索者:我国著名图书馆学家情报学家陈光祚先生访谈录[J]. 图书馆,2005(6):51 - 55.

[27] 潘燕桃. 信息检索通用教程[M]. 北京:高等教育出版社,2009.

[28] 韩志伟. 信息素养与信息检索[M]. 北京:中国轻工业出版社,2013.

[29] 秦殿启. 信息素养论[M]. 南京:南京大学出版社,2012.

[30] 黄如花. "信息检索"慕课[EB/OL]. (2017 - 09 - 11)[2017 - 10 - 22]. http://www.icourse163.org/course/WHU-29001.

[31] 李碧武. "互联网+教育"的冷思考[J]. 中国信息技术教育,2015(7):96 - 99.

[32] 吴旻瑜,刘欢,任友群. "互联网+"校园:高校智慧校园建设的新阶段[J]. 远程教育杂志,2015(4):8 - 13.

[33] 柯平. 信息检索与信息素养概论[M]. 2版. 北京:高等教育出版社,2015.

[34] 韩志伟. 信息素养与信息检索[M]. 北京:中国轻工业出版社,2013.

[35] 陈英. 科技信息检索[M]. 6版. 北京:科学出版社,2014.

[36] 刘妍,顾小清,顾晓莉,等. 教育系统变革与以学习者为中心的教育范式:再访国际教学设计专家瑞格鲁斯教授[J]. 现代远程教育研究,2017(1):13 - 20.

[37] 潘燕桃,陈香. "信息素养与信息检索通用教程"慕课及其教材的一体化建设

[J]. 高校图书馆工作,2017(4):5-8.

(本文原刊于《图书馆杂志》2017年第12期,页44-53)

作者简介

潘燕桃,研究方向：信息素养及其教育、图书馆学教育、信息资源管理、图书馆立法、公共图书馆思想史、信息资源共享、信息素养通识教育。

李龙渊,研究方向：信息素养、数据素养、公共文化服务。

回归命运契约　优化生态系统
——图书馆事业、教育与研究的协同发展之路[①]

肖鹏

1　图书馆事业、教育与研究之间的"命运契约"

图书馆事业、图书馆学教育与图书馆学研究尽管分属不同的社会部门，但由于"图书馆"这一中心机构的存在，它们的命运紧密相连，互为牵引。图书馆学绝不仅仅研究图书馆，相应的教育体系也不应只为图书馆培养人才，但图书馆学研究和教育因图书馆事业而生、为图书馆事业服务。从诞生之日起，图书馆事业、教育和研究之间就存在一份"命运契约"，三方同呼吸、共命运。

所谓"命运契约"，是指图书馆事业、图书馆学教育与图书馆学研究有各自不同的立场、行动和职责，但三方以推动图书馆发展为共同约定的使命，结成命运共同体。"命运契约"不仅关乎"不忘初心"中的"初心"二字，也是图书馆教育和研究发展的根本与根基。如果图书馆学研究能为图书馆事业发出声音、提供建议，为其争取新的发展空间，图书馆学教育能为图书馆事业培养最优秀的人才、守好核心阵地，那我们就有资格也有底气把相应的经验拓展、复制到其他信息机构、文化机

[①] 本文系国家社会科学基金青年项目"技术赋能视阈下人文学者的数字学术需求及其图书馆服务策略研究"（项目编号：18CTQ006）的研究成果。

构乃至信息社会中的任何一个组织。

　　轻视、忽视乃至破坏事业、教育与研究之间的"命运契约",很可能导致相应的工作或研究误入歧途。有学者指出,21世纪以来,网络化、数字化给图书馆带来的一个革命性变化是图书馆知识资源主权的异化,导致一切围绕数字资源管理的技术和方法不再来自图书馆,而来自系统商和数据商[1],某些研究遭遇实用性和可用性方面的挑战。进一步讲,大数据、云计算、人工智能等新兴技术体系日益流行,但相关领域很少直接触碰核心算法,主要通过调用外部"黑盒子"展开应用实验,在实践中进行检验同样非常重要。可对大部分图书馆学研究者（顶级学者和有特殊背景的学者不在讨论之列）而言,与商业界达成合作的难度很大。相比之下,图书馆学研究者、从业者被天然地绑在一起,双方的信息互动、深入协作甚至身份转换比较顺畅,有望让应用问题落地。

　　类似挑战在业界同样存在。譬如,少数图书馆重视计算机科学专业毕业生甚于图书馆学毕业生,这对于有自主研发需求的图书馆,完全可以理解;但对于没有自主研发需求的图书馆,计算机科学专业毕业生真的比图书馆学毕业生更适合吗?图书馆界在20世纪90年代后不再主导图书馆自动化系统开发,此后图书馆对系统的发展方向就失去了话语权,只有作为用户的建议权。在商业利润压迫下,建议权的力量相当薄弱。如果想要发挥建议权作用,更需要的角色是"产品经理"而非"程序员"。简言之,图书馆需要的是对业务流程有深入理解和领悟的人才,尽管当前图书馆学学生的技能培养存在缺憾,但只要在一定程度上调整培养内容,他们无疑更适合相关工作。

　　教育界也有类似情况,教育者有时候对图书馆的真实需求并不足够了解。例如,当编目外包已成不可逆转的趋势,我们要坚持何种理念传授编目知识?其回答涉及传统核心知识的再定位问题,不能闭门造车。

　　针对上述现象,近年议论纷纷,大致可以归纳为两种截然不同的思路。

　　第一种思路可以归纳为"废约之路"——废除"命运契约",切断图书馆事业、研究和教育之间的关系,三方各自建立话语体系、各自解决自己的问题。回顾历史，从20世纪80年代的基础理论浪潮开始，随着图书馆学基础理论逐渐泛化为以信息交流为中心概念的理论研究，图书馆学研究就开始走上这条道路。其后在市场经济、专业调整和iSchools运动的推波助澜下，三方在这条路上渐行渐远。近年发酵的图书馆学"改名""取消"等呼声可以视为"废约"路线的后续影响之一。然而"废约"路线戴着"因应变革"假面具，抛弃图书馆事业、研究与教育的共同使命，忘却了图书馆学研究、教育首先应该为图书馆事业服务的初心，会导致图书馆事业专业化人才输送日益减少，行业和研究支持力量逐步缩小，最终对全民阅读、公共文化服务体系建设等重要工作造成阻滞，是不可取的。

第二种思路可以称为"重订之路"——重新审视图书馆学研究、教育与事业发展之间的关系，重新订立"命运契约"。时代确实在变，但图书馆精神不变，初心不改。近年中山大学资讯管理学院图书馆学团队的探索经验表明，这条路虽然不易，但它或是破解困局的可行之路。"重订契约"并非空洞的说辞，破解困境的关键并不是盲目跟随潮流、惊惧外部风吹草动，而是要回到图书馆领域本身，审视三方处境的变化及其关系的动态发展。

我们需要重新订立一份怎样的契约？质言之，新时代的图书馆事业、研究和教育三方如何重新携手并进？要回答这个问题，应该先明确：和百年前的图书馆领域相比，当今图书馆事业、研究和教育出现了何种关键的变化？应该像"庖丁"一般，找到关乎三方要害的关节点，作为破局的切口，抓住新时代图书馆事业发展的关键特征，呼应图书馆学研究的转型，推动图书馆学教育观念的转变。笔者认为"图书馆生态系统"就是"解牛"的关键概念。

2 图书馆生态系统：来自历史和现实的双重观察

图书馆业界、学界和教育界向来重视外部环境（包括且不仅限于政治、技术、经济）的影响，"变革""转型"从30年前开始就是热门话题。以技术为例，从云计算、人工智能到 5G，我们曾反复列举它们对图书馆的各种正面和负面影响，尝试以此观望未来。[2,3] 如今反思，当同样的技术体系、外部环境渗透到不同行业、领域时，往往会产生截然不同的影响，因为每项事业有其独有的内部逻辑。在这个时代，如果只是漫谈外部变化和技术革新，忽视图书馆事业的内部逻辑，那么，我们的观察将缺乏足够的洞察力。必须把外部生态变迁投射到图书馆的内部逻辑之中，切实把握技术与事业之间的互动关系。为实现这种从"外部话语"到"内部话语"的转变，笔者认为，"图书馆生态系统"的崛起是 21 世纪图书馆事业最深刻的变化之一。

业内对图书馆相关"生态圈"或"生态系统"有不同提法，有的从信息生态角度出发[4]，有的借生态环保和绿色图书馆视角进行阐述。本文对"图书馆生态系统"的定义则继承学界熟悉的"书籍循环圈"模型。尽管这一模型最初只是罗伯特·达恩顿为书籍史研究者提供的思维图谱，但它生动地揭示了书籍生产背后厚重而复杂的社会因缘。正如一本书的面貌不仅仅由作者决定，一所图书馆的整体面貌、服务能力、发展也不仅仅由图书馆员决定。所谓"图书馆生态系统"，是指以图书馆为中心，由图书馆和外部利益相关方组成的生态体系和互动空间。"图书馆生态系统"概念涵盖图书馆"业内"和"业外"两个层面，既包括图书馆与图书馆之间的内部同行互动，也包括图书馆和外部机构之间的交流。尽管图书馆是这个生态系统的中心，但图书馆的服务能力和基础资源已越来越密切地和生态伙伴们联系在一起。

从历史发展的视角看，为实现图书馆专业化发展，创造完善的图书馆生态系统一直是图书馆人的不懈追求。1876 年作为图书馆史上的关键年份，是"美国图书馆模式"成型、图书馆事业发生"质变"的重要时期。[5] 已有研究对 1876 年的考察集中于美国图书馆协会的成立，但当时的图书馆领袖视野恢宏、所思甚远，他们不仅要成立一个联络组织，更致力于打造完整的图书馆生态。几乎在协会成立的同时，他们创办了支撑业界交流和学术研究的《图书馆杂志》，杜威等则成立了当代"图书馆服务商"的前身——图书馆公司（Library Bureau，也有学者称之为"图书馆局"）。之后数十年，他们又努力建设起图书馆教育体系。[6]以杜威创办的图书馆公司为例,它绝不仅仅是杜威牟利的"小算盘",它让图书馆从此有机会实现定制化需求,获得专门的工具和设备。相比之下,中华图书馆协会成立之时并没有在相关方面采取行动,直到1933年杜定友还抱怨:"现在中国的图书馆事业,正在蓬勃萌芽的时期。对于理论方面,建设方面,也很有些人提倡。但是对于实际上的指示,却不多见。尤其是用品问题。舶来的用品,自然不能适用。自制的东西,也不可多得。在外国,有很大的公司组织,专门制造图书馆的用品。在中国,便没有人干了。"[7]因此,他愤而编写《图书馆表格与用品》,试图从表格和用品等小件入手,改变当时中国图书馆设备落后的情况。

"图书馆生态系统"这一概念的提出旨在说明两个问题。其一,自图书馆成立之日起,图书馆生态系统就存在,图书馆学是在图书馆生态系统中发展起来的,其学术定位和学科定位与图书馆事业紧密相连,这是"命运契约"得以成立的合理性和合法性基础。其二,自图书馆成立之日起,图书馆生态系统就自然而然地存在,但在中国,早期图书馆生态系统中机构不多、业务不繁,一直到20世纪90年代才出现根本性变化。特别是2000年后,随着政府日益重视,图书馆事业逐渐繁荣,市场经济渐成规模,中国图书馆生态系统实现了突破性成长。

图书馆生态系统包括"业内"和"业外"两个层面,其壮大同样体现在这两个层面。从"业内"视角来看,图书馆数量不断增多,图书馆网络规模不断扩大,图书馆之间的合作程度不断提高。但本文更注意对"业外"的观察:中国早已走出"舶来用品不能适用""自制东西不可多得"的困境,专门为图书馆服务的外包商、服务商、出版商、中间商不仅数量增多,规模也大,面对图书馆,话语权越来越强。以数据库谈判为典型场景,图书馆生态系统中的利益相关方在很大程度上掌握主动优势,作为生态系统中心的图书馆反而趋于被动。

在这样的背景下,要充分发挥图书馆的社会职能和机构使命,应培育具有伦理自觉的图书馆生态系统,也要通过合理的措施促使其发挥正面作用。例如,在"十四五"时期的公共图书馆事业(乃至公共文化服务体系)发展中,社会力量参与是一个重要话题[8],意味着图书馆要和更多外部伙伴打交道，图书馆生态系统还要继续发展。我们注意到，其中"参与"二字是题眼，强调要把社会力量置入政府主导的图书馆体系，督促其规范发展。

图书馆生态系统是图书馆事业可持续发展的重要保证，确保图书馆生态系统走一条"蓬勃壮大、健康有序"的道路则是新时期图书馆事业、研究和教育的共同使命，应成为"重订契约"的核心内容。

3　重订契约：一种超越困境的可能

"命运契约"和"图书馆生态系统"这两个概念的提出，绝不仅仅是为了阐述某个孤立的问题，它们或有潜力成为破解若干图书馆重要议题的钥匙。例如，近年反复讨论的"去职业化"现象与这两者关系密切：一方面，生态系统的壮大让图书馆越来越依赖外部合作伙伴或利益相关者；另一方面，逐渐被抛弃的"命运契约"也未能因应事业需要更新专业人才的培养体系，最终导致图书馆员的专业性色彩逐渐淡薄。

要为图书馆事业找回新时代的话语权和专业性，对图书馆学研究和教育而言，首先要认识到为图书馆事业服务不仅是初心的回归，更是自我发展的主要路径。在实际工作中，要辨别哪些工作、议题是当前图书馆"可为之事"，哪些事务的主动权已被转移到图书馆生态系统的外部利益相关方手中，并以此为前提集中力量为图书馆提供可行的建议和可用的人才。图书馆人也要认识到，纯粹依赖业界很难打造良好的生态系统，学界和教育界是不可或缺的助力。要加强和学界、教育界的沟通，积极、主动地反馈需求，引导研究和教育向实践靠拢。基于此，"重订契约"应该注重以下三点：

首先，注重以"图书馆生态系统"为边界，重新确立研究和教育重点。图书馆学研究者和图书馆从业者之间存在着相对密切、顺畅的交流渠道和合作可能，图书馆是图书馆学术研究落地和发挥实效的核心场所。研究者要加强和图书馆机构的联系，认清图书馆事业的需求，重点开展阅读推广、文献保护等图书馆"可为之事"的研究。倘若只是追随热点，忽视应用型学科的独有特征，最终可能是"竹篮打水一场空"。

其次，引导图书馆生态系统良性发展。例如，在图书馆生态系统日益发展的背景下，依然需要开展编目研究、培养编目人才，但传统编目员不再是图书馆所需要的，需要培养的是编目规范的验收者（初级人才）、规范者（中级人才）、制定者和引领者（高级人才）。要跟踪甚至预见图书馆生态系统的发展趋向，加强图书馆员与图书馆生态系统的互动，实现对图书馆生态系统的内涵规范和方向引导。

最后，从不同角度加强对图书馆生态系统的研究，建立与图书馆生态系统的合作关系，以合理可行的路径拓展图书馆（学）的影响力。改变的前提是交流、认知和研究，只有加强对图书馆生态系统以及其中各个不同利益相关方的分析，学界才能更好地支持图书馆事业。例如，对图书馆学教育而言，除培养图书馆员外，对外扩展的第一步可以是为图书馆生态系统中的公司和机构培养人才，这样的目标显然更实际、更易实现，从长远看可以提高整个生态系统的专业性与规范度。实际上，当前有很多图书馆学毕业生在数据商、外包商、出版社取得了一定的成就。

4 结语

我们必须重视三方的互动、协同，重视"命运契约"。图书馆领域需要的并不是纯粹的理论研究、自说自话的人才培养和盲目蛮干的实践行动，理论、人才和实践三者的交叉发展是图书馆（学）百余年发展中的重要传统和宝贵经验。随着时间的推移，斑黄纸张上的条款略显陈旧，但"废约之路"不是理智的选择，重新订立条约、更新内容才是更合理、更符合中国的道路。唯其如此，业界、学界、教育界才能携手推动实质性的改革，才能引导图书馆生态系统继续壮大、有序发展，并最终从中受益，而不是反过来为其所制。

参考文献

[1] 程焕文,刘佳亲.图书馆学研究的使命、问题与方向[J].图书情报工作,2020,64(1):20-24.

[2] 肖鹏.云计算对图书馆事业的双重影响[J].图书馆学研究,2009(8):42-44.

[3] 肖鹏,陈定权."211"高校图书馆信息系统管理的关键问题[J].数字图书馆论坛,2014(1):17-23.

[4] 刘洵.图书馆信息生态圈协同进化研究[J].图书情报工作,2016,60(9):49-54.

[5] 肖鹏.从"美国图书馆模式"到"中国图书馆路径"的初步成型:以《中华人民共和国公共图书馆法》为分水岭的回顾与展望[J].图书馆建设,2018(2):23-28.

[6] THORNTON J L. The chronology of librarianship: An introduction to the history of libraries and book-collecting[M]. London: Grafton & Co., 1941:83-84.

[7] 杜定友.图书馆表格与用品[M].上海:商务印刷所图书馆部,1932:1-2.

[8] 肖鹏,陈慧彤,何亚丽,等.我国"十四五"时期图书馆学研究的热点问题[J].数字图书馆论坛,2020(4):2-9.

(本文原刊于《图书馆论坛》2020年第8期,页54-58)

作者简介

肖鹏,研究方向:公共文化服务、数字人文、图书与图书馆史、图书与图书馆史、信息服务营销、目录学等。

专题四

课程体系与课程建设

关于图书馆学情报学专业核心课程建设的思考

罗式胜

1997年3月底,武汉大学举行了海峡两岸第三届图书情报学术研讨会。在这个研讨会上,不少学者对图书馆学情报学专业的核心课程问题提出了许多有建设性的意见。的确,关于图书馆学情报学专业核心课程建设是一个关系着本专业整体发展的大问题,这个问题对当前图书馆学情报学学科专业寻求自身发展有着非常重要的意义。本文就图书馆学情报学专业的核心课程建设问题再提出一些看法。

1 图书馆学情报学专业核心课程确定的原则

1.1 本学科的独特性

多年来,图书馆学情报学在经历了严格的论证、评估、筛选和界定之后,终于能在整个学科之林得到了公认的席位,其根本原因是图书馆学情报学有其独特的学科性质。图书馆学情报学有独立的研究对象、研究目的和研究领域,其学术领域中所形成的学科特色,是别的任何一个学科都无法替代或包含的。如果图书馆学情报学专业不具备自身这种特殊性,它则有可能会被别的学科专业取代,图书馆学情报学专业在整个学科之林则可能消失。

因此,在确定学科专业核心课程时,一定要体现本学科的特殊性,这是原则性的问题。图书馆学情报学专业核心课程的设置应该体现图书馆学情报学专业作为一个独立的学科在整个科学界所具备的与别的学科专业不同的独特方面的内容，也就是说，所具备的这些内容是别的学科专业所不能替代的。相反，如果一些课程所具备的内容是别的学科专业可以替代的话，则这些课程就不便成为图书馆学情报学专业的核心课程了。

1.2 本学科的代表性

核心课程的设置要具备该学科专业的代表性，也就是说，当我们看到图书馆学情报学学科专业核心课程的设置时，应该能看到该学科专业的一个独特的、清晰的轮廓。

独特者，与别的学科不同也；清晰者，专业边界明确也；轮廓者，图书馆学情报学学科基本面貌也。也就是说，图书馆学情报学核心课程的代表性应能展现出一个与别的学科专业不同的、边界明确的图书馆学情报学学科的专业的基本面貌。

所谓清晰的轮廓，一般来说，它只要具备基本内容则可。如果我们学习图书馆学情报学的核心课程时，看不到图书馆学情报学学科专业的一个清楚的轮廓，或者看到的只是一个模棱两可的、似这个学科又像那个学科的"三不像"学科的话，那么则意味着这些核心课程的设置是不科学的，不具备图书馆学情报学学科专业的代表性。

当然，学科专业的代表性与学科专业的浓缩性是分不开的，也就是说，在确定图书馆学情报学学科专业的核心课程时，我们应该做到：当我们仅仅学习专业的这几门核心课程（哪怕不看这一专业的其他非核心课程）时，也能看到图书馆学情报学学科专业的一个基本面貌。

图书馆学情报学核心课程的设置，应该能够回答这样一个问题：如果我们要掌握这个学科内容，至少要学习哪几门课？

对于图书馆学情报学专业来说，根据实际情况，每个专业的核心课程以10门左右为宜。

1.3 本学科的基础性

图书馆学情报学学科专业核心课程建设必须符合基础性的原则。学科的基础性就好比一棵树的根部，有了树的根部，则有了发展壮大的基础。图书馆学情报学学科专业核心课程的基础性应该体现在两个主要的方面：一是本专业理论的基础性；二是本专业方法论的基础性。

1.4 学科的展望性

学科专业的展望性体现了一个学科专业外围及其与别的学科专业交叉的边缘的动态趋势。它是一个学科专业开放性与成熟性的表现，是一个学科专业新陈代谢、协调自我并与外界科学环境保持良性循环的必不可少的特性。

学科专业的展望性至少应该体现在以下两个方面中的一个方面：

（1）传统课程内容的拓宽与展望。图书馆学情报学专业课程，特别是传统核心课程，例如图书馆学基础、情报学概论、目录学、文献收集与利用、分类法与主题法、文献编目、文献检索（科技文献检索和社科文献检索）、图书馆管理学等，其内容应该随着科学的不断发展和深化而加以拓展和充实，以适应科学和社会发展的客观环境。

（2）开拓并扶植一些以图书馆学情报学为基本研究对象并业已成熟的交叉分支学科。例如计算机情报检索、图书馆自动化、情报分析与研究等。

应该说，上面提到的这些课程是符合包括展望性在内的四大特性的，因此，它们是可以考虑作为图书馆学情报学专业的核心课程的。

2 外专业的课程不宜作为图书馆学情报学专业的核心课程

对于图书馆学情报学专业教育来说，引进某些外专业的课程是必须的，但应该注意的是，这些必需的课程不一定可以作为核心课程。

2.1 核心课程与必修课程

图书馆学情报学专业的必修课与核心课程是有一定区别的，前者是图书馆学情报学专业教育必须要修的课程；而后者则必须是符合核心课程原则（本学科独特性、本学科代表性、本学科基础性、本学科展望性等）的必修课程，也就是说，核心课程是必修课中的必修课。高等数学、英语、大学语文等课程虽然非常重要，但它们不宜作为图书馆学情报学专业的核心课程，只能列为图书馆学情报学专业的必修课程。这是基本被公认了的。

核心课程和必修课程之间的关系千万不要混淆，否则会破坏图书馆学情报学专业核心课程建设的目标和"纯洁性"。

2.2 计算机专业等外专业的某些课程不宜作为图书馆学情报学专业的核心课程

目前，不少图书馆学情报学专业教学院系为了促进本学科发展，把跨学科专业的一些现代化技术的课程、计算机的课程引入图书馆学情报学专业教学范围，应该说是及时的。这些课程是图书馆学情报学专业前期教育必须奠定的基础，把这些课程作为图书馆学情报学的必修课或选修课是非常必要的。但如果把这些纯相关学科的专业课程，例如（参考文献 1 中提到台湾和大陆有些学者提出的）计算机网络原理与应用、计算机概论、数据结构、程序设计语言等这些纯计算机专业的课程列入图书馆学情报学专业的核心课程体系中，则似有不妥之处，其理由有三：

第一，上述计算机网络原理与应用、计算机概论、数据结构、程序设计语言等课程是计算机专业的课程，它不具备图书馆学情报学的独特性和代表性。把外专业的课程作为图书馆学情报学专业的核心课程，会使专业界限变得模糊。这种情况正暴露了图书馆学情报学专业学科建设上存在的严重问题，即学科基础薄弱，专业核心并未真正形成。

第二，上述这些纯计算机专业课程，事实上在大专院校已成为许多专业的公共课，它就像前面提到的大学英语、高等数学、大学语文等公共课程一样，各个专业都开设，这是一种共性。把这些共性课程列入图书馆学情报学专业核心课程之中，会冲淡图书馆学情报学学科专业本身的特性，使得其专业核心课程的特色不"特"。

第三，上述这些纯外专业课程还未形成有图书馆学情报学特色的成熟的交叉学科课程。事实上，在图书馆学情报学专业教育的核心课程体系中引入一些带展望性的交叉分支课程并不是不可以的，问题是引入的这些学科课程必须是经过消化后成熟的交叉学科课程，也就是说，那些照搬的未经过消化的外专业课程一般不宜作为图书馆学情报学专业的核心课程（但可以作为必修课程）。事实上，在图书馆学情报学领域，已有不少成功引入并经过消化的成熟的交叉学科课程，例如，除前面提到过的图书馆自动化、计算机情报检索外，还有信息经济学、文献计量学（含图书馆统计学）、数据库建设、信息系统分析与设计等，这些课程是具有浓厚图书馆学情报学学科特色的展望性课程，是可以考虑作为图书馆学情报学专业核心课程的。

的确，确定一个学科专业的核心课程并不是一件容易的事，它既要符合科学的客观规律，又要被广大图书馆学情报学学者认可。我们完全可以相信，随着高等教育实践的不断深入和发展，一个符合学科教育规律的、科学的、规范的图书馆学情报学学科专业核心课程体系一定会逐步臻于完美。

参考文献

[1] 肖希明. 构建面向21世纪的图书情报学核心课程体系:海峡两岸第三届图书资讯学术研讨[J]. 图书情报知识,1997(2):37-39.
[2] 罗式胜. 论图书馆学专业的保持、淡化与拓宽[J]. 图书情报知识,1997(2):23-25.
[3] 张健. 影响图书馆信息服务的因素及对策[J]. 四川图书馆学报,1996(4):1-5.
[4] 杨挺. 适应改革发展:市场经济与图书馆研究[J]. 图书馆建设,1995(1):7-10.

(本文原刊于《中国图书馆学报》1998年第1期,页3-5)

作者简介

罗式胜,主要研究方向:文献计量学、科学计量学、企业情报、图书馆公共关系、竞争情报;教授课程:文献计量学、企业情报工作、科学计量学、图书馆公共关系、经济信息学。

美国马里兰大学档案硕士课程的更新与变革

肖永英

计算机技术和网络技术在档案工作中的运用,给档案理论与实践带来了深刻的影响。档案教育如何适应档案具体工作的变化,适应新世纪的需要,是当今档案教育机构所面临的一个迫在眉睫的问题。美国的档案正式教育始于20世纪30年代,当时哥伦比亚大学和其他一些有名的教育机构开始开设档案教育课程,为新兴的档案行业培养工作人员。发展到现在,美国的档案教育已经形成了一个较为健全的体系。据《美、加档案教育名录(1997—1998)》统计,美国目前共有23个州的36所高等院校开设有档案专业的正式教育课程。[1]任何人只要拥有学士学位,不管其学科背景如何,或者是否从事过档案工作,都可以向这些学校申请攻读档案专业方向的研究生。位于美国东部的马里兰大学,在档案课程的提供方面虽然在历史上并不如有的院系那么悠久,但近年来,该校图书情报学院审时度势地将其档案课程做出了及时的更新和调整,以适应新世纪对档案人才的需要。本文旨在对美国马里兰大学所开设的档案硕士课程的更新和变革情况做一简单介绍,以供我国档案教育界人士借鉴。

1 马里兰大学档案硕士课程的发展简况

马里兰大学的档案课程最初开创于20世纪70年代末期。和美国其他大多数档案课程一样,该校的档案课程是由图书情报学院开设的。美国当代著名档案学家弗兰克·伯克为该系的创办和发展做出了相当重要的贡献。到 90 年代初期，该校所开设的档案课程已开始形成自己的特色。档案硕士学位的获得，在该校可以通过两种渠道：一是图书馆学硕士学位方式（MLS）；二是历史学与图书馆学相结合的双硕士学位方式（HILS）。其中后者曾是马里兰大学所提供的课程中较具特色的独创之举。学生如果要获得图书馆学的硕士学位，就必须修满 36 个学分，所修课程基本上是由该院所开设；而历史学与图书馆学结合的硕士学位的获得，则要求学生修满 54 个学分，其中 24 个学分必须是修该院所开设的课程而得，24 个学分是修历史系所开设的课程而得，而其余学分可以是修该校的其他院系或指定大学所开设的课程而得。[2] 这一时期该校图书情报学院所开设的档案课程主要有：档案引论，档案管理，高级档案管理，文件管理原理，手稿馆藏管理，档案工作者、图书馆员和相关法律，档案自动化，图书与档案保护技术，视听资料管理，西方文明中的档案馆与图书馆，口述史专题研究等。

2 马里兰大学档案硕士课程的更新与变革

马里兰大学档案硕士课程的更新与变革，是该校图书情报学院 90 年代后所开始的课程更新与变革的一部分。由于现代信息技术对图书、情报和档案工作的影响，专业教育的课程内容面临着严峻的挑战。为了适应时代的需要，该校的图书情报学院从 1992 年开始对其硕士课程进行了分期分步的更新和变革。课程改革的第一阶段主要集中在该院的核心课程上，其目的是通过核心课程的设置来反映该院的办学方针，即培养学生掌握信息科学方面的基本理论和原理。课程改革的第二阶段主要集中在选修课程上，尤其是信息技术、信息结构和信息检索类课程的更新。而第三阶段的课程改革则开始于 1997 年秋季，主要集中在该院的管理类课程和档案与文件管理课程的更新上，其目的是使学生能够适应21 世纪本行业所面临的机遇和挑战。

处于第三阶段的课程改革的主要构思是将现有的课程内容设置与当今社会对档案工作所提出的挑战与要求做一对照，并在此基础上做出必要的修改和变动。为了完成这一构思，马里兰大学图书情报学院主要采取了以下四种渠道来进行：①认真研究相关的专业教育指南，如美国档案工作者协会（SAA）在 1994 年所颁布的《档案学硕士课程发展指南》；②广泛参观首都华盛顿特区的多个档案馆或档案机构，以了解档案用人单位对将来档案专业学生知识、技能和素质的要求；③认真调查其他高等院校的档案课程设置情况，尤其是对课程新近进行了修改的那些院校，以便吸取其他高校在档案课程改革方面的经验和教训；④召开由档案领域专家或重要人士参加的专门会议，听取有关专家对教育方面的看法和意见。[3]

这里最值得一提的是由有关专家参加的档案教育咨询会议。该会议召开于 1997 年 11 月，会议主要围绕两个主题进行：一是未来的档案工作者、文件管理人员及相关信息人员在今后 10 年所面临的挑战和机遇；二是针对这些挑战和机遇，档案硕士教育所培养的学生应该具有哪些知识、技能和素质。通过会议的讨论，与会专家对于该院档案硕士课程的改革提出了以下几点建议：

（1）档案教育应该是技术应用能力与其他能力的综合。未来的文件档案工作人员不仅要了解传统的文件管理与档案学理论，而且要掌握信息技术方面的知识。由于档案行业的不断变化，他们必须以终身学习的姿态来对待知识和技能的掌握。

（2）学习是档案教育的最佳方式之一。通过这种方式，档案专业的学生可以身临其境地了解档案机构的实际运作和工作方法。

（3）档案专业人员还应了解档案工作中的领导、管理、监督和合作技巧，而应变能力、解决问题的能力，以及对于档案机构实际运作过程的熟悉程度也是做好档案工作的关键。

（4）档案专业人员应具有较强的表达能力。未来的专业人员无论在口头还是文字方面，都应具有较强的表达能力。他们应该能够向行外人士清楚地解释和说明复杂的问题和建议，并做好行内与行外人士之间的协调工作。

（5）即将从事档案工作的学生应该对比信息技术更为重要的信息管理有全面、整体的认识，包括信息的生成、组织、利用和保护，信息对现代组织与机构的重要性，以及怎样使信息成为现代组织与机构的重要资源和财富。

（6）信息技术将仍然对文件及档案管理工作产生重要的影响。信息人员必须明了技术的发展走向与趋势，及时了解该领域的各种变化，并掌握必要的技术知识以便与技术专家沟通与交流。

（7）档案专业的学生还必须掌握足够的档案知识。他们应当意识到信息和文件对于历史和法律研究的重要性，以及档案对于保存人类文化和历史遗产的重要性。

3　马里兰大学档案硕士课程的具体内容

在广泛地听取了档案行业专家的观点和建议并进行了深入细致的调查研究之后，马里兰大学图书情报学院对其档案硕士课程进行了更新和变革。更新后的课程体系在教学方式上尽量做到将课堂教授与实习内容相结合，其总的指导思想是使学生毕业后能够适应21世纪复杂多变的信息环境。具体来说，新的档案课程体系主要将学生所修课程分为以下三大部分：

（1）核心课程。核心课程是学生所应掌握的知识、技能和素质中最为关键的部分。在马里兰大学，档案专业的学生和其他图书情报学院的学生一样，必须学习4门核心课程，共12个学分，包括信息检索、信息结构、信息技术以及档案原理、实践与管理。其中前3门是所有图书情报学院的学生都必须参加学习的课程，而档案原理、实践与管理则是档案专业学生所必须参加学习的课程。档案原理、实践与管理一课的主要内容包括档案工作的各个环节、档案计划的组成因素、档案人员所应承担的角色和任务以及档案行业的现状与问题等。

（2）重点课程。重点课程是学生所应掌握的知识、技能和素质中较为关键的部分。重点课程与核心课程的不同在于，尽管重点课程也是学生所应掌握的重要专业知识，但学生可以在众多的重点课程中选择自己所感兴趣的专业课程，以发展自己的专业方向。具体来讲，马里兰大学要求其档案专业的学生修满 4 门重点课程，共 12 个学分。其重点课程的设置主要包括：①高级档案管理。这门课主要探讨现代档案与文件管理所面临的问题与挑战。除了包括档案管理的宏观规划、策略制定、具体方法、宣传推广以及档案机构的体制转型之外，该课程还涉及怎样迎接信息技术给档案管理工作带来的挑战、档案用户需要的研究以及其他因素对档案工作的影响等策略性问题。②文化机构的管理。这门课与高级档案管理课程在性质上同属管理类课程，但它在内容上要广泛得多，除了包括档案馆或档案机构的管理之外，它还涉及历史机构、博物馆和其他文件机构的管理。

档案专业的学生可以在以上两门课中任选一门。除此之外，学生还可从图书情报学院所开设的 18 门重点课程中再选择 3 门课程，其内容涉及文件与档案管理、文献保护技术、信息管理、信息政策等。比较有代表性的课程包括：①信息政策。内容包括信息政策的性质、结构、发展与应用以及影响信息政策制定的各种因素等。②电子文件的管理。内容包括文件与档案工作者在电子文件管理方面所应承担的角色与作用、文件生命周期以及技术的影响、电子文件管理计划的制定等。③档案检索技巧与系统。内容包括档案查找、检查和利用的方法、途径与系统的介绍，如系统分析、控制系统、研究服务、著录格式与方法、数字技术和因特网在档案检索方面的运用等。④档案、文件与信息管理专题研究。在这门课中，学生主要通过研讨会的形式来分析和讨论档案、文件与信息管理计划的开发与管理。

（3）选修课程。除了以上所介绍的核心课程和重点课程之外，攻读档案学硕士学位的学生还必须在全校范围内选修 4 门其他课程（共 12 学分），以拓宽自己的知识面。在选修过程中，学生可向该校的学生咨询官征求意见，以便根据自己的兴趣和特长做出较为明智的选择。

关于马里兰大学档案硕士课程的详细设置情况，可登录该校图书情报学院的网址查询。

参考文献

[1] 美国档案工作者协会. 美国、加拿大档案教育指南(1997—1998)[M]. 1997.
[2] 李音. 美国的档案教育与培训[J]. 中国档案,1999(8):33-36.
[3] 布鲁斯·迪尔斯坦,戴安·巴洛. 档案、文件与信息管理:新世纪的课程设置与更新[J]. 图书情报学教育杂志,1999,40(3):133-141.

(本文原刊于《档案与建设》2000年第3期,页14-15)

作者简介

肖永英,主要研究方向:参考咨询研究、信息用户与服务、知识产权;教授课程:参考咨询与信息服务、信息服务营销、专业英语。

对当前"目录学"课程的思虑

骆伟

目录学是教育部确定的五门图书馆专业核心课程之一,也是信息管理系图书馆学、信息学和档案学三个本科专业的共同专业基础课。随着时代的进步和科技的发展,作为古今中外文献整序和读书治学工具的目录学,它必然要与时代共鸣和受科技碰撞,不然,就有退化和失去生命力的危险。但是,由于各种原因,这门课程的前景令人甚感忧虑。因此,课程教学改革势在必行。

1 教学改革的原则和目的

目录学在我国有悠久的历史,它的起源可追溯到汉代,而"目录学"的名称,在北宋已经出现。因此,历代研究的学者和成果也比较多。如汉代刘向、刘歆父子的《别录》《七略》,魏晋南北朝荀勖的《晋中经簿》、王剑的《七志》及阮孝绪的《七录》,唐代魏徵的《隋书·经籍志》等。到了清代,金榜、王鸣盛、姚振宗、朱一新等人的大力倡导使目录学一度成了"显学"。然而,真正的目录学专著和教材只有到近现代才成熟,如伦明的《书目学》、徐信符的《中国书目学》、姚名达的《中国目录学史》、余嘉锡的《目录学发微》;容肇祖、刘咸炘、汪国垣、吕绍虞、王重民、王欣夫、彭斐章、徐召勋、来新夏、谢灼华、乔好勤等众多的学者,以及一批后起之秀的年轻学者,如倪晓健、余庆蓉、陈传夫等,各自撰写出版了各种专著,在国内外有一定影响。这说明我国历来重视目录学研究,代不乏人。自中华人民共和国成立以来，高校目录学教材曾修订出版了多种版本，内容也不断更新，如1962年北京大学和武汉大学合编的《目录学讲义》、1982年北京大学和武汉大学再次合编的《目录学概论》、1986年彭斐章等编著（1989年印刷）的《目录学》以及1996年国家教委高等教育司编的《目录学教学大纲》等。从某种意义上说，这些不同版本的目录学教材，培养了我国几代目录学者和书目工作者，也是教学改革集体智慧的结晶，凝聚和倾注了几代人的心血。

作为中山大学信息管理系主讲目录学课程的教师，我们深深体会到国内外目录学研究内容发展之快，方法技术更换之新，课程体系完备之全。这些变化促使我们必须了解这门学科的研究现状、发展前沿、与计算机技术的结合以及与交叉学科的关系。所以，目录学课程内容结构每年都有所变化和更新。因此，我们确定这门课教学改革的五条原则为"坚持马克思主义为指导，坚持理论联系实际，坚持吸收最新研究成果与方法，坚持培养学生研究和操作能力，坚持教书育人"，目的是使学生了解目录学的基本理论知识，掌握文献揭示的原理和方法，熟悉各种二次文献（包括书目、索引、文摘）和三次文献（综述）编制（写）程序，培养学生从事书目情报服务与管理的基本技能，使之为将来的工作和研究打下良好的基础。

2　教学改革的内容

受若干新课程的冲击和某些人为因素的影响，目录学这门课程目前的发展不容乐观。在教师当中，不少人认为它是一门"传统课"，"老掉牙"；而在学生大一、大二的文献编目、文献分类标引、社会科学文献检索、科技文献检索及情报编译报道等课中，提到或涉及目录学的问题，学生认为是"一路货""枯燥无味""与现代化不沾边"，甚至认为是编目课的翻版。恕我直言，有的"图情系"或"信管系"的教学计划年年"翻新"，表面为适应新形势，实际是"赶时髦"。部分传统课（如分类、编目、古籍整理、版本学等）也逐渐降级或被打入"冷宫",其课程地位大不如前。有的系甚至把它们作为某专业的"指选课"。这种滑坡现象可能还会继续扩大。而我们看看我国台湾地区以及国外,它们却很适当地处理了传统课和新课的关系问题,值得我们借鉴和思考。

课程内容是改革的重点。我系一直沿用彭斐章等编著的《目录学》和国家教委高教司编的《目录学教学大纲》作为基本教材。这两种教材各有特点。但是,时代的进步、科技的发展、观念的变化,必然与教材发生"碰撞"。有的学科(如计算机技术、通信工程、经济学、药物学等)更新换代快;有的学科(如文学、史学等)则相对稳定。目录学一贯以"论(理论)、法(方法技术)、史(发展历史)"作为课程的基本主体结构,在国内外目录学迅速发展的今天,一个不可忽视的事实是:方法论(如控制论、系统论、信息论、耗散结构论等)的介入,书目参考工作地位的提高(不少成为图书情报单位的独立部门),书目工作组织管理(计量管理、计划管理、定额管理等)和现代技术(如计算机技术、通信技术、缩微技术等)的应用以及目录学交叉学科(如书目计量学、科技文献目录学、社科文献目录学等)的出现等,为传统目录学注入了新鲜血液,开拓了更为广阔的前景。为此,在每次制订教学计划时,较多地吸收最新研究成果和理论方法,对教学内容和大纲都相应做了调整和补充,使之更加切合实际,符合信息时代发展的需要。例如,近两个学期的教学大纲共分10章,即绪论(目录学基本理论)、书目控制论、书目类型(举办书目展览)、书目编纂法(布置书目作业)、文摘编纂法(布置文摘作业)、综述编写法(布置综述或撰写论文作业)、书目情报服务(组织参观和在校内开展参考咨询服务活动)、书目工作现代化、书目工作组织管理、目录学发展历程等。在上述10章中,有3章为使用教材《目录学》所缺,即书目控制论、综述编写法和目录学发展历程。书目控制论是将维拉(N. Winer)控制论原理应用于目录工作而逐渐形成的一门目录学分支学科,最后由美国著名学者伊根和谢拉完成,具有新颖性、实用性和开拓性的特点,在世界范围内普遍受到重视。严格地说,图书情报工作的中心就是整序,控制则是优化,我们把它拓展为一章,目的是较系统地介绍书目控制论的原理、方法和效果，开拓学生视野。在"书目情报服务"一章中，也运用了"新三论"中的"协同论"加以讲解。学生普遍感兴趣，不仅学到新方法论，而且还可以应用到工作和生活中去；同时，也消除了人们认为目录学是"老古董课"的观念。增加"综述编写法"这一章，主要引导学生正确认识综述的概念、特点和类型，了解综述的功能和内容，掌握综述编写的程序和方法，从而培养学生具有初步编写综述的能力。综述主要有文献综述、专题研究综述、会议综述、总结性综述、动态性综述、回顾性综述、预测性综述等。综述是培养大学生从事工作和科研的基本技能之一，具有广泛的用途。随着信息时代的到来，综述已日益被人们所关注和运用，怎样写好综述，已成为信息员、文秘员、公务员、科技人员以及研究工作者必须掌握的基本技能。但由于综述是应用文类的新文体，所以，目前介绍如何编写综述的教科书和文章还不多。为此，我们增加这一章（三次文献）是十分必要和恰当的，普遍受到学生的欢迎。如每年五四青年节，系里都要举办青年学术研讨会，我们都布置学生写会议综述，收到了良好的效果。"目录学发展历程"这一章主要分析目录学产生和发展的根源和社会环境，简要介绍中国和外国目录学发展阶段、成果、特点，便于学生了解中外目录学的历史进程及其发展规律，扩大了目录学的知识领域和视野。我国早在先秦时期已有目录学思想的萌芽，孔子对我国书目工作起了承前启后的作用，做出了重要贡献。后历汉唐、两宋、明清乃至当代，目录学的发展在我国连绵不断，历代人才辈出。近代学者梁启超曾说："国家欲自强，以多译西书为本，学子欲自立，以多译西书为功。"他曾多次利用书目，鼓吹"变法维新"运动，并亲自编了《西学书目表》，影响较大。著名近代藏书家和学者，中山大学、原岭南大学教授徐信符先生，第一位在校执教"中国书目学"，并编印了教材。教材共分五章：一为目录学原始；二为诸史目录之沿革；三为诸家目录之区分；四为目录分类之变迁；五为中外目录分类之参考。他在教材中写道："目录之学，首辨义例，次之乃言体裁，非泛而为登记资记诵而已也。必明于学术之流别，洞流索源，则解题重焉。"他与伦哲如是我国较早在高等学校执教目录学的教师之一，我读过他这部教材，惊叹于先生对目录学的真知灼见，考证缕析的细微，对章学诚"辨章学术，考镜源流"目录学思想理解的深透。西方目录学也有悠久的历史。古希腊是西方目录学的发源地。后来，德、英、法、荷、比等国都产生了各种类型书目。西方在19世纪末就成立了目录学研究组织，出版了目录学刊物，产生了计量目录学、系统目录学、书目控制论等新的研究方法和成果，令世人瞩目。这些目录学知识无疑将更好地激发学生对传统优秀文化的热爱和对新方法、新知识、新领域的无限追求。

这种对篇章次序的调整还有一个目的，就是尽早让学生进行实习，培养他们动手动脑的能力。如，按原课程的安排，学生要在学期中后期才学习书目编纂法，到实习已是学期快结束、要考试的阶段了，弄不好，学生一次实习也做不了。这就违背了课程目的和初衷了。此外，我们对部分教材内容亦进行了删修，如将原《目录学》第一、二、四章并为第一章"绪论"。书目控制可用在互联网，把无序的信息转换为有序的信息。目录学技术类与搜索引擎关系密切，可借鉴"书目情报服务"。学生反映，该课程犹如"养在深闺人未识"，因此，可结合网络服务方式开展。索引编制可简单介绍，因现在电脑也可自动编制各类索引，故此处不再赘述。

随着信息技术的迅猛发展，目录学将来还会有更大的发展空间，其内容将随着时代的变化而调整和升华，这是不以人的意志为转移的发展规律。

3 抓好实习环节

目录学既有丰富的理论，又有实践技术。要学好这门课，就必须在理论与实践这两个方面下功夫。从教学的角度来说，也必须掌握好理论和实践这两者之间的关系。因此，加大实习的力度，培养学生动手、动脑能力，使学生能够运用编目、分类、检索、计算机等课程的知识，初步掌握、学会编制各类型书目，编写文摘，撰写综述以及解答咨询等二、三次文献，为其将来从事工作和科研打下基础是十分必要的。

本课程实习有几种方式：一是参观。在20世纪80年代末至90年代中期，每届学生由老师（或研究生）带队，与中山大学图书馆、广东省立中山图书馆、广东省科技情报所等单位联系，参观它们的书目参考部、技术部、多媒体阅览室以及地方文献部等编制、收集的书目、索引、文摘，以及参观它们书目情报服务的做法、成果和了解其效益。参观时，要求学生遵守图书馆规章制度，衣冠整齐、要记笔记，兼安排答疑讨论。每次参观，学生参加率都在95%以上。我们所参观的地点都具有其特色。如省立中山图书馆，它们收集海外及港澳台报刊，编印《海外文摘》《决策参考》，供党、政、军领导参考利用，受到谢非、李长春、卢瑞华等领导同志的好评。中山大学图书馆近几十年来编印了不少知名的书目，如20世纪30年代李景新编著的《广东研究参考资料叙录》（作为"岭南大学图书馆丛书"之一）以及现在编印的《馆藏港台书目》《馆藏古籍书目》和《岭南文献数据库》等，很有地方特色。学生参阅了这些书目，亲身感受身在中山大学所受岭南文化的熏陶。这种实地的参观实践，能给学生补充课本以外的知识，开阔学生的视野，增长学生的见识。

二是举办书目展览。主要展示国家书目、联合目录、推荐书目、导读书目、专题书目、地方文献书目、个人著述书目、文摘、索引、综述等。展出的书目可以是正式出版物，也可以是历届学生实习的作业，比如挑选部分主题好、体例完备、封面设计新颖、抄写或打印精美的书目。通过展览，让学生直观感受各类型书目的结构、编排方式以及书目类型之间的区别等。学生通过参观、翻阅书目，为后来的实习作业打下了良好的基础。

开展实习的第三种方式是布置学生做作业。先通过课堂讲授、展览、参观等形式，使学生对书目有一种感性认识，然后让学生亲自动手编制书目。目前，我们已经辅导十多届学生进行了实习，积累了一百多种精选的、较好的书目作业，包括专题书目、地方文献书目、推荐书目、个人著述书目等。其中，93级的本科生苏颖怡，生于番禺，家住广州市中心，长期不了解家乡番禺的情况，为了认识家乡、热爱家乡，她编制了《番禺地方文献书目》。在收集资料的过程中，她了解了不少番禺的情况，并且还到番禺进行了实地调查。这样，她在实习中得到了更多的知识，达到了预期的效果。通过这样的实习，学生主动去填补自身知识的空白，从中学到更多的知识。在学生编制的书目中，有不少把握了时代脉搏、突出了时代特点，如有关计算机网络、信息产业、市场营销、心理学、环境保护、证券投资、国企改革，以及关于周恩来、鲁迅、老舍、朱自清、琼瑶、金庸、梁羽生等名人的书目，书目的内容涉及多个学科领域。其中，一同学编制的《澳门书目》，其史料性较强，得到澳门大学图书馆、澳门中央图书馆的重视，并且对该书目进行了复印。

我们有意识地引导学生编制岭南文化方面的书目，如岭南文化研究书目、岭南方言书目、岭南建筑书目以及广东旅游业、广州西关风情等，使学生作业具有明显的地方特色。我们在布置作业时，紧密联系现实。如1998年发生的长江水灾和东南沿海的红（赤）潮、国企职工下岗、东南亚金融危机、厄尔尼诺现象以及"西部大开发""台湾局势"和当前最热门的"电子商务"，这些热点都是我们布置学生实习的主题，我们要求学生关注这些社会热点问题，并且就此做专题书目。学生通过实习，不仅能掌握检索文献的本领，而且能够开拓知识领域，巩固专业思想。

第四种实习的方式为参考咨询。由任课教师出一些历史、文化、典章制度、字义词语、人物、地名、物名等方面的问题，要求学生在课余通过查找各种工具书，解答这些问题。如近50年来长江发生过多少次水灾？明、清皇陵在哪里？文艺复兴的文学艺术表现在哪些方面？近30年来诺贝尔奖各项奖项的获得者姓名、国籍，岭南的文化特点、岭南族群、岭南民俗等。20世纪80年代末至90年代中，中山大学图书馆定期举行读者参考咨询活动，由馆员、我系师生共同组织。这是一项很有意义的活动，也是一个很好的锻炼机会，能培养广大学生读书、用书、爱书的情趣和开展书目情报服务，很受学生的欢迎。

此外，我们有意识地培养学生写论文的技能，由教师出题，让学生选择，如试述目录学的性质和特点、目录学研究现状和发展趋势、目录学理论基础体系的构成要素及其关系、专题书目的学术性、地方文献书目的实用性、导读书目的参考性、文摘的发展趋势等。学生撰写了《书目控制研究综述》《书目情报服务的新发展》《近代目录学的主要贡献》《刘向、刘歆对我国目录学的贡献》等论文,而且有几位学生的论文发表在正式刊物上,我们对此给予表扬和鼓励。

当然,我在授课过程中,随时倾听学生的反馈意见。他们对学习这门课的心得、体会和启发,对加深认识图书馆学、情报学和档案学有一定的帮助,如有学生反映大一、大二所学的专业课只是一些"零部件",学了目录学,才知这是"组装成形";认识文献,先看目录,检索文献,也是先查目录,这种目录"意识"强化了。学生认为目录学课程最缺的是"方法论"和"外国目录学新成就"的内容,课程中"厚中薄外"现象比较严重。为此,我们准备在今后授课中加入"协同论"、"耗散结构论"、英美目录学的"鲍威尔斯时代"以及中西目录学比较研究等内容。

上述做法只是一种探索和体会,目前还很不完善,更有待深化。随着信息社会的到来,目录学将朝着自动化、网络化、数字化的方向发展,这将大大促进目录学与现代化技术的结合,并极大地丰富其学科内容和完善学科体系。摆脱困境,积极进取,愿以此与各位师长共勉。

参考文献

[1]彭斐章,乔好勤,陈传夫.目录学[M].武汉:武汉大学出版社,1989.
[2]国家教委高教司.目录学教学大纲[M].北京:高等教育出版社,1996.
[3]乔好勤.中国目录学史[M].武汉:武汉大学出版社,1992.
[4]倪晓健.书目工作概论[M].北京:北京师范大学出版社,1991.

(本文原刊于《图书馆论坛》2001年第2期,页94-96,7)

作者简介

骆伟,主要研究方向:古籍整理和地方文献;教授课程:目录学、文献学、古籍版本学等。

"图书馆自动化"课程教改探索

邓昭俊

"图书馆自动化"是图书馆学专业的必修课。笔者在教学中遇到相当多的问题,也有一定的心得和体会,特撰此文与同行分享。

1 图书馆自动化课程的教学目标

此课程的教学目标是让学生较系统地了解图书馆自动化系统的基本概念,掌握计算机应用于书目文献业务的基本原理及建立图书馆自动化集成系统的基本方法。为此,要系统地分析机读目录的结构特点,全面研究采访、编目、流通、参考咨询及文献传递、期刊管理及 OPAC 等子系统的功能,并运用软件开发技术实现部分程序设计,还要向学生介绍 Internet 信息资源、数字图书馆、电子出版物等的处理问题。

课程的主体思路是把"信息系统的分析与设计"的内容应用于图书馆自动化系统的开发,而图书馆自动化系统是一个较为复杂的系统,其独特的 MARC(即机器可读目录)格式书目数据,Z39.50 信息检索协议的实现,海量的文献数据库,以及图书馆信息资源共享的要求等是其他信息系统几乎无法比拟的难题。因此,在教学中,教师要重点突出这些问题,探讨现时国内外各系统的解决方法,并做出适当的评价,以启发学生的思考。

2 教学过程中遇到的问题

2.1 学生的专业知识基础及业务经验不足

本课程一般是面向大学四年级学生开设，但由于缺乏图书馆相关业务的工作经验，虽然经过3年专业学习，但大部分学生对图书馆的许多业务仍非常陌生。对于图书馆的采访、编目、参考咨询、文献传递等业务，他们都不清楚具体的流程，只有部分在图书馆完成了实习的同学才熟悉某部分的业务。

系统分析的第一步就是调研和可行性研究，而现在的学生们最缺乏的就是这一步。笔者曾任教信息系统的分析与设计课程，信息专业的学生对该课程同样有"空中楼阁"的感觉，很多人连一个只有几个模块的小系统都没开发过，于是只能凭想象理解课程的相关问题。

图书馆自动化课程比信息系统的分析与设计课程的情况略好些，毕竟其针对的是一个较为具体的系统，而且学生已有一定的专业知识基础；但学生缺乏工作经验，深入讨论仍然有严重障碍。

2.2 程序设计基础薄弱

和信息系统专业的学生不同，图书馆专业的学生多为文科基础，虽然也学习了程序设计基础及数据库技术等课程，但他们普遍学得并不深入。如程序设计，他们只有C语言的基础，对面向对象的程序设计、可视化的开发环境等几乎一无所知；而对数据库技术也只是了解基本的SQL语句，而且从没有结合软件系统开发过任何一个数据库管理程序。

3 教改探索

针对以上两个问题,笔者在教学中做了一些改革探索。学生们如果不熟悉图书馆业务,就根本不可能沿着"业务"到"系统实现"的思路进行讨论。因此,笔者试图反过来,让学生先了解已有的一些图书馆自动化系统,如汇文及 ILAS 等,从中体会相关业务的处理流程。至于程序设计基础薄弱的问题,也可做相应的补充,要求他们跟着老师编写几个简单的模块。具体如下。

3.1 通过讲述《规范》及展示现有系统功能,让学生体会业务内容及流程

3.1.1 详细讲解现有的图书馆自动化系统分析报告

在简单地按课本内容介绍图书馆各种业务的工作流程后,笔者就给学生详细讲解现有的图书馆自动化系统需求分析报告。台湾的《大、中、小型图书馆信息系统应用软件规范一览表》及《各层级图书馆信息系统应用软件规范》(以下简称《规范》)就是非常好的需求报告,其内容具体翔实,而且非常简洁,没有任何多余的表述。学生读完这个《规范》就会对图书馆自动化系统的整体需求及各模块的需求有基本的了解。当然,这个《规范》内容非常多,不可能在课堂上一一解读,笔者只是挑选一些章节在课堂上讲解,整个《规范》可让学生复制,课后阅读。

3.1.2 讲解现有的图书馆自动化系统功能及操作

在国内影响力较大、用户数较多的系统有深圳的 ILAS 和南京的汇文两大系统。笔者收集了这两个系统的相关资料,然后在课堂上抽取部分来演示和讲解。其中汇文还有详细的视频教学,笔者在课堂上也适当

演示一部分。虽然很多图书馆自动化的教材都有"国内外常用的图书馆自动化系统简介"之类的章节，但大多泛泛而谈，没有详细地介绍这些系统的具体功能和真实的情况。笔者在教学中直接展示这两个系统的功能和使用，并结合适当的讲解，感觉学生反应比较好。虽然他们很多人从没接触过具体的图书馆自动化系统，但是经过课堂学习后，现在能较系统地了解这两大系统的功能，对图书馆自动化系统有了更直接、具体的感受。

3.2 实现某些程序模块，让学生体会系统开发

早在1994年，袁名敦就提出了正确处理好"用系统"和"做系统"的关系。他认为："图书馆学专业的学生，当然要会'用系统'而不要求会'做系统'。但正如事实所证明的，脱离实践地讲如何'用系统'，学生是不可能学会用系统的。相反，让学生多上机，让学生在造系统的实践中学习如何用系统，学生才真正会用系统。"

的确如此，笔者发现连一些在图书馆工作多年的人员对 MARC 结构仍然是一知半解，没有做过系统就不可能很好地理解系统、用好系统。所以，在教学中，笔者"强行"加入开发环节，这虽然对于文科的学生来说有点困难，但笔者宁愿手把手慢慢教，促使他们能动动手，这对他们以后用系统、提出系统的需求去购买系统或提出系统改进意见都是很有帮助的。笔者一般要求学生和我一起完成以下两段程序。

3.2.1 让学生编写 CNMARC 处理程序

CNMARC 数据处理是图书馆自动化系统的核心，但 MARC 源于 20 世纪 60 年代的磁带格式，结构烦琐，不好解读，也不好检索。因此，必须把它转换到数据库中，并且开发 MARC 的用户阅读界面和用户编辑界面。用户阅读界面比较容易完成，因为只需要把字段和子字段分解出来，然后根据《中国机读目录手册》的内容加上说明就可以了；但编辑界面就比较难实现。事实上，现在众多的图书馆自动化系统没几个的 MARC 编辑界面是让人满意的。课堂中只要求学生完成阅读界面和

数据库转入两部分。具体教学过程如下：

首先，对 MARC 做简介及格式特征分析，讲解《中国机读目录手册》的内容，并形成字段、子字段与说明内容的对照表；讲解 MARC 磁带的物理结构——根据 ISO 2709 规范，让学生了解 MARC 的结构。

然后，开始解读程序的开发。但学生没有开发的基础，于是笔者选用微软的 Visual Studio 2008 为开发工具，因为这个软件用起来比较简单，功能也相当强大。课堂上先用两节课来简要介绍这个软件，学生们有一定的 C 语言基础和数据库知识，一些简单的功能基本上就可以用了。

接着，开始 MARC 的识别及 MARC 的分解与制作。当然，完全要求学生自己来完成是不可能的，于是由教师在课堂上演示开发的过程，让学生把课堂上教师做好的成果复制回去，自己模仿着做，或在教师做好的模板上添加自己的创作。此外，用两节课的时间简要介绍 ADO.net 及数据源控件，在课堂上演示将 MARC 数据导入关系数据库中的程序中。这个程序讲解对于部分文科学生来说可能相对复杂，但笔者并不要求他们掌握这一切，只是要求他们知道可以用这样的软件方法来处理 MARC 数据即可。

最后，做一个数据库的检索和阅读"窗体"，让学生了解窗体程序的处理。当然，在完成 MARC 处理之后，通常会顺便介绍 Z39.50 信息检索协议，从而加深他们对"接口"的理解。

3.2.2 让学生编写 WEB OPAC 页面

将 MARC 数据成功导入数据库中以后，就可以制作 WEB OPAC 检索界面。同样，我们可采用 Visual Studio 2008 的 Visual Web Developer 作为制作工具。由于它有数据源控件和数据绑定技术，因而实现起来非常简单，几乎不需要编写程序，一个功能强大的复合条件检索页面就做出来了。

通过对两个模块进行开发演示和实践，学生进一步认识了 MARC 书目数据，并且打破文科学生对系统开发和程序设计的"神秘感"，让学生知道系统开发具体"是什么"，而不是仅凭他们自己幻想出来的概念,对于他们来说非常重要!正如袁名敦所说,如果对于"系统设计与开发"只有一个自己"幻想"出来的概念,那么,一方面,会导致他们以后"用不好"系统,另一方面,当要他们提出系统的建立要求或改进系统意见的时候,也会随着自己不切实际的"幻想"走向错误的方向。

4 结语

通过以上的教学改革和探索,笔者把本来非常抽象的系统分析过程变为较为具体的系统使用、"欣赏"和评价过程,把学生原来难以理解的"神秘"的系统开发过程变成亲身体会的过程。但不要期望学生能完全掌握和理解此课程的内容,只是希望他们能体会系统分析"是什么",以对他们在以后的工作中用系统或提出系统改进意见有所帮助。

参考文献

[1] 曾海莲.图书馆学专业教育最佳实践的创新之路:论引进开源图书馆自动化系统软件的教学实践[J].贵图学刊,2009(1):45-47.

[2] 袁名敦.改革"图书馆自动化"课程的思考[J].大学图书馆学报,1994(2):50-52.

[3] 赵润娣.高校图书馆《信息检索》网络课程交互性研究[J].图书馆学研究,2009(3):11-15,47.

(本文原刊于《图书馆学研究》2010年第3期,页16-17,66)

作者简介

邓昭俊,主要研究方向:图书馆自动化及图书馆信息技术、情报检索、信息系统设计;教授课程:图书馆自动化、微机原理、计算机网络、管理信息系统、WEB数据库、C语言程序设计实验等。

能力本位教育视角下信息分析与决策课程实践教学改革研究

陈明红

1 引言

信息分析与决策课程是管理学门类下信息管理与信息系统专业、图书馆学专业本科生的专业必修课和主干课,也是工商管理、行政管理、旅游管理等相关专业的选修课。本课程的教学目标是,通过理论学习和实践学习,学生系统掌握信息分析与决策的基本理论、方法和技术,熟悉计算机辅助信息分析技术尤其是流行的信息分析软件与工具,具备从事科技信息分析、经济信息分析、社会信息分析和综合信息分析等不同领域信息分析与决策的基本素质和能力。[1]

信息分析与决策是一门实践性和应用性很强的课程,要达到良好的教学效果,就必须重视实践教学。然而,目前,本课程实践教学的目标是掌握完整的学科知识体系,而不是信息分析与决策所需的实际能力,教学方式简单,学生参与度低;实践课程以知识体系为中心,强调理论知识的系统性,忽视实践能力的培养,重知轻行、知行分离的弊端十分突出,导致学生的信息分析与决策能力较差,信息分析与决策实践教学效果并不理想。

2 CBE 思想对信息分析与决策课程实践教学改革的启示

能力本位教育（competency-based education，CBE）思想源于"二战"后美国的职业教育与师资培训[2]，而后逐渐传入欧洲、亚洲及澳洲等许多国家和地区，逐渐成为欧美高教界关注的焦点之一[3]。英国、澳大利亚、新西兰等国根据能力本位理论重构了国家的职业教育与培训体系；20 世纪 90 年代初，能力本位教育模式通过中加联合开展的"高中后职业技术教育合作项目"引入我国，受到国内许多教育工作者，尤其是职业教育工作者的青睐。[2]尽管能力本位教育模式起源于现代职业技术教育，但由于该模式具有显著的优越性，现已广泛应用于各种教育与培训中。

能力本位教育（CBE）是指以学生能力培养为基础和导向[4]，根据某产业或特定职业提出的具体要求以及所要达到的资格或学习成果提供相应的教育或训练[3]，其中，能力是指选择并运用知识、相关技能以及态度的组合[5]。将能力本位教育思想引入信息分析与决策课程实践教学改革中具有重要启示：

（1）CBE 具有"以目标为中心，在评价中学"的显著特征[6]。以能力为本位的信息分析与决策实践教学目标清晰、针对性强，以信息分析职业的从业要求为导向，以培养信息分析与决策能力为教学目标开展实践教学，采用标准参照测验方式对学习效果进行评价。

（2）CBE 具有美国教育学家杜威的"从做中学"的教育观点。以能力为本位的信息分析与决策实践教学强调学生的主体性和学习的主动性，"学"重于"教"，教师的作用逐渐由知识传授转变为指导、建议和评估，而且各类信息分析与决策实践活动在教学中占有中心地位，学生通过积极思考和主动参与而不是理论灌输来获得和掌握技术、技能、知识和经验。

（3）理论联系实际，注重应用。以能力为本位的信息分析与决策实践教学要求学校与产业界紧密结合，由长期从事信息分析职业的技术人员和管理人员参与课程开发与教学计划制订的全过程，强调理论联系实际，要求学生大量参与企业实习和社会实践，将所学知识应用于信息分析与决策实践过程。

（4）CBE 包含美国心理学家布卢姆的掌握学习理论（mastery learning），因而以能力为本位的信息分析与决策实践教学强调个性化学习。采用模块化的课程设计，实行学分制，学生可根据个人规划与实际情况制订学习计划、确定学习内容、选择学习方式和把握学习进度，教师则可以因材施教，采取针对性措施促进学生学习。

3 以能力培养为导向的信息分析与决策实践教学改革目标

针对信息管理与信息系统专业的特点，通过调查信息分析与决策课程实践教学需求、重构 CBE 实践教学体系、创新实践教学模式、优化实践教学课程体系、丰富实践教学资源、整合实践教学平台、确立课程考核评价体系等方面举措，改革信息分析与决策实践教学内容与方法，构建以能力为中心的创新型实践教学过程，促使学生将理论应用于信息分析与决策实践活动，改善理论与实践脱节的现状，提升学生的信息分析与决策基础能力、职能能力和综合与创新能力，培养满足社会需求的高素质信息管理人才。

4 以能力培养为导向的信息分析与决策实践教学改革内容

以能力培养为导向的信息分析与决策实践教学改革主要包括以下四个方面内容。

4.1 重构实践教学体系

目前的信息分析与决策课程实践教学体系主要由案例分析、问卷调查、SPSS 数据分析等构成，教学体系单一，教学内容与教学方法尚不符合信息管理与信息系统专业的特点和时代需求。基于 CBE 模式的实践教学体系如图 1 所示，它以培养和提升实践能力为教学目标，注重"学"的内涵，以学生学习为中心组织实践课程和实施教学。其中，信息分析与决策能力是指透过错综复杂的表面现象，揭示事物运动的客观规律并预测其未来状态的能力，分为信息分析与决策基础能力、职能能力和综合与创新能力三个层次。学生在理论学习的基础上，通过校内和校外各种实践教学平台，提升信息分析与决策的各种能力。

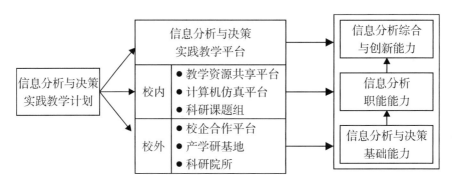

图 1 信息分析与决策实践课程教学体系

4.2 创新实践教学模式

创新型实践教学模式立足实际、面向未来，以促进学生可持续发展、培养创新型信息人才为根本价值追求。对于信息分析与决策课程，实践教学模式的创新主要从以下两方面着手：

（1）从注重演绎式教学向注重归纳式教学转变。[7] 所谓"演绎式教学"是指采用讲授式、灌输式等教学方法提出信息分析与决策的相关概念、规则和原理，然后举例说明或解释这些理论知识。这种教学方式容易造成学生思维方式单一化。所谓"归纳式教学"是指采用探究式、项目式、案例式等教学方法，从大量的信息活动、信息分析、信息决策实践过程中总结出一般原理。该教学方式有利于学生从实践中获得信息分析知识，将理论知识转化为信息分析与决策能力。

（2）从注重知识的系统性向注重知识的应用性转变。由于教授信息分析与决策实践课的教师具有"高学历、少实践"的特征，理论知识较为丰富，实践能力相对不足，因而现有的实践课程教学大纲注重学科知识的内在逻辑系统，偏重科学原理的验证，与信息社会实践、信息技术发展脱节，容易形成一个封闭的、确定性的理论知识系统；由于缺乏实践教学过程的有力支撑，因而难以实现信息分析实践课程"知与行""学与用"的结合。实际上，作为一门实践性课程，信息分析与决策不仅要遵循学科内部逻辑发展的学术规则，更应重视信息行业实践框架内形成的新学术[7]。为了提高学生的综合素质和核心竞争力，在教学过程中，教师在帮助学生将书本上的知识内化为其学问的同时，更需要通过实践教学将学问外化为学生解决实际问题的能力和本领。

4.3 优化实践教学课程体系

从整体上看，目前的信息分析与决策实践教学体系主要存在三个问题：一是案例老化，数量少，说服力不强；二是缺少社会实践教学环节，学生难以将所学的理论知识应用于信息分析与决策实践；三是实践教学体系不完整，信息分析与决策能力培养尚未得到重视，学生学习兴趣不高。鉴于此，应打破传统，以能力培养为中心，基于CBE模式优化信息分析与决策实践课程体系。CBE实践课程体系是一种产学研结合的实践教学体系，有利于激发学生形成信息分析与决策活动的主观能动性，有利于提高学生学以致用的信息分析与决策实践能力。总体上，CBE实践课程体系具有以下特征：

（1）CBE实践课程体系以信息分析与决策能力作为培养目标和评价标准，根据信息分析职业所需能力组织实践教学课程内容。

（2）CBE实践课程体系以信息分析与决策能力作为实践教学的基础，按照基础能力、职能能力、综合与创新能力三个层次进行不同内容和不同方式的实践教学，而不是以学科固有的知识体系为基础。

（3）CBE实践课程体系既重视教学方式的灵活性和多样性，又强调学生的自我学习，根据学生的特点和社会需求，选择合适的教学模式。

4.4　确立实践课程评价体系

信息分析与决策课程包含了大量的、抽象的信息处理方法和模型。若采用闭卷考试方式测试学生对理论与方法的掌握程度，学生具有的信息分析与决策能力便无从考核。同时，由于缺少对实践能力的考核，没有激励机制，学生并不重视实践教学环节，采取应付态度，实践课变为"走过场"，课后抄袭他人调查报告，这对于信息分析专业能力的培养和学生今后的发展十分不利。因此，建立科学、可行的实践教学考核评价体系，促使学生掌握信息分析实践技能和提升信息决策能力十分必要。

综上所述，能力本位教育从社会需求出发，以能力培养为核心，具有其他教学模式不可比拟的众多优点，对于信息分析与决策课程实践教学改革具有很好的借鉴意义。相对于以学科或以知识为本位的教学模式，基于能力本位的信息分析与决策实践教学强调知识、技能和态度三位一体的实践能力结构的培养，重视学生的主体地位及全面发展。在信息分析与决策课程实践教学中，对实践教学体系、实践教学模式、实践教学课程体系和实践课程考核评价体系四个方面内容的改革，能够完善学生的知识结构和能力结构，有利于提升信息分析人才的竞争素质和信息能力。

参考文献

[1]沙勇忠,牛春华,邱均平.信息分析[M].北京:科学出版社,2009.

[2] 任国防. CBE 教育模式对普通学科教育的启示[J]. 河南师范大学学报(哲学社会科学版),2012,39(5):217-219.

[3] 黄福涛. 能力本位教育的历史与比较研究:理念、制度与课程[J]. 中国高教研究,2012(1):27-32.

[4] HARRIS R,GUTHRIE H,HOBART B,et al. Competency-based education and training:Between a rock and a whirlpool[M]. South Melbourne:Macmillan Education Australia,1995.

[5] GUTHRIE ROGER H,HOBART B H. Competence-based education and training,between a rock and a whirlpool[M]. Australia:Macmillan Publishers,2001.

[6] 杨中华,汪勇,王静. 基于能力本位教育模式的信息管理专业课程体系构建[J]. 武汉科技大学(社会科学版),2008,10(1):92-95.

[7] 潘海涵,汤智. 大学实践教学体系的再设计[J]. 中国高教研究,2012(2):104-106.

（本文原刊于《现代情报》2015 年第 8 期，页 123-125）

作者简介

陈明红，研究领域：信息行为；教学课程：信息检索。

国内外"信息用户与信息利用"相关课程调查与启示[①]

王志红 甘春梅

1 引言

自从图书情报学领域以系统为中心的研究范式向以用户为中心的研究范式转变以来[1,2],信息用户研究受到图书情报学领域学者的高度重视。国际图书馆协会联合会(IFLA)在《专业图书馆/情报教育项目指南》中指出,图书情报学课程核心要素包括信息产生、传播和利用以及评估信息需求和设计响应式服务。[3]这说明信息用户与信息利用是图书馆情报学学科体系的重要组成部分,是培养信息服务人才的重要课程。因此,设置符合科学发展与社会需求的课程体系,以奠定学生的基础理论知识,培养其综合素质与能力并推动图书情报学学科建设,是当前应该关注的重要问题。

有部分学者针对"信息用户与信息利用"相关课程进行过调研。例如,通过调查中美两国"信息服务与用户"类课程,赵吉文等从课程建设规模、目标、体系、开展形式、信息发布五大方面进行了比较与分析。[4]通过对"信息服务与用户"课程网站建设的调查,胡昌平等探讨了信息管理类专业课程开放式教学平台的构建及其实践情况,并提出

---

① 本研究得到中山大学 2015 年校级本科教学改革研究课题"基于创新实践能力培养的'信息用户与信息利用'课程教学改革探索"资助。

了网站设计理念和构建框架。[5]但现有研究的调研范围有限，且研究成果较为笼统。鉴于此，本文拟详细调研国内外高校图书情报学院（以下简称为"图情院校"）"信息用户与信息利用"相关课程的课程介绍、教学目的、教学大纲、教学内容、教学方法、考核方式、教学平台和参考书目等指标，分析与总结国内外的经验，期望为国内图情院校"信息用户与信息利用"相关课程建设提供借鉴。

2 研究方法

在调研对象的选择方面，国外以USNews发布的排名前十的美国图情院校为样本。由于排名存在并列现象，因此，所调查的国外图情院校共12所。国内则以中国学位与研究生教育信息网发布的图书情报与档案管理2012年全国高校学科评估结果[6]为依据，选取排名前四的图情院校开展调查。

分别访问上述图情院校的官方网站，浏览各学院课程的开设情况，主要根据课程名称来判断是否为"信息用户与信息利用"的相关课程。如果课程名称中出现"信息用户""信息利用""信息服务""用户服务""信息行为""信息搜寻""信息交互"等关键词，则判断为相关；否则为不相关。此外，由于国内图情院校课程详情在官网上很难找到，因此，辅以搜索引擎检索以及同行帮助，最终获得武汉大学信息管理学院和北京大学信息管理系相关课程开设的具体信息。

表1显示了国内外图情院校开设课程的情况（调查时间为2016年3月13日—3月22日）。从课程设置看，除中国人民大学信息资源管理学院相关课程信息没有找到外，所调查的其他图情院校均设置了"信息用户与信息利用"相关课程，共计37门。平均每个学校开设的课程数量超过2门，开设相关课程数量最多的达到4门，如北卡罗来纳大学教堂山分校图书情报学院和马里兰大学信息学院。获得了其中15门课程的课程大纲或详细信息。

表 1　国内外图情院校"信息用户与信息利用"相关课程开设情况

序号	院校名称	链接地址	相关课程名称	是否获得课程大纲或详细信息
1	伊利诺伊大学香槟分校图书馆与情报学研究生院	http://www.lis.illinois.edu/	面向多元用户的信息服务	否
			信息利用与信息用户	否
			参考咨询与信息服务	否
2	北卡罗来纳大学教堂山分校图书情报学院	http://sils.unc.edu/	人类信息行为	是
			人类信息交互	是
			组织效能的信息利用	是
			面向特殊群体的信息服务	是
3	华盛顿大学信息学院	https://ischool.uw.edu/	信息行为	否
			数字时代青少年发展与信息行为	否
			信息服务的原理	否
4	雪城大学信息学院	https://ischool.syr.edu/	图书馆信息中心的青少年服务	否
			面向学生的图书馆服务	否
5	密歇根大学信息学院	https://www.si.umich.edu/	信息检索中的人类交互	是
			信息用户的行为与经验	否
			人类行为的基础	是

续表1

序号	院校名称	链接地址	相关课程名称	是否获得课程大纲或详细信息
6	新泽西州立罗格斯大学传媒与信息学院	http://comminfo.rutgers.edu/	人类信息行为	是
			用户为中心的信息服务设计	是
7	德克萨斯大学奥斯汀分校信息学院	https://www.ischool.utexas.edu/	信息与人类：理解和服务用户	是
			信息资源与服务导论	是
			信息资源与服务：读者的咨询	否
8	印第安纳大学伯明顿分校情报与计算机学院	http://www.soic.indiana.edu/	用户服务与工具	是
			信息搜寻与利用	是
9	西蒙斯大学图书情报学院	http://www.simmons.edu/academics/schools/school-of-library-and-information-science	信息资源与服务	否
			用户指导	否
			可用性与用户经验研究	否
10	德雷塞尔大学计算与信息学院	http://drexel.edu/cci/.	信息用户与服务	否
			组织中的信息服务	否
11	马里兰大学信息学院	http://ischool.umd.edu/	信息用户需求与评估	否
			用户与利用情境	否
			信息需求服务	否
			用户指导	否
12	匹兹堡大学信息学院	http://www.ischool.pitt.edu/	人类信息交互	否

续表1

序号	院校名称	链接地址	相关课程名称	是否获得课程大纲或详细信息
13	武汉大学信息管理学院	http://sim.whu.edu.cn/	信息服务与用户	是
			信息搜寻行为	是
			用户体验设计	否
14	南京大学信息管理学院	http://im.nju.edu.cn/	信息服务	否
15	中国人民大学信息资源管理学院	http://www.irm.cn/	缺失	缺失
16	北京大学信息管理系	http://www.im.pku.edu.cn/pku/	信息服务	是

3 课程调研结果

3.1 课程介绍

调查的 37 门相关课程中,共有 30 门附有课程介绍,其中 29 门为国外图情院校课程,只有 1 门为国内图情院校课程。本文利用 ROST Content Mining 软件对国外图情院校 29 门课程介绍的内容进行词频分析,除去无意义的虚词并辅以人工方式对关键词形式(如单复数等)进行统一,得到课程介绍的高频关键词统计(见表2)。

从表 2 可以看出,information 出现的频率高达 86 次;除 user、service、course、behavior、search 等高频关键词外,library、human、systems、use、interaction 等频次也较高,这说明国外图情院校"信息用户

表2 国外图情院校课程介绍词频统计

序号	关键词	词频	序号	关键词	词频
1	information	86	15	need	9
2	user	29	16	variety	9
3	service	23	17	seeking	9
4	course	23	18	technology	8
5	behavior	18	19	design	8
6	search	18	20	evaluation	7
7	library	17	21	people	6
8	human	14	22	experience	6
9	systems	14	23	context	6
10	use	12	24	reference	6
11	interaction	10	25	literature	6
12	theory	10	26	centered	6
13	students	10	27	concept	6
14	research	9	28	organization	6

与信息利用"相关课程比较关注以图书馆为信息服务提供主体、人类与系统或技术的交互、信息行为评估和信息利用中的情境因素等，课程开设注重理论、概念与经验讲授的结合。例如，伊利诺伊大学香槟分校图书馆与情报学研究生院开设的"信息利用与信息用户"课程，主要探索一般水平的信息需求和利用，解决正式和非正式信息渠道、信息利用障碍、有价值的问题和技术影响。又如，新泽西州立罗格斯大学传媒与信息学院开设的"人类信息行为"课程，介绍人类信息行为的基础和核心概念，包括信息搜寻行为模型、信息需求和利用、以用户为中心的设计、人机交互。而北卡罗来纳大学教堂山分校图书情报学院"人类信息行为"课程介绍指出，人类信息行为是一个涵盖范围较广的概念，包括信息检索、搜寻和利用的各个方面；有关人与信息交互以及技

术作为交互中介的相关知识是情报学领域的基础；在这个学科领域中，主要关注的是信息－人－技术框架中的人的组成。武汉大学信息管理学院开设的"信息服务与用户"课程同样指出，该课程将结合理论与实践、围绕现实问题的解决和人才培养的需求，完善教学体系。

3.2 教学目的

37门相关课程中，共有16门对教学目的进行了阐述。其中10门课程教学目的的具体内容如表3所示。

表3　部分课程的教学目的

序号	课程	教学目的
1	面向多元用户的信息服务	探索影响信息服务的各种问题，培养开展、计划、实施和评估项目与服务的技能
2	信息利用与信息用户	提供研究用户需求、信息搜寻行为和相关现象的方法概览
3	人类信息行为（1）	培养学生对人类信息行为的研究主题产生兴趣；探索不同情境中信息创造、传播和利用的方法，以及信息利用如何被情境影响；获得实践应用的理论基础；描述技术在交流中的角色和影响；改善与信息搜寻和传播相关的批判性思维和解决问题的技能
4	人类信息交互	让学生熟悉该领域的词汇，培养对周围发生的各种信息交互产生好奇心的意识与适应性；熟悉与信息搜寻相关的实证和理论的文献；理解信息结构、创造、传播和利用的关键特征，重点在于学术信息行为或实践以及日常信息行为或实践；了解关于信息交互的情境和在这些情境中影响交互过程和结果的方法；培养调查信息行为或实践的能力，了解技术对人类信息交互的影响；培养批判性地探索人类信息交互的能力

续表3

序号	课程	教学目的
5	面向特殊群体的信息服务	增进对相关文献跨学科性的理解；增进对特定群体信息服务需求的理解；熟悉处理这些信息需求的方法；增强为特定群体设计信息获取模式的意识；培养评估和设计可以帮助特定用户群体获取或利用信息的图书馆或信息服务项目的能力
6	信息检索中的人类交互	理解交互式信息检索的基础概念和主要模型，熟悉检索系统中检索界面设计的前沿和挑战，熟悉不同检索系统中检索用户经验，设计实验以评估信息检索系统的技能和知识，为信息检索评估采取合适的标准和措施
7	信息用户的行为与经验	为设计和评估信息系统的专家提供理论和实践框架，以及以用户为中心的服务
8	人类行为的基础	识别人类行为的关键特征，描述特征对交互系统设计的影响；评论与设计交互式系统；描述与交互式系统设计相关的社会科学、人机交互等研究文献的主题
9	人类信息行为（2）	介绍人类信息行为、图书情报学及两者之间的关系，在信息行为有关的阅读、讨论和写作中进行实践和反思；提高生活中各个方面的信息行为的意识；介绍信息行为的记录、分析和概念化技术；调查不同情境中信息行为的特定研究结果；介绍专业实践从而促进以一个信息专家的角度思考各种信息行为；介绍跨学科视角的方法问题
10	用户为中心的信息服务设计	理解用户视角的信息搜寻和利用的实践和基础概念；理解与设计和实施以用户为中心的服务的相关理论和研究；具备设计服务，以适应多来源学习的能力

3.3 教学内容

调查中发现共有14门课程对教学内容进行了具体阐述，包括"面向多元用户的信息服务""信息利用与信息用户"等课程。不同课程教学内容的重点不同，有些课程关注信息服务实践中的多样化问题，如种族、伦理、性别和性取向、心理、学习能力、语言、教育、国别等；有些课程关注以用户为中心的系统设计与实现方法，如数字图书馆开发的新方法；有些则关注用户的信息素养与不同情境中的信息搜寻实践，如学术环境、工作环境、日常生活、健康情境、数字学习环境和社会媒体等不同环境。

3.4 教学大纲

教学大纲作为教学内容说明的补充和细化，是对整个课程开设的具体安排。在本次调查中，共有15门课程提供了教学大纲，包括国内3门和国外12门。本文对课程大纲中课程主题数量进行统计。总体来看，主题数量为10～13个的课程共有12门，占提供课程大纲的全部课程的80%。国外图情院校课程教学大纲中的主题数量全部超过11个，平均为15.18个；最多的为北卡罗来纳大学教堂山分校图书情报学院开设的"组织效能的信息利用"课程，达到27个。当主题较多时，往往会按照模块对各个主题进行分组，如"人类信息交互"的教学大纲包括7个模块，分别为人类信息交互导论、信息需求、信息搜寻、信息利用、情境对信息搜寻和利用的影响、信息搜寻中介和非中介、学术交流；每个模块下列出了每次授课的更为具体的主题，如第一个模块"人类信息交互导论"包括人类信息交互趋势、人类信息交互的理论视角和认知方法、实践证据和人类信息交互情感法三个子主题。国内图情院校课程教学大纲列出的主题数量平均为9个，最多为11个，最少为7个。如武汉大学信息管理学院"信息搜寻行为"课程教学大纲共包括10个具体授课主题，分别为课程介绍、基本概念、模型和理论、研究方法、网络检索行为、探索性检索、信息偶遇、主观用户因素、展示和讨论、论文准备。

3.5 教学方法

大部分课程并没有列出具体的教学方法。37 门课程中只有 12 门对所采用的教学方法做了说明,其中有 2 门是从课程教学目的中抽取总结得到的。对上述课程进行统计,共得到 11 种教学方法,具体方法、对应的频次及占全部课程数量(共 12 门)的百分比如表 4 所示。其中,课堂讨论是采用频次最多的方法;其次是阅读,包括阅读指定的教材与经典期刊论文等;而中期考试、习题、案例研究、社会实践或课外实习出现频次均仅为 1 次。

表 4 教学方法、频次及所占百分比

序号	教学方法	频次	百分比/%
1	课堂讨论(包括在线讨论)	11	91.67
2	阅读	7	58.33
3	小组作业、小组项目	5	41.67
4	个人展示、主题展示、口头展示	4	33.33
5	个人作业,包括综合短文、项目报告、写作等	4	33.33
6	讲座	3	25.00
7	实地参观	2	16.67
8	中期考试	1	8.33
9	习题	1	8.33
10	案例研究	1	8.33
11	社会实践或课外实习	1	8.33

3.6 考核方式

在所采用的考核方式方面,国外课程通常采用多样化的考核手段,如讨论、展示和参加项目等。例如,"人类信息行为"课程考核方式及所占比例为信息模型展示10%、个人反思日记2篇共10%、第一模块考试20%、关于灾难信息管理讲座的问题讨论5%、情境信息论文分析和展示25%（其中论文部分和展示部分分别为15%和10%）、期末考试25%、考勤5%。"人类信息交互"课程考核方式及所占比例为课堂或在线参与10%,信息搜寻实践的观察或分析20%,证据摘要、展示、讨论15%,系统或服务提案35%,学术交流的小组分析20%。而"信息与人类：理解和服务用户"课程考核方式及所占比例为上课提问和参与讨论15%、课堂考勤5%、主题展示15%、IRB训练5%、关于用户研究计划的小组项目30%（其中文献综述和研究方法各占15%）、期末项目展示15%、最终报告15%。此外,"信息服务与用户"课程评分包括期末考试成绩和平时成绩两大块,所占比例分别为60%和40%,其中平时成绩以单元作业考评成绩为依据,包括4个单元作业。"信息搜寻行为"课程同样包括两大部分,分别为课堂专题讨论35%、论文和展示65%。

3.7 教学平台

37门课程中,有4所大学共9门课程使用教学平台作为辅助教学工具,包括北卡罗来纳大学教堂山分校图书情报学院的Sakai平台、密歇根大学信息学院的CTools平台、德克萨斯大学奥斯汀分校信息学院的Canvas平台以及印第安纳大学伯明顿分校情报与计算机学院的OnCourse平台。这些平台作为课程教学中非常重要的辅助工具,具备发布课程通告、评论与在线讨论、学生作业提交等多重功能。如密歇根大学信息学院"信息检索中的人类信息"课程中,CTools是为课堂教学开发的基于Web的系统,是课程的主要交流工具,学生将通过这个平台获取课程阅读材料、讲座通知、注意事项和其他课程相关的资源,此外,学生也会通过使用CTools Wiki工具来学习当前信息检索系统设计。进一步的调查发现,Sakai Project是美国多所大学共同发起的,为提高教学、学习和研究而协同开发的免费且特色鲜明的技术解决方案和工具,这些大学包括除德克萨斯大学奥斯汀分校外的其他 3 所学校。目前全球已有超过 300 家机构正在使用 Sakai Project,其软件也已经被翻译成 20 多种语言,为美国 125 万名学生、全世界超过 400 万名学生提供服务。[7]

3.8 参考书目

在参考书目方面,以《信息行为理论》[8]和《信息查找:关于信息搜寻、需求、行为研究的调查》[9]为参考教材的课程均有 2 门,其余如《信息行为研究理论》[10]、《搜索模式》[11]、《搜索用户界面》[12]、《设计的思想:理解用户界面设计规则的简单指南》[13]、《搜寻意义:一种图书馆和信息服务的过程法》[14]以及《信息服务与用户》[15]等均作为其中 1 门课程的参考教材。除了以图书作为参考书目之外,多数课程列出了大量与课程主题相关的期刊论文,如北卡罗来纳大学教堂山分校图书情报学院"人类信息行为"课程虽然没有列出要求的教材,但是列出了 17 篇期刊论文,如 *Fifty years of information behavior research* 和 *The invisible substrate of information science* 等。

4 结果分析及启示

4.1 加大相关课程开设力度,线上线下方式相结合便利课程获取

总体上,国内外图情院校"信息用户与信息利用"相关课程开设数量不多。与国外相比,国内图情院校开设的相关课程数量更少,除武汉大学信息管理学院开设 3 门课程之外,其他两所学校均只开设 1 门;而国外除了匹兹堡大学信息学院仅开设 1 门课程之外,其余 11 所学校中开设 4 门、3 门和 2 门课程的分别有 2 所、5 所和 4 所。在所调查的

课程中，大部分课程设置为 3 个学分，且为实体课堂授课的形式；也有部分课程是以线上线下结合的方式授课，如伊利诺伊大学香槟分校图书馆与情报学研究生院的"参考咨询与信息服务"以及北卡罗来纳大学教堂山分校图书情报学院的"人类信息交互"课程等。部分课程则仅提供线上方式进行课程学习，如武汉大学信息管理学院的"信息服务与用户"课程已经录制成精品课程供免费观看与学习，雪城大学信息学院开设的"面向学生的图书馆服务""图书馆信息中心的青少年服务"均只提供在线方式学习。

由此可见，相对于国外图情院校，国内图情院校"信息用户与信息利用"相关课程开设力度相对不足。因此，国内图情院校需要加大课程开设力度，结合线上线下多种方式打破课程的限制，方便学生课程的学习和课程资源的获取。

4.2 强调以用户为中心，关注信息利用的情境因素

现阶段，图书情报学强调研究不同情境中用户信息行为及其反映的心理与认知，注重人类－信息－技术框架中的人类组成。"信息用户与信息利用"类课程更应该关注信息利用中的用户特征及其所处环境。从国内外课程调查结果看，国内外课程设置存在一定的差异。国内课程偏向于信息服务；国外则以信息用户作为重点，关注不同情境中用户行为与需求的讨论。

首先，从课程名称的对比分析发现，国内的课程名称设置较为单一，且偏重于信息服务而非信息用户。而国外的课程设置则更为细化和多元，信息服务对象面向多元用户，如面向特定群体、青少年和组织等。课程主题除信息服务和信息搜寻行为之外，还包括人类信息交互、利用情境、用户指导等多个方面，其重点偏向于人类或用户的信息行为或交互行为。其次，进一步调查发现，国外课程侧重于多种情境中的讨论，如职业环境、危机环境和医疗环境等，重视对特殊群体的服务，包括老年人、无家可归之人等，甚至包括特殊性取向的群体；国内则主要关注政府和企业两大主体。因此，国内图情院校在"信息用户与信息

利用"相关课程的开设方面应该细化课程主题,注重和强调以用户为中心的教学,关注信息利用中的情境因素。

4.3 平衡理论－方法－实践,以问题和应用导向培养具体技能

理论和应用是图书情报学学科体系的两个基本维度,而方法则贯穿于理论与应用之中,起到重要的衔接作用,如理论包括研究方法、方法论,应用部分包括信息产生、传播、利用、管理等具体的方法,三者之间是一种相互促进、相互融合的关系。[16,17]而学生在课程学习中也应该注意平衡这三者的关系。在理论学习的基础上,重视研究方法的教学和实践应用,始终强调以问题和应用作为导向。如武汉大学信息管理学院"信息服务与用户"课程讲授目的在于使学生通过课程内容学习,系统掌握信息用户研究和以用户信息需求为导向的服务组织理论,在信息化环境下掌握开展信息服务业务的科学方法,能够从事信息服务技术支持、业务组织和服务管理实践。[18]与此同时,在实践中利用所学知识不断解决现实问题。如伊利诺伊大学香槟分校图书馆与情报学研究生院"面向多元用户的信息服务"课程目的是探索影响信息服务的各种问题,培养为解决这些问题而开展计划、实施与评估项目和服务的技能。因此,在课程教学目的中,国内图情院校应该在平衡理论、方法和实践三个维度的同时,最终以问题和应用导向作为课程的落脚点来培养学生的具体技能。

4.4 系统化设置课程内容,同时注重以主题为主线开展

调查发现,部分课程内容设置较为系统,层次分明。国内课程设置偏向于这种方式,如北京大学信息管理系"信息服务"课程内容以信息服务为核心、以信息服务的相关属性为分面展开,分别介绍信息服务的概念和知识体系、基本原理和原则、模式等;武汉大学信息管理学院

"信息服务与用户"课程介绍了信息服务的基础知识、研究方法、用户、不同类型的信息服务以及信息服务的管理与政策保障。[18]而部分课程则以主题作为主线展开，如密歇根大学信息学院"信息检索中的人类交互"课程在介绍检索界面设计、检索行为等有关检索的各方面内容之后，主要以个人信息管理、多媒体信息检索、社会搜索、移动检索等为主题开展。北卡罗来纳大学教堂山分校图书情报学院"面向特殊群体的信息服务"课程则主要针对不同类型的特殊群体进行教学。因此，国内图情院校在课程内容设置上应该确定课程开展的逻辑和主线，配合以具体主题深入介绍。

4.5 综合多种教学方法，重视课堂参与与合作

通过课程调查可知，在理论讲解和课堂授课的基础上，经典文献的研读也是教学的重要组成部分；同时，综合采用多种教学方法，如案例研究、课堂讨论、课堂展示、专家讲座、实地参观、小组合作项目、报告撰写等。首先，理论讲解和课堂授课能够促进学生对课程主题的系统把握，帮助学生奠定良好的理论基础，并以研读经典文献及撰写读后感这一方式作为补充，有助于学生更深入地理解相关主题，学习经典文献中的研究方法；其次，课堂讨论或研讨会、个人展示、小组合作等方式能够活跃课堂氛围，有利于培养学生的问题解决能力、表达沟通能力、团队协作能力以及思辨性思维等；最后，通过对具体问题的讨论和项目实践以及实地参观，让学生将所学理论与实践进行结合，如武汉大学信息管理学院"信息服务与用户"课程强调信息服务业务实习与方法实习，以及将课程内容融入学生暑期社会实践当中。

4.6 细化考核方式，保障课堂教学有序开展

从课程调研结果发现，国内外课程考核方式存在一定的差异。国内课程考核一般分为两大模块，模块内继续细分，总体来说弹性较大但考核方式较为模糊。如武汉大学信息管理学院"信息服务与用户"课程

考核虽然指出以 4 次单元作业作为平时成绩的考评依据,但并没有指出每一次单元作业考评成绩所占的百分比。国外课程考核方式则非常具体和严格,甚至包括课堂讨论问题准备和参与所占总成绩的百分比,以及作业延期提交的扣分原则。如德克萨斯大学奥斯汀分校信息学院"信息与人类:理解和服务用户"课程问题准备与课堂讨论参与占总成绩的 15%,其中明确要求学生在上课开始之前准备一个问题,可以是关于文献阅读或由阅读获得的启发,并将问题在每周一 14:00 时之前发布在课程讨论平台上。密歇根大学信息学院"人类行为的基础"课程明确指出作业延期提交扣分规则,除在截止时间 8 小时前通过邮件告知延迟提交的特殊原因之外,每延期 1 天评分减少 10%,最多能延期 4 天,4 天后评分将为零。因此,国内图情院校在课程考核中,可以考虑细化并在课程大纲等文件中明确规定具体的考核方式及所占比例,严格执行相关规则,以保障课程教学的有序开展。

4.7 以经典文献作为课程教学资源,应用在线平台辅助教学

从课程调查可知,大部分课程有指定的教材作为教学资源,包括必读和强烈推荐两种,必读和推荐的参考教材基本是经典文献或该领域影响力较大的作者撰写的论著。以 *Seeking Meaning: A Process Approach to Library and Information Services*[14] 为例,其施引文献达 341 篇,可以部分说明课程列出的参考书目是引用量比较多且比较经典的文献。除了以图书作为参考资源之外,大部分课程在每一课堂大纲中均列出了大量的期刊文献资源作为指定提前阅读的文献。

此外,各类在线平台的使用能够更好地辅助教学。[19,20] 在线平台有助于教师与学生、学生与学生之间更好地互动交流,能够贯穿课前、课中以及课后整个课程教学环节,也能够实现个性化定制,更好地符合用户的个性化学习需求。[20,21] 从 4 所大学采用的 4 个教学平台可以看出,这些平台主要是作为一种课程学习的交流工具,课程指定的阅读书目、讲义、通知和其他与课程相关的资源都会在平台上发布;而师生也可以

通过平台开展一些在线的问题讨论以及提交课程作业等。因此，国内图情院校也要积极迎合在线学习的浪潮，充分利用各类在线平台或工具的优势，更好地辅助课堂教学。

5 结语

为窥探国内外图情院校"信息用户与信息利用"类课程开设的特点，本文以国外 USNews 排名前十和国内学科评估结果排名前四的图情院校为调查对象，对"信息用户与信息利用"相关课程的课程介绍、教学目的、教学大纲、教学内容、教学方法、考核方式、教学平台、参考书目等指标进行了分析比较。调研发现，相比国外，国内图情学院网站内容建设和使用体验较差，基本很难找到与课程相关的详细信息；大部分采用课堂上口头讲述或邮件等方式来发布和传播课前的授课信息及提交课程作业。调研也显示，目前国内图情院校在"信息用户与信息利用"相关课程开设方面重视不够，开设课程少，且同质性较高，更多的是关注"信息服务"而非"信息用户"；课程内容虽然较为系统且层次分明，但是不注重按具体主题深入讲解；考核方式按模块划分，弹性较大但考核方式较为模糊，要求学生阅读的参考资料较少，且缺乏针对这些阅读文献的深入探讨。

通过对国内外图情院校课程设置的对比分析，借鉴国外图情院校"信息用户与信息利用"相关课程设置的特点，笔者认为可以从如下几个方面来改善和提高我国图情院校课程教学水平和质量：首先，应加大对"信息用户与信息利用"课程的重视程度，围绕"信息用户与信息利用"领域从不同视角和侧重点设置差异化的课程体系，强调以用户为中心及信息利用的情境因素，平衡理论、方法和实践三方面的教学，重视以问题和应用为导向培养学生解决实际问题的技能和方法；其次，教学方法和考核方式上可以考虑采用多样化的形式，除了传统的教师讲授之外，可以赋予学生更多的主动权，从综合方面全面考核学生，如结合课程内容以项目形式让学生完成一个小课题的训练，增加经典文献资料的阅读量与交流等；最后，充分利用在线平台或工具来促进互动交流，并增强用户的体验感，如尝试利用微信开展微课或主题讨论，利用博客发布资料与答疑解惑，利用各类成熟的在线学习平台进行网络教学以及实现资源共享等。

参考文献

[1] 李桂华,余伟萍.信息用户研究的理论进化[J].情报理论与实践,2009,32(12): 28-33.

[2] 柯青,王秀峰,孙建军.以用户为中心的研究范式:理论起源[J].情报资料工作, 2008(4):51-55.

[3] SMITH K, HALLAM G, HOSH S B. Guidelines for professional library/information educational programs -2012[EB/OL]. (2015-09-22)[2016-04-10]. http://www.ifla.org/publications/guidelines-for-professional-libraryinformation-educational-programs-2012.

[4] 赵吉文,胡康林,杨巧云.中美《信息服务与用户研究》类课程调查及启示[J].图书馆学研究,2013(22):9-12.

[5] 胡昌平,曹宁,赵雪芹.信息管理类专业课程开放式教学平台构建及实践:以"信息服务与用户"课程网站为例[J].图书情报知识,2008(2):76-79.

[6] 中国学位与研究生教育信息网.2012年全国高校学科评估结果[EB/OL]. [2016-03-21]. http://www.cdgdc.edu.cn/xwyyjsjyxx/xxsbdxz/.

[7] Sakai history[EB/OL].[2016-05-15]. https://www.sakaiproject.org/sakai-history.

[8] FISHER K E, Erdelez S, McKenchnie L. Theories of information behavior. Medford [M]. New Jersey, USA: Information Today, 2005.

[9] CASE D O. Looking for information: A survey of research on information seeking, needs and behavior[M]. 3rd ed. Bingley, UK: Emerald Publishing Group, 2012.

[10] WILSON T D. Theory in information behaviour research[M]. Sheffield, UK: Eiconics, 2013.

[11] MORVILLE P, Callender J. Search patterns[M]. Sebastopol, CA: O'Reilly, 2010.

[12] HEARST M A. Search user interfaces[M]. New York, USA: Cambridge University Press, 2009.

[13] JOHNSON J. Designing with the mind in mind: Simple guide to understanding user in-

terface design rules[M]. San Francisco,CA:Morgan Kaufmann,2010.
[14] KUHLTHAU C C. Seeking meaning: A process approach to library and information services[M]. Westport,CT:Libraries Unlimited,1993.
[15] 胡昌平,乔欢.信息服务与用户[M].武汉:武汉大学出版社,2001.
[16] 盛小平.构建以知识为中心的图书馆学学科体系[J].图书馆杂志,2006,25(3):3-7.
[17] 王知津,李赞梅,周鹏.二十年以来我国情报学学科体系研究进展[J].图书馆,2012(1):50-54.
[18] 信息服务与用户[EB/OL].[2016-03-21]. http://www.icourses.cn/coursestatic/course_2773.html.
[19] LUCAS H C. Can the current model of higher education survive MOOCs and online learning? [J]. Educause Review,2013,48(5):54-56.
[20] VOSS B D. Massive open online courses(MOOCs): A primer for university and college board members[EB/OL].(2013-04-28)[2016-05-15]. http://agb.org/sites/default/fules/legacy/report_2013_MOOCs.pdf.
[21] YUAN L,POWELL S. MOOCs and open education: Implications for higher education [EB/OL].(2013-04-28)[2016-05-15]. http://www.smarthighered.com/wp-content/uploads/2013/03/MOOCs-and-Open-Education.pdf.

作者简介

王志红,博士研究生。研究方向：网络信息管理、用户信息行为、图书馆规划。

甘春梅,副教授。研究方向：网络信息资源管理、社交媒体用户行为；教授课程：信息用户、信息检索、市场营销、社交媒体等。

元数据课程的调查与启示
——以美国伊利诺伊大学香槟分校为例[①]

宋琳琳

信息组织一直都是图书情报学科的核心内容,而元数据则是信息组织的源头和基础。自 20 世纪中叶,国际组织以及各国信息描述标准创建以来,元数据的创建和管理主要是从事编目、分类和索引工作的信息专业人员的责任;随着网络技术的发展,信息资源极其丰富,用户参与到信息资源的创建、发布中,元数据在信息资源的描述、组织、交流和共享中扮演了愈发重要的角色。[1]

1 文献综述

近 5 年来,国内关于 iSchool(s)课程建设类的文献较多,主要涉及以下主题:

(1) iSchool(s)课程建设的案例研究。冉从敬[2]、刘桂锋等[3]、吴钢[4]、王丽华等[5,6]、陆志洋[7]、余红等[8]等分别介绍了美国伊利诺伊大学香槟分校、德雷塞尔大学、匹兹堡大学、雪城大学、德克萨斯大学奥斯汀分校、北卡罗来纳大学等 iSchool(s)的研究生课程设置,侧重于整体概况介绍,反映一段时期内课程体系的发展变化情况。

---

① 本文系国家社会科学基金青年项目"基于书目框架的图书编目变革与创新研究"(项目编号:14CTQ004)的研究成果之一。

（2）课程建设的内容分析研究。魏小飞等[9]分析了北美 iSchool（s）课程教学大纲与 LIS 工作要求匹配度，蔡婷婷[10]研究了 iSchool（s）中学生科研训练模式，司莉等[11]调查了 iSchool（s）联盟院校混合式教学模式。

（3）特色课程的深入研究，赵洁[12]分析了人机交互类课程的特点，姜婷婷等[13]研究了信息构建课程，曹树金等[14]、司莉等[15]调查了大数据相关课程。

研究 iSchool（s）中元数据或是信息组织课程的文献较少，吴丹等[16]调查分析了元数据课程开设的基本情况、课程内容、阅读材料、课程实习等信息，李彩虹[17]比较研究了中美两国图书馆学硕士研究生教育中的信息组织课程的课程概况（课程名称、课程性质、学分、教学内容、教学方式、教材）和教师队伍概况。魏敏[18]从中外大学图书情报和信息管理类专业的信息组织课程的建立、发展以及教学内容的选择和安排入手，分析了作为学科专业领域的信息组织的发展现状和路向。

综上所述，在课程建设研究中，宏观研究主要集中在图情专业或某一学院课程建设的总体介绍，微观研究集中在课程概况介绍、教学内容、教学方式、教材与参考资料等方面，利用调查分析、比较研究等方法，寻求图情课程建设的科学之路。在本文研究中，既会全面梳理近 5 年来美国伊利诺伊大学香槟分校信息科学学院（School of Information Sciences，University of Illinois at Urbana-Champaign，UIUC）的元数据课程的发展脉络，也将着重研究元数据课程的类型和内容、教学安排、授课方式，并对核心课程进行对比分析，以期对我国元数据课程教学有所启发。

2 调查对象与方法

本文选择 UIUC 信息科学学院为调查对象，不仅因为该学院是全美排名第一的图情学院[19]，更因为其开设了数量最多的信息组织类课程[11]，涵盖了元数据的创建、使用、保存等各环节。

通过对上述课程的系统学习，学生不仅熟知元数据的概念、原理，而且掌握了元数据标准创建、使用和保存的方法，更重要的是与实践有效结合，可以利用软件为各类资源创建元数据，利用元数据实现信息建模和本体构建，在元数据使用过程中实现数据清洗、数据监护、长期保存。

笔者作为该学院的访问学者（2017.9—2018.9），通过查阅该学院课程目录及课程大纲[20]，共发现27门与元数据相关的课程（见表1）。针对这些课程，采用实地考察、选修核心课程、教师访谈等方法，较为详细地掌握了2014—2018年该学院开设的相关元数据课程的教学内容、教学安排、授课方式等资料，对比笔者的教学工作及国内该课程的发展现状，UIUC元数据课程设置内容全面系统，教学方式灵活多样，课程安排与时俱进，值得我国相关高校借鉴。

表1 UIUC开设的元数据相关课程

序号	类别	课程编码	课程名称	开课时间/年
1	创建元数据	IS507	Introduction to Bibliographic Metadata（书目元数据导论）	2014—2017（秋、春、夏），2018（春）
2		IS562	Metadata in Theory & Practice（元数据理论和实践）	2014—2017（秋、春），2018（春）
3		IS577	Advanced Bibliographic Metadata（高级书目元数据）	2014—2016，2018（春），2017（夏）
4		IS584	Archival Arrangement and Description（档案管理与描述）	2015（夏），2016（秋、夏），2017（夏）
5		IS590X63	Museum Collection Development（博物馆馆藏建设）	2016（夏），2017（春）
6		IS590CB	Cataloging for School Libraries（学校图书馆编目）	2014（春），2015（夏），2016（秋、夏），2017（夏）

续表1

序号	类别	课程编码	课程名称	开课时间/年
7	创建元数据	IS590CN	Cataloging of Nonprint Materials（非印刷资料编目）	未开课
8		IS590RDA	Introduction to RDA（RDA导论）	未开课
9		IS590BCL	Rare Book Cataloging（特殊馆藏编目）	2014（夏），2015（夏），2016（春、夏）
10		IS590X42	Music Cataloging（音乐资料编目）	未开课
11		IS590X39	Encoded Archival Description（EAD）（档案描述编码方案）	2014（春），2015（春），2016（夏），2017（夏）
12	使用元数据	IS532	Theory & Practice Data Cleaning 数据清洗的理论与实践	2015（秋），2016（秋、春），2017（秋、春），2018（春）
13		IS590DM	Document Modeling（文档建模）	2014（秋、春）
14		IS590DP	Document Processing（文档处理）	未开课
15		IS590X53	RDF, Ontologies & Semantic Web（RDF、本体和语义网）	未开课
16		IS561	Information Modeling（信息模型）	2014—2016（秋），2017秋、春、夏），2018（春）
17		IS590FB	FRBR as a Conceptual Model（FRBR作为概念模型）	2014（秋）
18		IS590OD	Ontology Development（本体的发展）	2015（春），2016（春），2017（秋）
19		IS590OH	Ontologies in Humanitie（人文本体）	未开课

续表 1

序号	类别	课程编码	课程名称	开课时间/年
20	保存元数据	IS560	Digital Libraries（数字图书馆）	2014（秋、春），2015（秋、）2016（秋），2017（秋）
21		IS586	Digital Preservation（数字保存）	2014—2015（秋、春），2016—2017（秋、春、夏），2018（春）
22		IS531	Foundations of Data Curation（数据监管基础）	2014—2017（秋、春），2018（春）
23	其他	IS501	Information Organization and Access（信息组织与检索）	2014（秋、春、夏），2015（秋、春），2016（秋、春）2017（秋、春），2018（春）
24		IS590DB	Descriptive Bibliography（描述目录学）	未开课
25		IS590RO	Representing and Organizing Information Resources（信息资源的表现与组织）	2014（秋），2016（春）
26		IS590SA	Naming and Power（资源命名）	2015（春），2017（春）
27		IS590TC	Thesaurus Construction（叙词构建）	2014（春）

3 调查结果分析

笔者从课程名称、课程类型、授课方式、排课方式等方面对 UIUC 开设的元数据课程的情况进行分析，发现其总体上呈现课程内容丰富、体系完整、授课方式多样、根据学科发展和学生需求灵活排课等特点。

3.1 课程涵盖元数据的创建、使用与保存

课程设置中，UIUC 以数字资源建设为导向，参考元数据生命周期，涵盖创建、使用和保存各环节。其中，"创建元数据"类课程的主要内容是介绍元数据的原理、模式、标准、技术与实践，并且与实际应用相结合，根据不同资源类型和使用、保存机构，开发元数据标准，创建元数据集。按照授课内容的不同，可以分为理论类课程和实践类课程。其中，理论类课程也是最核心的元数据课程，讲授传统文献编目的基本原理、主题分析、规范控制，各种元数据标准的创建应用，以及复杂的描述型元数据和主题元数据的创建和管理。实践类课程则结合数字对象，开设了特藏资源、音乐资源、非印刷资源的元数据课程；结合应用领域，开设了图书馆、档案馆、博物馆、学校媒体中心的元数据课程。"使用元数据"类课程结合元数据的应用领域，主要讲授使用过程中面临的元数据规范性、兼容性、可持续使用性等问题，如数据抽取、数据清洗、数据质量控制、本体构建、关系数据库设计、概念建模、标记系统。"保存元数据"类课程分析待保存的复杂数字对象，理解保存元数据标准及规范，判断可持续性、真实性、完整性和风险评估，开展质量控制和认证及保存管理工作，讲授数据的审查、评估、选择及可持续的数据收集，研究数据生命周期、工作流程、元数据、法律和知识产权等一系列数据监护（data curation）知识。

3.2 课程调整频繁

随着信息资源类型的丰富以及用户信息需求变化，信息组织的难度不断增加，这就对元数据的内容和功能提出了更高的要求。因此，元数据成为近年来图情学科发展最快的领域之一，相应的元数据课程设置也需要紧跟科研与实践趋势，频繁调整。体现为以下三个方面：

（1）新增的元数据课程。近几年，新增的元数据课程是一个非常

显著的现象。在调查中,"创建元数据"类的 11 门课程中有 4 门课程为新增课程,占总数的 36.3%(见表 2)。而且这种增加与学科和实践的发展密切相关。以 IS590RDA(RDA 导论)为例,自 2005 年起,RDA 标准已开始得到研究,但是直到 2013 年才被正式纳入专题课程,主要是因为经过 8 年研究,RDA 的相关知识体系已经完善,经过多轮修订,印刷版本已经出版,而且美国国会图书馆宣布自 2013 年 3 月 31 日起,全面启用 RDA 进行资源描述,打开了 RDA 的实践大门。在此契机下,开设 RDA 导论课程,也是顺势而为。

(2)变化的元数据课程。课程的变化体现在两个方面:一是课程名称的变化(见表 2)。如由"编目与分类"变为"书目元数据",这不仅是顺应形势的简单修改,更是授课内容的变革。从内容设置上压缩了理论知识的章节,面向数字信息环境,以信息检索和利用为目标,重点讲授检索点、关系构建、规范控制、关联数据在作品、内容表达、载体形态、单件等多层次实体和音频、视频、电子书等多类型资源中的应用。二是课程类型的变化。在元数据系列课程中,有 6 门课程由专题短期课程调整为常规固定课程(见表 2)。这 6 门课程均是数字环境下出现的新技术、新实践,是传统编目工作中的新事物,之前并未固定开课,但是随着数字环境的发展与成熟,这些课程不仅成为常规固定课程,有的还成为获取硕士学位的必修课程。

表 2 元数据课程变化情况

变化类型	课程编号	课程名称	变化内容	变化时间/年
新增课程	IS590CB	Cataloging for School Libraries	新开课	2012
	IS590RDA	Introduction to RDA	新开课	2013
	IS590BCL	Rare Book Cataloging	新开课	2009
	IS590CN	Cataloging of Nonprint Materials	新开课	2011

续表 2

变化类型	课程编号	课程名称	变化内容	变化时间/年
课程名称变化	IS507	Introduction to Bibliographic Metadata	原名称为"Cataloging and Class I"	2012
	IS577	Advanced Bibliographic Metadata	原名称为"Cataloging and Class II"	2012
由专题课程变为常规固定课程	IS586	Digital Preservation	原先代码为IS590PD	2011
	IS562	Metadata in Theory & Practice	原先代码为IS590MD	2012
	IS561	Information Modeling	原先代码为IS590IM	2012
由专题课程变为常规固定课程	IS584	Archival Arrangement and Description	原先代码为IS590AA	2013
	IS531	Foundations of Data Curation	原先代码为IS590DC	2015
	IS532	Theory & Practice Data Cleaning	原先代码为IS590PCC	2018
未开课	IS590CN	Cataloging of Nonprint Materials	近五年未开课	2011
	IS590RDA	Introduction to RDA	近五年未开课	2013
	IS590X42	Music Cataloging	近五年未开课	无
	IS590DP	Document Processing	近五年未开课	2013
	IS590X53	RDF, Ontologies & Semantic Web	近五年未开课	无
	IS590OH	Ontologies in Humanitie	近五年未开课	2007
	S590DB	Descriptive Bibliography	近五年未开课	2011

（3）未开课的元数据课程。在元数据系列课程中，有 7 门课程在近 5 年内未开课（见表 2）。导致未开课的原因主要是该课程的内容与其他课程内容有交叉，因此被其他课程所兼并。如 IS590CN（非印刷资料编目）主要介绍电子资源、音频视频资源、舆图资源、三维资源和缩微资源的编目，在当前的课程设置中，前两种资源已经被放置到 IS507 中讲授，而后三种资源则分散到 IS584（档案管理与描述）和 IS590X63（博物馆馆藏建设）中。

3.3 采用混合式教学模式

UIUC 的元数据课程主要采用线上线下分别授课的方式，即同一门课程在授课过程中，按照线上线下两种教学模式分别授课。学生可根据自身情况选择，二者的教学计划相互独立。线下课程通过面对面授课，以讲授、讨论、实习为主，实习内容与授课内容密切相关，但需要借助学校在线教学系统开展阅读、提交作业；线上课程则完全利用在线教学系统（Moodle）开展，包括阅读、讨论、实践和考核。

从数量统计来看，开课的 20 门课程中，有 9 门课程采用线上线下分别授课的方式，10 门课程采用单一线上授课的方式，1 门课程采用单一线下授课的方式。从频次统计来看，9 门同时采用线上线下授课方式的课程，线上课程数量（70 次）要远远超过线下课程数量（40 次）。可见线上授课的方式在元数据课程授课中更受欢迎（见表 3）。

要特别说明的是，在同一学期内，不同教师会同时开设同一门课程，通过线上或线下两种方式授课。以 IS501 为例，作为图情硕士的必修课，近 5 年均会在同一学期内同时分别开设线上课程和线下课程，总量达 38 次，其中一学期开课数量最多达 7 次，最大限度地满足了学生的需要。

表3 元数据课程的授课方式

课程编码	课程名称	授课方式	备注
IS507	Introduction to Bibliographic Metadata	线上、线下分别授课	线上20次,线下1次
IS562	Metadata in Theory & Practice	线上、线下分别授课	线上6次,线下5次
IS577	Advanced Bibliographic Metadata	线上授课	—
IS584	Archival Arrangement and De-scription	线上授课	—
IS590X63	Museum Collection Development	线上授课	—
IS590CB	Cataloging for School	线上授课	—
IS590BCL	Rare Book Cataloging	线上、线下分别授课	线上3次,线下1次
IS590X39	Encoded Archival Description (EAD)	线上授课	—
IS532	Theory & Practice Data Cleaning	线上、线下分别授课	线上4次,线下3次
IS590DM	Document Modeling	线上授课	—
IS561	Information Modeling	线上、线下分别授课	线上4次,线下5次
IS590FB	FRBR as a Conceptual Model	线下授课	—
IS590OD	Ontology Development	线上、线下分别授课	线上2次,线下1次
IS560	Digital Libraries	线上授课	—

续表 3

课程编码	课程名称	授课方式	备注
IS586	Digital Preservation	线上、线下分别授课	线上 10 次,线下 5 次
IS531	Foundations of Data Curation	线上授课	—
IS501	Information Organization and Access	线上、线下分别授课	线上 20 次,线下 18 次
IS590RO	Representing and Organizing Information Resources	线上、线下分别授课	线上 1 次,线下 1 次
IS590SA	Naming and Power	线上授课	—
IS590TC	Thesaurus Construction	线上授课	—

4 核心元数据课程分析

为了对元数据课程内容展开深入分析,本文选取了元数据系列课程中最核心的 3 门课程,即 IS507、IS562、IS577,从课程目标、课程内容、实习要求、教材与阅读材料等方面进行比较,以期从中提炼元数据课程最核心的内容,为完善国内该课程的教学方案设置提供借鉴。

4.1 课程目标

课程目标,即教学目标,是课程设计的指导原则,是可预见的教育结果,是学生经历教学方案的各种活动后必须达成的效果。有了清晰又切合实际的教学目标,授课者才能有效完成教学任务。可以说,合理的教学目标是课程取得效果的先决条件。

IS507 的教学目标为"在用户群体的信息服务需求的背景下介绍描述性元数据和主题元数据的基本原则和概念,探索、组织及创造获取与印刷和非印刷媒体有关的元数据原则、结构、标准、技术和实践,学习理解受控词表"。具体包括以下方面:了解书目元数据的标准、目的、价值和应用,应用和分析书目元数据的基本原理、概念和结构,利用主题分析和描述性实践以及专业工具创建基本的书目元数据,评估书目元数据是否符合标准及其可用性,使用编码标准和受控词表,了解书目功能和系统是如何解读书目元数据的。

IS562 的教学目标描述为"鉴于元数据在数字资源的创建、分布、管理和使用中扮演着越来越重要的角色,本课程将元数据模式设计的理论研究及其在各种设置中的实际应用相结合"。在介绍创建描述性、管理性和结构性元数据方面的实践经验的基础上,帮助学生全面了解当前元数据标准以及一些重要问题,如元数据映射模式,元数据在信息检索和数据管理中的应用,以及国家标准机构在元数据模式开发中所扮演的角色。

IS577 的教学目标为"解决现代图书馆目录中的更复杂的元数据描述与评估问题;对连续出版物、缩微文献、特藏文献、手稿、外文资料和专题材料的元数据问题进行分析、评估"。具体包括评估、解释、论证和总结与书目元数据有关的主要问题,指出并培养从事元数据创建的馆员的核心竞争力,评估学生从事元数据相关工作的职业竞争力,以书面形式描述研究问题,利用主题分析和描述性实践以及专业工具创建复杂的书目元数据等方面。

4.2 课程内容

IS507 采取"元数据的原则、标准→方法→核心要素→编目系统→各资源类型的元数据创建→发展展望"这一模式,介绍传统资源的元数据创建和使用的基本原理与方法。该课程将传统的信息描述、分类标引和主题标引三门课程融合在一起,着重讲授检索点的选取和关系构建这两个信息组织中的难点问题(见表 4)。但是由于课程内容较宏观,学生只是对元数据知识有了浅显的了解,无法熟练掌握编目工具,难以赋予文献合适的分类号与主题词。

IS562 采取"标记语言→元数据类型→元数据构建→元数据管理→元数据评价"这一模式,着眼于数字资源的元数据创建、应用及评估管理,不再局限于具体元数据标准的介绍,而是更加深入地讲授元数据的高级知识。该课程对学生的计算机水平要求较高,且不结合具体元数据标准进行授课,内容会显得较为抽象,比较难以理解,较适用于研究生学习。

IS577 结合当前元数据理论和实践方面的发展趋势进行课程内容安排,既有元数据标准和模型方面的革新,如 RDA 和国际图联图书馆参考模型(IFLA library reference model,IFLA LRM),也有技术方面的进展,如关联数据、标记语言等;同时,课程还会结合学生的职业发展,评估其在元数据创建、科研等方面的竞争力(见表4)。但是这些专题之间关联性不强,对于前沿趋势的介绍要求学生具备一定的元数据创建能力和技术基础,较适合为研究生授课。

表4 核心元数据课程的内容安排

课程编号	课程安排	课程内容
IS507	共16周(14周授课、1周课上实习、1周作业展示)	(1)编目原则;(2)编码与内容标准;(3)主题分析;(4)分类;(5)描述基础;(6)检索点:姓名与创建者;(7)检索点:连续出版物、作品、内容表达;(8)作品、内容表达、载体形态间关系;(9)集成图书馆书目系统、索引、权威控制;(10)文学作品的编目;(11)视频资源的编目;(12)音频资源的编目;(13)关联数据/电子书编目;(14)编目事业的发展

续表 4

课程编号	课程安排	课程内容
IS562	共 15 周（14 周授课、1 周作业展示）	（1）元数据导论与 XML 实践；（2）XML 模式和标识符；（3）描述型元数据；（4）描述型元数据续：数字典藏与描述准则；（5）管理型元数据：技术元数据与权利元数据；（6）结构型元数据框架：METS；（7）保存型元数据；（8）元数据映射；（9）元数据收割协议（Open Archives Initiative Protocol）；（10）RDF 与基础描述；（11）RDF 与结构型元数据；（12）元数据工作流与质量；（13）参与式设计理论和元数据；（14）元数据标准政策的发展
IS577	共 9 周（7 周授课、1 周讨论、1 周模拟会议）	（1）RDA 回顾；（2）信息组织的伦理；（3）IFLA LRM 和 FR 模型；（4）编目馆员的职业竞争力；（5）编目模式：标记语言；（6）编目标准：关联数据；（7）数字资源的元数据标准进展；（8）编目工具；（9）虚拟预备会议：多元化、包容性和公平的元数据

4.3 课程实习

课程实习可以帮助学生切实掌握理论知识，是将书本知识转化为实践能力的关键。IS507 作为元数据的基础课程，主要是让学生熟悉元数据，了解图书馆日常编目工作。因此，课程要求学生通过调查评估在线目录，认识一条完美书目记录内容与形式，选择图书、音频、视频等学生常用资源类型创建元数据，可操作性强，也加深了学生对原理、标准的认知，对常用工具书和图书馆元数据工作流程的熟悉（见表 5）。IS562 着眼于数字资源元数据的创建、使用和保存。完成该课程的实习，学生就可以掌握描述型、技术型、保存型等多类型元数据的创建技术，并可以为特定资源创建元数据模式。无论是原生资源、数字图片、数字音频还是多格式的数字视频，学生都可以轻松应对，具备从事数字图书馆资源建设工作的能力（见表 5）。IS577 将学习、实践与职业发展融为一体，实习的设置不仅提高学生的编目技术，更重要的是评价和提升他们从事元数据工作的核心竞争力，选修该课程将使学生对未来职业有更清晰的认识，完成角色之间的顺利过渡（见表5）。

表5　元数据核心课程的实习内容

课程编号	实习次数	实习内容
IS507	3次实习	（1）选择一本非小说的图书，为该书创建一个完整的书目记录，需要使用LCSH、LCC、DCC等工具书，赋予其合适的分类号与主题词；（2）选择一个非UI-UC图书馆的在线目录（OPAC），参考书目控制原则、描述访问规则和编码描述规则，对该OPAC进行全面评估；（3）选择1个音频和1个视频文献，分别为它们创建一个完整的描述和访问的MARC记录。需要包括表现形式、作品、访问权限等要素
IS562	4次实习	（1）描述元数据的创建：为Seikilos石碑的3种不同表现形式（原始石碑、数字图片、数字音频）创建多种元数据记录（为每一个表现形式创建一条DC元数据记录，以及关于这3种信息的CDWA记录），4条记录必须使用XML语言，此外还需要提交一篇750～800字的论文，评估不同标准的有效性。（2）技术元数据分析：分析2条元数据记录，即使用Media Info生成的视频文件的PBCore元数据记录和使用FITS的静态图像文件的MIX元数据记录，写一篇简短的论文（3～5页）来描述2条元数据记录的核心元素，解释这些技术特征的含义及其对数字对象的重要性。（3）PREMIS 3.0中源代码元数据：创建一个PREMIS文件，记录Nina Paley的动画电影*Sita Sings The Blues*的720p HD和480p SD两个不同版本。需要为每个版本的电影提供一套包括基本PREMIS技术元数据的单独的对象记录，记录播放环境、对象起源关系、版权状态等。（4）创建元数据模式：以小组为单位，选择一组资源，为其创建新的元数据模式，需要包括元素的名称，元素的定义、

续表 5

课程编号	实习次数	实习内容
IS562	4 次实习	解释及其用法，元素内容的任何数据类型/格式限制，元素中包含的任何子元素的指示，该元素是否具备强制性和可重复性。需要提交论文、采用 XML 模式或文本格式的模式和示例记录
IS577	4 次实习	（1）编目练习，选择 10 本文献（8 本原著、译著等关联文献及 2 本非印刷文献），创建 MARC 记录；（2）参照标准，评价学生作为编目馆员的能力；（3）要求学生撰写申请编目馆员的求职简历；（4）提交一个研究方案或是介绍当前关于元数据主题的文章，形成论文，并在课堂中交流

4.4 教材与阅读材料

在教材方面，两门课程指定了教材，两本指定教材均有电子版提供。IS507 的指定教材是 Libraries Unlimited 出版社的《编目与分类导论》(*Introduction to Cataloging and Classification*) 第 11 版，内容包括 RDA、数据模型、MARC 及美国图书馆常用分类法与主题法工具书，与课程内容结合紧密。该课程的可选教材是 Broughton 的 *Essential Library of Congress Subject Headings*，是 LCSH 的工具书。IS577 的指定教材是 Libraries Unlimited 出版社的《编目部门实用策略》(*Practical Strategies for Cataloging Departments*)，该书包括编目环境变革的历史背景及发展趋势，以及如何处理多重元数据标准并存、如何培训新编目人员、如何与图书馆其他部门合作、现有 MARC 数据的复用、如何为新项目创建元数据等内容，对学生明确未来工作内容很有帮助。

课外阅读材料是学生学习课程的必要扩充。3 门课程在每周课堂上都会安排阅读材料。作为研究生课程，课外阅读资料不仅数量较多，而且内容较深。导师会将阅读材料分为必读与选读两类。为了更好地督促阅读，导师要求学生撰写相应单元的阅读报告，并在课前提交评阅，计入成绩。IS507 中，当授课内容与课本密切相关时，导师通常会指定课本的某一章节为必读材料；当授课内容涉及元数据标准、工具书或编目规则时，相关的标准文件、使用手册等也会被要求阅读。IS562 的每周课堂上都会安排 5 篇左右的阅读材料，以元数据标准文件和期刊论文为主，总计 63 篇。虽然课程强调技术操作性，但是推荐的阅读材料多为 2014 年以前的文献，与课程要求学生掌握元数据领域最基础和重要的知识的教学目标相契合。受专题讨论这一授课方式的影响，IS577 的阅读材料均围绕具体专题展开，因此数量较多，单周阅读量最多为 15 篇文献，但各专题阅读材料之间关联性不强。导师还会从众多阅读材料中选取 1～2 篇作为课堂讨论文献，要求学生精读，而另一部分作为背景材料。这种安排会让学生阅读起来有的放矢。

4.5　课程组织形式

3 门课程的组织形式基本一致，都包括授课、讨论、实习等内容。其中，授课方式分为课堂讲授和在线讲授两种，两种方式的比例为 1∶5（6 次/30 次）。讨论多以在线进行为主，即使是课堂授课，也会要求学生通过在线教学平台完成讨论，课堂仅解答疑难问题，在线讨论会以开放讨论区、技术论坛等形式出现。元数据课程注重学生的动手能力，实习的地位重要。从课程成绩分配来看，各门课程中实习成绩占总成绩的比例分别是 40%（IS507）、90%（IS562）和 80%（IS577）。最终的考核以报告为主，分别占总成绩的 36%、30% 和 20%。

此外，IS577 会根据课程需要，邀请相关领域专家授课。2017 年夏季学期，该课程共邀请 6 位专家开设讲座，课时占总课程的 67%。

5　改进我国元数据课程教学的建议

笔者调查分析了武汉大学、北京大学、南京大学、中山大学、南开大学 5 所知名高校图书馆学专业的元数据课程的开设情况，其中，仅南开大学 1 所高校单独开设元数据课程，内容包括元数据的基本理论、元数据的著录、应用规则、开放机制、互操作等，课程内容系统全面。其余高校均将元数据作为授课内容的一部分纳入相关课程，其中，武汉大学、中山大学在信息描述课程中讲授元数据的基础理论、网络信息资源的元数据描述及 DC 元数据的应用；北京大学和南京大学则将该内容纳入信息组织课程中，通过一个授课单元讲授元数据基本知识和描述性编目的相关内容。授课方式以课堂讲授为主，辅以小班讨论、报告展示等形式；仅武汉大学单独设置了信息描述的实验课程。

总体而言，元数据课程并未在国内高校中引起足够重视，多作为一个教学单元出现在信息描述、信息检索等课程中，内容仅涉及元数据的基础理论和主要标准介绍；教学方式较为单一，学生实践能力较难提升。作为一门独立课程，课程内容需全面深入，除上述内容外，还应包括元数据的管理、构建与评价，同时需要设计实习，用计算机软件实现元数据构建。在这方面，国外图情学院有许多值得借鉴的地方。

5.1 完善元数据课程体系建设

通过调查，我们发现，UIUC 的元数据课程体系构建分为两个层面：一是宏观体系。该体系以大数据为背景，以网络环境下数字资源建设为目标，以元数据生命周期和元数据工作流程为切入点，涵盖元数据的创建、使用、保存等方面，既有理论讲授，又有技术培训，关注元数据应用中的关键技术如数据清洗、本体构建、信息建模、长期保存，并将应用领域拓展到图书馆、档案馆、博物馆及数据产业的其他领域。二是微观体系。该体系着眼于图书馆资源建设，强调标准规则的知悉、元数据模式的构建、常用编目工具的操作和作为编目馆员职业核心竞争力的提升。

因此，我国在完善元数据课程建设方面，首先应该将元数据作为一门单独课程开设，而不仅仅作为文献编目、信息组织或数字图书馆课程的某个章节。而如果作为单独一门课程，课程内容则不能太抽象，应与当前图书馆信息组织工作紧密结合，确保学生既掌握理论知识，又能结合工作实践提升编目技能。此外，元数据课程可以与信息组织的其他课程如信息标引、信息检索等有效整合，还可以打通培养方案，与信息管理专业的标记语言、信息建模、数据监护等课程密切联系，在这些课程中丰富元数据的教学内容。

根据目前国内教学环境，微观体系的课程建设是可行性较强的方式。可结合图书馆资源建设实践，在内容设计上由浅入深，依次递进。首先，面向传统文献类型，介绍元数据的基本原理、标准与方法，掌握主流编目工具，创建和评估简单的书目元数据。其次，面向数字资源，介绍不同的元数据类型及其实践，培训提升元数据创建与应用的具体方法技术。最后，着眼于职业发展，培养学生科研与实践双重能力，解决特殊文献的复杂编目问题，提升职业竞争力。

5.2 教学内容设置更具导向性

第一，以学生为导向。UIUC 的元数据课程面向研究生开设，因此，其内容全面而深入。而我国的元数据课程面向本科生，一般在大二、大三阶段开课，此时本科生的专业知识尚待完善，对太艰深的知识难以理解掌握。此外，对于没有一定技术背景的本科生，太多的技术内容也会增加他们的学习难度，打击其学习积极性。因此，课程内容设置应该综合考虑学生的知识结构，为本科生开设的元数据课程以理论讲授为主，要求学生掌握原理，了解各种元数据标准，熟练掌握标记语言，使用主流编目工具，能够胜任图书馆的编目工作。对于研究生，则应该加大文献阅读量，加强技术方面的培训，重点放在元数据的创建、管理、互操作和收割等高级主题上，学生可以针对具体的数字图书馆项目设计元数据模式，操作元数据管理系统。

第二，以职业发展需求为导向。信息资源建设与服务机构是图情专业学生的主要就业方向之一。假若学生从事元数据的相关工作，他们需要了解基本原理，会使用工具书，灵活操作编目软件，为数字资源创建元数据模式，创建、管理、保存元数据记录，通过元数据互操作实现资源整合等。因此，课程内容设置需要理论与实践并重，既要讲基本原理、标准、规范,也要培训技术。在内容选择上,也应结合实践。目前,图书馆传统文献与数字文献并存,编目工具以 Marc 为主,少数馆外文文献采用 RDA,因此,既不能固步自封,只讲 Marc,也不能全盘抛弃,只讲 DC 等元数据标准和 RDA 等前沿知识。最重要的是了解信息描述的本质和功能,元数据原理和标准是基础,描述语言是媒介,管理软件是工具,要分清主次。

第三,以元数据应用为导向。UIUC 根据元数据服务对象的不同,将应用领域细分为图书馆、档案馆、博物馆、学校图书馆;根据文献类型不同,细分为印刷型文献、非印刷型文献、音乐文献、特藏文献等。细分出的每一个领域,都会设置与之对应的元数据课程。在我国,单独开设如此多的元数据课程存在难度,但是对于核心领域还应兼顾。尤其是图书馆、档案馆、博物馆同为历史文化机构,其资源存在共同点,可深度整合利用。在这一过程中,元数据的标准化和兼容性是基础,元数据的互操作及信息建模是关键技术。如果在课程内容设置上避免人为分割,为学生树立"统一的大资源观",也会相应减少资源整合应用的难度。

第四,内容设置以发展为导向。大数据时代,信息组织成为图情专业最活跃的领域之一。各种标准、规范、技术、工具层出不穷,推动元数据工作的进步。处于变革中,相关课程设置也应该及时调整,要敢于变更课程。UIUC 的元数据课程中,有 26% 的课程在近 5 年内停开,相关内容或被新内容取代,或被其他课程兼并。与此同时,UIUC 也新增了 4 门元数据课程,6 门课程的属性由临时变为固定。RDA 刚刚在美国国会图书馆实行,UIUC 即开出专题课程,国际图联图书馆参考模型 IFLA LRM 刚通过,同一时间 UIUC 就将其纳入授课内容。我国的元数据课程教学也应对发展趋势迅速做出反应,可通过专题讲座的方式,开拓学生的眼界,提升他们的职业竞争力。

5.3 丰富教学方法

UIUC 的元数据课程基本采取以在线授课为主的授课方式,且能保证较好的授课效果。虽然在线授课方式在我国实现存在难度，但是其鼓励学生参与课堂学习的方法十分值得借鉴。

一是多讨论。课堂讨论的内容以课前阅读为主，这种阅读其实是对授课内容的预习与思考，带着问题听课可提升学习效果。为了保证课前阅读效果，导师要求学生每周在线提交阅读报告，并通过在线论坛发言交流，计入考核成绩。二是多实习。元数据作为实践性课程，只有多练习，才能发现潜在问题。实习内容应与授课内容紧密相连，与职业发展密切相关，这样不仅使抽象知识具体化，而且使学生掌握了技术和工具，提升获得感和满足感。三是成绩考核更具体，操作性更强。UIUC将课程总分设为 1000 分，列出参与讨论、实习、作业、期中测试等所占比例，以及详细的考核标准和评分等级，尽量降低主观评分，以激发学生的学习热情。四是丰富授课方式。可以邀请专业人士，剖析学术发展热点，展望职业发展趋势，也可以让学生参与到共享课程中，或是借助其他院校的精品课程、国内外开放课程等开阔学生视野。

5.4 加强教学支撑

教材、教学平台和师资是教学支撑的三个核心环节，可以从以下方面加强建设。

教材是教学的基本内容和路线，对于提高教学质量至关重要，尤其对于本科生而言，教材是他们系统掌握知识的重要支撑，必不可少。目前我国元数据方面的著作数量较少，仅有 6 本，而且年代久远，其中 5 本为 10 年以前的著作，作为教材使用，其时效性和实用性都不尽如人意；还存在元数据知识分散在信息组织、信息描述、信息检索等课程教材中的现象，体系性差，不适合作为元数据课程的教材。国外一些综合性的元数据著作，如 Murtha Baca 于 2016 年出版的《元数据基础》[1] 第三版，Jeffrey Pomerant 于 2015 出版的《元数据》[21]，Marcia Lei Zeng 于 2016 年出版的《元数据》[22] 修订版，都非常经典，内容涉及元数据基础、元数据构建技术、元数据服务和元数据研究等。上述图书的翻译和引进工作正在逐步推进，Jeffrey Pomerantz 的图书已由李梁翻译成《元数据：用数据的数据管理你的世界》[23]于 2017 年出版。与此同时，我们还需要根据我国数字图书馆建设的实际需求，加强教材建设。武汉大学出版社于 2008 年出版的《信息组织 1 实验教材》和 2016 年出版的《信息描述实验教程》，可以作为元数据实习的指导用书。

虽然利用在线教学平台完成授课存在困难，但是不能忽视其在促进交流、便利教学方面的优势。课程教学可以尝试线上线下相结合的模式，例如基础类课程，面授教学环节可安排专题报告、课堂讨论、展示及学期测验，理论介绍和相关实验可安排在线进行。技能类课程在线环节可安排在线课程、网络讨论、主题阅读、案例分析等，专业实践、课程作业、课堂展示等安排线下完成。[11]

元数据是一门综合性课程，涉及计算机科学、信息科学、图书馆学、情报学等多学科知识，单一学科背景的教师无法胜任。因此，应当尽量建设学科背景或研究领域交叉的师资结构，促进不同研究领域的交流，兼顾理论、技术与实务多个方面，以团队的方式开展授课，从而弥补师资自身背景知识的不足。

参考文献

[1] BACA M. Introduction to metadata[M]. Los Angeles:The Getty Research Institute, 2016.

[2] 冉从敬. 美国 iSchools 研究生课程设置个案及对我国的启示:以 UIUC 近 5 年课程建设为例[J]. 图书情报工作, 2012, 56(23):24 - 29.

[3] 刘桂锋, 卢章平, 郭金龙. 美国 iSchool 图书情报学研究生课程设置与教学方式的特点与启示:以伊利诺伊大学香槟分校为例[J]. 情报资料工作, 2015(6):97 - 102.

[4] 吴钢. 传统与前沿的有机融合:德雷塞尔大学 iSchool 信息科学教育发展探析[J]. 图书馆, 2016(12):79 - 85, 92.

[5] 王丽华, 王文琳. 大数据环境下 iSchools 院校研究生课程体系的案例研究:以匹兹堡大学为例[J]. 图书馆学研究, 2017(5):7 - 14.

[6] 王丽华, 汪润琦. 美国 iSchools 院校硕士研究生课程设置研究:以雪城大学信息学

院为例[J].山东图书馆学刊,2017(4):81-88.

[7] 陆志洋.iSchools院校如何进行课程改革:德州大学奥斯汀分校个案研究[J].图书馆学研究,2016(14):34-39.

[8] 余红,刘娟.美国iSchool图书情报学课程体系个案:北卡罗来纳大学近10年课程体系研究[J].图书情报工作,2014,58(6):79-88.

[9] 魏小飞,高峰.北美iSchool课程教学大纲与LIS工作要求匹配度研究[J].图书馆理论与实践,2015(2):10-13,28.

[10] 蔡婷婷.iSchool学生科研训练模式调研[J].图书情报工作,2014,58(17):85-91.

[11] 司莉,史雅莉.iSchools联盟院校混合式教学模式调研及启示:以信息组织类课程为例[J].图书情报知识,2017(3):4-11.

[12] 赵洁.国外iSchools院校研究生人机交互类课程特点分析[J].图书馆学研究,2017(21):6-14.

[13] 姜婷婷,郭倩,徐亚苹,等.北美iSchools信息构建课程体系研究[J].图书情报知识,2017(5):89-96.

[14] 曹树金,王志红,刘慧云.论大数据时代下的图书情报学教育:基于iSchool院校"大数据"相关课程调查及思考[J].情报理论与实践,2017,40(12):17-22.

[15] 司莉,何依.iSchool院校的大数据相关课程设置及其特点分析[J].图书与情报,2015(6):84-91.

[16] 吴丹,昝谷媖.中美高校元数据课程的现状与启示[J].大学图书馆学报,2011,29(5):29-37.

[17] 李彩虹.中美图书馆学硕士研究生教育中信息组织课程比较研究[D].北京:北京协和医学院,2015.

[18] 魏敏.信息组织课程建设与学科发展[J].图书馆杂志,2017,36(8):85-94.

[19] Best library and information studies programs(2019)[EB/OL].[2018-08-27]. https://www.usnews.com/best-graduate-schools/top-library-information-science-programs/library-information-science-rankings.

[20] Course catalog[EB/OL].[2018-08-07]. https://ischool.illinois.edu/degrees-programs/course.

[21] POMERANTZ J. Metadata[M]. Cambridge,Massachusetts;London,England:The MIT Press,2015.

[22] ZENG M L,QIN J. Metadata[M]. Chicago:Neal-Schuman,2016.

[23] 波梅兰茨,李梁.元数据:用数据的数据管理你的世界[M].北京:中信出版

社,2017.

(本文原刊于《图书馆杂志》2019 年第 11 期,页 80 - 90)

作者简介

宋琳琳,副教授,博士。研究方向:信息组织与检索。

中美 iSchool 院校档案学硕士研究生课程设置对比分析[①]

李海涛　吴嘉雯　王小兰

1　引言

作为图书情报与档案管理一级学科下的二级学科，档案学教育深受图书馆学、情报学学科发展的影响，而 iSchool 运动为国内外档案学教育信息资源交流提供了契机。

目前，国内外学者的研究集中在 iSchool 院校课程设置、人才培养、教育体系、学科整合等方面。如司莉等[1]从图书情报教育的角度探讨了 iSchool 的课程体系、教育及人才培养模式等问题的启示。Ton de Bruyn[2]批判了当前图书情报教育偏重于信息技术研究，相关课程缺乏系统设置的现象。Larsen 等[3]则从档案学科及 iSchool 的发展和目标的视角，指出档案学在新时期应解决 iSchoool 社区中数字信息管理难等问题。我国从 iSchool 视角解读档案学教育的研究成果不少。肖秋会等[4]探讨了 iSchool 联盟高校的档案学教育特色及启示。周毅等[5]基于 iSchool 背景提出了需求导向下的课程体系设置、推广资格认证等 LIS 专

[①]　本文系广东省哲学社会科学"十二五"规划项目"广东省图书资源电子文件化融合服务实现研究"（项目编号：GD15CT2）、广东省档案局科研项目"'一带一路'战略背景下的广东省电子文件长期保存合作机制构建及实现对策研究"（项目编号：YDK‑152‑2016）的研究成果。

业融合对策。谭必勇等[6]则从教育与研究互动的视角分析了 iSchool 背景下美国档案学研究生教育的特点。总体来看,国内现有研究多从国外 iSchool 院校档案学教育现状提炼启示。对档案学研究生课程设置的研究多基于师资一方,所得启示与我国研究生教育问题的匹配度不高。从学科性质来看,档案学专业具有较强的应用性,无论中美,专业人才教育都离不开面向社会需求的档案学专业知识技能的培养。美国档案学高等教育始于 20 世纪 70 年代,经历了从粗放扩张到职业精品教育的发展历程。其研究生学历是档案学人员职业从业的基础学历,教师多由档案实务机构的职业人员兼任。经历了信息技术变革的美国档案学研究生教育形成了较为系统的课程体系与教育模式。我国档案学研究生教育始于 20 世纪 80 年代,随着社会转型和数字转型,档案实务部门对专业人才的知识能力需求发生了较大变化,专业技能及应用性逐步凸显。课程设置是反映学科教育宗旨、体系以及社会需求的关键指标。基于"联盟院校互相支持,解决自身问题"的 iSchool 联盟理念,对比经历相似的信息技术变革的中美 iSchool 院校的档案学研究生课程设置,可以系统地汲取美国的经验教训,获取有益于我国档案学硕士研究生教育发展的参考实例及启示。

2 中美 iSchool 档案学硕士研究生课程调研

采用网络调查法,选取 2017 年《美国新闻与世界报道》中包括密歇根大学安娜堡分校、德克萨斯大学奥斯汀分校、西蒙斯学院、北卡罗来纳大学教堂山分校、加州大学洛杉矶分校、匹兹堡大学、伊利诺伊大学香槟分校、马里兰大学帕克分校、威斯康星大学密尔沃基分校及麦迪逊分校等档案学研究领域排名前 10 的院校。国内则选取目前加入 iSchool 联盟的中国人民大学、武汉大学、南京大学、中山大学 4 所"双一流"建设院校,其档案学在学科整体水平得分中的位次处于 B + 以上。[7]

3 调研结果分析

3.1 培养目标

培养目标是课程设置的前提，课程设置则是实现人才培养目标的具体措施。通过对比培养目标，可宏观地把握中美档案学硕士研究生的培养宗旨。通过分析国内4所高校的培养方案或教学大纲获取各校培养目标。调研发现，我国档案学硕士研究生培养目标定位为研究型人才，强调学生的政治、品德、外语、科研及专业能力的培养；培养档案学专业领域高级人才是各校的共同目标。反观美国，档案学仅为研究方向，设在图书馆学、情报学或历史学专业下，其培养目标内嵌于上述3个专业硕士研究生培养目标中。取培养目标共现词频达5次以上的主题词，主要为"职业""领导能力""信息技能"等。美国档案学硕士研究生的培养目标是以社会和个人职业需求为导向，重视专业人才的实用性知识技能的培养，强调个人职业发展，培养档案信息管理领域的领导者。

3.2 学分设置

调研发现，中美档案学硕士研究生教育都采用学分制，且要求修满规定学分方可申请学位。但对专业必修、选修及实践课的学分要求相对灵活，主要体现为学分计量、互换和学分的资源配置上。我国学分设置包含必修、选修、社会实践三项。在学分计量上，四院校学位申请总修学分相差不大，但从必修、选修学分比例可看出各院校人才培养和教学理念的差异。如武汉大学必修、选修课程分数相差较大，而南京大学则相反；中山大学将研究生课程分为理论、服务、技术三个模块，规定了各模块最低修读学分，保证学生依兴趣选修的权利。调研发现，四院校均有研究生对外交换培养项目，反映了我国档案学研究生教育注重对外教学资源共享。如中山大学就与日本鹤见大学建立了档案学研究生教育学分转换的良性机制。美国学分设置方面，加州大学洛杉矶分校的学位申请学分多达 72 分。在必修、选修学分比例设置上，各院校凸显了自己的教学理念及授课重点。如密歇根大学安娜堡分校和北卡罗来纳大学教堂山分校的学位申请总分相同，但后者偏重档案学理论课程的修习，表现为将《美国档案高等教育大纲》（GPAS）[8]中规定的档案学基础课程全部纳入必修课程。威斯康星大学麦迪逊分校的必修学分远超密尔沃基分校，在必修课中，麦迪逊分校加入了情报学课程。美国高校也注重相关学科的资源共享，形成了学分互换认可机制，如威斯康星大学密尔沃基分校规定学生可从其他学校与 LIS 相关专业中选修 6 个学分课程。在通过学分实现教学及课程资源配置方面，美国较为灵活，如德克萨斯大学奥斯汀分校通过学生、用人机构常规性问卷调研，及时增加需求度高的选修课程，引导教师、教材、课程编制向档案学专业或相关领域拓展，鼓励学生根据兴趣和职业规划选择课程。而我国高校相关课程的调整和更新相对迟滞，缺乏与学生、用人单位的沟通，教学资源优化配置不及时。

3.3　课程类型

调研发现，按学科属性，14 所院校课程可分为档案学、信息科学、历史、专题研讨四类。其中信息科学类课程比重较大，表明档案实务部门对信息技术人才的需求增加，提升了研究生教育中相关课程的比重，表现为各校注重信息技术课程更新及档案学研究中的技术应用。如中山大学信息技术类课程占课程总量的 59%，偏重于 Web 挖掘与知识发现等信息技术应用类课程的教学。武汉大学信息技术类课程占课程总量的 45.5%，开设有高级程序、数据库设计等与档案实务紧密结合的技术课程。中国人民大学的档案与历史研究、明清档案学、档案与传统文化等课程结合传统学科资源，继承和发展了历史档案学理论和研究方法。在专业类课程上，国内四校均开设了 5 门以上档案学专业类课程，表明国内各校均重视专业课程建设。如按照大类培养思路，中山大学开设了专业共通课程，鼓励学生跨专业选课。专题研讨类课程方面，四校课程多为档案学理论或学科发展前沿研究。美国相关课程则细分为专业类、历史类、信息科学类，其中密歇根大学安娜堡分校、马里兰大学帕克分校、北卡罗来纳大学教堂山分校信息科学类课程占其课程总量的 50% 以上。而加州大学洛杉矶分校、伊利诺伊大学香槟分校、匹兹堡大学等更重视专业类课程教学。部分院校档案学专业与信息科学类课程比例失衡。如加州大学洛杉矶分校课程设置倾向于培养学生档案专业技能。美国 iSchool 院校也注重校际合作共享。如基于信息科学教育联盟课程（WISE）网络教学平台，各校可上传课程资源，提供给联盟内学生学习并互认学分。

3.4 共性课程

通过共性课程分析，可以了解中美院校档案学硕士研究生教育的共同关注点。研究将开课院校达半数以上、性质或内容相似的课程设定为共性课程。调研发现，我国档案学硕士研究生教育中开设最广的为信息管理、信息组织和档案管理原理与方法等课程。如中山大学的信息组织与信息建构、图书情报与档案管理研究方法与研究设计课程，中国人民大学的社会科学研究方法、实用数据分析方法与案例等课程。另外两所院校开设了电子政务、商务管理和电子文件管理、数字档案管理等课程，说明数字转型背景下，我国档案学硕士研究生课程围绕电子文件的管理、信息系统开发、长期保存等内容不断拓展。随着国家信息治理、信息惠民工程建设及电子政务的发展，政府电子文件管理、档案信息公开、社交媒体开发利用成为近年来档案学研究的热点，相关课程日益增多。此外，随着政府、企事业机构无纸化办公的推广，电子文件单套制管理等课程也成为近年来 iSchool 院校开设的热点。美国 iSchool 院校的共性课程从类型看，分为信息科学、专业理论、档案实务和研究方法等类，其中信息科学类课程有信息组织、信息资源与服务，属 LIS 一级学科平台课程。档案学专业类课程有档案（文件）管理、档案鉴定、电子文件管理和数字化保存与管理等课程，反映了美国既重视传统理论教学，也强调变革中档案学知识技能的更新，强调实用性、实操性，注重学生职业发展。美国 10 所院校均开设了实习课程。其中西蒙斯学院设立的档案学实践学习课程包含 3 次课程会议，要求学生完成 130 小时的档案管理专岗实习。以职业发展为导向的美国档案学硕士研究生教育重视科研方法教学及科研能力培养，10 所院校均设立了研究方法课程。如密歇根大学安娜堡分校开设的信息专业人员研究方法课程、加州大学洛杉矶分校开设的论文研究与写作方法等课程。[6]

4 中美 iSchool 档案学硕士研究生课程设置对比研究

4.1 课程设置多学科属性明显，重视转型期新老课程结合

跨学科教学是 iSchool 院校档案学硕士研究生教育的显著特征，在课程设置上表现为：①类型多样，除了专业课程外，还有信息技术、历史、计算机、政务等类课程，借鉴其他学科的理论方法探讨本学科问题。如武汉大学的电子政务原理与应用、密歇根大学安娜堡分校的初级编程课等，注重融合档案管理与政府信息公开、现行文件开放利用或软硬件开发等知识，课程多学科属性明显。②除夯实档案学理论等传统课程外，各院校指导学生探讨社会、数字转型期专业理论技能的应用，尽管课程名称不同，但教学内容相似。社会转型推动了基于跨学科的档案功能认知及定位研究，数字转型则推动了数据科学背景下的电子文件管理系统、法规标准机制构建，以及大数据、云计算背景下的档案信息组织、公开及服务研究。如马里兰大学帕克分校的数据挖掘、数字保存课程，中国人民大学的电子文件管理知识组织课程。总体来看，国内外相关课程设置均在保证档案学专业知识教学的同时，探索社会、数字转型期新的教学研究领域。

4.2 档案学硕士研究生共性课程多为 LIS 一级学科课程

14 所 iSchool 院校档案学硕士研究生教育课程均依托信息管理类学院开设，且多与图情专业相关。不同之处在于，我国档案学硕士研究生教育独立于图书馆学及情报学，而美国则为图书馆学、情报学或历史学的分支研究方向。调研发现，中美院校档案学硕士研究生共性课程多为 LIS 一级学科课程，如我国的信息（资源）管理、知识组织、管理等课程，美国的信息组织、信息资源与服务等课程。此外，中美院校均开设了电子文件管理课程，不同之处在于，我国相关课程强调电子文件管理理论的教学，而美国相关课程则与职业发展密切联系，强调培养学生的电子文件管理流程设计、立卷归档、长期保存等实操技能。

4.3 我国强调专业知识培养，美国注重实践能力培养

调研结果显示，我国倾向于培养学术型、理论型档案学硕士研究生，强调在扎实的专业知识的基础上开展学术研究。在学习专业课程的同时，政治理论和外语学习必不可少，表明我国注重学生综合能力及学生世界观、人生观和价值观的培养。美国教育目标表现为职业教育型，注重培养学生的实践能力，表现为：①注重培养学生的领导能力，目标定位为未来档案管理领域的引领者，使学生具备未来职业领域的宏观规划、团队合作的领导能力。②注重培养学生的信息素养及信息技能，使学生具备信息认知、获取及利用等知识结构，并熟练使用多种信息工具。③注重培养学生的职业规划能力，使学生明确档案职业定位，帮助其设定职业目标及实现路径。

4.4 我国教学资源合作度偏低，美国注重 iSchool 联盟内部交流合作

通过分析中美必修、选修课程比重及学生选课规则，可了解中美院校档案学硕士研究生课程设置的目的与导向。在选修课程设置上，美国 iSchool 院校学科的跨度广，知识融合科学。在选课程序上，学校只设定选课范围及学分，指导学生依兴趣及职业规划选课，注重合作交流。其 WISE 课程在美国均被设为选修课，以课程列表的形式供联盟内学生选择。如伊利诺伊大学香槟分校在专业选课方案中，包含 WISE 平台上分享的威斯康星大学密尔沃基分校的档案外联：计划与服务课程、匹兹堡大学的文物档案课程等。我国 iSchool 院校目前无法获取该平台资源，国内校际教研资源交流常通过国家精品课程共建共享（如 MOOC）的方式开展，尚无档案学硕士研究生网络共享课程，与美国仍有差距。

4.5 我国重视档案学专题研讨课程建设，美国档案学理论课程设置偏少

档案学专题研讨课是以学生为主体，由教师引导、组织学生查找资料、分享观点，探讨学科教学、研究的专业课程。专题研讨课程可激发学生的学习兴趣，培养其科研能力。调研发现，武汉大学开设相关课程最多（7 门），多为档案学基础理论专题研究、学科发展前沿讨论等内容；中山大学也开设了档案学专题研究、图书情报与档案管理前沿研究课程。而美国仅有 4 所院校开设了相关课程，如伊利诺伊大学香槟分校的档案和文件管理研讨会，马里兰大学帕克分校的文件、档案及信息管理课程，威斯康星大学密尔沃基分校的高级主题、图书馆和信息科学主题课程，北卡罗来纳大学教堂山分校的开发专题课程。该类课程主要补充新的行业领域理论或技能，根据选课人数及新兴主题的变化，灵活设定开课学期。总体来看，我国专题研讨课从数量到设置的连续性上均优于美国，表明我国注重加强档案学研究的专题课程建设，定期聚合热点

主题，并以专题授课形式开展教学。

4.6 我国专业研究方法类课程开设的层次性强，美国则多样化、专指性强

调研发现，中美院校均开设了专业研究方法课程。我国档案学高等教育包含本科、硕士、博士三个阶段，研究方法课程的开设因各阶段培养目标不同而表现出较强的层次性。本科教育重点讲授档案学基础理论与技能，专业研究方法课程为辅助课程性质，以方法概述及入门讲解为主，如统计学、社会调查研究方法、文献计量学等基础性研究方法课程。而研究生阶段则紧扣学科特点，重点传授研究方法的理论及应用，开设了更为专业的研究方法课程。如中山大学的图书情报与档案管理研究方法与设计课程、武汉大学的图书情报与档案管理研究方法论课程，体现了教学逻辑顺序与学生知识掌握、能力培养顺序的系统性。从专业研究方法课程的类型和数量上看，我国档案学各培养层次的研究方法课程偏少。而美国相关课程兼顾学生基础理论及年级，教授的研究方法多且专指性强。如加州大学洛杉矶分校开设的信息研究领域的社会研究方法、信息研究的历史研究方法、研究方法设计等课程，按照学生的年级及科研能力，分别从社会、历史及设计等维度，探讨档案信息研究领域的方法及其应用。

5 启示

美国 iSchool 院校档案学研究生课程设置为我国档案学硕士研究生人才培养、学科整合、课程设置、资源共享提供了有益启示，具体如下。

5.1 结合社会需求,以职业为导向制定培养目标

培养目标决定了培养对象的知识结构,它既是课程设置的指引,也是评价研究生培养质量的标准。美国档案学硕士研究生培养目标注入了领导者身份认同感导向,并与社会需求匹配,增强学生对档案学专业职业的认同,引导学生成为档案学研究、业务领域的领导者。我国《档案学专业高等教育发展情况调查报告》[9]指出,企业虽为档案学硕士研究生的主要就业机构,但对档案学研究生满意度不高,这一现状要求必须重新调整档案学研究生教育目标。另外,党政机关、事业单位也是国内档案学硕士研究生就业的主要部门。在人才引进上,党政机关、事业单位强调学生应具有扎实的理论基础及业务能力,但企业更看重学生的团队意识和学习能力。因此,在强调专业知识技能的同时,培养目标还应重视提升学生的信息分析、挖掘、保存、利用、服务等综合素质,培养其合作等能力。当前我国档案学硕士研究生教育包含学术及专业培养方向,在以培养职业高层次专业人才为导向的档案学硕士研究生教育中,可借鉴美国经验,以社会需求及职业发展为导向,创新核心知识体系,与政府、企业实践需求相匹配。

5.2 注重研究方法课程设置的系统、层次及协调性

当前,因不重视研究方法教学而造成的档案学研究"失范"等问题[10],导致部分研究成果社会适用性不高,影响了我国档案学的科研水平,也不利于学科良性发展。优秀的档案工作者除了掌握档案学理论知识外,还应了解历史学、情报学、展示展览和行为组织学等知识。[11]在研究方法课程设置上,应当结合培养目标、院校特色、教师专长、学科发展等因素,教授多元研究方法,解决档案管理及研究中的问题。目前,中美 iSchool 院校均借鉴相关学科的研究方法开展研究。相比之下,美国档案学研究方法课程注重与相关课程的衔接,如西蒙斯学院在研究生选课中做了先修课程的限定,若选修档案存取和利用课程,必须先修

档案信息组织方法课程。我国应加强档案管理、社会调查统计等研究方法课程的系统化设置，设置时，须参考与专业课程的关联度、课程递进性、设置时机等因素。目前，我国档案学硕士研究生教育一般为期 3 年，第一年为基础学年，是研究生选择研究方向，广泛阅读并学习研究方法的关键时期，建议该学年增加文献调研、社会调查、数据处理等基础研究方法课程。第二、三年则应根据主修课程，提供关联度强的研究方法教学，如数据分析、可视化分析等研究方法课程。

5.3 引入实践导师，建立课程化的实习模式

来自档案实务部门的兼职教师是美国档案学硕士研究生教育的主力军。[12] 该类人员多具有美国档案学研究生学历，且接受过严格的档案职业资格认证，保障了档案学教学水平。我国相关的从业教师多为学术型专职教师，具有较高的学术水平，但在教学实践中缺乏经验，客观地限制了我国档案学实践教学的开展。可参考美国经验：①通过引进实践导师，实行学术、实践双导师制。[13] 教学中以学术导师为主，重点开展理论教学，夯实学生的专业知识及科研能力；以实践导师为辅，开展实务操作和户外实习，形成实践导师、实习基地、课程化实习模式一体化的实践教学体系。实践导师可从档案局（馆）、企事业档案室或信息机构引入，根据实践导师的工作机构类型，划分实践教学方向，供学生选择。②建立稳定规范的联合培养基地，鼓励行业企业参与。[14] 院校应积极开拓多样化的实习渠道，对接实践导师与实习基地，管控实践课程的模式。企事业单位以社会需求为导向培养学生的实践能力，创立院校与实务部门联合培养基地。③打造课程化实习模式。针对当前我国档案学专业实习只作为毕业条件，大多数无学分要求的现状，为防止实习流于形式，可建立课程化实习模式，明确实习课程学分、实习时长和考核方式。实习前学生可根据兴趣或职业规划，选定实践导师，由其开展实习前期、中期的指导和考核。

5.4 通过网络平台整合和共享精品课程

我国教育部印发的《教育信息化十年发展规划（2011—2020年）》指出，要通过优质数字教育资源共建共享、信息技术与教育全面深度融合，促进教育教学和管理创新与教育公平，提高教育质量。[15]2017年，以"新技术背景下档案学专业课程教学"为主题的档案学专业教学指导委员会及系主任联席会议[16]也提到"利用信息技术开展教育教学，推动在线课程开放建设"等内容。但当前我国精品资源共享课程建设中，针对档案学硕士研究生的课程匮乏，检索精品课网站，发现图书档案学类课程的教育层次主要为本科教育与高职高专教育[17]，并且对该类共享课程缺乏教学监督、考核、学分获取等相关制度。对此，可借鉴美国WISE课程模式，整合和共享精品课程：①根据本院校档案学教育特色及师资力量，推出配套教学大纲、电子教案、多媒体课件等辅助资料的特色精品课程，实现各院校课程资源互补，避免重复建设。②院校间以联合培养等方式向参与院校开放课程学习端口，由开课院校设定教学、考核、分值认定方式。联合培养各校硕士研究生教务系统还可增设参与院校课程选课模块，衔接网络精品课程与培养方案。③配备网络课程教学后台管理人员，监管作业提交、课程讨论区的开放等活动，确保课程学习规范。

参考文献

[1] 司莉,刘剑楠,张扬声.iSchool课程设置的调查分析及其对我国图书馆学课程改革的启示[J].图书馆学研究,2011(21):21-26.

[2] DE BRUYN T. Questioning the focus of LIS education[J]. Journal of Education for Library and Information Science,2007,48(2):108-115.

[3] LARSEN R L,COX R J. iSchools and archival studies[J]. Archival Science,2008,8(4):307-326.

[4] 肖秋会,伍黎丹,李珍.iSchool联盟高校的档案学教育特色及对我国的启示[J].

档案学通讯,2018(1):77-83.

[5] 周毅,张衍.iSchool运动背景下信息管理类专业的特色与分野探析[J].图书馆杂志,2012(8):74-80.

[6] 谭必勇,许文迪.渐进式融合:iSchools背景下美国档案学硕士研究生教育发展状况、趋势及其启示[J].档案学通讯,2017(6):50-59.

[7] 全国第四轮学科评估结果公布[EB/OL].[2017-12-28].http://campusassia.chinadegrees.cn/x wyyjsjyxx/xkpgjg/.

[8] GPAS Curriculum. Society of American archivists [EB/OL]. [2018-04-10]. https://www2.archivists..org/prof-education/graduate/gpas/curriculum.

[9] 冯惠玲,张斌,桑域毓,等.档案学专业高等教育发展情况调查报告[C]//中国档案学会.创新:档案与文化强国建设:2014年档案事业发展研究报告集.北京:中国文史出版社,2014:215-232.

[10] 黄新荣,吴建华.加强档案学研究生研究方法教育的思考[J].档案学通讯,2012(2):62-65.

[11] 韩萌.档案工作者胜任力模型的构建与应用初探[J].北京档案,2009(10):14-16.

[12] 赵芳.美国高校档案学教育中兼职教师的聘用及其启示[J].档案管理,2017(6):86-88.

[13] 张晓娟,杨卉,郭娟.创新我国档案学本科生培养模式:2014年教育部高等学校档案学专业委员会年会暨第二十三届档案学专业系主任联席会议报告综述[J].图书情报知识,2015(2):124-128.

[14] 刘延东.在全国研究生教育质量工作会议暨国务院学位委员会第三十一次会议上的讲话[J].学位与研究生教育,2015(1):1-6.

[15] 教育部.教育信息化十年发展规划(2011—2020年)[EB/OL].[2018-03-01].http://www.edu.cn/zong_he_870/20120330/t20120330_760603.shtml.

[16] 吴婷婷.2017年教育部高等学校档案学专业教学指导委员会年会暨第26届档案学专业系主任联席会议在郑州成功召开[CP/OL].[2017-11-11].http://xkkxxy.zzia.edu.cn/s/8/t/22/51/dc/info86492.htm.

[17] 精品课[EB/OL].[2017-11-12].http://course.jingpinke.com/.

(本文原刊于《档案学通讯》2019年第2期,页82-87)

作者简介

李海涛，研究领域：档案管理、电子文件管理、公文写作与处理、企业档案管理、政府信息资源管理、信息用户行为；主讲课程：档案管理学、电子文件管理、现代公文写作及处理等本科生课程，以及档案学研究进展、政府信息资源管理等研究生课程。

专题五

新时期的一流专业建设

新时代中国图书馆学教育的发展方向[①]

程焕文　潘燕桃　张靖　肖鹏　陈润好

21世纪以来,随着信息技术的飞速发展,网络化、数字化和移动通信正在迅速而深刻地改变全球图书馆的生态与发展。与此同时,席卷欧美的金融危机和经济不振导致欧美图书馆事业出现衰退迹象,图书馆学人才的需求降低,图书馆学教育何去何从成为全球图书馆学教育面临的共同问题。以美国为首的iSchool联盟以大数据为中心逐渐形成了"去图书馆化"趋向,欧美的图书馆学教育的专业性正在不断降低。与此相反的是,随着中国经济的迅速发展,中国的公共文化事业呈现出前所未有的繁荣局面,公共图书馆迈入了百年以来的黄金时代,对图书馆学人才的需求不断增大。但是,由于国际图书馆学教育的影响,我国的图书馆学教育出现了与国家重大文化发展战略需求脱离的倾向。如何建立既符合世界图书馆学教育潮流又具有中国特色的图书馆学教育模式,是当今我国图书馆学教育必须面对的重大课题。为此,中山大学经过十余年的理论与实践探索,成功创立了面向国家文化发展需求,集教学、实践、科研和服务四位于一体的图书馆学人才培养体系,引领了我国图书馆学教育发展的方向。

[①] 本文系广东省教学质量与教学改革工程重点专业建设项目"图书馆学",中山大学品牌专业建设项目"图书馆学"的研究成果。

1 全球图书馆事业与图书馆学教育发展的两种趋向

网络化、数字化是新世纪全球图书馆和图书馆学教育发展的大趋势。然而，受经济的影响，全球图书馆事业的发展此消彼长，图书馆学教育正在形成两种迥然不同的发展趋向。

1.1 以英美为中心的"去图书馆化"图书馆学教育趋向

受金融危机的影响，21世纪以来曾经引领世界公共图书馆发展潮流的英美两国公共图书馆开始萎靡不振，呈现出明显的衰退迹象。据统计，在2008—2013财年，英国公共图书馆的数量、从业人员、经费、文献馆藏量、文献外借量等指标均有不同程度的下降，6年间，公共图书馆减少了372个，图书馆员减少了6340名，公共图书馆的政府预算缩减了1.5亿英镑。[1]据美国博物馆和图书馆服务协会的调查，2012—2016年，美国公共图书馆数量减少60个；公共图书馆印刷文献馆藏量、流通量、流通人次均在下滑，降幅分别约为7%、9%、10%，电子文献馆藏量则增长了近20倍；图书馆注册用户数仅维持在一定水平，未见明显提升；美国政府对公共图书馆的预算减少了2690万美元。[2-5]美国公共图书馆协会发布的《2017年公共图书馆数据服务报告：特点和趋势》也显示，近5年来，美国公共图书馆的注册读者数量、书刊流通册数、到馆人次、馆内浏览人次、参考咨询人次等指标几乎都在持续下降[6]，平均降幅超过10%。除英美等国的公共图书馆外，澳大利亚政府也缩减了图书馆预算，澳大利亚图书馆协会的会员数量在2013—2016年减少了500个[7,8]。日本的公共图书馆发展速度也有所放缓，1997—2017年，日本的自动车图书馆、图书馆员、年入藏图书、图书购置年度预算等指标总体均呈下降态势。[9]

图书馆事业的不景气直接导致图书馆学人才需求的降低和图书馆学

教育的低迷。在这种情形下，在美国图书馆学信息学教育界兴起的 iSchool 运动开始在全球范围迅速发展，加盟 iSchool 的院系不再是纯粹的图书馆学信息学院系，还包括与计算机、网络、通信、媒体、传播等相关的学科的院系。iSchool 联盟试图构建以大数据为中心的新的跨学科人才培养体系，"去图书馆化"自然成为不可避免的共同趋向。2016 年，美国首屈一指的伊利诺伊大学香槟分校图书馆学情报学研究生院（Graduate School of Library and Information Science，UIUC）更名为信息学学院（School of Information Sciences）。[10] 时至今日，在 iSchool 联盟成员的院系名称、学位名称、课程名称和教学内容中已经难觅"图书馆"字样，不少 iSchool 联盟成员甚至对图书馆和图书馆学教育充满了不屑，与杜威当年创办图书馆学校的初衷渐行渐远，与图书馆的关联越来越松散疏远。据美国教育中心的相关数据统计，2009—2014 财年，美国每年获得图书馆学硕士学位的人数由 7448 降为 5259，每年获得图书馆学博士学位的人数由 64 降为 44[11]，图书馆学专业人才培养数量正在逐年下降。这种趋向是对是错，现在尚难以判断，但是可以肯定的是，iSchool 运动正在使图书馆学人才的培养失去专业性。

有鉴于此，由美国图书馆协会（American Library Association，ALA）和美国学校图书馆员协会（American Association of School Librarians，AASL）成立的教育工作者培养认证委员会（Council for the Accreditation of Educator Preparation，CAEP）[12]，为了加强未成年人图书馆员的教育，不得不依照 AASL-CAEP 联合认证计划——《ALA/AASL 学校图书馆员职业启动标准（2010）》（*ALA/AASL Standards for Initial Preparation of School Librarians* (2010)，简称 ALA/AASL 标准)[13]，将未成年人图书馆学教育机构的认证从传统的图书馆学院系拓展到各高校的教育院系。目前，经过 AASL-CAEP 认证的美国高校学校图书馆教育项目已超 60 个[14]，其中有近 90% 的认证院系为教育院系。未成年人图书馆人才培养的"外化"可以说是美国图书馆协会和美国学校图书馆员协会对 iSchool 院系"去图书馆化"的一种自我救赎。

1.2 以国家文化发展需求为中心的"专业主义"图书馆学教育趋向

与英美图书馆发展萎靡不振截然不同的是,改革开放40多年来,中国的经济一直持续高速发展,中国已经成为世界第二大经济体,文化事业,特别是公共文化事业迈入了前所未有的大发展、大繁荣时期,公共图书馆在新世纪进入了百年以来的黄金时代。据文化和旅游部历年发布的文化发展统计公报(见表1)统计,2012—2017年,我国图书馆各项发展数据稳步上升,公共图书馆数量、从业人员、建筑面积等指标持续增长,公共图书馆借书证数量和参与读者活动人次的涨幅分别达到171%和116%,公共图书馆事业欣欣向荣。

表1 我国公共图书馆发展情况统计(2012—2017)[15-20]

项目	年份					
	2012	2013	2014	2015	2016	2017
公共图书馆/个	3076	3112	3117	3139	3153	3166
公共图书馆从业人员/人	54997	56320	56071	56422	57208	57567
实际使用房屋建筑面积/万平方米	1058.40	1158.45	1231.60	1316.76	1424.26	1515.27
图书总藏量/万册	78852	74896	79092	83844	90163	96953
阅览室座席/万个	73.46	80.98	85.55	91.07	98.60	106.42
公共图书馆借书证/万个	2485	2877	3944	5721	5593	6736
流通人次/万	43437	49232	53036	58892	66037	74450
书刊文献外借册次/万	33191	40868	46734	50896	54725	55091
外借人次/万	17402	20552	22737	23085	24892	25503
读者活动/次	81890	91520	103586	114544	140033	155590
参与读者活动人次/万	4108	4411	5015	5908	7138	8857

2017年以来，我国相继颁布和实施了《中华人民共和国公共文化服务保障法》和《中华人民共和国公共图书馆法》，使公共图书馆的发展有了法律保障。

iSchool运动和国家文化发展的双重影响使中国的图书馆学教育出现了两种不同的发展趋向。一种是因袭模仿英美图书馆学教育的百年套路，追逐英美iSchool的潮流；另一种是扎根中国大地，去"西方中心化"，面向国家文化发展需求，构建独具中国特色的新时代图书馆学人才培养体系。与英美iSchool趋向截然不同的是，后一种趋向在不断丰富图书馆学教育的信息技术内容的同时，以文化传承和文化发展为立足点，以文化自信为指引，对中国图书馆发展充满了信心和敬畏，特别强调图书馆学教育的专业性，始终与国家文化发展和图书馆发展密切结合，从而开创了我国图书馆学教育的新局面，为中国图书馆学教育提供了新的发展路向。

2 中国图书馆学教育面临的主要问题

21世纪以来，我国图书馆学教育主要面临以下几个方面的问题。

2.1 图书馆学专业人才培养滞后于国家文化事业发展

中国图书馆事业正处在大发展大繁荣时期，可是，我国的图书馆学教育整体规模偏小，远远不能满足国家图书馆事业发展的需求。

2017年，我国共有25所高校开设图书馆学本科专业，比1998年时新增了5个图书馆学本科专业点[21]；各院校图书馆学专业的招生规模偏小，全国每年的图书馆学专业本科毕业生为600～700人[22]。

目前我国已开设40个图书馆学硕士学位点[23]。从各院校招生简章可知，各院系每年招收科学学位图书馆学硕士生大约10人，粗略估计，我国每年获得图书馆学硕士学位的约为400人。

全国图书情报硕士专业学位教育指导委员会最新发布的《图书情报硕士专业学位教育发展报告》显示：2017 年招收图书情报专业硕士 1109 人[24]，其中包括全日制和非全日制在职研究生。

根据上述粗略统计，我国每年培养的图书馆学本科生和硕士生大约为 2200 人。考虑到图书馆学毕业生的就业去向并非全都是各类型图书馆，不少毕业生热衷于到政府部门、事业单位、学术机构和公司企业就业，也有自主创业者，最后服务于图书馆的毕业生大体不足总数的 50%。相对于我国现有的 3166 个县级以上公共图书馆和 2600 多个高校图书馆而言，这种图书馆学专业人才的培养数量远远不能满足图书馆事业的发展需要，图书馆学人才培养已严重滞后于国家文化事业发展。

2.2 图书馆学课程体系未能适应国家重大文化发展战略需求

受英美 iSchool 运动的影响，21 世纪以来，我国的一些图书馆学教育院系亦转向人才培养定位模糊的信息管理和数据科学。在经历了用信息、知识和数据取代图书馆和图书的几次变更之后，现有的图书馆学课程体系中同样难觅"图书馆"和"图书"的踪影，传统的图书馆学教育核心课程，如图书馆管理、藏书建设、图书分类、图书编目、文献检索、读者服务等，已相继被信息管理、信息资源管理、信息组织、信息挖掘、数据管理等取代，目录学、图书和图书馆史、古籍编目等课程在不少院系的课程体系中消失。一言以蔽之，以网络化、数字化为导向的泛信息技术课程正在全面取代图书馆学专业课程。这种转变因应了数字化时代发展的大趋势和时代要求，但是并不能满足我国图书馆事业发展的具体需求。21 世纪以来，公共文化发展、文化遗产保护和全民阅读推广早已成为国家文化发展、文化传承和建设学习型社会的重大战略，可是，公共图书馆、文化遗产保护、阅读推广、公共图书馆未成年人服务等在现有的图书馆学课程体系中十分鲜见。于是，我国的图书馆学教育犹如浮萍，虽能随着英美 iSchool 的潮流起伏飘荡，却无法扎根中国大地，满足国家图书馆事业的发展需求。

2.3 图书馆学专业学生的实践能力与专业认同感不足

图书馆学教育的泛信息技术导向和"去图书馆化"趋向,使图书馆学专业学生对图书馆的认知不断淡化。

一方面,传统的"馆系合一"图书馆学教育模式在今天已经难觅踪影,现阶段的图书馆学人才培养多囿于课堂教学,图书馆专业实习日渐式微,学生的图书馆实践能力已不能满足图书馆工作的需要,毕业后到图书馆工作基本上得从头学起。这使得图书馆对图书馆学专业的毕业生失去兴趣,不少图书馆在招聘毕业生时并不把图书馆学专业毕业生作为首选,有的图书馆甚至不招收图书馆学专业毕业生。另一方面,图书馆在我国的社会认识上地位本来就不高,图书馆学教育的"去图书馆化"又使得图书馆学专业的学生难以建立起学科自信、专业精神和职业情感,专业认同感普遍不足。这种不足直接导致许多图书馆学专业的毕业生对在图书馆就业失去兴趣,在择业上并不把图书馆作为首选,而是备选,甚至根本就不选。这种现象显然与图书馆学专业的人才培养目标相悖。如此恶性循环,既不利于图书馆学教育的发展,也不利于图书馆事业的发展。

3 中国图书馆学教育改革的发展路向

21世纪以来,中国进入文化大发展时期,与图书馆和图书馆学教育相关的国家文化发展战略和国策主要有三个方面:一是构建覆盖城乡的现代公共图书馆服务体系[25];二是开展中华古籍保护计划[26]、非物质文化遗产保护等中华优秀文化传承发展工程[27];三是推广全民阅读,建设学习型社会。根据国家文化发展需求,针对图书馆学教育存在的问题,中山大学在图书馆学教育上锐意改革,经过十余年的全方位探索和实践,构建了以国家文化发展需求为目标导向,扎根中国大地,独具特色的图书馆学教育体系。该体系被称为"中山大学模式",可传播,可借鉴,可复制。

3.1　中山大学模式的图书馆学人才培养观

2018 年,习近平总书记在全国教育大会上以"国之大计、党之大计"[28]高度概括教育在新时代的重要地位,强调坚持中国特色社会主义教育发展道路,培养德智体美劳全面发展的社会主义建设者和接班人。新时代高等教育的根本问题是"培养什么人、怎样培养人、为谁培养人"。图书馆学教育理所当然应该把培养国家文化发展和繁荣急需的专业人才作为根本的培养目标和教育任务。

十余年来,中山大学围绕"培养什么人、怎样培养人、为谁培养人"这个根本问题,形成了系统的图书馆学人才培养观。

3.1.1　以文化自信为引领的"三根"人才培养理念

十余年来,中山大学图书馆学教育秉持"文化遗产是根源、文化设施是根基、文化人才是根本"的"三根"人才培养理念,以培养中国特色、世界一流的图书馆学人才为目标导向,强调中国图书馆学教育应当积极面向国家文化需求,扎根中国大地,以文化自信为引领,以发展繁荣中国特色社会主义文化为使命,培养学生从事图书馆工作,特别是公共图书馆工作和文献保护事业的信心和能力,并激发其热情。

3.1.2　以文化需求为导向的"三多"人才培养模式

图书馆学专业必须坚持把满足国家重大文化发展战略需求作为首要任务,不但要满足图书馆网络化、数字化发展的需求,而且要满足文化传承和文化发展的需求。为此,中山大学建立了"多层次的课程体系结构、多类型的课程资源、多维度的教学支撑机制"的"三多"人才培养模式。通过设计多层次的课程体系,将专业课程、精品课程、通识课程和新兴课程合理纳入教学方案;建设包括在线资源、国家级教材、双语教材等在内的多类型教学资源。在此基础之上,形成立足本土、面向国际的教学考核和奖励机制，实现了图书馆学人才培养模式的变革。

3.1.3 以文化发展为重心的"三早"人才培养方式

为提高图书馆学人才的实践能力和专业认同感，中山大学实行"早科研、早实践、早服务"的"三早"培养方式，积极探索图书馆学专业人才培养的新路径。在坚持以文化发展为重心的前提下，实现课程教学、科学研究、专业实践和社会服务的有机结合，通过进阶式科研训练、实践教学嵌入专业课程、公益服务研习等方式，为学生从事实践工作和进一步深造奠定坚实基础。

3.2 中山大学模式的"四位一体"图书馆学人才培养体系

在上述图书馆学人才培养观的指导下，中山大学开展了一系列图书馆学教育改革。在教学上，创新"基础－核心－通识"多层次课程体系，培养学生的专业与文化素养；在科研上，让学生参与图书馆立法研究等科研项目，培养其研究与创新能力；在实践上，开展公共图书馆服务、古籍修复等专业实践，培养学生的实践能力与综合素养；在服务上，持续开展汶川、北川图书馆服务研习等项目，培养学生的社会责任与服务精神。构建了集教学、科研、实践和服务"四位一体"的图书馆学人才培养体系。

3.2.1 教学

以公共文化与文化传承为核心课程体系的创新点，同时开展博雅教育，重点培养学生的文化素养与综合素质。

着力建设核心课程体系。在课程设计方面，强调课程的精品化、现代化、国际化、创新性和多样性。以"信息资源共享"课程作为教学改革示范，致力于打造精品化课程。该课程分别于 2007 年、2016 年入选国家级精品课程和国家级精品资源共享课。同时推动以"图书与图书馆史"等为代表的传统课程的现代化，创建"文献保护与修复"等一系列全英（双语）课程，实现传统图书馆学课程体系的更新迭代。与此同时，引入"图书馆、信息与社会"等国际专业课程。在此基础上，专门配套建设了丰富的教学资源，形成拥有在线课程、教学视频、教学案例、国际引智资源、实验室、实践基地等多层次资源的创新课程资源体系。

构筑通识教育课程体系。开展通识教育和博雅教育，建立了阶梯式的通识教育体系。具体包括：① 2008 年 9 月启动"中山大学博雅教育计划"，每年将 30% 的图书馆学本科生纳入学校的博雅精英培养计划，接受跨学科的、扎实的人文社科通识教育。②通过开设"中国图书文化"等全校公共选修课程，实现图书馆学专业核心课程的通识教育改革。③创建和推广信息素养通识课程，先后创建了在中国大学 MOOC 平台上线的"信息素养通识教程"慕课和中山大学通识教育核心课程"信息获取与利用"等。

协同创建全新教学模式。为改变传统的"填鸭式"教学模式，中山大学倡导以学生为中心，创新并改革教学方法，综合运用实践教学、情境教学、互动教学、案例教学等多种教学方法，创设了以"理想图书馆"乐高模型展示会、图书馆员角色扮演等为代表的新型教学互动模式。同时，还充分发挥信息技术优势，开发在线开放课程，打造以"信息资源共享"精品资源共享课、"中国图书文化"网络课程以及"信息素养通识教程"慕课为主体的在线课程体系。截至 2018 年年底，中国爱课程网的"信息资源共享"国家级精品资源共享课的访问量达 3.2 万余人次，1.3 万余名学生自主参加"中国图书文化"在线课程的学习，中国大学 MOOC 平台上的"信息素养通识教程"慕课吸引了来自全国 600 多所高校的 2.2 万余名学生学习。中山大学图书馆学特色教学资源如表 2 所示。

表2 中山大学图书馆学特色教学资源

序号	类型	名称	项目类别	时间/年
1	课程	信息资源共享	国家级精品课程	2007
2		信息资源共享	国家级精品资源共享课（爱课程）	2016
3		信息资源共享	网络课程	2005
4		信息素养通识教程：数字化生存的必修课	慕课（中国大学MOOC）	2017
5		信息获取与利用	网络课程	2008
6		图书与图书馆史	广东省省级精品课程	—
7		中国图书文化	在线课程	—
8	教材	《信息资源共享（第二版）》	面向21世纪课程教材（高等教育出版社）	2016
9		《信息资源共享》	面向21世纪课程教材（高等教育出版社）	2004
10		《信息检索通用教程》	普通高等教育"十一五"国家级规划教材（高等教育出版社）	2009
11		《文献保护与修复》	中山大学出版社	2012
12		《信息素养通识教程》	慕课配套教材（高等教育出版社）	2019
13		《图书馆家园：博雅服务研习项目》	广东人民出版社	2016
14		《中国图书文化导论》	中山大学出版社	1995
15	专业资源	国家古籍保护中心网站	—	2013
16		世界图书馆学专业资源网站	—	2005
17		科研训练教学资源	—	2012

3.2.2 科研

强调"早科研",将普遍在大学三、四年级才开展的毕业论文相关科研训练贯穿于本科教育的整个周期,通过进阶式科研训练,有规划、阶梯式地培育学生的科研能力。

大一入门:开设研究方法课程。通过开设"社会研究方法"等专门课程,并以课程体系与第二课堂相结合的方式,向一年级新生提供社会科学研究、专门研究方法的课程或训练营,提升学生的科研素养。

大二实训:建立学生提早参与科研的督导机制。实施科研导师制,强调本科生对实际科研项目的参与,依托中山大学图书馆与资讯科学研究所,推动师生共同完成了图书馆立法研究、《广州大典》、广州全民阅读指数调查研究等多个较具影响力的科研项目。

大三强化:设立专门面向本科生的科研项目。每年为学生设立专门的自主科研项目,同时鼓励并资助本科生积极参加包括 iConference 等在内的国际高水平学术会议。

3.2.3 实践

强调"早实践",在课程体系中全面嵌入实践教学内容,并创造一系列优越的实践教学条件。

实践教学全面嵌入课程体系。核心课程均安排专门的实践教学课时,设计专门的实践教学环节,充分运用课程参观与实践的教学方法。如"信息资源共享"课程每年均组织学生前往深圳图书馆、东莞图书馆、佛山图书馆等单位参观学习;"文献保护与修复"课程将手工造纸参访、无酸卡纸书套制作、文献保护用户教育设计等实践环节穿插于整个教学环节。

强化实践导师教学。聘请世界级、国家级资深专家作为实践传习导师;引入美国哈佛大学哈佛燕京图书馆古籍整理专家沈津、德国索林根图书与纸张修复中心修复专家莫妮卡·伽斯特(Monika Gast)等知名图书馆专家作为实践传习导师;引入以时任广东省立中山图书馆馆长刘洪辉等为代表的著名图书馆专家作为实践辅助导师,直接向学生传授行业经验。同时，邀请广州图书馆等图书馆的资深专家，定期面向本科生开设专家讲座，开展课程实践教学活动。

创造国家级、省级科研实验室的研究条件。中山大学资讯管理学院与中山大学图书馆国家级古籍修复中心等4家国家级、省级实验室合作，将其作为实践基地向本科生开放。2017年，建成国内首家专门用于本科教学的文献保护与修复实验室，同时满足课堂教学和课后实践的需求。

全方位拓展实践资源。努力推进校外实习基地建设，通过与广州图书馆、深圳图书馆等公共文化机构合作，建立十余家实践点与实习基地；同时，以图书馆学专业课程与实验室资源为基础，以历史系、化学系等院系为辅助，构建校内实践教学资源链。

3.2.4 服务

强调"早服务"，实行以老带新协作式公益服务，跨年级学生组队参与服务研习与志愿服务。

持续实行"服务研习"。通过引入"服务研习"的教学理念创新实践教学环节，建立"理论指导—实践操作—反思学习—效果评估"的实践教学模式。自2011年起，连续多年开展"汶川县、北川县图书馆灾后重建服务研习计划"，每年暑假派遣学生到四川省汶川县、北川县参与图书馆重建工作，举办活动超过200场；鼓励并带领学生在当地展开田野调研，撰写研究报告，并已集结相关报告出版文集《图书馆家园：博雅服务研习项目》。

建立图书馆志愿服务的长效引导机制。连续10年与珠三角地区主要图书馆、非营利组织合作开展具有专业特色的志愿者合作项目，建立本科生参与图书馆志愿服务的引导机制。

除上述的教学、科研、实践、服务四个方面之外，为了保障"四位一体"创新人才培养体系的持续运行，中山大学图书馆学团队还精心设计了一套覆盖评价考核、质量控制、激励保障的全方位保障体系，涵盖教学评价考核机制、教学质量控制机制、奖助学金激励机制等多个方面。值得一提的是，2005年建立的中山大学图书馆学教育奖学金制度迄今已经实施 14 年,相继设立了沈祖荣沈宝环纪念奖学金、谭祥金赵燕群奖学金、中山大学王肖珠纪念奖学金等十余项图书馆学奖学金,每年奖励学生 200 多人,将奖学助学与图书馆学人物的精神传承相结合,彰显了专业精神与人文情怀。

4　结语

2017 年 5 月,中山大学图书馆学教育获得国际专业教育认证;2017 年 12 月,中山大学"面向国家文化传承与发展的图书馆学四位一体创新人才培养体系"荣获第八届广东省教育教学成果奖(高等教育)一等奖,并于 2018 年获得参评高等教育国家级教学成果奖资格,成为该年度我国图书情报与档案管理学科唯一入围的教学成果。

图书馆学不仅是关乎信息与数据的科学,而且是关乎文献与文化的科学。中山大学图书馆学教育的改革与创新,既顺应了数字时代信息技术的发展趋势,又响应了国家文化发展与文化传承的时代需求,其独具特色的"数字+文化"图书馆学人才培养模式为中国图书馆学教育改革开辟了新的发展路径,可以成为中国图书馆学教育的发展方向。

参考文献

[1] LISU's UK Statistics. Public and academic library statistics[EB/OL]. [2018 – 09 – 26]. http://www.lboro.ac.uk/microsites/infosci/lisu/lisu-statistics/lisu-uk-library-statistics.pdf.

[2] Institute of Museum and Library Services. Public libraries survey(PLS) data and reports [EB/OL]. [2018 – 09 – 26]. https://www.imls.gov/research-evaluation/data-collection/public-libraries-survey/explore-pls-data/pls-data.

[3] American Library Association. Number of libraries in the United States[EB/OL]. [2018 – 09 – 26]. http://www.ala.org/tools/libfactsheets/alalibraryfactsheet01.

[4] American Library Association. State of America's libraries 2017[EB/OL]. [2018 – 09 – 26]. http://www.ala.org/news/state-americas-libraries-report-2017/public-li-

braries.

[5] American Library Association. State of America's libraries report archives[EB/OL]. [2018-09-26]. http://www.ala.org/news/mediapresscenter/americaslibraries/soal_archive.

[6] Public Libraries Online. The 2017 public library data service report:Characteristics and trends[EB/OL]. (2017-12-04)[2018-09-26]. http://publiclibrariesonline.org/2017/12/the-2017-public-library-data-service-report-characteristics-and-trends/.

[7] Australian Library and Information Association. The library and information agenda [EB/OL]. [2018-09-25]. https://www.alia.org.au/sites/default/files/The%20Library%20Agenda-FA-web.pdf.

[8] Australian Library and Information Association. The library and information agenda 2016[EB/OL]. [2018-09-25]. https://www.alia.org.au/sites/default/files/The%20Library%20and%20Information%20Agenda%202016.pdf.

[9] 日本図書館協会. 公共図書館経年変化[EB/OL]. [2018-09-25]. http://www.jla.or.jp/Portals/0/data/iinkai/図書館調査事業委員会/toukei/公共経年%202017.pdf.

[10] School of Information Sciences of ILLINOIS. History[EB/OL]. [2018-09-26]. https://ischool.illinois.edu/our-school/history.

[11] National Center for Education Statistics. Digest of education statistics, 2016[EB/OL]. [2018-09-25]. https://nces.ed.gov/pubsearch/pubsinfo.asp?pubid=2017094.

[12] American Library Association. AASL-CAEP school librarianship education programs [EB/OL]. (2016-04-10)[2018-09-25]. http://www.ala.org/aasl/education/caep/programs.html.

[13] American Association of School Librarians. ALA/AASL standards for initial preparation of school librarians(2010)[EB/OL]. [2019-04-15]. http://www.ala.org/aasl/sites/ala.org.aasl/files/content/aasleducation/schoollibrary/2010_standards_and_items_with_statements_of_scope.pdf.

[14] American Association of School Librarians. Historical list of AASL recognized programs[EB/OL]. http://www.ala.org/aasl/education/caep/history.

[15] 2012年文化发展统计公报[EB/OL]. (2014-01-02)[2019-04-15]. http://zwgk.mct.gov.cn/auto255/201404/t20140421_474718.html?keywords=.

[16] 中华人民共和国文化部2013年文化发展统计公报[EB/OL]. (2014-05-15)

[2019 – 04 – 15]. http://zwgk. mct. gov. cn/auto255/201405/t20140516_474723. html? keywords = .

[17] 中华人民共和国文化部 2014 年文化发展统计公报[EB/OL]. (2015 – 05 – 14) [2019 – 04 – 15]. http://zwgk. mct. gov. cn/auto255/201505/t20150525_474763. html? keywords = .

[18] 中华人民共和国文化部 2015 年文化发展统计公报[EB/OL]. (2016 – 04 – 15) [2019 – 04 – 15]. http://zwgk. mct. gov. cn/auto255/201604/t20160425_474868. html? keywords = .

[19] 中华人民共和国文化部 2016 年文化发展统计公报[EB/OL]. (2018 – 02 – 09) [2019 – 04 – 15]. http://zwgk. mct. gov. cn/auto255/201802/t20180209_831188. html? keywords = .

[20] 中华人民共和国文化和旅游部 2017 年文化发展统计公报[EB/OL]. (2018 – 05 – 31) [2019 – 04 – 15]. http://zwgk. mct. gov. cn/auto255/201805/t20180531_833078. html? keywords = .

[21] 潘燕桃,程焕文. 世界图书馆学教育进展[M]. 北京:北京图书馆出版社,2004.

[22] 阳光高考. 图书馆学[EB/OL]. [2018 – 09 – 25]. https://gaokao. chsi. com. cn/zyk/zybk/specialityDetail. action.

[23] 中国研究生招生信息网. 图书馆学[EB/OL]. [2018 – 10 – 08]. https://yz. chsi. com. cn/zyk/specialityDetail. do? zymc = %e5%9b%be%e4%b9%a6%e9%a6%86%e5%ad%a6&zydm = 120501&ssdm = &method = distribution&ccdm = &cckey = 10.

[24] 段宇锋,赵楠. 图书情报硕士专业学位(MLIS)教育发展状况调查报告(2017) [J]. 图书情报知识,2019(2):60 – 73.

[25] 财政部:2016 年安排 208. 62 亿元构建现代公共文化服务体系[EB/OL]. (2016 – 08 – 26) [2018 – 09 – 25]. http://www. ce. cn/culture/gd/201608/26/t20160826_15279772. shtml.

[26] 古籍修复大师云集山西共创修复技艺传习新篇章:全国古籍修复工作研讨会在山西举办[EB/OL]. (2018 – 05 – 23) [2018 – 09 – 25]. http://www. nlc. cn/pcab/zx/xw/201805/t20180523_169412. htm.

[27] 中共中央办公厅国务院办公厅印发《关于实施中华优秀传统文化传承发展工程的意见》[EB/OL]. (2017 – 01 – 25) [2018 – 09 – 25]. http://www. gov. cn/zhengce/2017 – 01/25/content_5163472. htm.

[28] 王晔. 习近平:教育是国之大计、党之大计:向全国广大教师和教育工作者致以

节日的热烈祝贺和诚挚问候　李克强讲话　汪洋王沪宁赵乐际韩正出席[N]. 人民日报海外版,2018-09-11(1).

(本文原刊于《中国图书馆学报》2019年第3期,页14-24)

作者简介

程焕文,研究领域:信息资源管理、图书和图书馆史、图书馆学史、图书馆权利与道德、图书馆学基础理论、历史文献学、目录学等;教学课程:图书馆学基础、信息资源共享、图书馆管理、图书馆学基础理论、图书馆学理论研究等。

潘燕桃,研究方向:信息素养及其教育、图书馆学教育、信息资源管理、图书馆立法、公共图书馆思想史、信息资源共享、信息素养通识教育。

张靖,历史学博士,教授、博士生导师。研究领域:文化遗产整理与保护、公共文化服务与管理。教学课程:本科课程有图书馆学基础、公共文化服务导论;研究生课程有现代公共文化服务体系专题研讨、文化遗产保护专题研讨;慕课"工匠书缘:古籍的修复与文化传承"等。

肖鹏,研究方向:公共文化服务、数字人文、图书与图书馆史、图书与图书馆史、信息服务营销、目录学等。

广东省一流本科专业建设点——中山大学档案学专业综合改革及建设举措

档案学教研室

档案工作姓"党",是党的事业,加强档案工作,对于强化党的领导与建设,突出党性至关重要。中山大学档案学专业以面向党和国家档案工作的需求,以立德树人为本,建设中国特色、世界一流的档案学专业,为党政机关、企事业单位培养德才兼备,适应智慧时代发展,能从事文件、档案管理开发和利用工作,宽口径、厚基础、高质量的学术与行业英才为专业发展定位,不断探索专业发展路径。2019 年,中山大学档案学专业获批成为广东省一流本科专业建设点。本文首先梳理总结了 40 年来中山大学档案学专业的发展沿革,其次总结了专业综合改革、师资队伍和基层教学组织建设、专业教学质量保障体系建设举措,最后进一步探讨了推进专业建设和改革的主要举措。

1 档案学专业沿革及特色优势

1.1 专业沿革

中山大学档案学专业创设于 1986 年,是我国华南地区最早开展档案学本科教育的机构,也是继中国人民大学之后第二家档案学硕士学位授权单位,是粤港澳大湾区唯一的档案学本、硕、博学位授权单位。2012 年设立图书情报与档案管理博士后科研流动站。2019 年获批为广东省一流本科专业建设点。学院是国际顶级信息学院联盟（iSchools）、国际档案协会（ICA）成员单位，档案学专业通过了英国图书馆与情报专家协会（CILIP）国际认证。

1.2 专业特色优势

近 40 年的专业发展中，档案学专业形成了独具一格的专业特色优势：①面向粤港澳大湾区建设对档案管理与服务的重大需求，以电子文件与电子政务、历史档案整理与保护、档案利用与服务等作为人才培养重点方向；②面向改革开放前沿区域经济社会发展需要，构建了"教学、科研、实践、服务"四位一体的档案学专业人才培养体系；③牢记立德树人的核心使命，打造课程思想政治全覆盖体系，树立学生"为党管档、为国守史、为民服务"的职业理念。

2 档案学专业发展建设举措

在近 40 年的发展中，中山大学档案学教研室基于专业定位，以深化专业综合改革、加强师资队伍和基层教学组织建设、加强专业教学质量保障体系建设为抓手，不断探索专业发展新路径。具体举措如下。

2.1 深化专业综合改革举措

专业发展需要基于学科专业的特点及社会需求综合推进。近 40 年来，档案学专业综合改革形成了以下具体举措。

2.1.1 完善人才培养方案与课程体系

人才培养方案是课程体系和课程建设的指南，体现着人才培养的总体思路与架构。信息时代，公众的信息需求越来越复杂，迫切需要大量掌握图书馆学、档案学、情报学知识的复合型人才。基于上述指导思想,围绕"一宽一厚两注重"培养原则,档案学专业构建了信息资源管理类创新型人才培养方案。通过学科专业之间的课程沟通,打通了专业之间的界限,奠定了本专业学生"宽""厚"的知识基础。为拓宽专业口径,本专业基于信息管理类学科的核心知识模块设置了专业课程;同时,为了提高专业学生的实践创新能力,开设了基础性的"社会科学研究方法与实践"、科研指导类的"科研训练"以及学术前沿类的"专题讲座"等配套课程。

2.1.2 优化专业结构,提升专业内涵

①主要以图书情报与档案管理一级学科为依托,打通学科专业。采取本科专业一年级大类培养方式,加强信息管理与信息系统、图书馆学专业对档案学专业的支撑能力,以适应图书情报与档案管理的发展趋势。②从修订与完善专业培养方案入手,围绕中山大学建设综合性、创新性、开放性的具有广泛国际影响的世界一流大学的目标,配合学校大类招生政策和推进本科教育大类培养模式进行改革。主要参考 iSchools 院校及国内信息管理学院的相关课程设置,结合通识教育、大类课程教学与宽口径的专业教育、交叉学科专业教育,建立有利于学生知识能力与素质全面协调发展的、注重学科领域及与未来可持续发展的核心知识体系。③梳理"脸谱性"专业核心课程,开设高质量通识课。将专业基础课、专业核心课和专业选修课综合设置,培养应用型、学术型、复合型等不同类型的人才。其中,应用型人才培养课程偏重于专业技能的教学设计;学术型人才培养课程偏重于专业前沿知识理论的教学设计,强调举一反三,培养学生的思辨能力;复合型人才课程设置则以夯实学生专业知识及技能为前提,不断拓展学生的理论知识及技能。

2.1.3 提升实践教学与毕业论文(设计)质量

档案学专业采用课程参观、专业社会实践和毕业实习等多种方式,加强专业实践教学。通过专业实践课,增强学生的动手能力,培养学生的社会责任感和职业观,夯实学生的职业发展基础。具体举措如下:①加大实践教学设施投入改造。近年来,学院建立了多个专业实验室,

拓宽了学院实践教学平台。档案信息检索、电子文件管理系统等多门专业课程已开展实验实践教学。②积极建设实践教学师资队伍。不仅要求所有教师参加实践教学，还引入校外兼职实践教师参与教学。③提升毕业论文（设计）质量。对毕业论文坚持高标准、严要求，严把毕业论文的选题关、指导关和答辩关。通过实施毕业论文工作全程监控、制定详细的毕业论文格式要求、要求所有毕业生参与答辩、严格控制优秀比例、适度提高论文的字数要求等措施，有效地提高了档案学专业本科毕业论文的质量。

2.1.4 开展本科教学质量监控

在学生评教、本科课程考试、本科毕业论文等方面，开展了档案学本科教学质量监控"三个一"工程。具体举措包括：①立足学生评教，开展专业教学质量控制，充分发挥学生评教的积极作用，以评促教。在实施过程中，采取纸质评价和网上评教相结合的方式，将评教结果在学院范围内通报并作为教师职务聘任和教学评奖的重点考核指标。②重视本科课程考试质量监控，注重本科课程考试纪律及考试资料收集。制定课程考试的申报程序，详细规定了课程考试的命题规范、试卷印制规范、改卷和成绩提交程序。③把握好本科毕业论文质量监控，建立严格的论文审查和答辩制度。首先，所有撰写毕业论文的毕业生均需要参加论文答辩；其次，答辩小组依据学校制定的论文质量标准，根据答辩情况调整导师评级，并将其作为工作常态。

2.1.5 严格教材选用

①在教材选用方面，科学设定教材选用和评估制度并保障严格执行。教研室参照学院的制度建立了科学完善的教材选用制度，保证优秀教材进课程。专业教材选用遵循以下原则：首先，选用的教材应符合课程教学大纲和教学要求，反映学科优势和专业特色，满足学校相应专业人才培养的需要；其次，优先选用国家级规划教材、教育部推荐教材、优秀出版社出版的优质教材，选用的专业课教材出版时间原则上不应早于3年前。②在教材建设方面，严格执行教材选用和评估制度，遵循

"以选用高水平教材为主，编写特色教材为辅"的原则，严格按照《中山大学教材选用管理办法》（中大教务 2016〔67〕）规定的程序选用和审核教材。同时，为了保证优秀教材进课程，充分尊重档案学专业师生的教材选用意见。③重视科研成果在教材建设中运用。档案学专业与信息技术的发展密切相关，为了及时更新教学内容，以教材建设推动课程教学模式改革，教师们积极参与教材建设，将学科发展和信息技术发展的新思维和新动向纳入教材建设中。

2.1.6 推进教学改革

积极申报教改教研项目，推动教学创新。为了适应学科发展的主流趋势、与国际先进大学的教学接轨，档案学专业教师积极推进本科教学改革研究，通过系列教学改革项目的开展，推动专业教学观念创新，提升教学质量水平。档案学教研室为学生研究性学习提供支持，积极组织学生申报各级科研训练活动，并要求教师给予指导，使更多的学生在本科学习阶段能系统地开展科研训练，培养创新能力。

2.1.7 开展创新创业教育

档案学教研室积极开展创新创业教育。具体举措有：①宣传和鼓励学生申报创新创业项目，通过具体项目提升学生的创新能力。②成立了资讯学社等学生学术社团。社员以兴趣为导师，综合运用专业知识进行学术交流、校企合作。涌现出一批优秀的学生课题小组，如全国档案学专业大学生课外作品大赛项目小组、行业调研项目组、信息可视化项目组。定期举行学术沙龙、经验分享会，主题包括信息检索、社会调研、科研和行业调研等，促进了专业师生交流、本硕博多年级互动。③以赛促学，推动学术科技创新活动蓬勃发展。"Research 调研大赛""搜索之星——信息检索大赛""ISAC 信息搜索与分析大赛"吸引了大批同学参与，良好的学术氛围为提升学生创新能力提供了支撑平台。④就业全程指导，助力学生的职业发展。通过职业生涯规划教育、第二课堂引导和学风建设、各类技能培训，提升本专业学生的求职能力。

2.2 加强师资队伍和基层教学组织建设的主要举措

师资队伍建设是保证档案学专业持续、稳定、健康发展的基础,也是基层教学组织建设开展的前提与保障。档案学教研室立足于院系人才培养、科学研究和学科发展的实际,推进师资队伍的结构优化,并以此为基础,加强教师引进与培训,注重教学教风建设,建成了一支适应档案学专业人才培养和科研创新要求,结构合理、发展稳定、教风良好的高水平师资队伍,为专业的可持续发展奠定了坚实基础。

在保证教师数量充足的基础上,专业教师队伍建设重点着眼于教师结构优化,具体优化维度包括:①知识结构。吸纳档案学专业优秀人才,保证其学科背景覆盖档案学专业知识体系;同时,引入优秀的图书馆学、信息管理与信息系统、管理科学工程等学科领域的优秀人才。②年龄结构。在保证当前教师队伍的中、青年年龄结构的基础上,努力实现老、中、青教师比例平衡,形成良好的教师人才梯队。③学历结构。专业教师以博士研究生学历为准入门槛。④职称结构。通过加快培育青年教师或直接招聘高级职称人才,提高高级职称教师比例。

在教师队伍建设的基础上,结合师资队伍现状,完善引进机制,有重点地引入专业人才。围绕专业建设,对各层次教师进行针对性培训,提高师资队伍的整体水平,以更好地服务于学科建设和教学研究。

在基层教学组织建设上,档案学专业本科教学探索性地采取了"1年图书馆学、档案学、信息管理与信息系统大类学习和3年档案学专业学习,1个公共必修课程模块和相对固定的专业基础课程、专业核心课程及专业提升课程3个模块,3个阶段的课堂教学和1个阶段的实践教学,国内学习及与海外高校科研院所学习交流相结合的创新的、开放式教学组织模式",以适应市场经济对创新型、复合型档案学专业人才的需求。

2.3 加强专业教学质量保障体系建设

2.3.1 完善档案学本科专业培养方案

根据《中山大学 2019 年本科培养方案修订说明》对于专业核心课应"脸谱"特征鲜明、综合化、国际化程度高的要求，档案学教研室以"图书情报与档案管理类教学质量国家标准（档案学专业）"为主要依据，以国际一流大学同类专业课程设置为参照，结合国内外档案学教学科研的发展前沿、国家与档案实务部门在档案管理和服务领域的重大需求，对档案学专业知识体系以及学院目前开设的课程进行全面梳理，在检验培养方案先进性的同时，对其进行完善。

2.3.2 配套教学内容与相应的课程

教学内容和课程体系是人才培养模式的主要落脚点，其改革的重点在于保持教学内容、教学体系与专业培养方案的配套性和一致性，实现基础课程与精品课程、课堂教学与实践教学、双语课程与全英文课程有机结合。具体措施包括：①与时俱进，更新教学内容。在讲授传统档案管理基本原则、理论与方法的基础上，积极探索适用于数字网络环境、电子文件和数字档案管理的新理论、新技术和新方法。②调整课程体系。优化与设置学科大类基础课程，通过宽口径专业教育，夯实学生的学科专业认知，引导学生了解学科知识发展脉络，培养和巩固学生的专业兴趣。

2.3.3 革新教学方法

为提高教学质量，档案学教研室重视对教学方法开展研究，使其兼具创新性和实用性。实施中通过借鉴国内外先进教育理念及教学方法，以学生为中心，通过实践教学，对教学方法进行改革。具体措施包括：①通过教学改革立项研究、专题研讨和日常教学等途径，探索新的教学方法和教学手段；②实行"大班教学、小班研讨"的方法，推行任务驱动教学法、开发内化教学法等新型教学方法，调动学生的积极性，提高学生的学习能力；③充分利用各类教学网站中的课件库、文献库、题库等网络教学资源，尝试开发本专业的数字化教学平台，并由专人管理和维护。

2.3.4 打造实践教学体系

打造"课堂—实验室—实习实训基地—社会"四位一体的实践教学体系，构建良好的实践教学环境。具体措施包括：①加大实践教学在专业课程中的比重，使其覆盖档案学专业课程，视课程教学内容选择一种或多种实践教学方式。②提高实验课程比例和教学质量，全面推进图书馆学、档案学实验室共享共用，提高实验室利用率，使学生掌握档案学基础理论的同时熟练应用现代信息技术。③加强实习基地建设。与专业现有实习基地开展深层次合作，将其打造为学生培养、教师科研的"产学研"结合的基地，同时积极拓展新的实习基地。

2.3.5 加强教学研究

教学研究有助于教师了解学生需求，明确教学目的及教学重点，从而有针对性地完善教学工作，开展教学改革。通过教师的教学理论与方法的研究，丰富和优化课堂教学内容，提高教学质量。档案学教研室加强教学研究的相关举措包括：①明确教学研究方向。立足于社会与数字转型背景，结合专业课程内容，围绕人才培养、课程体系、实习实践等开展教学研究工作。②鼓励教师尤其是青年教师积极申报各级各类教学研究、教学改革项目，对有突出成果者给予奖励。

2.3.6 强化教学质量监控

教学质量监控是专业建设持续开展的保障。学院现已形成由院教学督导组、档案学教研室和专业教师构成的三级监控组织，定期收集教学工作质量、教学成果质量、办学条件质量等方面的信息，分析整理并发现问题，对教学行为及时调控，提高教学质量。专业教研室的主要任务是从教学安排、教学运行、教学研究等实施层面，开展质量检查和信息汇总，通报检查结果并制定整改措施。具体措施包括：①组织专业教学评估与检查，建立日常评估、定点和定期评估结合的评估机制，针对备课、授课、考察和总结等教学环节，开展评教、评学、督导、检查、反馈、改进等系列工作。②建立毕业生跟踪调查与反馈机制，监控专业教学质量。从个人和用人单位层面了解毕业生就业情况，根据反馈信息调整本科教学的课程体系和教学计划。

2.3.7 加强学风建设

档案学专业的学风建设以学生全面成才为目标，提高其综合素质为核心，坚持培育引导和规范管理结合为原则。在学风建设方面，档案学教研室严格执行条例内容，积极落实相关举措，营造优良的学习氛围，以调动学生学习积极性。具体包括：①组织领导方面。严格执行院系领导听课制度，由学院分管教学的副院长及教研室主任负责开展专业课程教学督导。②学风培育方面。鼓励、引导和组织专业学生积极开展业余科研和社会实践活动，提高学生的综合素质。③学风督导与管理方面。班级导师深入课堂和宿舍，对班级学风开展经常性督导和随机性检查。④考风考纪与学术道德方面。由分管教学的副院长领衔，通过班会教育、执行监考任务、检查学术成果等方式，将学风建设指导工作贯穿始终。

3 下一步推进专业建设和改革的主要举措

在巩固本专业特色优势以及专业综合改革成果的基础上，档案学专业下一步专业建设和改革将以习近平新时代中国特色社会主义思想为指导，全面贯彻党的教育方针，全面落实立德树人这一根本，坚持"以人为本"，推进"四个回归"；同时，全面落实中山大学"德才兼备、领袖气质、家国情怀"的十二字人才培养目标和"五个融合"卓越人才培养体系。主要从以下举措入手：

（1）加强大类培养，满足学科与专业融合的需求。推行大类培养模式的目的在于培养高素质、综合型拔尖创新人才。为此，档案学专业应不断根据学科大类所需的知识结构，努力优化课程设置，强调通过课程的沟通，促进专业融合，奠定学生"宽""厚"的知识基础，实现宽口径培养。

（2）构建模块化课程体系，适应学科发展的要求。档案学专业学科涉及范围广，其专业特点要求以学生的宽口径和复合型素质为培养重点，因此，以课程模块来组织档案学专业课程体系成为当前国际信息管理类专业教育的趋势。档案学专业课程结构设计也应遵循该原则，继续借鉴世界一流大学同类专业课程结构，以及我国档案学本科教育特点和本专业的教学条件、师资构成等实际情况，优化原有档案学专业课程模块，通过模块化课程体系的构建，加强课程之间的关联，体现专业培养特色，保证学生具有科学性和合理性的知识结构，注重知识、能力和素质协调发展，实现"复合型信息人才"的培养目标。

（3）设置个性化课程，探索多样化成长路径。培养新型信息职业者是iSchools成员学院的重要目标之一。在"互联网+"时代背景下，面向新型档案管理人才需求，档案学本科专业人才培养目标的定位应强调创新导向，注重专业基础理论的学习，注重实践与创新能力的培养。为此，未来课程设置上应更加贴近社会需求，体现个性化；同时，还应合理提升学业挑战度，增加课程难度，拓展课程深度，切实提高课程教学质量，为学生发展提供多样化成长路径。

（4）科研与教学相融合，实现科研反哺教学。依托专业师资力量和特色，将科研成果转化为教学内容，激发学生探索知识的兴趣。发挥科研育人功能，加强本科教育中的科研学术训练，将学术训练融入本科教育周期，通过进阶式科研训练培育学生的科研能力，即低年级阶段开设学科专业研究前沿、科学研究方法以及学术文献阅读、研讨和写作等相关课程，打通本科与研究生教育之间的通道；高年级阶段提供面向学术研究发展的分类培养通道。加大科研实践平台建设力度，打造科研学术训练第二课堂。鼓励学生参与科研，培养学生发现、分析和解决问题的综合能力。

（5）重视专业实践和学术训练，适应行业发展趋势需求。国外

iSchools 学院设置的专业课程与行业实践的联系极为密切，丰富的实践教学和学术训练不仅可巩固课堂教学内容，培养学生的动手能力，更能极大地激发学生的学习潜能。因此，未来档案学本科专业教学应强调第一课堂与第二课堂融合、科研与教学融合，重视实践教学和学术训练两大环节，加强学习过程管理，注重学生专业技能、动手能力、科研能力和创新意识的培养。实践中，一方面，应开设反映学科发展前沿和新兴方向的课程，加强课程教学学术训练，为学生开展研究性学习提供时间和空间，使学生在修读过程中获得本专业学术研究的初步经验；另一方面，应采用多形式多途径实践教学，具体包括开设实验课、课程实习与调研、社会实践、毕业实习与专业调研、毕业论文、毕业设计等。此外，培育成熟完善的实践教学体系，打造学校和实习基地这两套风格不同、优势互补、理论与实践相结合的教师队伍和教学体系。除了进一步加强专业实习和毕业设计外，档案学本科教学计划修订中，可大幅增加实践教学学分和实践学时，强化实践教学环节。

以广东省一流本科专业建设点建设为契机，中山大学档案学专业将抓住机遇，以国家级一流本科专业建设的目标为指引，通过学习优秀院校相关专业的建设经验，继续推进专业建设而不断发展。

参考文献

[1] 李海涛,吴雪华. 美国 iSchools 院校档案学课程设置调查分析及启示[J]. 档案学研究,2018(6):124-132.

[2] 李海涛,吴嘉雯,王小兰. 中美 iSchool 院校档案学硕士研究生课程设置对比分析[J]. 档案学通讯,2019(2):82-87.

面向国家信息化和大数据战略：中山大学信息管理与信息系统（情报学）专业建设路径

信息管理与信息系统教研室

1 历史沿革

1980年，中山大学图书馆馆长连珍先生以"管系合一"的方式开办了图书馆学大专班；1984年开始招收图书学（理科）本科生，按照科技情报专业方案进行培养，是中山大学情报学教育的起点；1988年开设情报信息现代化管理（专科）专业；1993年创立了信息学本科专业，至此学院本科专业基本架构形成。1998年，教育部调整学科专业目录，把当时分别存在于工科、管理等门类的管理信息系统、经济信息管理、信息学等5个学科合并成"信息管理与信息系统"，并为情报学硕士专业提供了最主要的生源。2000年，我院获得情报学硕士学位授予权；2006年获图书情报与档案管理一级学科硕士学位授予点；2018年获得图书情报与档案管理博士学位授权一级学科，开始招收情报学专业博士生，至此形成了从信息管理与信息系统本科到情报学硕士和博士的完整培养体系。

经过近40年的发展，我院成为我国信息管理领域科学研究和人才培养的重要基地，也是华南，包括港澳地区唯一拥有完整的图书情报与档案管理一级学科体系、具有博士学位授权的教学单位。信息管理与信息系统（情报学）专业形成了自己的专业特色，专业发展模式和成果得到了同行的认可，在国内外同领域具有一定的影响。为高校和社会培养了大批骨干人才，为推动国内本专业的建设和发展做出了重要的贡献。

2　信息管理与信息系统（情报学）专业定位

信息管理与信息系统（情报学）专业立足国家信息化战略和大数据战略，培养具备系统的信息管理科学基础理论以及信息系统设计方法等知识与能力，掌握综合分析与科研应用创新能力，适合在国家各级管理部门、工商企业、科研机构等单位从事信息管理以及信息系统分析、设计、实施、管理、评价、创新等工作的应用型、综合型高级人才与学术精英。

围绕上述培养目标，我们致力于培养学生具有以下知识能力和素质：培养学生热爱祖国，拥护中国共产党领导与社会主义制度，德才兼备，具有优秀的信息素养、学术伦理与信息管理职业素养；培养学生掌握系统的信息管理科学基础理论和信息系统设计方法，掌握信息管理与信息系统（情报学）专业有关方针、政策和法规，满足国家信息管理发展需求，服务于社会；培养学生在熟练掌握管理科学、信息技术、信息处理等方法与工具的基础上，进行信息系统规划、分析设计、开发实施以及信息系统参与要素的协调、沟通、管理；培养学生的领袖气质与创新思维，掌握信息管理科学的理论前沿和发展动向，具备国际化视野，具备开展信息系统分析设计的职业能力、独立从事科学研究的能力。

3　信息管理与信息系统（情报学）的特色优势

随着学科的发展，信息管理与信息系统（情报学）已逐步发展成为多维度、跨学科的领域。我院秉承理论与实践相结合、中国本土特色与国际交流相结合、人文与技术相结合的办学理念，围绕"德才兼备、领袖气质、家国情怀"十二字人才培养目标，努力办好信息管理与信息系统（情报学）专业，在制度建设和日常工作中坚持以教学为中心，实现课程建设持续稳步发展。

在教学过程中，始终坚持做到在传授知识的同时，加强实践教学环节的建设，注重学生素质的培养和实践能力的提高，立足于信息社会，面向网络经济，以创新创业的社会需求为出发点，以提升综合能力为中心，培养学生成为掌握需求导向下的信息处理与数据分析，信息系统设计、分析与决策等方法，从海量数据中分析和发现新知识，并具备良好的信息素养、信息技术应用与开发功底，适应数字时代社会各行业和管理部门对信息处理和数据服务要求的高素质人才。此外，重视将专业性融入综合性之中，在综合中体现专业性，利用全校的教学资源，实现文理交叉、理工渗透、经管结合，使学生既具备良好的人文素质、扎实的数理功底、熟练的动手能力，又具备必需的专业知识，为学生奠定雄厚的基础，扩大其就业和深造的适应面。

在国际化方面，2017年6月，信息管理与信息系统（情报学）专业通过了英国CILIP（The Chartered Institute of Library and Information Professionals，英国图书馆与情报专家协会）国际认证。这是我院国际化进程中的里程碑，说明我们的课程可以与英国乃至世界各国的课程相媲美。我院也成为国际顶尖信息学院iSchools联盟成员，这为国际交流奠定了良好的基础。学院先后邀请韩国成均馆大学、英国拉夫堡大学、美国佛罗里达州立大学、伦敦大学皇家霍洛威学院、加拿大多伦多大学、澳大利亚墨尔本皇家理工大学、美国雪城大学、英国苏格兰高地与岛屿大学、英国谢菲尔德大学等国外高校以及我国台湾大学等境内外高校的知名学者做学术报告。与此同时，学院注重学生的国际交流能力和国际视野的培养，积极支持学生到昆山杜克大学、香港大学、台湾师范大学等境内外高校以及日本冈山大学、美国西雅图大学、韩国首尔国立大学等国外高校访学和交流。

在师资与专业建设成效方面，我院师资规模、博士学位教师占比以及具有海外访学背景的师资占比均居全国同类院校前列,并聘请了多位外籍教师,获得中山大学教学改革与教学质量工程重点建设项目资助100万元以及其他各类教学改革项目,已建设和开设10门全英文教学的信息管理与信息系统(情报学)专业课程。中国科教评价网发布的中国大学信息管理与信息系统(情报学)本科教育专业排名显示,我院本专业在全国423个开此专业的学校中位列第19名(2018—2019年度)和第18名(2019—2020年度),并获得了5星评价(前1%~5%)。

4　信息管理与信息系统(情报学)人才培养情况

信息管理与信息系统(情报学)专业是一门综合性新兴学科,代表现代信息技术与应用、数据分析与处理、决策科学的最新发展,是现代管理理论与方法的重要支柱之一。本专业以立德树人为根本,致力于培养德、智、体、美全面发展,具有现代管理学、经济学、计算机科学等方面知识,系统掌握信息技术的基本理论、方法和应用技能,具有解决信息管理领域实践问题的能力和数据分析的能力,能够适应经济全球化与信息化时代的国家重点领域发展需求的高级人才。学生通过深度理解信息技术、企业内外信息资源的管理与运用,提升大数据分析和利用信息技术进行管理创新的能力,成为既懂信息技术、具备数据分析与编程能力,又懂管理知识的复合型人才。

信息管理与信息系统(情报学)作为一门综合性交叉学科,可应用于各个行业,并发挥其重要的价值。如政府机构、高校科研机构、金融服务业、制造业、互联网科技企业等。信息管理与信息系统(情报学)专业的本科生、硕士研究生、博士生经过系统性科研、实践训练,理论基础扎实,具有较强的计算机、管理、情报分析的综合能力,同时具备团队合作、科研创新的能力。学生在校学习期间,体现了优异的综合能力和专业能力,获得广东省优秀共青团员、广东省基层宣传文化能人称号,以及全国高校数据驱动创新大赛一等奖、全国高校"发现杯"

互联网创新大赛二等奖、粤港澳大湾区IT系统开发大赛铜奖、全国高校数学建模大赛一等奖等一系列全国、省部级奖励。学院成立学生创新发展中心，对学生在理论联系实际方面进行引导，激发学生科研创新能力，学生积极参与政府、企业合作研究课题，在实践中综合应用所学的专业理论知识，取得了一系列科研成果，进一步提升了学生的综合科研能力。

信息管理与信息系统（情报学）专业学生的优势在于掌握情报、管理、计算机知识的综合应用，针对特定领域问题，可以基于情报学理论构建情报搜集、处理、分析以及情报数据管理、应用框架，对业务、管理、研发具有专业认识，进行团队协作、推动各个部门实现业务落地，并熟练掌握主流信息科学研发框架，可以实现业务、管理、研发的无缝对接。在"互联网＋"信息时代，具有复合知识背景的信息管理与信息系统（情报学）专业学生，具有显著的专业优势，是政府、企事业单位亟须的专业人才。如信息检索方面的专业人才可为政府、企事业单位的大规模数据管理、分析及应用提供专业解决方案，可针对特定领域实现信息资源的搜集、管理，并应用前沿大数据框架实现大数据的应用落地，协助政府、企业加速数字化转型。特别是近5年，信息管理逐渐成为各个领域发展的重点，学院培养的大量优秀毕业生具备较强的科研能力，进入高等院校进行博士研究生深造，开展情报学、信息管理方面的研究，在国际一流学术期刊、会议如JASIST、FGCS、CVPR、CIKM、iConference等发表一系列卓有成效的研究成果，具有较强的国际学术影响力。在政府、企事业单位工作的学生主要从事管理与研发相结合的情报分析、信息资源组织等工作，在科技、金融、制造、教育等领域发挥重要的作用，得到用人单位的一致好评。

近10年毕业的信息管理与信息系统（情报学）专业毕业生中，在国家部委如公安部、农业农村部、交通运输部等任职的有20余人；在省市地方政府部门如安徽省高级人民法院、广东省教育厅、深圳市税务局、深圳海关、深圳市罗湖区住房和建设局、深圳市体育局、惠州市公安局、惠州市纪委监委、广东省东莞监狱等任职的有50余人；在知名金融机构如中国银联、四大银行、四大会计事务所、浦发银行、招商银行等商业银行、华泰证券、安信证券等证券公司任职的有 100 余人；在中国移动、中兴、华为、中国电信、中国电网、阿里、腾讯、OPPO、金蝶、网易、恒大集团、平安科技等国内外知名企业任职的有 200 余人；在大疆、商汤、虎牙、三七互娱等互联网科技公司任职的有 300 余人；选择到国内外知名高校如清华大学、北京大学、复旦大学、中山大学、浙江大学、南京大学、香港大学，以及美国麻省理工学院、哈佛大学、约翰斯·霍普金斯大学、卡内基梅隆大学、伊利诺伊大学香槟分校，英国帝国理工学院，德国慕尼黑大学等继续深造的学生有 800 余人。

5 未来发展方向

学院坚持面向学术前沿、面向国家重大战略需求、面向国家和区域经济社会发展，贯彻"文理结合，学科交叉"的发展战略，围绕"德才兼备、领袖气质、家国情怀"的人才培养目标，确定信息管理与信息系统（情报学）专业"十四五"发展的重点领域包括以下两大方面。

5.1 数字信息资源管理与智能技术管理与应用

大数据、虚拟现实、物联网、区块链等智能技术将会越来越多地融入我们的社会中，它们已经被应用在诸如信用评估、算法交易、用户画像、个性化推荐、地方治安、自动驾驶、在线约会、无人机战争中。为适应时代发展的需求和培养学生的实践能力及创新能力，学院将数字信息资源管理和智能技术管理与应用作为"十四五"期间的重要发展领域之一。

数字信息资源管理聚焦于各类组织与机构的信息产生、获取、处理、存储、传输和使用的过程，并重视智能技术在未来的情报处理和服务中的应用。该领域方向主要研究：

大数据环境的信息和知识组织；

智能情报检索和知识服务；

用户网络和数字信息行为；

数字文化资源管理与智慧文化服务；

电子商务和电子政务中的信息管理；

智能信息资源语义分析；

数字人文；

智慧城市；

智慧技术用户行为；

智慧生产管理及智慧工厂规划；

数字健康与智慧医疗等。

5.2　情报研究与科学计量

人类文明的发展史，也是一部信息文明的发展史。现代社会的信息文明，是现实世界与虚拟世界交融、信息无限增大与信息差距并存、基于信息的创新与知识泛在的新环境。在信息时代，情报是一种能为受信者所理解并对受信者有用的信息，情报研究与科学计量学科方向的形成，不仅具有高度的科学价值，而且具有不可估量的实践价值和现实意义。情报研究和科学计量这个信息管理领域的核心分支在新技术环境中必然得到新的发展和应用。该学科领域强调以问题为导向，注重方法和技术的训练，提升理论的实践应用能力。该领域方向主要研究：

信息组织与信息检索；

情报学理论与竞争情报研究；

科学计量与科技评价；

网络用户行为与情感分析；

科技文献知识库与文本分析；

信息资源语义分析与服务等。

6 未来发展的改革举措

立足国家和区域经济社会发展需要,围绕建设粤港澳大湾区的国家发展战略,密切跟踪社会对信息管理与信息系统(情报学)专业人才的需求动向,动态修正人才培养定位,进一步明确专业建设目标,打造专业品牌。为实现这一目标,学院将在师资队伍、课程体系、人才培养等方面进行主动的探索。

6.1 加强教师队伍建设,提升教学业务能力

教师队伍和教学业务能力是专业建设的关键。学院始终把建设一支结构合理、素质优良、学风严谨、科学研究能力一流和教学业务能力精湛的教师队伍作为一项重要的任务。具体包括:进一步加强国际交流与合作,继续加大引进海外高层次人才和创新团队的力度,继续加大对现有教师的培养力度。

6.2 优化专业课程体系,培育优秀重点课程

基于培养目标,以面向专业优势、面向国家重大战略需求、面向产业发展趋势和区域建设战略为基本导向,专业课程体系的设计注重"理论与实践相结合、国际与本土相结合、人文与技术相结合"的理念。在坚持自身专业特色和国家(区域)人才需求的前提下,始终秉持国际视野,充分借鉴世界一流大学在人才培养方面的最新动态和改革成果。不断加强课程建设,进行课程教学内容、教学方法的改革与创新,提高教学效果和教学质量。具体包括:强化模块化结构,促进课程间关联;设置个性化课程,凸显课程"脸谱"特征;进一步加强培育重点课程群与教学团队。

6.3 强化综合型人才培养，全方位提升学生的创新能力

充分利用信息管理与信息系统（情报学）交叉学科的优势，优化培养方案，突出管理、技术、服务等知识模块的深度互补和有效融合，培养综合型人才。强调第一课堂与第二课堂融合、科研与教学融合，重视实践教学和学术训练两大环节，加强学习过程管理，注重培养学生的专业技能、动手能力、科研能力、创新意识和社会服务精神。具体包括：进一步强化学术训练，不断提高学生科研素养；进一步加强专业实践，有效提高学生的研究开发能力、动手能力、分析问题和解决问题的能力、创新能力。

7 结语

信息管理与信息系统（情报学）专业将进一步明确方向，精益求精，从科学研究和人才培养等方面为国家信息化发展战略、国家大数据战略等做出贡献，响应国家战略需求，并为粤港澳大湾区建设和发展提供强大的智力支持。在各级领导、全体教师、广大校友和社会各界的强有力支持下，信息管理与信息系统（情报学）将会在一个更高的平台上拥有更宽广的学科发展空间。